健康中国2030·专科护理健康教育系列丛书

放疗科护理健康教育

主　　编	陈佩娟　周宏珍
副主编	王　丽　刘玉珊　郑　莉
编　　者	（按姓氏汉语拼音排序）

蔡小慧	曹　晶	陈宝莹	陈春雨
陈佩娟	邓婵媛	杜真真	冯燕英
何　莲	黄　榕	黄碧灵	李春霞
刘付春	刘佳宾	刘玉珊	刘玉瑶
柳　好	罗宇玲	王　丽	邬要芬
徐小静	张　露	张春梅	张兰芳
张晓芳	张杏兰	郑　莉	周宏珍

编写秘书　王　丽

科学出版社

北京

内 容 简 介

本书共十三章,主要包括总论及各论两大部分,总论包括放射治疗概述、放射治疗辐射防护、放射治疗疾病健康教育概况、放射治疗常见不良反应的健康教育、放射治疗急症护理及放射治疗患者中西医饮食的健康教育。各论部分按照各系统中常见的肿瘤类型的放射治疗及护理进行论述,注重讲解各专科疾病的基本概念、发病病因、临床表现、相关检查、治疗原则、护理要点、预防保健等,对于各专科患者关心的运动、心理、社会、日常保健、调养、康复等相关的健康知识进行教育。

本书主要供放疗科及肿瘤科临床护理工作参考,也可作为放射治疗相关科室护士入科培训的教材。

图书在版编目（CIP）数据

放疗科护理健康教育 / 陈佩娟,周宏珍主编.—北京:科学出版社,2018.1
（健康中国 2030·专科护理健康教育系列丛书）
ISBN 978-7-03-054868-9

Ⅰ.①放… Ⅱ.①陈… ②周… Ⅲ.①肿瘤免疫疗法–护理 Ⅳ.①R473.73

中国版本图书馆 CIP 数据核字（2017）第 252275 号

责任编辑：赵炜炜　胡治国 / 责任校对：郭瑞芝
责任印制：徐晓晨 / 封面设计：陈　敬

科学出版社 出版
北京东黄城根北街 16 号
邮政编码：100717
http://www.sciencep.com

北京凌奇印刷有限责任公司印刷
科学出版社发行　各地新华书店经销

*

2018 年 1 月第 一 版　　开本：787×1092　1/16
2025 年 3 月第六次印刷　印张：12 1/2
字数：379 000
定价：88.00 元
（如有印装质量问题，我社负责调换）

丛书编委会

主　编　周宏珍　张广清
副主编　王莉慧　覃惠英　陈佩娟
编　者（按姓氏汉语拼音排序）
　　陈佩娟　邓瑛瑛　古成璠
　　何景萍　何利君　黄　莉
　　李海兰　缪景霞　覃惠英
　　申海燕　屠　燕　王莉慧
　　王　颖　谢婉花　姚　琳
　　张广清　张　军　张晓梅
　　赵志荣　甄　莉　周宏珍
　　周　霞

丛 书 前 言

随着社会的进步，生活水平和文化生活的不断提高，人们对疾病护理和健康知识的需求越来越高，给护理工作提出了新的要求。同时，随着医学模式由生物学向生物-心理-社会医学的转变，护理模式也由单纯的疾病护理向以患者为中心的整体护理转变。健康教育则是整体护理中的一个重要环节，护士在健康服务体系中不仅仅是一个照护者、治疗者，而且是健康的维护者、教育者。它要求护士不仅为患者提供适当的治疗和护理，还要针对不同的患者、不同的人群开展相关疾病的健康教育，以提高患者的自控行为能力，减轻或消除患者的心理负担，促进疾病的治疗和康复。不仅有利于提高患者对医护人员的信任感，同时有利于增强患者的自我保健意识，防止疾病的复发，而且对患者在住院期间的不同阶段也会产生不同的促进作用。

目前我国护理队伍普遍存在学历偏低、年轻化、经验不足、资源分配不均等特点，如何帮助这支年轻的护理队伍在短时间内掌握疾病的基础知识及新技术的护理要点，使临床护理人员更加专业、全面地给患者或家属提供专业个性的指导成为当务之急。正是在这样的背景下，科学出版社及时组织临床护理专家出版了"健康中国 2030·专科护理健康教育系列丛书"，该系列丛书的出版对于推进我国当前护理工作的开展具有现实意义。第一辑共有 20 个分册，各分册间相互独立又彼此关联，涵盖了内科、外科、妇科、产科、儿科等多个学科。归纳起来，本系列丛书具有以下特色。

1. 内容丰富、涵盖面广。
2. 注重讲解各专科疾病的基本概念、发病病因、临床表现、相关检查、治疗原则、护理要点、预防保健等，对于各专科患者关心的运动、心理、社会、日常保健、调养、康复等相关的健康教育，以及大众所关心的热点问题、难点问题、常见的认识误区、容易混淆的概念做了明确的解答。
3. 全书采用问答形式，便于查阅。
4. 编写队伍由活跃在临床一线的经验丰富的护理业务骨干组成，具有较高水准，对于实际工作的指导性很强。

我们真诚地希望护理同仁们通过阅读本丛书，能提高自己的专业知识和自身素质，在实践中为患者提供优质、安全、贴心的护理。

本系列丛书的编写，我们力求准确全面，但由于水平有限，不足之处在所难免，我们真诚地希望广大读者和护理同仁批评指正，以便我们今后不断修正。

周宏珍
2017 年 6 月

前　言

近年来，恶性肿瘤的发病率在国内外均呈明显上升趋势，放射治疗是恶性肿瘤三大治疗手段之一，地位极其重要。在放射治疗过程中，患者往往会出现各种放疗反应甚至损伤，若对这些反应或损伤护理不当或不及时，则有可能会引起相应的种种并发症，给患者带来额外痛苦，甚至影响放疗顺利进行。因此，合理的放疗护理可增强患者康复信心，减少不良并发症，从而有效提高整体放疗效果。随着放疗护理专业的发展，越来越多的护理界有识之士开始倡导以患者为中心的整体护理，与之相对应地，护理健康教育也便顺势提上了发展日程。因为，没有健康教育的护理，不能称其为整体护理。

目前国内针对放射治疗患者护理的专用教材较少，尤其缺乏与临床护理工作密切结合、实用性强的工作指引。本书立足于建立国内放疗科常见疾病护理健康教育指引，在充分总结国内放射治疗疾病护理现状的基础上，积极借鉴国内外护理经验，以提高放疗科及其相关科室护理人员的放疗相关理论和护理能力为目标，最终达到向患者提供连续性、协调性、整体性、高质量的护理服务的目的。

在编写本书的过程中，我们力图做到以患者为中心，以问题为导向，尽量站在患者的角度提出问题，更易于临床护理人员阅读及理解。本书共十三章，主要包括总论及各论两大部分，总论主要从放射治疗相关知识、健康教育、饮食指导等共性问题进行阐述。各论部分按照各系统中常见的肿瘤类型的放射治疗及护理进行论述，对于大众所关心的热点问题、难点问题、常见的认识误区，容易混淆的概念进行阐述。

本书编者既有三甲医院肿瘤科或放疗科护士长，亦有肿瘤专科护士及放射治疗技师，相信读者不但能从书中获得放射治疗基础理论知识，更能借鉴放射治疗患者护理经验，启发思考并指导临床护理。在编写过程中，我们力求学术严谨、文字简练，但放射治疗疾病护理及健康教育正处于持续发展中，且因编者本身能力水平有限，此书难免存在不足之处，敬请广大读者提出宝贵意见，使本书不断完善。

陈佩娟

2016年10月

目　　录

第一篇　总　　论

第一章　放射治疗概述 ··· 1
　　第一节　基础知识 ··· 1
　　第二节　放射物理学要点 ·· 3
　　第三节　放射治疗计划设计与临床实施 ·· 4
　　第四节　放射治疗物理质量保证与质量控制 ··· 10

第二章　放射治疗辐射防护 ··· 12
　　第一节　放射治疗的辐射防护与安全 ··· 12
　　第二节　放射治疗职业危害 ··· 14
　　第三节　实施放射治疗的防护要求 ··· 17
　　第四节　放射治疗室的防护要求 ··· 19
　　第五节　患者体内是否具有射线 ··· 20

第三章　放射治疗疾病健康教育概况 ·· 22

第四章　放射治疗常见不良反应的健康教育 ··· 32
　　第一节　早期和晚期放射性反应定义及评价标准 ····································· 32
　　第二节　全身性放射性反应的健康教育 ··· 34
　　第三节　中枢神经系统放射性反应的健康教育 ·· 36
　　第四节　头颈部放射性反应的健康教育 ··· 37
　　第五节　胸部放射性反应的健康教育 ··· 40
　　第六节　腹部及盆腔放射性反应的健康教育 ·· 41

第五章　放射治疗急症护理 ··· 43
　　第一节　鼻咽大出血 ··· 43
　　第二节　大咯血 ··· 45
　　第三节　上腔静脉压迫综合征 ··· 49
　　第四节　脊髓压迫症 ··· 51
　　第五节　颅内压增高症 ·· 53
　　第六节　呼吸道堵塞 ··· 55

第六章　放射治疗患者中西医饮食的健康教育 ··· 57

第二篇　各　　论

第七章　头颈部肿瘤 ·· 73
　　第一节　头颈部肿瘤放疗常见问题 ··· 73
　　第二节　鼻咽癌 ··· 75
　　第三节　口腔癌 ··· 80

第四节　喉癌 ··········· 82
　　第五节　甲状腺癌 ······· 85
　　第六节　颅内肿瘤 ······· 88
第八章　消化系统肿瘤 ······· 90
　　第一节　结直肠癌 ······· 90
　　第二节　肝癌 ··········· 94
　　第三节　胆管癌 ········· 97
　　第四节　胰腺癌 ········ 101
　　第五节　胃癌 ·········· 104
第九章　胸部肿瘤 ·········· 109
　　第一节　食管癌 ········ 109
　　第二节　肺癌 ·········· 115
　　第三节　纵隔肿瘤 ······ 120
　　第四节　乳腺癌 ········ 122
第十章　妇科肿瘤 ·········· 127
　　第一节　宫颈癌 ········ 127
　　第二节　子宫内膜癌 ···· 136
　　第三节　卵巢肿瘤 ······ 140
第十一章　泌尿生殖系统肿瘤 ···· 142
　　第一节　肾癌 ·········· 142
　　第二节　膀胱癌 ········ 144
　　第三节　前列腺癌 ······ 150
第十二章　血液淋巴肿瘤 ···· 157
　　第一节　恶性淋巴瘤 ···· 157
　　第二节　白血病 ········ 164
第十三章　骨肿瘤、软组织肉瘤、血管瘤 ···· 173
　　第一节　骨肿瘤 ········ 173
　　第二节　软组织肉瘤 ···· 177
　　第三节　血管瘤 ········ 180

参考文献 ················ 185

第一篇 总 论

第一章 放射治疗概述

第一节 基础知识

一、什么是放射治疗？

肿瘤放射治疗（简称放疗）是利用放射线治疗肿瘤的一种局部治疗方法。放射线包括放射性核素产生的 α、β、γ 射线和各类 X 线治疗机和加速器产生的 X 射线、电子线、质子束及其他粒子束等。放射线通过人体组织能产生电离作用、康普顿散射等，由此诱发出一系列生物效应，对癌变细胞进行破坏以达到治疗目的。大约有 70% 的癌症患者在治疗的过程中需要用到放射治疗，约有 40% 的癌症可以用放疗根治。放射治疗在肿瘤治疗中的作用和地位日益明显和突出，已成为治疗恶性肿瘤的重要手段之一。

放射疗法虽然只有几十年的历史，但发展速度快。在 CT 影像技术和计算机技术发展协助下，现在的放疗技术由原来的二维放疗发展到三维放疗、四维放疗技术，放疗剂量分配也由点剂量发展到体积剂量分配，以及体积剂量分配中的剂量调强。现在的放疗技术主流包括立体定向放射治疗（SRT）和立体定向放射外科（SRS）。立体定向放射治疗包括三维适形放疗（3D-CRT）、三维适形调强放疗（IMRT）；立体定向放射外科包括 X 刀（X-knife）、伽马刀（γ-knife）和射波刀（Cyber knife），X 刀、γ 刀和射波刀等均属于立体定向放射治疗的范畴，其特征是三维、小野、集束、分次、大剂量照射，它要求定位的精准度更高和靶区之外剂量衰减得更快。

二、放射治疗的目的是什么？

放射治疗的目的是最大限度地将放射剂量集中到病变区（靶区）内，杀死肿瘤细胞，但周围正常组织或器官少受或者免受不必要的照射，一些重要器官如脑干、晶体、脊髓、肾、性腺等，则需要特别保护。传统放疗技术只是实现这一目的的初级阶段，但是在治好肿瘤的同时，也给正常组织器官造成一过性或永久性伤害，甚至以牺牲一些重要器官为代价，是一种纯粹意义上的治疗。肿瘤放疗的理想方案是只照肿瘤，但不照射肿瘤周围的正常组织。现代放疗技术虽然还没有达到此种境界，但计算机技术的超速发展所带来的现代精确放疗技术朝此理想化目标跨越了一大步。现在的精确放疗，指的是将放疗医学与计算机网络技术、物理学等相结合所进行的肿瘤治疗方式，整个放疗过程由计算机控制完成。和传统放疗技术相对比，现代放疗技术的不同之处可分为"四最"，即靶区（病变区）内受照剂量最大、靶区周围正常组织受量最小、靶区内剂量分布最均匀、靶区定位及照射最准确，优点是"高精准度、高剂量、高疗效、低损伤"，主要包括三维适形放疗及 IMRT 放疗。三维适形放疗是指使高剂量区剂量分布的形状在立体三维方向上与靶区形状相一致的技术。

三、放射治疗分哪几大类？

放疗可分为根治性放疗和姑息性放疗两种。根治性放疗剂量较大，照射较彻底，用于早期及部分晚期患者，以消灭原发灶、手术后可能的残余灶及某些转移灶。姑息性放疗用于晚期患者，多属权宜之计。根据患者耐受情况给予剂量，达到改善症状、减轻痛苦、延长生命之效。一些也可达到根治的效果。医生根据肿瘤的性质、部位、病期和全身状况制订总剂量。把总剂量分配为 20~30 次，在 4~6 周内照完。通过准确定位，在体表画好标记，透过体表，向肿瘤部位照射。因而体表所画的框框等定位标记，切勿自行擦洗掉。

1. 常规放射治疗 使用单一的放射线对肿瘤进行治疗。它可以是集中治疗某个部位，也可以对身体的较大部位进行治疗。例如，在实施骨髓移植手术之前，医生会对患者实行全身放射治疗。对于已经转移到脑的癌症来说，对整个脑部实施放射疗法也是十分必要的。

2. 放射手术治疗（包括 X 刀、γ 刀） 是从多个不同方向对准小块肿瘤区域进行放射治疗的方法。这种方法一般只使用一次，对小肿瘤、复发肿瘤或良性肿瘤来说是较理想的治疗选择。

3. 三维立体放射疗法 是根据复杂的计算机产生的肿瘤图像从多角度对肿瘤进行放射，同时最大程度地保护正常组织的治疗方法。

4. 三维适形调强放射治疗（IMRT） 是针对通过手术难以治疗的肿瘤的新技术。

5. 质子放疗 和三维适形放疗类似，只是后者使用的是 X 线而前者使用的是质子射线。质子是原子的一部分，它能通过健康组织（对其造成极小的损害），最后再杀死癌细胞。

四、放射治疗设备的发展趋势如何？

放射治疗在过去的几十年中经历了一系列技术革命，相继出现了 3DCRT、IMRT、质子放疗等技术，上述技术的主要进步是靶区剂量分布适形性的提高。然而因为呼吸运动等因素的影响，在放疗实施过程中肿瘤及其周围正常组织会发生形状和位置的变化，这种不确定性一定程度阻碍了 3DCRT 和 IMRT 技术的发展。图像引导放疗技术（image-guided radiotherapy，IGRT）的出现，对补偿呼吸运动影响的肿瘤放疗取得了很好的疗效，尤其是近年来提出的四维放射治疗（four dimensional radiation therapy，4DRT）技术，更好丰富了 IGRT 的实现方式。

三维适形调强放疗有效地提高了靶区三维空间剂量照射的适形性并实现了放疗剂量的大幅提升。可是呼吸运动会使胸腹部肿瘤的照射受到影响，在设计治疗计划时，我们通常要采取扩大安全边界的办法，来保证肿瘤的不漏照，这样会影响靶区的适形性且造成实际剂量分布与计划的不一致。由此出现各种的 IGRT 技术，开始慢慢解决由于呼吸运动等因素影响肿瘤状态的问题：在线校位和自适应放疗技术一定程度上解决了摆位误差和分次治疗间的靶区移位问题；屏气技术和呼吸门控技术使靶区暂时停止运动或在较小范围内运动；四维放疗技术可以让跟踪呼吸引起的靶区运动并按计划好的 4D-CT 序列来实施放射得以实现。随着放疗技术的发展，未来的放疗领域会是各种技术的结合使用，而不会是单一的某种技术。图像引导下的三维适形调强放疗、预测跟踪技术下的三维适形调强放疗及多维生物三维适形调强放疗将代表未来几年"精确定位、精确计划、精确治疗"发展的几个方向。随着现有放疗技术的完善和新技术的不断提出和发展，各种放疗技术的融合将推动未来肿瘤放疗向高精化、实时化的方向发展。

五、放射源放射线的概念是什么？

放射源，即用以致电离辐射源的放射性物质。放射源是采用放射性物质制成的辐射源的通称。放射源一般用所制成放射性核素的活度标识其强弱，也可用射线发射率或注量率标识其强弱。习惯上将无损探伤、放射治疗、辐射处理所用的高活度或高射线发射率的放射源称作辐射源。

放射线，即当不稳定元素衰变时，从原子核中放射出来的具有穿透性的粒子束，分为甲种射线、乙种射线、丙种射线，其中丙种射线穿透力最强。另外，放射线对环境和人体有很大的危害。同一种放射性元素之所以会放射出几种不同的射线，是因为原子核周围的物质多层分布。最外层物质受原子核的束缚力最小，最容易逃离，但是其自身的速度和能量也最小，穿透力也最小，波长较大，频率较低。中间层物质离原子核较近，需要较高的速度和能量才能逃离原子核的束缚，因此在放射时会有较高的速度和能量，穿透力也比较强，波长较小，频率较高。最里层物质最靠近原子核，围绕原子核旋转的速度也最快，逃离原子核时具有很高的速度和能量，有很强的穿透力，波长很短，频率很高。

六、医用加速器在放疗设备中的地位？

与其他医学学科相比，放射治疗历史较短，只有 100 多年。1895 年伦琴发现了 X 线；1898 年居里夫人发现镭，之后很快就将放射线在临床治疗中应用。1922 年出现深部 X 线机，治愈了 1 例喉癌患者，从此，深部X线治疗逐步增多，但X线的深度剂量低，皮肤反应大，只能治疗表浅肿瘤。20世纪50年代有了 ^{60}Co 远距离治疗机，由于深度剂量比深部X线机明显提高，并具有皮肤减免作用等物理特性，在临床上能够治疗深部肿瘤，疗效也明显提高；从20世纪60年代出现的电子直线加速器至今是临床上应用最广的外照射治疗机。

目前，常规二维放射治疗进入了三维放射年代（three-dimensional radiation therapy，3DRT），三维放射治疗包括三维立体定向放射治疗（X线、γ线）。调强放射治疗（intensity modulated radiation therapy，IMRT），提供了精确定位、精确设计和精确治疗系列技术。这不但使照射的高剂量适合肿瘤靶区形状，而且可以更好地达到放射治疗总原则，即达到最大限度对肿瘤杀灭的同时，把对正常组织损伤降到最低，这样才可能提高放射治疗疗效，又减少后遗症，改善患者的生活质量，是当今最高形式的放射治疗手段。

第二节　放射物理学要点

一、什么是放射性核素？

1. 概念　许多核素都能自发地放射出射线。放出的射线类型除α、β、γ以外，还有正电子、质子、中子、中微子等其他粒子。能自发地放射出射线的核素，称为放射性核素（以前常称为放射性同位素），也称不稳定核素。

2. 分类　放射性核素分为天然的和人工的两种，目前已发现的放射性核素有近2000种，其中绝大多数是人工放射性核素。

3. 半衰期　半衰期是固有特性，是指原子数衰变到一半所需的时间。

4. 应用　放射性核素治疗的原理是利用核素发射出的β射线在病变组织产生一系列的电离辐射的生物效应，射线作用于组织细胞将其能量部分或全部移交给组织，通过辐射能的直接和间接作用使机体生物活性的大分子结构和性质遭受损害导致细胞繁殖能力丧失，代谢紊乱失调，细胞衰老或死亡从而达到治疗的目的。正常细胞和病变的细胞群体对核素射线的敏感性不同，一般细胞分裂活性越大对射线越敏感，浓聚放射性核素的能力也越强，因而射线破坏或抑制病变组织的同时对正常组织可不发生或仅发生轻微的损伤。

二、人工射线装置的放射性原理是什么？

人工射线装置指能够产生并输出高能射线的各种射线装置，包括X线机、加速器。

电子直线加速器的基本工作原理：电子在电场中会受到电场力的作用而运动，电子因受电场力的加速而获得能量。在电子直线加速器的加速管内部，"谐振腔"在微波的激励下产生沿轴线向前移动的高压电场，电子被持续加速而获得能量。电场强度越强，加速距离越长，电子获得的能量就越高，这些获得高能量的电子，直接引出的就是电子线，打靶以后就可以输出X线。

三、什么是电离辐射？

1. 定义　电离辐射是一切能引起物质电离的辐射总称。电离辐射的全称是致电离辐射，就是通过与物质的相互作用能够直接或间接地使物质的原子、分子电离的辐射。电离辐射指可以从原子、分子或其他束缚状态放出一个或几个电子的过程。

2. 描述　电离能力，决定于射线（粒子或波）所带的能量，而不是射线的数量。如果射线没有带有足够电离能量的话，大量的射线并不能够导致电离。

3. 原理　α射线是一种带电粒子流，由于带电，它所到之处很容易引起电离。α射线有很强的电离本领，这种性质虽可利用，但也会带来一定的坏处，如对人体内组织破坏能力较大。由于其质量较大，穿透能力差，在空气中的射程只有几厘米，只要一张纸或健康的皮肤就能挡住。β射线也是一种高速带电粒子，其电离本领比α射线小得多，但穿透本领比α射线大。与X线、γ射线相比，β射线的射程短，很容易被铝箔、有机玻璃等材料吸收。X线和γ射线的性质大致相同，是不带电波长短的电磁波,因此把它们统称为光子。两者的穿透力极强,要特别注意意外照射防护。

四、常用电离辐射的量和单位是什么?

在放射诊断和治疗的早期,人们对电离辐射及其与物质相互作用的机制缺乏深刻的了解,在对电离辐射进行度量时,只能肤浅地通过观察一些辐射效应,如胶片受照射后黑度的变化、患者受照射部位皮肤颜色的改变来描述电离辐射的强弱。这种对辐射剂量的估算极为不准确,并且很容易产生误导。随着人们对电离辐射与物质相互作用机制的深入研究和逐步了解,辐射量及其单位的概念经历了不少演变,不断确立了更为科学的度量原则和方法。国际上选择和定义辐射量及其单位的权威组织是"国际辐射单位和测量委员会"(International Commission on Radiation Units and Measurements,ICRU)和"国际放射防护委员会"(ICRP)。

1. 描述辐射源的量——放射性活度 A 放射性活度是指一定量的放射性核素在一段时间内发生的核衰变数与该时间间隔之商。活度的国际单位是贝克勒尔(Bq),在此之前为居里(Ci)。两者之间的关系$1Ci = 3.7 \times 10^{10} Bq$。

2. 描述辐射场的量——照射量 X 和比释动能 K

(1)照射量 X(exposure):定义为 X 线或 γ 线辐射在质量为 dm 的空气中释放的全部次级电子完全被空气阻止时,在空气中形成的同一种符号的离子总电荷的绝对值,单位为 $C \cdot kg^{-1}$。

(2)比释动能 K:为不带电离粒子在质量为 dm 的介质中释放的全部带电粒子的初始动能之和;K 的单位为 $J \cdot kg^{-1}$;专用名:戈瑞(Gy)。

3. 描述辐射被吸收的量——吸收剂量 D(absorbed dose) 定义为辐射所授予单位质量介质的平均能量。D 的单位是 $J \cdot kg^{-1}$;专用名为戈瑞(Gy),$1Gy=1 J \cdot kg^{-1}$。另一个单位为拉德(rad),$1Gy=100rad$。

第三节 放射治疗计划设计与临床实施

一、临床治疗计划设计的基本原则有哪些?

1. 肿瘤治疗的普通原则

(1)首次治疗的原则:肿瘤治疗只有一次最佳治疗机会,首次治疗不正确,常常导致治疗失败。

(2)综合治疗原则:应该有计划、有组织地分步执行。

(3)长期治疗原则:并不是手术、放疗结束,治疗就终止,而是分别对不同的情况,制定长期计划,定期随诊,及早发现问题,并及时解决问题。

2. 肿瘤放疗原则

(1)诊断清晰原则:尽量弄清肿瘤的类型、范围、立体位置及期别等肿瘤情况,并做到有的放矢。鉴于放射的有害性,一般不做实验性治疗或对良性病放疗。

(2)对患者的一般情况进行 Karnofky(KPS)评分时,要掌握重要生命器官、肿瘤周围组织功能状况及其他的合并症。

(3)细致计划原则:充分进行放疗前的准备,并排除一切不利因素,如感染,利用各种技术,反复地计算,提高肿瘤受量和敏感性,减少正常组织的受量,以提高疗效。

(4)个体化原则:因肿瘤情况、正常组织耐受性、机体状况乃至社会心理学在临床上个别差异性较大,治疗计划必须区别对待,应密切观察,不断调整。例如,常规 2Gy/d,某些患者可能反应较大或肿瘤的"抗拒",应适当地进行协调;又如脊髓受照时,个别患者可能较早地出现脊髓炎症状,说明该患者脊髓神经可能对放射敏感,可以考虑提前脊髓照射。临床情况复杂多变,应视情况而定。

(5)根据以上原则选择以下治疗方式

1)根治性治疗:是指以根治肿瘤为目的的方案。一般适用于早期的肿瘤,或者还没有发现远处转移的肿瘤,一般情况好,无严重合并症,有可能根治的肿瘤。根治性治疗根治量较高,范围较大，全身及局部的不良反应也较大，根治方案并不意味着一定会达到根治的目的。

2）姑息放疗：是指病期已达晚期，一般情况较差或者已经有全身或局部转移，对根治的希望不大，只能给予姑息放疗，使肿瘤生长暂时受到抑制，或者使肿瘤缩小，症状减轻。也有一些患者，原来预期效果不好，也给予姑息性放射治疗，经过一段时间的治疗后，若疗效较好也可予以足量的根治放疗。有时候放疗实际上是为了减轻症状，使患者有较好的生活质量，如对骨转移的疼痛予以放疗止痛也属于姑息性放疗，这种情况下，一般达到目的就可以停止放射治疗。

3）预防性放疗：这里特别指的是亚临床灶的预防照射，如白血病、小细胞肺癌的预防性放疗，鼻咽癌颈淋巴区的预防性放疗，这些治疗常常有积极的作用。

二、常用放射治疗的疗程如何安排？

常用常规分割（convention fraction）放射治疗：即每周5天，每天1次，休息2天，每次剂量1.8～2Gy，一般需28～30次。其原理在于5天放射，2天休息，每周共5次是较为合适的治疗，它使肿瘤受损达到较高程度，但又使靶区内的正常细胞有可能得到部分修复，利用正常细胞与肿瘤细胞"受量耐受性差"作为治疗根据。

三、什么是粒子植入治疗？

放射性粒子种植是根据三维粒子的种植计划，通过CT、B超、MRI引导下或者手术将永久种植粒子直接种植到肿瘤的靶区，放射性粒子永久地存留在人体内直接杀伤肿瘤细胞。将放射源（封装的放射性核素）经人体腔道置于肿瘤附近，插植到肿瘤体内，或放置在瘤体表面实施照射的一类放射治疗手段的总称。近距离粒子植入治疗主要包括腔内和管内照射、组织间照射、术中放置导管的照射及模照射，粒子植入治疗技术涉及放射源，其核心就是放射粒子。现在在临床运用的是一种被称为 ^{125}I 的物质。每个 ^{125}I 粒子就像一个小太阳，其中心附近的射线最强，可最大限度地降低对正常组织的损伤。

四、粒子植入治疗的原理是什么？适应证有哪些？

放射性粒子植入的技术原理：放射性粒子植入治疗的技术主要依靠立体定向系统将放射性粒子准确植入肿瘤体内，通过微型放射源发出持续、短距离的放射线，使肿瘤组织遭受最大限度的杀伤，而正常的组织部分损伤或只有微小损伤。

放射性粒子植入的适应证：放射性粒子植入适用于局部（局限性）肿瘤，并无远处转移。肿瘤最大径应≤7cm，生长缓慢，分化较好。患者KPS＞60分，无重要脏器衰竭表现。

放射性粒子组织间近距离治疗的适应证目前主要有：

（1）未经治疗的原发癌症，如前列腺癌。

（2）需要保留重要功能性组织，或手术将累及重要脏器，如脑深部的肿瘤。

（3）不宜或者患者不愿行根治性手术，如甲状腺癌、子宫内膜癌、宫颈癌、子宫肌瘤等。手术中肿瘤累及重要组织，只能行姑息手术的病例。

（4）为了预防癌症局部或区域性扩散，增强根治效果的病例，可以进行预防性植入，如腹膜后肿瘤。

（5）转移性肿瘤病灶或者术后孤立性肿瘤转移病灶而失去手术价值者，如肺的多发转移肿瘤。

（6）无法手术的原发病例，如巨块型肝癌。

（7）外照射剂量不佳或者失败的病例，外照射剂量不足，需要局部剂量补充的病例。

（8）术中残存的肿瘤或切缘距肿瘤太近（＜0.5cm）。

五、粒子植入治疗的特点有哪些？

放射性粒子植入体内后，可以持续发出低能量的γ射线，这可使乏氧细胞再氧化，增加肿瘤细胞对放射线的敏感性，同时低剂量照射可以抑制肿瘤的有丝分裂，使肿瘤细胞因辐射效应受到最大程度的杀伤，从而达到治愈目的。肿瘤生长过程中，仅仅只有小部分细胞处于增殖状态（即活跃期细胞），而这些活跃期的细胞只有在 DNA 合成后期（G_0 期）和有丝分裂期（G_2 期）对放射线有高敏感性，少量 γ 射线（3cGy）即能破坏肿瘤细胞核的 DNA，使肿瘤细胞失去繁殖能力，其他阶段的肿瘤细胞，对 γ 射线敏感度较差，静止期的肿瘤细胞对 γ 射线相对不敏感。另外，放射性粒子不直接与组织接触，而以金属外壳包住。按照"放射剂量与距离的平方成反比"的规律，粒子周围的靶区可以得到较高的放射量，但周围正常组织的受量很低，有利于保护正常组织。

六、粒子植入治疗的护理要点有哪些？

1. 术前心理护理 放射性粒子植入治疗肿瘤是一项新技术，大多数患者对其不甚了解，不仅顾虑医师的技术，而且又担心粒子会伤害到其他器官，从而产生焦虑和恐惧的心理。护理上应加强健康宣教等。

2. 术前准备

（1）做好术部皮肤准备，注意保持皮肤的清洁、干燥。

（2）术前 30min 肌内注射止血药和镇痛药，以利于手术的顺利进行。

（3）如果需要硬膜外麻醉的患者，则按麻醉方式准备。

（4）前列腺粒子植入的患者给予留置导尿管。

3. 术后护理

（1）术后平卧 6h 或按麻醉方式进行护理。

（2）注意观察粒子植入部位皮肤的变化和疼痛情况。

（3）注意观察穿刺点是否有粒子游离出来。

（4）肺癌患者术后注意观察有无咳嗽、咯血、胸痛、胸闷和呼吸困难等现象，6h 后给予患侧卧位，以利于止血和防止吸入性肺炎或肺不张等并发症的发生；备好急救物品和药品，防止患者出现大咯血引起窒息，出现血胸、气胸，严重时可行胸腔闭式引流。

（5）前列腺癌患者粒子植入术后 24h 内观察是否有血尿，注意尿道刺激征，嘱其大量饮水；第 1 天和第 2 天应该进行尿液过滤检查，以防粒子丢失。如果在患者尿液中发现粒子，可用镊子夹起放入铅罐中，并交给放疗医师妥善处理。

4. 放射线防护的护理

（1）医护人员与患者之间的防护：治疗的过程中在粒子植入部位应该覆盖 80cm×40cm 铅防护帘；操作时动作要轻快，避免时间过长。

（2）患者之间的防护：接受放射性粒子植入的患者应尽量入住单人病房或者集中在同一间病房管理，并嘱患者不要随意串病房。

（3）患者与家属之间的防护：由于粒子释放的射线能量低，衰退迅速，对周围的人群损伤很小，大部分射线的能量消耗在肿瘤组织中，不过还是不能忽视，应该尽量避免与患者密切接触，最好保持 1m 或以上的距离；儿童和孕妇不宜接触患者。

七、粒子植入治疗的不良反应及处理方法有哪些？

粒子植入治疗最常见的不良反应包括膀胱出口处梗阻、尿失禁、直肠出血、阴茎勃起障碍，除此之外还有一些患者在治疗后会出现前列腺特异性抗原（PSA）缓慢上升。粒子植入治疗后引起放射性直肠炎和放射性尿道炎，出现尿频、尿痛等症状。放射性粒子治疗后，尿失禁的现象比较少见。直肠的损伤也是比较少见的。勃起障碍通常是在治疗 1 年后才会发生。

处理方法：如果治疗同时和治疗后都能坚持服用中药，则对不良反应有很好的防护作用，还能使放射治疗取得良好的效果。

八、什么是肿瘤内照射治疗？

肿瘤内照射治疗又称近距离治疗，即将放射源直接放入肿瘤内部（粒子植入），或者放入肿瘤邻近管腔（气管、食管、阴道等）进行放疗。内照射所用放射源的射线射程短、穿透力低，优点是肿瘤可以得到较高的剂量，远处正常组织受量低而得到保护；缺点是剂量分布不均匀，容易造成热点（过高剂量区）和冷点（过低剂量区），增加肿瘤的残留和复发的危险。所以除宫颈癌外，目前内照射只作为外照射的补充剂量应用，不宜单独应用。

九、为什么要保持放射治疗标记？放射治疗标记不清楚应该怎么办？

患者被诊断患有肿瘤并需要放疗时，医生必须要给患者先做好放疗前的各项检查，然后根据体格检查、X线片、CT及磁共振等检查结果，对其制订放疗计划。将患者的肿瘤部位通过解剖结构或模拟定位机定出照射范围，投射到相应的皮肤上，所以医生要在患者的皮肤上用红墨水画出皮肤印子做好标记。当患者进行放疗时，技术员将患者体位摆好后，用放射治疗机对准皮肤印子对患者实施放射治疗。要让患者知道皮肤印子的重要性，尽量保持皮肤照射野清楚，并保证顺利完成放射治疗。

十、放射线对正常组织有损害吗？

在临床放射治疗的过程中，放射线对人体正常的组织必然会产生一定的影响，从而造成一定的放射反应与损伤。但是，肿瘤放疗科医生首先考虑的是在尽量避免并减少对正常组织损伤的同时，如何彻底消灭肿瘤，从而达到治愈肿瘤、保护功能、提高生存质量和延长生命的目的。

放射引起的正常组织反应一般分为早期原发反应和晚期继发反应。早期原发反应一般是指放射引起的组织细胞本身的损伤，还可能有并发的炎症，如口、鼻腔黏膜急性放射性反应引起局部黏膜红肿、痛、浅溃疡及假膜形成等；皮肤急性干性或湿性放射性反应等。晚期放射反应是指放射引起的小血管闭塞和结缔组织纤维化而影响组织器官的功能，如腺体分泌功能减退引起口干，肺、皮肤及皮下组织的纤维化收缩等。而较严重的放射损伤，如放射性截瘫、脑坏死、骨坏死和肠坏死等都是绝对不允许的。

十一、放射治疗肿瘤有什么优点和缺点？

众所周知，70%以上的肿瘤患者均接受了不同程度的放射治疗，到底放射治疗有什么优缺点？

1. 放疗的优点

（1）许多肿瘤患者通过放疗得到治愈，获得长期生存，如早期鼻咽癌、淋巴瘤和皮肤癌等。

（2）有些患者的放疗疗效甚至同手术疗效一样好，如早期宫颈癌、声带癌、皮肤癌、舌癌、食管癌和前列腺癌等，而患者的说话、发音、咀嚼、进食和排便等功能完好，外观也保存完好；早期乳腺癌通过小手术大放疗后，不仅存活时间同根治术，而且乳腺外观保存基本完好，为世界各国女性乳腺癌患者所接受。

（3）有些肿瘤患者开始不能进行手术治疗或切除困难，但经前放疗后，多数患者肿瘤缩小，术中肿瘤播散机会减少，切除率提高，术后生存率提高，如头颈部中晚期癌，较晚期的食管癌、乳腺癌和直肠癌等。

（4）也有些患者需术后放疗，既消灭残存病灶，又提高局部控制率和存活率，如肺癌、食管癌、直肠癌、乳腺癌、软组织肉瘤、头颈部癌和脑瘤等。

（5）还有些肿瘤患者由于体质差或有合并症不能手术，或不愿手术者，单纯放疗效果也不错。

（6）对于那些病期较晚，或癌瘤引起的骨痛、呼吸困难、颅内压增高、上腔静脉压迫和癌性出血等，放疗往往能很好地减轻症状，并达到延长生命的目的。

（7）近年来，由于放疗设备的不断改进，治疗计划系统已由二维发展为三维计划，如γ刀或X刀的应用使肿瘤得到更高剂量的杀灭，而周围正常组织的受量大大降低；对肿瘤得到更精确照射的适形放疗在不久的将来也一定会得到广大肿瘤患者的欢迎。

2. 放疗的缺点

（1）放射治疗设备昂贵，治疗费用较高。

（2）放射治疗工作人员要求全面和熟练，包括合格的放射治疗医生、放射物理、放射生物和熟

（3）放射治疗周期长，一般需1～2个月。

（4）放射并发症较多，甚至引起部分功能丧失。

（5）有些肿瘤，尤其是晚期肿瘤患者，放射治疗效果欠佳。

十二、放射治疗能治疗哪些肿瘤？

放射治疗是恶性肿瘤患者的主要治疗手段之一，大多数患者需行放射治疗。由于放疗目的不同，可采用单纯根治放疗或姑息放疗，也可采用与手术或化疗结合的综合治疗。

1. 头颈部肿瘤　鼻咽癌、早期声带癌首选放疗；其他肿瘤采用放疗与手术的综合治疗或单纯放疗。

2. 胸部肿瘤　早期食管癌和肺癌，手术治疗；中晚期食管癌、肺癌用单纯放疗或配合手术治疗；肺小细胞未分化癌采用化疗、放疗结合。

3. 淋巴系统肿瘤　霍奇金淋巴瘤Ⅰ、Ⅱ、ⅢA期放疗为主，ⅢB、Ⅳ期化疗为主，配合局部放疗；非霍奇金淋巴瘤Ⅰ、Ⅱ期放疗为主，Ⅲ、Ⅳ期化疗为主，或可配合局部放疗。

4. 泌尿生殖系统肿瘤　多数以手术治疗为主，或术后辅以放疗。睾丸精原细胞瘤以放疗为主。

5. 妇科肿瘤　宫颈癌以放疗为主，宫体癌、卵巢癌可行手术与放疗配合，后者可化疗。

6. 消化系统肿瘤　胃癌、肠癌手术为主，胰腺癌、胆道癌可放疗，直肠癌配合手术或姑息放疗。

7. 骨肿瘤　骨肉瘤手术治疗为主，加放、化疗可提高疗效；骨网织细胞肉瘤、尤文瘤，放疗为主，可配合化疗；骨转移瘤可行止痛放疗等。

8. 神经系统肿瘤　多数颅内原发性肿瘤需行术后放疗；但髓母细胞瘤、室管膜母细胞瘤及生殖细胞瘤尚需行全中枢神经系统照射；颅内转移瘤姑息放疗首选。

9. 皮肤软组织肿瘤　皮肤早期癌放疗与手术疗效相同，晚期癌用放疗或配合手术；黑色素瘤、软组织肉瘤以手术治疗为主，术后用放、化疗可提高疗效。

10. 乳腺癌　早期癌采用小手术加根治性放疗，疗效同根治术，但保留了乳腺外观和功能；中期癌可术后放、化疗，提高局部控制；晚期癌可用术前放疗或放、化疗。

11. 某些良性疾病　如表皮的血管瘤、经久不愈的湿疹、皮肤瘢痕疙瘩、神经性皮炎等，也可采用放疗。

十三、放射治疗在恶性肿瘤的治疗中占有什么地位？

目前，恶性肿瘤已成为世界各国的常见病和多发病，发病率逐年增高，其死亡率占各种死因的第一或第二位。放射治疗已成为恶性肿瘤治疗中的主要手段之一，有70%以上的肿瘤患者需用放疗（包括综合治疗及单独治疗）。有些恶性肿瘤单独放疗就能取得很好的根治效果。而且，放射治疗已成为一个专门学科，称为肿瘤放射治疗学，包括临床放射物理学、临床放射生物学和临床放射治疗学，而且近40多年来发展很快。有些早期恶性肿瘤单用放疗治愈率很高，如早期鼻咽癌、宫颈癌、声带癌、霍奇金淋巴瘤、皮肤癌等。早期食管癌、前列腺癌、舌癌等5年生存率都与手术相似，而功能外观保存较满意。一般来医院就诊的肿瘤患者中，70%～80%已属中晚期患者，多数患者不能手术，或切除困难，或有手术禁忌，或不愿手术，大多数需行放射治疗，而且不少患者放疗后疗效较好。放射治疗在肿瘤综合治疗中亦占有重要的地位，如与外科配合的术前、术中和术后放疗；与化疗科配合的化疗前、化疗中及化疗后放疗；还有放疗、手术和化疗三者配合的综合治疗。总之放射治疗是大多数恶性肿瘤患者不可缺少的重要治疗手段,恶性肿瘤患者应到放射治疗科会诊和诊治。

十四、放射治疗能包治百病吗？

放射治疗不能包治百病。但在恶性肿瘤患者中，大多数患者需接受放射治疗，包括根治性放疗和姑息性放疗。

许多来医院就诊的癌症患者，其病情已达中晚期，放射治疗可以杀灭大部分肿瘤细胞，从而达到暂时控制肿瘤、减轻患者症状和延长生命的目的，多数患者尚需配合手术或化疗以达到局部彻底控制或消灭潜在及已有的远处转移病灶，以获得更好的治疗效果。放射治疗仅是一个局部治疗手段，同时放射治疗常常受到放射野内正常组织器官耐受剂量的限制。在许多中晚期患者的治疗中，常需要很高剂量才有可能控制肿瘤，这势必引起照射野内肿瘤旁正常组织严重的急性或慢性的损伤，造成患者不必要的痛苦和伤害，这是放射治疗科医生所不愿看到的。放射治疗的原则是尽可能彻底杀灭肿瘤的同时，尽可能多地保护正常组织器官的功能，即尽可能提高肿瘤区域的照射剂量和减少周围正常组织器官的照射量。

在临床肿瘤治疗中，许多头颈部肿瘤，如上颌窦癌、鼻腔筛窦癌、口腔癌和喉癌等尚需配合手术治疗；而腮腺癌、甲状腺癌、颅内原发肿瘤一般首选手术治疗。对于胃肠道肿瘤、泌尿道肿瘤、较早期的肺癌、食管癌等一般首选手术治疗。而对于中晚期淋巴瘤、肺小细胞未分化癌和骨髓肿瘤等，化学治疗常常是其主要治疗手段。

十五、放射线会致癌吗？

可以肯定地说放射线会致癌。但放射治疗所说放射致癌的定义是在放射治疗结束后至少十年以上，在放射区域内出现的与原肿瘤病理类型不同，或病理类型相同但分化程度不同的恶性肿瘤，出现这种情况的患者只是极少数，而且这种情况如果能及时发现及时治疗，效果还是很好的。

由于环境被放射性物质污染，生活在这种环境中的人群长期慢性接受射线，其癌症发病率比正常人群高，这种情况应称辐射致癌，与放射致癌是两个不同的概念。

十六、放疗过程中，由于各种原因中断一段时间，这对疗效有什么影响？

在过去若干年，有一种放疗方法称"分段放疗"，即将常规的连续放疗分为两个阶段，两个阶段之间间隔2～3周，结果经过多年的临床观察发现，这种治疗方法降低了肿瘤放疗的效果。这也就说明了在放疗过程中由于各种原因治疗中断一段时间是不合适的，结果是使患者的治疗效果下降，这与肿瘤组织在间歇期的"再增殖"有关。因此，从患者的角度讲，应尽量配合医生的治疗，对于一些可以克服的放疗反应如轻度的进食疼痛、轻度恶心，除了医生应给予适当的处理外，患者应树立坚定的信心努力予以克服，切不可稍有不适即自作主张停止或放弃治疗；而从家属角度讲更不应该因一些家庭或社会琐事而使患者暂停放疗。当然如果放疗反应很严重，患者无法耐受，在主管医生的指导下可适当休息，但休息时间越短越好。

十七、放射治疗一个疗程要多长时间？目前，放疗常用的方法是每天照射1次，每周照5次，这是什么道理？

放射治疗一个疗程所需的时间取决于肿瘤的性质、病变的早晚、治疗的目的、患者的身体状况等多方面的因素，一般需时4～6周。病变相对较早，以放疗为主要治疗的根治性放疗需时较长，一般为5～7周，如食管癌根治性放疗一般需6～7周；病变较晚的姑息性放疗则需时较短，一般为3～5周，如脑多发转移瘤的放疗一般可控制在3～5周内完成。敏感肿瘤的放疗一般需时较短，如淋巴瘤的放疗需时3周半～5周半；而对放疗敏感性较差的肿瘤，如纤维肉瘤，则需时6～8周。为提高手术切除率、减少复发所作的术前放疗一般需时4～5周，如颈段食管癌术前放疗需时5周；为巩固疗效而作的术后放疗一般需时5～6周，如直肠癌术后放疗需时5周。年迈体弱，同时有其他慢性疾病者，为防止放射损伤一般放疗的剂量较低，故需时较短，如肺癌合并慢性支气管炎者放疗5周左右，而不是常规的6～7周；年幼者为了防止因放疗损伤影响生长发育，放疗所需时间较成人短，如儿童淋巴瘤的放疗一般需时3～4周。

通过放疗治疗肿瘤的基本原则之一就是能使肿瘤得到最大限度地控制和"杀伤"，而肿瘤周围正常的组织和器官只受到最小限度的损伤。就肿瘤组织而言，若它对放射线越敏感，则放疗的疗效可能越好。而肿瘤组织的放射敏感性又与肿瘤组织中处于各"生长阶段"的肿瘤细胞数和肿瘤组织中的含氧量有关。肿瘤细胞有不同的"生长阶段",其中以处于"细胞分裂期"的细胞对放射线最为敏感,而处于"静止期"的细胞则对放射线不敏感。肿瘤组织每次受到照射后只选择性地杀伤了比较敏感的细胞,而不敏感的细胞却仍存活,并且继续进行着其不同"生长阶段"的增殖活动,从中又有一些细胞进入了比较敏感的"生长阶段",等下一次放疗时又选择性地杀伤了敏感细胞,这样一次一次放疗后,肿瘤就会越来越小。而从肿瘤组织含氧量来说,含氧量越高对放射线越敏感,反之含氧量低时则对放射线不敏感。每次放疗时,含氧量高的肿瘤细胞能被充分地杀伤,这样就剩余了较多的含氧量低的细胞,而这些含氧量低的细胞在放疗间歇期有一部分可转变为含氧量高的细胞,待下次放疗时这些含氧量高的细胞就又对放射线较敏感,从而又有一部分肿瘤细胞被杀伤,这样一次一次放疗后肿瘤便会逐渐缩小。故从肿瘤组织考虑,分次放疗能够更好地达到治疗的目的。就正常组织而言,每次放疗亦可造成一定程度的损伤(当然比肿瘤组织的损伤要小得多),而分次放疗后,在间歇期正常组织细胞有充分的时间进行修复,从而减少放疗对正常组织的损伤。有研究显示,加大放疗剂量和缩短放疗总时间均会增加放射线对正常组织的损伤,因此,分次放疗亦有利于正常组织的修复。至于每日放疗一次,每周5次的标准方案是从几十年的经验中发展起来的,是一种较好的放疗模式。

十八、同一个部位的肿瘤能否反复做放射治疗?

放射治疗中遇到的一个主要问题就是肿瘤周围正常组织和器官的放射损伤限制了对肿瘤的放疗剂量,即在肿瘤治疗的同时,肿瘤周围正常组织和器官所接受的放疗剂量必须控制在一定范围内,才不至于使周围正常组织和器官受到严重的放射损伤。比如脊髓的受量不能超过4000cGy,否则有可能引起瘫痪;小肠、胃不能超过4500cGy,否则有可能会引起溃疡、穿孔和出血。而且从肿瘤组织本身来讲,再次放疗时由于肿瘤细胞对放疗的敏感性下降,放疗的疗效也降低。因此,在一般情况下一个部位的肿瘤是不能反复放疗的,尤其是间隔时间太短(如两程放疗之间间隔2~3个月)、肿瘤对放疗不敏感、肿瘤与脑干、脊髓、肾等器官临近者。当然,对于一些间隔时间长,如两程放疗之间间隔一年以上,肿瘤患者身体状况良好,肿瘤周围的正常组织在上次放疗中的损伤较轻,或放疗损伤恢复良好,而且在同一部位的肿瘤又没有其他合适的治疗手段时,也可考虑再次放疗。但再次放疗时必须考虑到更为严重的放疗损伤,如鼻咽癌的再次放疗可能使颈部皮肤纤维化变硬进一步加重,从而影响患者头面部的血供,患者会有明显的面部肿胀,甚至记忆力下降;也可能使软腭纤维化影响进食;面部纤维化影响张口动作。因此,再次放疗时必须要多个放射野照射,要采取尽量小的放疗范围和尽量低的放疗剂量。

第四节 放射治疗物理质量保证与质量控制

一、什么是QA、QC?

放射治疗的质量保证(QA)是指经过周密计划而采取的一系列必要的措施,保证放射治疗的整个服务过程中的各个环节按国际标准准确安全地执行。这个简单的定义意味着质量保证有两个重要内容:质量评定,即按一定标准度量和评价整个治疗过程中的服务质量和治疗效果;质量控制(QC),即采取必要的措施保证QA的执行,并不断修改服务过程中的某些环节,达到新的QA级水平。

二、如何保证每位患者的治疗计划的质量保证与质量控制?

放射治疗计划实施的质量保证与质量控制的基本要求为:

必须严格掌握患者放射治疗适应证,患者在实施放射治疗之前应先经病理学和细胞学明确诊断,并且经医生诊断属放射治疗疾病。定位后根据CT图像制作治疗计划,使照射等剂量曲线尽量合理,靶区应在85%~90%的等剂量曲线内。合理制定放射治疗计划,对准备接受放射治疗的患者,应明确治疗的目的，如是根治性或姑息性，合理制定计划并严格按照计划执行治疗，制定放疗计划时必须有一名主治医师以上职称的人员参与，协同物理师完成放疗计划的设计。照射前放疗技师应认真阅读治疗计划本，核对患者姓名、诊断、照射剂量，并按照医嘱正确摆位，做到一人操作机器两人摆位。及时验证患者的复位情况并请主管医生到场查看并签字确认。

三、为什么要进行放疗验证与剂量检测？

1. 位置验证　在治疗计划的执行阶段，射野位置和患者摆位都会存在误差，甚至出现一些严重的错误，据有关实验结果证明，有 50%的射野摆位误差超过了 5mm，因此位置验证是非常必要的。

2. 剂量验证　剂量验证是确认患者实际受到的照射剂量是否等于计划给予的剂量的过程。

3. 剂量检测　在放疗过程中，靶区剂量的准确性很大程度上会影响一个放疗的成功与失败。靶区剂量的准确性除了与医生的处方剂量设计以及技术员的摆位技术有关外，放疗设备的剂量输出检测也是十分重要的一环，稍有疏忽就可能会导致较大的计量误差，直接影响到靶区剂量的准确性，从而影响放疗质量。

（陈春雨　刘佳宾　何　莲）

第二章 放射治疗辐射防护

第一节 放射治疗的辐射防护与安全

一、辐射防护工作的基本要求是什么？

辐射防护工作的基本原则，也是基本要求，它是一个完整的体系，需要全面贯彻执行，不能片面强调其中一个方面，为了防止确定性效应的发生，把剂量当量限值定在足够低的水平上，以保证工作者在终生全部时间内受到的照射也不会达到产生有害效应的阈值。使一切具有正当理由的照射保持在合理的可以达到的尽量低的水平。

辐射防护有三原则，包括实践的正当性、辐射防护的最优化、个人剂量限值。

（1）实践的正当性：是指从事任何与放射性有关的活动，都要有正当理由。在引进伴有辐射照射的任何实践之前，都必须经过正当性判断，都要经过事先论证，进行正当化分析。只有在考虑了经济、社会等各种因素之后，确认这种实践对受照个人或社会所带来的利益超过其付出的代价（包括可能引起的危害的代价）时，该实践才是正当的。

（2）辐射防护的最优化：是指对于来自任一辐射源的照射，在考虑了经济和社会等各种因素的条件下，个人受照剂量的大小、受照射人数及受照射的可能性都应保持在可合理达到的尽可能低的水平。这种最优化应该以个人所受剂量和潜在照射危险分别低于剂量约束和潜在照射危险约束为前提条件。

（3）个人剂量限值：是指对个人所受的正常照射的剂量加以限制，防止确定性效应的发生，并使随机效应的发生率控制在可合理达到的尽可能低的程度。为确保在正常情况下的剂量限值得以实现，对个人可能受到的潜在照射危险也应该加以限制，使获准实践项目的所有潜在照射所致的个人危险与剂量限值处于同一数量级水平。

二、辐射防护的基本方法有哪些？

1. 外照射防护 外照射是指来自体外的电离辐射对人体的照射。

（1）外照射防护目的和出发点：①目的：保护特定人（群）不受过分的直接或潜在的外照射危害。②出发点：从防护目的的实现及与此相关的社会付出方面综合进行考虑。

（2）外照射防护基本原则：既达到电离辐射源的应用目的，又使人员受到的辐射照射，保持在可合理做到的最低水平，即 ALARA 原则。①最优化：在应用辐射源带来的利益和进行防护所付出的代价之间斟酌权衡，以求最小付出和最大利益。②剂量约束：为正常控制条件下不应超过的剂量水平。

（3）外照射防护针对的主要射线及其辐射源：①单能电子束和 β 射线：源于粒子加速器和放射性核素。②能量较高的重带电粒子：源于粒子加速器。③X、γ 射线：源于粒子加速器和放射性核素。④中子：源于粒子加速器、反应堆和放射性核素。

（4）外照射防护基本方法措施：①时间防护——减少受照射时间。②距离防护——增大与辐射源的距离。③屏蔽防护——设置防护屏蔽。

2. 内照射防护

（1）目的：防止放射性物质经呼吸道、消化道和体表进入体内。

（2）基本措施：①围封隔离；②保洁去污；③个人防护；④放射性废物处理。

（3）表面放射性污染的去除：①非固定性污染，刚发生的污染，应立即去除，第1、2次去污效果较好，多次去除效果不明显。水是最常用、最普通的去污剂。②固定性污染，去除较难。

（4）放射性废水的处理：①低放射性废液，沉淀、储存、衰变；②核医学放射性污水处理，污水处理装置。

三、辐射的生物效应有哪些？

辐射生物效应是指辐射作用于机体后，其传递的能量对机体的分子、细胞、组织和器官所造成的形态和（或）功能方面的后果。

辐射生物学效应分类：机体受辐射作用时，根据照射剂量、照射方式及效应表现的情况，在实际工作中常将生物效应分类表述。

1. 按照射方式分类

（1）外照射与内照射（external and internal irradiation）：辐射源由体外照射人体称外照射。γ射线、中子、X线等穿透力强的射线，外照射的生物学效应强。放射性物质通过各种途径进入机体，其辐射能产生生物学效应者称内照射。内照射的作用主要发生在放射性物质通过途径和沉积部位的组织器官，但其效应可波及全身。内照射的效应以射程短、电离强的α、β射线作用为主。

（2）局部照射和全身照射（local and total body irradiation）：当外照射的射线照射身体某一部位，引起局部细胞的反应者称局部照射。局部照射时身体各部位的辐射敏感性依次为腹部＞胸部＞头部＞四肢。

当全身均匀地或非均匀地受到照射而产生全身效应时称全身照射。如照射剂量较小者为小剂量效应，如照射剂量较大者（＞1Gy）则发展为急性放射病。大面积的胸腹部局部照射也可发生全身效应，甚至急性放射病。根据照射剂量大小和不同敏感组织的反应程度，辐射所致全身损伤分为骨髓型（bone marrow type）、肠型（gastro-intestinal type）和脑型（central nervous system type）三种类型。

2. 按照射剂量率分类

（1）急性效应（acute radiation effect）：高剂量率照射，短时间内达到较大剂量，效应迅速表现。

（2）慢性效应（chronic radiation effect）：低剂量率长期照射，随着照射剂量增加，效应逐渐积累，经历较长时间表现出来。

3. 按效应出现时间分类

（1）早期效应（early effect）：照射后立即或数小时后出现的变化。

（2）远期效应（late effect）：亦称远后效应。照射后经历一段时间间隔（一般6个月以上）表现出的变化。

4. 按效应表现的个体分类

（1）躯体效应（somatic effect）：受照射个体本身所发生的各种效应，如放射病、诱发癌症等。

（2）遗传效应（genetic effect）：受照射个体生殖细胞突变，而在子代表现出的效应，如先天性畸形、弱智等。

5. 按效应的发生和照射剂量的关系分类

（1）确定性效应（deterministic effect）：旧称非随机性效应（nonstochastic effect），指效应的严重程度（不是发生率）与照射剂量的大小有关，效应的严重程度取决于细胞群中受损细胞的数量或百分率。此种效应存在阈剂量。照射后的白细胞减少、白内障、皮肤红斑脱毛等均属于确定性效应。

（2）随机性效应（stochastic effect）：指效应的发生率（不是严重程度）与照射剂量的大小有关，这种效应在个别细胞损伤（主要是突变）时即可出现。不存在阈剂量，并且可能于小辐射剂量照射（1Gy的很小一部分）之后发生而且其发生概率与受照剂量的大小有关。遗传效应和辐射诱发癌变等属于随机性效应。

四、辐射照射的类型？

常见的辐射可以分成粒子辐射和电磁辐射。

粒子辐射其实就是高速运动的粒子流，如中子、电子或其他粒子。

电磁辐射，可见光、无线电波、X线、γ射线都属于电磁辐射。

α射线：高速运动的氦原子核（包含2个质子、2个中子），穿透力极差，一张纸就可以将其基本隔离，在空气中只能移动几厘米的距离，无法穿透人的皮肤。

β射线：高速运动的电子，穿透能力比α射线略强，用一张胶合板就可以将其基本隔离，可以穿透1cm左右的人体组织。由于它轰击重原子（比如铅）的时候会产生更难隔离的γ射线，所以一般用胶皮或胶合板进行隔离。

中子射线：高速运动的中子，穿透力也很强，常用水进行隔离。

γ射线：具有高能量的电磁波，基本上无法完全隔离，一般用重原子物质（铅）等进行隔离。

五、什么是当量剂量，什么是有效剂量？

1. 当量剂量 是反映各种射线或粒子被吸收后引起的生物效应强弱的辐射量。当量剂量是吸收剂量与某一特殊类型的辐射（取决于该辐射的电离能力和电离密度）有关的一个因子的乘积。当量剂量的国际制单位：希[沃特]（Sv），在常规个人监测中更多使用的是毫希[沃特]（mSv）。旧的专用单位为雷姆（rem），1Sv=100rem。

2. 有效剂量 是指在全身受到非均匀性照射的情况下，受照组织或器官的当量剂量与相应的组织权重因子乘积的总和。有效剂量用简单术语来表示，是被一个人所接受辐射对所有组织或器官用其"组织权重因数"加权后的当量剂量之和。这个剂量反映人体中不同的器官和组织对辐射有不同的敏感性。当量剂量和有效剂量的国际单位制（SI）单位是希沃特（Sievert），称为希[沃特]（Sv），1Sv=1J/kg（1焦耳每千克）。

第二节 放射治疗职业危害

一、什么叫放疗辐射（放射治疗）职业危害？

放射治疗的职业危害：主要指引起放射损伤，即一定量的电离辐射作用于人体后，所引起的人体病理反应。

二、放射治疗防护的目的是什么？

放射治疗的目的是最大限度地将放射剂量集中到病变区（靶区）内，杀灭细胞，而周围正常组织或器官少受或免受不必要的照射，一些重要器官如脑干、脊髓、肾、性腺等，则需要特别保护。放射防护的目的是：防止有害的确定性效应、限制随机性效应的发生概率，使之达到合理、可以接受的水平。

三、正常组织的安全照射剂量范围是怎样的？

1. 中枢神经系统

（1）脊髓：过去认为45Gy/（4.5~5）周是脊髓的放射耐受量，现认为50Gy/25次/5周是安全的。（出于安全考虑）脊髓受量不应超过40Gy，脊髓每次受量不应超过2Gy（1.8~2.0Gy）。

（2）脑：脑及脑干的耐受量大致同脊髓，全脑照射不应超过50Gy（除脑组织的主要部位外，局部照射可达55~65Gy），脑干不应超过60Gy。由于神经细胞不能再分裂，所以神经系统的耐受剂量取决于周围结缔组织的耐受剂量。全脑：50~55Gy。除了时间、剂量因素外，正常大脑耐受量取决于照射的体积，体积500cm³不超过45Gy；体积1000cm³不超过40Gy；脑耐受性上限为每4周55Gy，每6周60Gy较为安全。

（3）臂丛：臂丛的耐受剂量为50Gy。

2. 眼

（1）全眼：照射全眼，$TD_{5/5}$=55Gy，损伤表现为全眼炎、出血。

（2）角膜：照射全角膜，$TD_{5/5}$=50Gy，损伤表现为角膜炎。耐受量较高，常规照射可达50~60Gy。若不注意保护可发生角膜上皮角化、角膜炎甚至溃疡、穿孔。过量照射可发生角膜坏死。

（3）视网膜：视网膜的耐受剂量为30Gy。视网膜及视神经受照10Gy即有反应及发生改变。照射68Gy以上，绝大多数患者可由于视网膜或视神经损伤而丧失视力。照射视网膜，$TD_{5/5}$=45Gy，损伤表现为失明。

（4）眼晶体：①放射耐受量低，<5Gy 就有可能发生放射性白内障。②照射眼晶体，$TD_{5/5}$=10Gy，损伤表现为需要处置的白内障。③受照剂量超过 6～8Gy 时会发生放射性白内障。在低剂量率照射时，耐受剂量可达到 20Gy。如果出现放射性白内障，可通过手术恢复视力。

（5）视神经及视交叉：①照射视神经或视交叉（无部分体积数据），$TD_{5/5}$=50Gy，损伤表现为失明。②视神经受损可能使患者失明，因此应该尽可能避免。视神经和视交叉的受照剂量不应超过 55Gy。

3. 耳

（1）中耳：①照射全中耳，$TD_{5/5}$=60Gy，损伤表现为严重中耳炎。②照射耳（中/外），$TD_{5/5}$=30Gy，损伤表现为急性浆液性耳炎；$TD_{5/5}$=55Gy，损伤表现为慢性浆液性耳炎。

（2）前庭、内耳：照射全前庭，$TD_{5/5}$=60Gy，损伤表现为美尼尔综合征。

4. 骨骼系统

（1）骨及软骨、骨髓：①儿童，照射整块骨或 10cm²，$TD_{5/5}$=10Gy，损伤表现为生长受阻；成人，照射整块骨或 10cm²，$TD_{5/5}$=60Gy，损伤表现为坏死、骨折、硬化。②骨髓，照射全身骨髓，$TD_{5/5}$=2Gy，损伤表现为再生不良；照射局部骨髓，$TD_{5/5}$=30Gy，损伤表现为再生不良。

生长期中的骨、骺软骨经较低剂量（20Gy）照射即有可能损害，表现为发育障碍、畸形。成熟、完整的骨及软骨即使高剂量（70～80Gy）照射，也很少发生改变。剂量过高或多次反复照射，可发生放射性骨炎或坏死。过量照射也可引起骨骼肌萎缩、硬化。

（2）股骨头：全体积照射，$TD_{5/5}$=52Gy，损伤表现为坏死。

（3）颞颌关节及下颌骨：照射 1/3，$TD_{5/5}$=65Gy，照射 2/3，$TD_{5/5}$=60Gy，照射 3/3，$TD_{5/5}$=60Gy，损伤表现为关节功能显著受限。

（4）肋骨：照射 1/3，$TD_{5/5}$=50Gy，损伤表现为病理性骨折。

5. 心血管系统

（1）照射 60%心区，$TD_{5/5}$=45Gy，损伤表现为心包炎、全心炎。心脏损伤的临床剂量阈值为 45～50Gy。

（2）照射心脏 1/3，$TD_{5/5}$=60Gy，照射 2/3，$TD_{5/5}$=45Gy，照射 3/3，$TD_{5/5}$=40Gy，损伤表现为心包炎。

（3）心包：不超过 40Gy。

6. 循环系统

（1）毛细血管：$TD_{5/5}$=50～60Gy，损伤表现为扩张、硬化。

（2）大动脉及大静脉：照射 10cm²，$TD_{5/5}$>80Gy，损伤表现为硬化、狭窄。

（3）淋巴结：照射整个淋巴结，$TD_{5/5}$=50Gy，损伤表现为萎缩硬化。

7. 呼吸系统

（1）气管及支气管：剂量超过 60Gy，有可能发生气管及支气管软化，引起窒息死亡。

（2）喉：照射 1/3，$TD_{5/5}$=79Gy，照射 2/3，$TD_{5/5}$=70Gy，照射 3/3，$TD_{5/5}$=70Gy，损伤表现为软骨坏死；照射 2/3，$TD_{5/5}$=45Gy，照射 3/3，$TD_{5/5}$=45Gy，损伤表现为喉水肿。

（3）肺：①照射 100cm²，$TD_{5/5}$=30Gy；照射全肺，$TD_{5/5}$=15Gy，损伤表现为急慢性肺炎。肺照射 20Gy 即可产生永久性肺损害。当行全肺照射时，则剂量不应超过 15Gy（常规分割），当疗程延长，减小每次剂量，则总剂量以不超过 25Gy/（3～4）周为宜。②照射 1/3，$TD_{5/5}$=45Gy，照射 2/3，$TD_{5/5}$=30Gy，照射 3/3，$TD_{5/5}$=17.5Gy，损伤表现为肺炎。③全肺：20Gy/10F；受照剂量达到 25～30Gy 时出现放射性肺炎，如果剂量达 40～50Gy，将出现放射性肺纤维化。

8. 消化系统

（1）口腔黏膜：照射 50cm²，$TD_{5/5}$=60Gy，损伤表现为溃疡、黏膜发炎。

（2）唾液腺及腮腺：①照射50cm^2，TD$_{5/5}$=50Gy，损伤表现为口腔干燥。10Gy左右就可使唾液腺分泌功能抑制，唾液成分发生变化。大于40Gy则分泌功能完全抑制，且不易恢复。②照射2/3，TD$_{5/5}$=32Gy，照射3/3，TD$_{5/5}$=32Gy，损伤表现为口干。③腮腺：10Gy即出现口干。

（3）食管：①照射75cm^2，TD$_{5/5}$=60Gy，损伤表现为食管炎、溃疡、狭窄。常规照射20～30Gy/（2～3）周时可引起放射性食管炎；40～50Gy时可有食管收缩痛；大于60Gy可能引起食管狭窄、溃疡。②照射1/3，TD$_{5/5}$=60Gy，照射2/3，TD$_{5/5}$=58Gy，照射3/3，TD$_{5/5}$=55Gy，损伤表现为临床狭窄/穿孔。

（4）胃：①照射100cm^2，TD$_{5/5}$=45Gy，损伤表现为溃疡、穿孔、出血。主要放射反应为放射性胃炎。30Gy/（2～3）周即有黏膜水肿，40～50Gy/（4～5）周可能出现溃疡，但修复很快。②照射1/3，TD$_{5/5}$=60Gy，照射2/3，TD$_{5/5}$=55Gy，照射3/3，TD$_{5/5}$=50Gy，损伤表现为溃疡穿孔。③照射肝，胃1cm^3<37Gy。照射胰腺，部分胃受照60Gy安全。

（5）小肠：①照射100cm^2，TD$_{5/5}$=50Gy，损伤表现为溃疡、穿孔、出血。对放射较敏感，常规照射40～50Gy，腹腔照射时剂量不宜过高，且每次剂量应小，特别是有肠粘连者更应注意。②照射1/3，TD$_{5/5}$=50Gy，照射3/3，TD$_{5/5}$=40Gy，损伤表现为梗阻、穿孔、瘘管。

（6）结肠：①照射100cm^2，TD$_{5/5}$=45Gy，损伤表现为溃疡、狭窄。②照射1/3，TD$_{5/5}$=55Gy，照射3/3，TD$_{5/5}$=45Gy，损伤表现为梗阻穿孔、穿孔、瘘管。

（7）直肠：①照射100cm^2，TD$_{5/5}$=60Gy，损伤表现为溃疡、狭窄。②照射100cm^2（无体积效应），TD$_{5/5}$=60Gy，损伤表现为严重直肠炎坏死、瘘管、狭窄。

（8）肝脏：①照射全肝，TD$_{5/5}$=25Gy；全肝条状照射，TD$_{5/5}$=15Gy，损伤表现为急慢性肝炎。照射全肝，TD$_{5/5}$=35Gy，损伤表现为肝衰竭、腹水。肝脏的放射耐受量与受照肝体积有关：照射野小于正常肝体积的25%，辐射剂量可达60Gy；照射野占正常肝体积的25%～50%，辐射剂量可达45～50Gy；照射野大于正常肝体积的50%及全肝照射不宜超过30～35Gy。肝脏的代偿功能较强，局部照射时肝功能影响不大。②照射1/3，TD$_{5/5}$=50Gy，照射2/3，TD$_{5/5}$=35Gy，照射3/3，TD$_{5/5}$=30Gy，损伤表现为肝衰竭。③全肝：不超过20～30Gy。

9. 泌尿系统

（1）肾脏：①照射全肾脏，TD$_{5/5}$=20Gy；全肾移动条照射，TD$_{5/5}$=15Gy，损伤表现为急、慢性肾炎。肾脏的放射性耐受量较低，全肾照射不要超过20Gy，或减小每次剂量，总量可达25Gy/（3～4）周。②照射1/3，TD$_{5/5}$=50Gy，照射2/3，TD$_{5/5}$=30Gy，照射3/3，TD$_{5/5}$=23Gy，损伤表现为临床性肾炎。③双侧肾脏受照可出现慢性肾衰竭。单侧或双侧部分肾脏受照可能导致高血压。双肾受照时剂量不能超过15～20Gy/10F。单侧肾脏受照体积小于1/3时，剂量在40～50Gy时不会出现肾衰竭。单侧全肾脏（肾炎）：TD$_{5/5}$=11Gy，TD$_{5/5}$=19Gy 双侧全肾脏TD$_{5/5}$=20Gy。

（2）膀胱：①照射全膀胱，TD$_{5/5}$=60Gy，损伤表现为挛缩。耐受量较高，但全膀胱照射一般不应超过50～60Gy/（5～6）周，超过60Gy，部分患者可发生膀胱挛缩和毛细血管扩张性出血。60Gy以下可产生膀胱刺激症状。②照射1/3，TD$_{5/5}$=N/A，照射2/3，TD$_{5/5}$=80Gy，照射3/3，TD$_{5/5}$=65Gy，损伤表现为膀胱挛缩和体积缩小。③照射1/3，TD$_{5/5}$=70Gy，照射2/3，TD$_{5/5}$=65Gy，照射3/3，TD$_{5/5}$=50Gy，TD$_{5/5}$=75Gy，损伤表现为膀胱溃疡。

（3）输尿管：①照射5～10cm，TD$_{5/5}$=75Gy，损伤表现为狭窄。②TD$_{5/5}$=65，TD$_{5/5}$=80Gy，损伤表现为狭窄。

（4）阴茎球：平均剂量<52.5Gy，损伤表现阳痿。

10. 生殖系统

（1）睾丸：全睾丸（5cGy/d散射），TD$_{5/5}$=1Gy，损伤表现为永久不育。精原细胞对放射极为敏感，睾丸照射1.0Gy就有可能发生不育，30Gy照射后几个月才能开始再产生精子。50～300cGy即可导致暂时不育；6Gy可致永久性不育。30Gy时可影响性激素分泌。

（2）卵巢：照射全卵巢，$TD_{5/5}=2\sim3Gy$，损伤表现为永久不育。卵巢照射1.5～2.0Gy，月经即可抑制，2～3Gy就有可能发生不育。30Gy左右可使卵巢功能完全停止（年轻人40Gy）。6～15Gy可导致不孕。8～12Gy可导致停经。

（3）子宫：照射全子宫，$TD_{5/5}>100Gy$，损伤表现为坏死、穿孔。

（4）阴道：照射全阴道，$TD_{5/5}=90Gy$，损伤表现为溃疡、瘘管。

11. 内分泌系统

（1）乳腺：儿童照射全乳，$TD_{5/5}=10Gy$，损伤表现为不发育。成人：照射全乳，$TD_{5/5}>50Gy$，损伤表现为萎缩、坏死。

（2）甲状腺：照射全甲状腺，$TD_{5/5}=45Gy$，损伤表现为功能低下。受照剂量大于30Gy时出现放射性甲状腺炎。

（3）肾上腺：照射全肾上腺，$TD_{5/5}>60Gy$，损伤表现为功能低下。

（4）垂体：照射全垂体，$TD_{5/5}=45Gy$，损伤表现为功能低下。

12. 其他

（1）皮肤：①照射$100cm^2$，$TD_{5/5}=55Gy$，损伤表现为溃疡、黏膜发炎。②照射$100cm^2$，$TD_{5/5}=50Gy$，损伤表现为毛细血管扩张。照射1/3，$TD_{5/5}=70Gy$，照射2/3，$TD_{5/5}=60Gy$，照射3/3，$TD_{5/5}=55Gy$，损伤表现为坏死、溃疡。

（2）毛发：55Gy以上的剂量照射可能导致永久性脱发。

（3）肌肉：儿童，照射整个肌肉，$TD_{5/5}=20\sim30Gy$，损伤表现为萎缩；成人，照射整个肌肉，$TD_{5/5}=60Gy$，损伤表现为纤维化。

（4）胎儿：照射整个胎儿，$TD_{5/5}=2Gy$，损伤表现为死亡。

第三节 实施放射治疗的防护要求

一、医疗照射防护的基本原则？

国际放射防护委员会在1977年发表的26号出版物中（ICRP，1977），明确提出了辐射防护的三项基本原则：即放射实践的正当化，辐射防护的最优化和个人剂量限制。该三项基本原则是相互联系的一个有机整体，是放射防护工作的指导思想。电离辐射来源于放射源，所以控制放射源是电离辐射防护的关键。

二、放射治疗所涉及的防护主要有哪些？

放射治疗防护主要涉及外照射及内照射的防护。

1. 外照射防护的基本手段

（1）时间防护：就是缩短受照时间。外照射的受照剂量与受照时间成正比，受照时间越长，所受剂量越大。因此在不影响工作的原则下应尽量减少工作人员的受照时间。这就要求工作人员要有周密的计划，熟练的操作技术，尽量减少与辐射源的接触时间。如果有必要，事先应进行空白操作。如果场所剂量较强，一时又不能用某种方法降低，则可以采用几个人轮流操作，以减少每个人的受照时间。

（2）距离防护：就是增大与辐射源的距离。增大与辐射源的距离可大幅度降低受照剂量，如果距离增加一倍，照射量率减少到原来的1/4。因此在不影响工作的前提下，应尽量远离辐射源。实际工作中切忌直接用手持辐射源。一定要用远距离操作工具，如镊子、长柄夹具、远距离自动控制装置等，以增大人体与辐射源的距离。

（3）屏蔽防护：外照射最基本的防护手段就是屏蔽防护。在实际工作中，由于条件所限，通常单靠缩短接触时间和增大距离并不能达到有效的防护目的。例如，安装辐射源，工作人员离辐射源的最大距离就只有几米，即使在那里停留1s也是危险的，这种情况下必须采取屏蔽防护措施。屏蔽防护是根据物质可以吸收和减弱辐射的原理，在辐射源和人之间设置屏蔽物以减少射线照射，使工作人员和公众受照剂量在国家规定限值。

2. 内照射防护的基本手段

（1）围封隔离：开放源的周围设立一系列屏障，防止放射性物质向周围环境扩散，防止因人员或物体的移动而将污染带到相邻房间。

（2）保洁去污：操作者必须遵守安全操作规定，防止或减少污染的发生，保持工作场所的清洁卫生，对受到污染的表面及时去污，对污染的空气要合理通风。辐照在墙壁、地面、设备、机械、工作服等表面上的放射性核素，随着空气流动、人员走动、机械振动等重新悬浮于空气中。所以要及时清理表面污染。

（3）妥善处理放射性废物：按照规定，放射性废物的处理由国家环境保护部门负责。放射性废物指在生产和使用放射性过程中废弃的含有放射性物质或被放射性物质污染而又不能用简单的方法加以分离的废弃物。按照放射性废物的形态可将其分为液态、气态和固态三大类。治理的基本途径是浓缩存储和稀释排放（达到环境容许水平）。放射性物质只能按其自身衰减规律而减少。采取焚烧、蒸发等方法缩小体积，便于存放，在不造成环境污染的公害下，为放射性衰变提供足够的空间。

（4）防护用品使用和良好的卫生习惯：操作开放源的工作人员，正确穿戴适当的防护衣具，如铅衣、活性炭面具、特殊防护口罩等。尽量缩短暴露于污染环境的时间。避免在污染区内吸烟、进食。

三、什么叫优化放射治疗计划？

优化放射治疗计划是指选择最佳的治疗方案，以达到最好的治疗效果。在考虑了经济和社会因素之后，源的设计与利用及与此有关的实践，应保证将辐照保持在可合理达到的尽量低的水平。同时，在保证治疗效果的前提下，积极采取各种措施，对患者使用尽可能小的照射剂量，包括剂量测定、治疗计划、治疗实施的最优化。

1. 剂量学方面的考虑和要求

（1）确定短距治疗的各个施用器的剂量率，其精确度应在 15%以内，并定期对源的放射性衰变进行修正。

（2）用于靶区插植的源若包括多个小源（如 ^{125}I 小颗粒），那么这批源的总放射性活度的误差应在±5%以内，各个源的活度差异不应超过 15%。

（3）放射性物质的容器必须有清楚的标记，标明核素种类、化学形态和在给定日期、时刻的活度。所用放射性核素的详细资料和给药方法都应当记在病历中。所给出放射性核素的活度的误差应在 5%以内。

2. 治疗计划的最优化

（1）治疗计划的目的在于照射时使靶区所接受的吸收剂量在处方剂量的±5%以内，同时使靶区周围正常组织的剂量达到最小。

（2）体外射束治疗计划中的物理部分，涉及剂量分布资料（深度剂量曲线）的应用，应当通过计算作出治疗计划。用计算机作治疗计划时应当有一套质量保证程序。

（3）肿瘤的位置和大小是依据临床检查和 X 线摄影及其他影像技术取得的信息而确定的。用 X 线 CT 技术确定的肿瘤体积一般比不用 CT 技术更为精确。

3. 治疗的实施

（1）对每个患者的剂量应认真审核并定期评议。

（2）对每次治疗累积剂量应记录在案，并定期核对。

（3）对处方剂量的预定照射时间或监测器的读数应作计算并且要经过独立的核对。

（4）第一次治疗期间应在患者体内或体表作必要的测量，以便估算这些组织和器官的总剂量，并与治疗计划所要求的剂量进行比较。

（5）验证射束位置的照片应当在疗程开始和治疗过程中定期摄取，以保证治疗过程持续地保持位置准确。摄影的间隔时间按临床要求而定。

四、工作人员的防护要求有哪些？

因工作内容及条件不同，工作人员所受照射可能仅有外照射或内照射，也可能两者皆有。同一数量的放射性物质进入人体后引起的危害，大于其在体外作为外照射源时所造成的危害。工作人员操作放射性物质，必须严格遵守放射防护相关的规章制度和操作流程。提供合格的仪器、机房和操作间；提供个人剂量计之外的剂量监测设备；进行放射工作时穿戴个人防护用品（如防护衣罩、围脖、手套），佩戴个人剂量计，在保证完成工作质量的前提下，尽可能减少与放射源接触的时间；养成良好卫生习惯，保持双手与脸部洁净度，用餐前彻底清洁更衣，下班前尽可能梳洗。

五、工作人员的保健制度有哪些？

新从事放射工作的人员，须经健康检查后，方能从事放射工作，所有放射工作人员必须持有上岗证；定期为放射工作人员进行放射防护知识培训、职业健康查体、个人剂量监测，只有满足剂量和剂量率限值的要求，才能确保放射工作人员和周围公众的健康和安全；建立健全放射防护档案、个人剂量检测档案、健康监护档案等；放射工作人员的保健津贴按照国家有关规定执行，并可享受国家规定的保健休假。

六、患者防护的基本原则有哪些？

1. 放疗医师必须根据临床检查结果，对患者肿瘤诊断、分期和治疗方式利弊进行分析，选取最佳治疗方案，并制定最佳治疗计划。

2. 对放射治疗敏感的良性疾病的放射治疗一般情况下应严格控制。

3. 在保证肿瘤得到足够精确的致死剂量的前提下，采用适当技术措施，保护照射野内、外的正常组织和器官，使其照射剂量尽可能小，以期获取最大可能的治疗增益。

4. 定期检查患者，根据病情变化调整治疗方案。注意放射反应和放射损伤，采取必要的保护措施。

5. 避免对妊娠或可能妊娠的妇女施行腹部或骨盆的放射治疗。

6. 儿童患者注意对脊髓、性腺及眼晶状体的防护。

7. 放疗用设备、场所和环境必须符合有关辐射安全标准。

第四节　放射治疗室的防护要求

一、治疗室与周边环境人群的关系有什么要求？

为避免放射对周围环境的影响，尽量使操作开放源的工作单位建筑选址远离人口稠密的市区，尽量设在单独的建筑物内。建筑物设计要考虑工作场所的合理布局，要便于去污和放射性废物的处理，要能够良好而有效地通风换气。尽可能设置在建筑物底层的一端或单独设置，必须充分考虑邻室和周围场所的安全，并采取相应的防护措施。候诊位置选择恰当，机房布局、分区合理。

二、治疗室的墙壁设计要求有哪些？

1. 机房有足够的使用面积，新建 X 线机房，单管头 200mA 的应不小于 24m^2，双管头不小于 36m^2；电缆、管道等穿墙孔道应避开控制台，采用弧状孔、曲路或地沟。

2. X 线标称能量超过 10MeV 的加速器，屏蔽设计应考虑中子辐射防护。

3. CT 机房面积一般应不小于 30m^2，四壁应有足够厚度的屏蔽防护。根据射线的种类选择屏蔽材料，X 线、γ 射线用铅、铁、混凝土等材料，β 射线用有机玻璃、塑料等材料，一般工作量下的 CT 机房屏蔽应有 16cm 混凝土或 24cm 砖或 2mm 铅当量的厚度，较大工作量时的机房屏蔽应有 20cm 混凝土或 37cm 砖或 2.5mm 铅当量的厚度。高度符合放射防护要求，CT 装置宜斜向安放，治疗室的入口处采用迷路方式，以有效地降低辐射水平。机房出入门应处于散射辐射相对低的位置。

三、治疗室的内部物品要求？

机房应安装强制中止辐照设备，内门旁有应急开启治疗室门的部件。机房内不应堆放无关杂物，操作台应安置在屏蔽室外，应配备必要的辅助防护用品。

四、治疗室与控制室如何联系？

治疗室和控制室之间必须安装监视和对讲设备。放射治疗室必须与准备室和控制室分开设置，使用面积不得小于 $20m^2$。控制室与治疗室之间设对讲机。内照射时，开放型放射性场所必须采取严密而有效的围封隔离措施，如设置屏障等，以防止其向周围环境扩散。在工作人员经常停留和工作的地点要安装辐射监测仪，必要时安装预定剂量率阈值的自控报警装置。治疗室内必须有通风设备，每日通风 3~4 次。室内应有监视和对讲设备，以尽量减少工作人员的剂量。

五、哪些地方需要安装警示标识？

治疗室门必须安装联锁设备，只有关门后才能放射。门外有醒目照射状态指示灯和电离辐射警告标志。

六、治疗室门安装有哪些要求？

治疗室门的设置应避开有用线束的照射。无迷道的治疗室门必须与同侧墙具有等同的屏蔽效果。治疗室防护门的设置应避开线束的照射路径，治疗室防护门必须与同侧墙具有等同的屏蔽效果。为防止人员误入治疗室，治疗室的防护门必须与治疗机的工作状态连锁、只有在完全关闭治疗室防护门时才能进行放射治疗，在放射治疗照射状态下意外开启防护门则照射自动中断。

第五节 患者体内是否具有射线

一、放疗患者体内存有外照射吗？

外照射是指电离辐射源存在于机体之外，由其所发生的射线从外部对机体产生的照射的一种方式。放疗患者体内不存在外照射。

二、什么样的患者体内会存有外照射？

外照射系指来自体外的电离辐射对人体的照射。能够引起外照射的电离辐射源主要包括：①放射性核素，其中包括γ放射性核素、β放射性核素和放射性中子源等。②X 射线机。③粒子加速器。④核裂变反应堆。粒子植入治疗肿瘤的患者及核医学中使用的放射性跟踪剂，如 ^{131}I、^{125}I、^{99}Tc 等的患者，均存在外照射。

三、存有外照射的患者应该如何管理？

1. 距离防护 由于放射粒子释放的射线能量较低，衰退迅速，对周围人群损伤很小，多数射线的能量消耗在肿瘤组织中。但为了保护外围相关人员，应尽量避免与患者密切接触。护理人员治疗时与患者保持约 1m 的距离，儿童、孕妇不宜接触患者。

2. 集中患者，在同一病房管理，并在房门、床前挂醒目特种的标志警示，缩小患者活动范围，不过床串房。

3. 护理需近距离治疗操作时，使用铅制防护围裙与屏罩，在保证完成工作质量的前提下，尽可能减少与放射源接触的时间。

4. 泌尿、消化、呼吸系统肿瘤患者如厕或咳嗽吐痰时，使用滤网过滤大小便与痰液，谨防放射粒子滤出，污染环境。

5. 当发现放射粒子滤出，穿戴屏蔽防护铅围裙，使用长镊子或汤匙将放射粒子夹起，放在特制铅盒内，并马上报告核医学科有关人员妥善处理。

6. 保持病室空气清新洁净，病房室温保持在 22~25℃，尽量减少热气与散在射线结合污染环境，减少患者局部发热不适及感染，使患者在较清凉环境中接受治疗。

7. 工作人员要做好自我保护工作，除保持双手与脸部洁净度外，用餐前彻底清洁更衣，下班前尽可能梳洗，以免发生交叉污染。

（陈春雨　张兰芳）

第三章　放射治疗疾病健康教育概况

一、什么是健康教育？

健康教育是通过有计划、有组织、有系统的社会教育活动，使人们自觉地采纳有益于健康的行为和生活方式，消除或减轻影响健康的危险因素，以预防疾病，促进健康，提高生活质量为目标，并对教育效果作出评价。其核心内容是教育人们树立健康意识，促使其改变不健康的行为生活方式，以降低或消除影响人们健康的危险因素。故放射治疗中对患者及家属的健康教育是指医护人员对该患者及家属进行与生活质量有关的医疗、康复、护理及自我保健意识等知识的系统化教育，这也是以患者为中心，提供优质服务，进行整体护理不可缺少的内容。

二、实施放射治疗疾病健康教育的目的及意义？

通过健康教育，使患者掌握肿瘤疾病本身知识、放射治疗常识、康复功能锻炼方法和自我护理知识等，能帮助患者了解哪些行为是影响健康或治疗效果的，并能自觉地选择有益于健康的行为生活方式，以积极地心态配合治疗，增强治疗效果，减轻或延缓放射治疗的不良反应的发生，以提高患者生活质量为目标。

三、放射治疗疾病健康教育的实施对象包括哪些？

由于放疗患者存在院外放疗的情况较多，健康教育不仅包括接受放射治疗的住院患者，还包括接受放射治疗的门诊患者；其次，家属或陪护是患者的主要照顾者，能及时发现患者情况并监督其依从性，也属于健康教育的实施对象。

四、为什么需要评估放射治疗疾病患者健康教育需求？

由于每个肿瘤放射治疗患者对健康教育的需求不尽相同，如有的患者入院后迫切需要了解治疗方法，有的患者想了解自己的病情，有的患者很想了解医师、护士的医疗服务及技术水平等，故护理人员应首先了解肿瘤放射治疗患者在放疗期间健康教育需求情况，针对不同的问题制定相应的护理对策，根据患者的需求针对性进行个体化健康教育，以便采取更适合肿瘤放疗患者健康教育的方式，满足患者的需求。

五、怎样评估放射治疗疾病患者健康教育需求？

对患者健康教育需要的评估包括两个方面：质性研究和量性研究。质性研究，即定性研究，是一种在社会科学及教育学领域常使用的研究方法，在健康教育中应用最多的为访谈，是搜集资料的一种重要方法，尤其是透过深度访谈，可以了解到研究对象内心深处真正的想法与感受。访谈法往往可以搜集到比一次评量（如问卷调查）更广泛、更深入且意想不到的结果资料。量性研究多采用公认且成熟的量表或根据研究内容自行设计问卷调查表，自行设计的调查表要经过信效度评价，达到要求才可以使用。

六、放射治疗疾病健康教育范围包括哪些？

1. 入院时宣教及心理指导　新入院患者由于对住院环境的陌生，加之此类疾病的特殊性，一般都会存在焦虑、恐惧等不良的心理情绪，故入院后护理人员应态度和蔼，详细介绍病区环境、入院须知、规章制度、主管医生和责任护士，以促进患者适应住院环境，并做好正确的引导使患者正确转变个人角色，此外还需了解患者的心理变化，以利于疾病的治疗及康复。

2. 疾病知识宣教　向患者及其家属介绍有关疾病的相关知识、治疗方法、放射治疗方案、放射治疗流程、放射治疗过程可能引起的不良反应及其可采取的相关防护措施。

3. 饮食宣教　由于肿瘤疾病特殊性及放疗后机体消耗增加，再加上放疗期间部分患者会出现食欲减退、恶心、呕吐,特别是头颈部患者放疗时还会出现口腔黏膜反应,如口干、口咽部疼痛、味觉改变等影响饮食的情况,故应指导患者进食高热量、高蛋白、低脂肪、易消化的清淡饮食,禁食辛辣刺激性食物,烹调方式以蒸、炖、煮为宜,避免油炸、熏烤食物;放疗开始后的7~10天内,避免食用酸、甜等增加唾液分泌的食物,以减少腮腺急性反应的发生。由于放疗期间患者还会出现白细胞降低导致免疫力低下的情况,嘱患者食用有助于升高血常规、提高免疫力的食物,如奶及奶制品、豆制品、猪蹄、猪皮、大枣、菠菜、木耳、香菇等食物。

4. 休息与运动指导 患者应劳逸结合,适当运动,以不引起疲劳活动强度为宜。

5. 照射宣教 ①介绍放射治疗的目的、放射治疗的基础知识、放射治疗方案、放射治疗流程、放射治疗注意事项、放射治疗过程可能引起的不良反应及其预防措施、应对措施等;②照射野皮肤保护指导:保持照射野皮肤清洁干燥完整,可用软毛巾沾温水轻轻擦拭照射区皮肤,注意保留放射定位线,禁用碱性肥皂搓洗,禁涂抹有刺激性药物和化妆品。穿柔软、吸湿性好的宽松全棉衣服,外出时要防止风吹日晒、雨淋,勿抓挠;③口腔卫生知识指导:保持口腔清洁,餐后及睡前漱口,选用软毛牙刷刷牙,用含氟牙膏,禁烟酒、禁强冷强热食物对口腔黏膜的刺激;④不同照射部位照射指导:头颈部照射时,指导患者做张口转颈功能锻炼,活动咀嚼肌和颞颌关节,防止咀嚼肌萎缩和颞颌关节强直导致的放射性张口困难。鼻腔照射后患者可能会出现流鼻涕或鼻腔出血等症状,及时给予局部冷敷并通知医生。胸部照射后可能会出现干咳、进食困难等症状,症状轻微的患者一般无需治疗,症状严重的患者应及时报告医生进一步治疗。腹部照射往往会出现腹泻、尿频尿急等症状,轻者可不予处理,严重时应及时和医生联系进行对症处理。

6. 出院宣教 对预出院患者进行详细的出院指导,内容包括:出院后的定期复查(如有不适,随时就诊),出院后正确服药、出院后继续进行相应的功能锻炼,保持乐观情绪,注意休息,劳逸结合,加强营养;保持乐观的情绪;根据体力恢复情况,适当参加活动或工作。

7. 复查宣教 复查的时间一般可以在治疗后的3~6个月,有些情况可以按医生的要求在治疗后1个月复查,以后每半年或1年复查一次。一般复查项目需要根据肿瘤的病理类别、疾病期别、既往治疗的效果和患者自身状况而定,选择合理的检查项目,如CT、磁共振、血常规等。

8. 延续性护理 护理人员就出院后患者可通过电话、QQ群及微信等渠道进行定期随访,帮助出院患者解答疑惑,以利于出院宣教内容顺利进行,随访质量得以保证。

9. 社会支持方面 护理人员应向家属强调社会支持系统对患者的影响作用,家庭方面如父母、配偶、子女、兄弟姐妹;社会方面如朋友、同事、邻居、党团组织、工会等,当癌症患者感知到来自社会各方面如精神上或物质上的帮助和支持,会极大地促进患者治疗及康复的顺利进行,维持患者最佳心理和生理状态。督促患者适当地参与社会活动,将有助于提高肿瘤放疗后患者的生活质量。

七、对放射治疗疾病开展健康教育的方式有哪些?

健康教育的方式主要有知识传播和行为干预两个方面。根据健康信息传递的特点,传播途径通常有以下几种类型。①口头传播:如报告、演讲、咨询、座谈等;②文字传播:如杂志、书籍、报刊、传单等;③形象化传播:如实物、标本、图画、照片、模型等;④电子媒介传播:如电视、电影、录像、广播、投影等;⑤综合传播:如展览、文艺演出、行政立法、卫生宣传日活动等。

八、对放射治疗疾病开展健康教育模式有哪些?

随着医学模式的发展,患者对生活质量的要求日渐提高,他们对来自生理、心理及社会各方面的健康教育需求也日益增多,故健康宣教在护理工作中的地位越来越高。护理人员不仅在健康教育内容上要更加全面及详细,而且,护理人员要努力探索适合不同患者的教康教育模式,现将已应用的模式介绍如下:

1. 路径化健康教育 在放射治疗疾病患者中应用,其中食管癌、鼻咽癌及头颈部肿瘤的放射治疗应用较为广泛,路径化健康教育是根据某一类疾病患者的病情变化规律,制订有计划、有针对性、有预见性的健康教育方式,它改变了传统健康教育随意、不规范等弊端,近年来不断得到广大护理人员的认可和推广。

2. 个体化健康教育　随着责任制护理的推广，责任护士对所管患者定期进行个体化、面对面交流的健康教育。根据患者的具体情况进行全面的评估，了解患者的宗教信仰、文化程度、身体状况、人格特点及对健康教育的需求，评估患者的健康问题，实施个体化健康教育。

3. 提问式健康教育　是一个计划、执行、检查、修正的循环过程。科室可根据放射治疗疾病特点自制放射治疗疾病指导手册，即住院—检查—定位—放疗的详细过程，包括住院须知、放疗前的准备情况、放疗过程中出现的不良反应及应对措施、相应的功能锻炼、出院指导等。责任护士根据患者的疾病治疗进程和需求，分阶段以口头或书面形式向患者宣讲，并向患者提问检查其理解情况、遵医行为，并加以指导更正。鼓励患者进行两两结对，互相提问，提高患者的理解记忆力。

4. 团体健康教育　一般是对多个患者采用口头讲解配合示范性操作的方式对患者进行同类的健康教育方法，操作强调规范化，从而大大减少了护理重复工作量，可根据具体情况设置时间及课时，课时约 1h。尤其适用于功能锻炼方面，护理人员示范，患者共同学习并相互监督，发现错误及时纠正，提高患者的参与度。

5. 以社区为中心的健康教育　国外较重视，国内尚处于发展期，包括对乳腺癌、宫颈癌等知识宣教、定期自身检查、早期疾病的筛查、及早发现并及时治疗等相关内容，是医院健康教育的扩展及延续。

九、如何评价健康教育效果？

目前，针对健康教育效果主要通过以下几个指标进行评价：放疗后不良反应发生率及损伤程度（如张口困难、放射性皮炎等）、健康教育达标率（内容包括入院须知、疾病知识、放疗知识、饮食护理、皮肤护理、放疗并发症知识、康复知识等）、行为依从性（包括遵守院规依从性、改变不良的生活习惯依从性、自觉调整心理状态依从性、饮食保健依从性、预防和处理并发症依从性、康复行为依从性、出院后按时复查依从性等）、护理服务满意度测评等。

十、治疗肿瘤到底选择放疗还是化疗好？相对而言哪一种对身体的伤害比较小？

对于肿瘤患者，无论是放疗还是化疗，在治疗的同时都会对患者的身体产生一定的毒副反应，这是无法避免的，也是肿瘤目前治疗方法的一个弊端，所以在患者进行放疗、化疗的同时，医生常给以辅助用药以缓解这些治疗方式所带来的毒副反应。至于到底是选择放疗还是化疗好，主要取决于患者得的是哪种肿瘤，因不同的肿瘤对放疗或化疗的敏感性是不一样的，有些肿瘤选择化疗，但有一些肿瘤对放疗更敏感，故因病情而异。

十一、为什么放疗能治疗肿瘤？

肿瘤放射治疗是利用放射线治疗肿瘤的一种局部治疗方法，通过放射线来杀灭癌症细胞。放射线包括放射性核素产生的 α、β、γ 射线和各类 X 线治疗机或加速器产生的 X 线、电子线、质子束及其他粒子束等。

十二、在治疗肿瘤中，放射治疗有哪些作用呢？

1. 直接消灭肿瘤病灶　对于手术不易达到的肿瘤，放射治疗显出其治疗优势，如脑部肿瘤的治疗，常用 γ 刀治疗，能精确杀死病灶，不良反应较小。

2. 预防肿瘤复发　肿瘤生长主要表现为浸润生长，除肉眼可见的大体肿瘤外，多数是需要显微镜才能发现的亚临床病变，这些病灶手术难以切尽，是导致复发的根源。还有一些肿瘤细胞在术中黏附在医生手套或手术器械上，继而以种植的方式蔓延到手术切口或创面，也会导致肿瘤的复发，术后的放射治疗可消灭这些复发因素，减少手术后肿瘤复发率。常见的有中、晚期的乳腺癌或直肠癌。

3. 姑息治疗　对患者而言，主要起缓解症状、延长生命的作用。例如，骨转移患者的局部止痛；脑转移患者脑部照射治疗以减轻肢体的偏瘫等。

十三、是否所有的恶性肿瘤都能被放疗射线所杀灭？

放射治疗在肿瘤治疗中的作用和地位日益突出，已成为治疗恶性肿瘤的主要手段之一。50%～70%的癌症患者在治疗过程中需要采用放射治疗，根据世界卫生组织统计，约45%的肿瘤可以被治愈。其中约有18%的恶性肿瘤通过放疗达到根治，22%通过手术根治，5%通过化疗达到根治。鼻咽癌就是依赖放射治疗，只要没发生转移，治愈率达90%左右；食管癌尤其是位置比较高的食管癌、前列腺癌，通过放疗也是可治愈的；早期乳腺癌、精原细胞瘤、早期喉癌、声带癌，放疗和手术的效果一样，但对喉癌、声带癌，放疗能保留说话功能，不用做喉切除。

十四、放射治疗前，需要做哪些健康教育及预防措施？

1. 心理准备 放疗前应对患者做好疾病及放射治疗相关知识教育，治疗中可能出现的不良反应，通过介绍已顺利完成放射治疗疗程的患者，谈其体会及经验，以帮助患者逐渐接受现实，调整好应对治疗的心态，增强信心，积极配合以保证顺利完成放疗。

2. 全身准备 全身情况的好坏对放疗的疗效可起到决定性作用。因此，放疗前应改善全身情况，对有贫血和白细胞、血小板低下者，要尽力治疗至正常或接近正常。对营养状况较差者要积极补充营养，以高热量、高蛋白、高维生素、低脂饮食为好，对合并有糖尿病、活动性肝炎、活动性肺结核、明显的甲状腺功能亢进的患者，最好控制到接近正常再进行放疗。

3. 局部皮肤准备 局部皮肤要保持清洁，要控制和避免炎症，如有感染，应抗炎治疗后再行放疗，要避免物理或化学性刺激，可涂抹放射治疗皮肤保护剂，保持放射标记清晰。

4. 口腔准备 首先做口腔检查，及时进行口腔处理，包括修补龋齿、拔牙等，最好在放疗前1～3周完成，以便使口腔处理引起的组织损伤得以修复。此外，应保持口腔清洁，每天饮水要在3000ml以上；有研究表明，放射治疗前口含冰水可预防或推迟放射性口腔黏膜反应的发生。

5. 其他 照射前应排空大小便减少膀胱直肠反应，照射前要摘除身上佩带的金属物质。

十五、放射治疗中，需要做哪些健康教育？

1. 放疗过程中的饮食、活动与休息

（1）饮食：放疗期间患者需要充足的营养，以高蛋白、高营养、高维生素、易消化的饮食为主，做到饭菜多样化，尽量满足患者的口味，多吃新鲜水果和蔬菜，禁食辛辣性、刺激食物，保持饮水量在每日3000ml以上。

（2）活动：由于放射治疗的不良反应及住院期间活动量减少，易导致患者出现便秘等不适，机体抵抗力也随之下降，故住院期间应适当轻体力活动，活动计划必须个体化，对于不同年龄、不同疾病患者区别对待，主要以有氧运动为主循序渐进，如散步、慢跑等，也可以是患者自己喜欢的运动，有计划地锻炼提高机体功能。

（3）休息：放射治疗期间机体耗能增加，应提醒患者注意休息，不要熬夜，保持充足的睡眠，以利于疾病的恢复。

2. 照射野皮肤保护的注意事项

（1）在接受治疗的部位尽量穿宽松、棉质、吸水性好的衣物。

（2）禁止揉搓，让水流过接受放疗的皮肤，不能摩擦、抓挠放射野皮肤，保持放射野皮肤的清洁干燥。

（3）不要把烫的或冷的东西放在放射野皮肤上，如热水袋、热毛巾、冰袋等，除非是特殊情况下医生建议。

（4）不能在放射野皮肤随便涂抹药粉、香水、药膏、偏方药剂等，除了医生允许的药物。

（5）避免放射野皮肤直接暴露在阳光下，外出最好戴帽子、打伞、穿长袖衣物。

3. 功能锻炼方法

（1）头颈部肿瘤在放疗期间教会患者做张口运动（选用细端直径3.2cm，粗端直径3.8cm的普通软木塞。张口练习常规于放疗即日起进行。将大小合适的软木塞放于上下门齿之间作咬合状，每日 4~5 次，每次 10~15min）、扣齿（上下牙齿轻轻叩打或咬牙，2~3 次/日，每次 100 下左右，最后用舌尖舔牙周 3~5 圈结束）、鼓腮（闭住口唇向外吹气，让腮部鼓起来，将双手大拇指放在颞颌关节处，其余四指放在鼓起来的颊部，轻轻按摩颊部和颞颌关节，顺时针做一个八拍，张口换气，然后逆时针做一个八拍，如此反复，8 个八拍/次，2 次/日）、颈部缓慢旋转运动（头颈向左右侧弯、旋转，每次 10~15 分钟，动作速度宜缓慢，幅度不宜过大），按摩颞颌关节等，防止咀嚼肌及周围组织的纤维化发生张口受限。

（2）乳腺癌根治术后肌肉缺失造成功能下降，应教会患者做外展（屈肘、用健侧手帮助患侧外展，到 90°时停留片刻）、爬墙（患者面墙而立，在健侧手的帮助下患侧手示指和中指交替向上爬，达到患肢所能达到的位置，以伤口不疼为度，停留 30s 左右后复原，患肢再重新往上爬）、抬举（手放于头顶，手掌向下，停留片刻，可逐渐向对侧耳朵摸去）等各种运动，以促进肢体血液及淋巴回流，早日恢复功能。

4. 预防感冒 由于放射治疗所致的骨髓抑制，三系细胞下降，故一般做血细胞检查 1~2 次/周，保持室内空气流通，温、湿度适宜，用紫外线灯照射病房 30~60min/d，嘱患者补充足够的水分，随天气变化增减衣服，避免去公共场所，减少发生呼吸道感染的机会，预防感冒。

5. 心理指导 重视患者的心理变化，积极同患者及其家属交流，尤其是取得配偶或子女的配合，给患者以精神支持。对放射治疗有关知识进行宣教，向患者及家属讲解放疗的原理、方法、意义及可能产生的不良反应，减轻患者及家属的心理负担。邀请心态良好、治疗效果好的病友进行现身说教，增强患者信心。

十六、放射治疗疾病患者遵医行为的阻抗因素有哪些？如何提高其遵医行为？

患者在遵医行为中常常会受一些因素的影响，了解这些因素，有助于与患者产生共感，从而改善医患关系，排除这些阻抗因素，提高患者的遵医行为。构成患者遵医行为的阻抗因素常见的有：

1. 医患关系一般 良好的医患关系是患者严格执行医嘱的基础。如果患者对医生的为人、医德、医术抱有一些看法或成见，虽然没有直接对医生表达自己的不满、看法和情绪，但可以表现在遵医行为上，不愿自觉认真地执行医嘱。

2. 疾病治疗信心不足 由于患者没有足够的信心、动力来支撑治疗疾病的愿望，对自己疾病治愈效果信心不足会影响到其对遵医行为的主动性，在医嘱执行的行为方面也显得软弱和动摇。

3. 治疗方案不明 当患者对于医生的治疗方案不理解、不明了、不认同时，对医生的医嘱就会产生抵触心理，不能真正领会医生医嘱的意图。表现在遵医行为中犹豫不决，拖拖拉拉，不及时地向医生反馈遵医的真实信息。

4. 主观意识过强 有些患者在个性特征方面表现为主观性较强，在认知方面往往会出现"任意推断""以偏概全"或"猜心思"等曲解的想法，以自己的思维定式为准绳而忽视医护人员对他们默契的配合要求，从而影响了客观的判断和合理的应对。

十七、放射治疗后的健康教育有哪些，有何意义？

放疗结束后，患者病情趋于稳定，但癌症是一种易复发的疾病，多数患者渴望了解出院后自我护理的方法。因此，在出院前一天下午，由责任护士进行健康教育，包括饮食、用药、活动与休息、复查时间、康复锻炼及自我护理知识的宣教，并现场回答患者及家属的提问，具体如下：

1. 出院前由责任护士为患者制定一份详细的出院指导单，内容包括患者继续用药的药名、剂量、用法，复诊的指征和时间等。

2. 出院后若患者需继续服用的药物，告诉患者用药的时间、剂量、方法，毒副反应的表现及相关的处理措施。

3. 放疗后免疫力普遍下降，在饮食上仍要注意加强营养，多饮水，注意生活规律，避免脑力及体力过度劳累，以尽快恢复体力，根据体力情况，适当参加活动或工作。

4. 放疗结束后照射野皮肤仍须继续保护，为期至少 1 个月；并注意保持口腔卫生。

5. 嘱患者出院后,继续坚持每天进行功能锻炼,特别是头颈部肿瘤放疗患者张口转颈等康复功能锻炼需坚持放疗后2年时间。

6. 放疗结束后定期复查血常规、血生化;1个月、3个月、6个月到院复查,如遇不适,随时来院就诊,复查时需要带的资料:CT片、MRI片、门诊病历,应告知复查地点,科室联系方式。

7. 放疗后患者最关心的问题是经放射治疗后效果如何,此时护士应如实告知治疗效果,减轻患者的担忧。尤其对情绪低、悲观失望的患者给予更多的心理支持,耐心指导,鼓励患者安心养病,强调要保持心情舒畅,对生活充满信心才是增强身体健康的关键因素。

8. 加强患者放疗后健康教育可提高患者战胜疾病的信心,提高其自我防护能力和生活质量,更好地保证治疗的持续性及彻底性。

十八、放射治疗疾病院外随访中的健康教育的重点内容有哪些?

患者出院后,采取电话交流、微信和专家复诊登记的方式与患者联系随访,以跟踪了解放射治疗患者出院后的自我护理能力、康复情况及社会支持等情况。随访具体时间是:出院后3个月内每个月1次,以后每3个月1次。

1. 出院时向患者提供一份详细的复查和随访时间表。

2. 建立随访档案,包括姓名、年龄、住院号、详细家庭地址、文化程度、联系电话、首治时间、肿瘤分期、放疗方法、功能锻炼方法、随访时间、随访内容、反馈结果、随访护士签名等。

3. 院外随访健康教育内容包括:按时复诊,服用药物的依从性,对自身疾病的了解,对伤口、管道等的护理,功能锻炼的依从性,饮食、活动、休息,心理指导,对随访质量的满意度等。

十九、开展院外随访健康教育的意义如何?

随着患者出院时间的不断增加,患者对医生、护士的嘱咐依从性下降,表现在部分患者因治疗的不良反应而减少锻炼,有的患者忘记锻炼,甚至不锻炼。

1. 对患者进行院外随访能及时了解患者出院后的身体康复情况、功能锻炼的情况,并及时了解患者出院后的疑点,解决在锻炼过程中遇到的一些问题,当患者复查时,及时纠正不规范动作,提高功能锻炼正确性。对进行功能锻炼的患者给予监督,使其能够持续有效地完成锻炼,提高质量。

2. 出院患者院外随访是院内护理健康教育工作的延伸,是对护理服务功能的拓展,护士的工作不仅仅在病房,应延伸到患者家庭、社区、社会。

二十、特殊人群、特殊时期能否做放疗?

1. 孕妇患肿瘤能否做放疗?

一般认为母体的恶性肿瘤的治疗无论对胎儿或母体都有一定的不良作用,放射治疗明显增加胎儿畸形和流产的发生率,若推迟恶性肿瘤的治疗或随意改变有效地放射治疗方案则可影响母体的预后或生存期。放疗对胎儿和新生儿的不良影响主要决定于放射剂量、放疗范围和部位、射线的能量和不同的孕期。一般认为,在妊娠期第2~8周内,放疗最易引起胎儿的畸形,其中较为常见的是生长迟缓、小头症和眼的异常。在不同的孕期,放疗对胎儿的毒性作用也各不相同,在孕中和孕晚期,流产和先天性畸变的可能性逐渐减少,但中枢神经系统的损伤仍可发生。放疗的部位和范围与其对胎儿不良影响有着非常密切关系。膈下放疗常导致胎儿严重的毒性作用,在膈上的放疗,射线也可散射至胎儿,其中相当一部分是内散射。在绝对必要情况下,孕早期可给予颈部或腋窝区放射治疗。

2. 来月经时患者能否做放疗?

虽然月经期妇女机体功能会有很大变化,抵抗力下降,情绪不稳定,但是这种改变对放疗的影响是很小的,对于肿瘤治疗来说更是次要的。肿瘤放射治疗是利用放射线如放射性核素产生的α、β、γ射线和各类X射线。肿瘤的放疗要求连续治疗不宜间断,如果间隔时间过长肿瘤会再生长,导致放疗效果降低。而对于正常组织来说,间断治疗对正常组织的损伤并不会明显地减轻。从另一方面来说，放射治疗的效果和损伤是与放射剂量的积累有关，而不是单次效果或损伤的简单相加。在一定的照射面积下，照射速度（单次照射剂量）越大，损伤也越大。一般健康状况的好坏及有无并发的疾病，如恶病质、感染性疾病、心肺血管疾病等都影响对放射反应的程度。因此不应因来月经而停止放疗。另外，如果不是直接照射卵巢或子宫的话，放疗对月经的影响也是很小的。如果放疗靶区不在生殖器官或中枢神经系统，影响会比较小或没有明显影响。

3. 儿童做放疗会有什么后遗症？应如何对待？

儿童在接受放射治疗后会出现相应的并发症和后遗症，而且其程度会严重一些。但是放疗在根治某一肿瘤时因发生后遗症而需要付出代价时，那么有时则是不可避免的。庆幸的是，现代放疗技术和临床放射生物学知识可以使一些并发症明显地减少或避免发生。放射治疗的不良反应常见的有早期反应、迟发反应和后期反应等。

（1）早期反应

1）皮肤反应：出现皮肤反应时可遵医嘱局部使用预防放射性皮炎的软膏，但应避免使用胶布贴患处，必要时应使用抗感染药物。

2）黏膜反应：出现黏膜反应时应给予碱性漱口液或抗真菌的药物治疗，应用氟化物制成牙齿保护托，每次照射时使用，如果使用正确，可避免髓空洞的形成。

3）造血系统的反应：在放疗期间对这些患者要密切观察外周血常规的变化，并及时地给予对症处理。

（2）迟发反应：这种反应介于急性和后期反应之间，在儿童某些器官尤其具有特殊性，这种情况如不及时处理则会迅速发展乃至危及生命。

凡接受放疗的患儿，无论年龄大小，肌肉、骨骼发育异常是最常见的迟发反应，其中软组织异常者更为常见。迟发反应还包括与化疗、胸部放疗相关的心功能衰退。儿童肿瘤治疗的迟发反应也有可能表现为其他器官异常，包括与应用环磷酰胺有关的血尿及听力损害和肝功能受损等，甚者亦有白内障等；智力异常与放疗剂量有关，照射剂量越大，智商越低。

（3）后期反应：这种反应指在放疗6个月后出现的各种细胞和组织改变，有时是很重要的，儿童许多器官对放疗的远期耐受性与在成年人照射的结果大致相同，但是，有些器官有特殊的敏感性，尤其是那些尚未完全终止增长的器官。其后遗症的发生与年龄有关，年龄越小则发生率和程度越高，尤其是要注意两个迅速增长的阶段，即两岁内和近成年期。临床出现的有些后遗症往往无法防治。

二十一、放射治疗对生育是否有影响？

放射治疗是常见的癌症治疗方法，但一项最新研究显示，女性成年前如果在骨盆部位接受放疗，成年后生育时出现死产的风险会增加。研究人员分析说，放疗射线在杀死癌细胞的同时可能会影响癌变部位周围的正常组织，而年少时在骨盆部位接受放疗女性的子宫和卵巢可能因此受到伤害，从而影响其生长发育，并最终导致生育时死产率上升。但男性年少时睾丸部位接受放疗却不会导致其后代死产率的上升。这是因为，放疗只会影响器官组织，而不会损害精子中所含有的DNA遗传物质。放疗的发展大大延长了女性癌症患者的生存期，但放疗给这些患者带来的后遗症包括卵巢功能下降，甚至是卵巢早衰，造成女性生育力的下降乃至丧失。伴有或不伴有烷化剂治疗的卵巢或骨盆放疗，对女性生育力和妊娠结局是有害的。放疗对卵巢的损伤是不可逆的，会导致闭经及不育。20～35Gy的放疗剂量可导致22%不孕率，而大于35Gy后的不孕率为32%。子宫经放疗后可导致不孕、自ання流产及胎儿宫内生长迟缓。在儿童时期对子宫放疗可导致不可逆的子宫肌肉变性及血流改变，子宫缩小并对激素不敏感。但是放疗并不增加以后妊娠胎儿的致畸率，只要不是在妊娠期放疗。

二十二、什么叫术前放疗，为什么要做术前放疗？

术前放疗是指对于局部病灶较大、侵犯范围广、手术不能完全切除或者切除有一定困难的患者，进行手术前的放射治疗。对提高恶性肿瘤手术切除率，减少局部复发，改善患者的生存质量，延长患者生存期有重要意义。

二十三、术前放疗起什么作用?

1. 预防浸润型残癌 由于肿瘤区血流丰富,细胞氧合程度较好,肿瘤对放疗的敏感性亦较好,加之患者的耐受性好,术前放疗效果亦最佳,可阻碍肿瘤向远处的浸润和扩散,预防浸润型残癌的发生。

2. 降期作用 术前放疗可明显缩小肿瘤体积,瘤床回缩,分期下降,使不能手术的变成可以手术的,降低手术难度及肿瘤局部复发率,而降期的患者生存率会更高。

3. 预防肿瘤种植 最大限度地消除肿瘤亚临床灶,降低术中肿瘤种植风险。

4. 保护器官功能,提高患者生存质量 尤其是提高低位直肠癌的保肛率。术前放疗可将低位直肠癌的保肛率从40%提高到60%。

5. 预防癌栓 闭塞瘤床内血管、淋巴管,降低淋巴结和远处转移,同时也可预防断端脉管癌栓的发生。

6. 减少癌旁上皮的增生 主体瘤细胞失活,对癌旁上皮的刺激作用消失或减弱,减少癌旁上皮的非典型增生、甚至原位癌的发生。

7. 抑制肿瘤局部扩散 癌周淋巴、巨噬细胞的围歼作用对残留癌的扩散有一定抑制作用。

二十四、哪些类型肿瘤适宜做术前放疗?

恶性肿瘤的术前放疗目前比较认可的适应证:局部晚期直肠癌,且不伴远处转移者即 T_3~T_4 患者;Ⅰb~Ⅱb 期的宫颈癌;Ⅱ~Ⅲ期的局部晚期食管癌;部分中晚期喉癌、肺癌、膀胱癌等。目前直肠癌术前放疗的价值已得到普遍认可,并作为治疗局部晚期直肠癌的金标准。术前放疗在直肠癌、宫颈癌、食管癌的治疗中有明显优势,尤其是术前新辅助放化疗的使用,提高了手术切除率,改善了患者的生存质量,延长了患者生存率,效果已在临床得到肯定。尤其是局部晚期直肠癌术前放疗是标准治疗手段。但对肺癌、膀胱癌等术前放疗还有一定的争议。因此,对恶性肿瘤的术前放疗有待规范化,统一适应证、禁忌证、放化疗方法、疗效判定标准等,有必要进行更深的随机、大样本、多中心联合研究。

二十五、什么叫术后放疗,术后放疗有什么价值?

术后放疗是指对肿瘤进行切除手术后辅以放射治疗。术后辅以放疗可杀灭残存的肿瘤细胞或抑制肿瘤细胞的生长,提高3年继续生存率并减少3年再复发率。大部分肿瘤已被切除,有手术及病理指导放疗,可以更准确地确定靶区,减少正常组织受到照射;术后放疗不影响手术的进行,不会增加手术的并发症;肿瘤已经切除,术后放疗的剂量较单纯放疗降低,可减少放射治疗的急性及远期毒副反应。

二十六、哪些类型肿瘤适宜做术后放疗?

恶性度较高者如腺癌、腺泡细胞癌、恶性混合瘤,术后放疗可提高5年生存率,而低度恶性的黏液表皮样癌、腺样囊性癌、混合瘤癌变等,术后放疗价值不大。因此,对于肿瘤外侵及面神经受累者,恶性度较高者主张术后放疗。如腮腺癌术后放疗可以明显提高治愈率,尤其对三、四期更为重要,单纯手术5年生存率为42%,手术加术后放疗的5年生存率达73%;腮腺癌恶性度高者,单纯手术5年生存率为43%,加术后放疗5年生存率达80%;颅内肿瘤很难切除干净,多数有肿瘤残存,故手术的近期效果较好,远期效果很差,结合术后放疗就可大大提高疗效。垂体瘤多引起视力、视野障碍及头疼,以此为指标,近期有效率单纯手术为81%,单纯放疗为57%,手术加放疗为91%;远期有效率单纯手术为38%,单纯放疗也是38%,手术加放疗为81%。

二十七、放疗结束后为什么要定期到院复查?

1. 所有的恶性肿瘤都有复发和转移的可能,而目前任何一种治疗都不能从根本上消除这种可能,只是减少复发和转移的概率。放射治疗也同样如此。据报道,鼻咽癌根治性外照射后,复发率达10%~40%,且70%~80%复发发生在放疗后2~3年内。乳腺癌根治术后局部复发率为10%~

27%，同样多出现在根治术后的头两年内，第二年是发病高峰期。因此按时复查对恶性肿瘤患者尤为重要，这有利于及时发现复发迹象，及时诊疗，从而提高肿瘤患者的生存质量和生存年限。因此患者在放疗结束后必须定期到医院复查，以便及早发现、及时治疗复发肿瘤。

2. 有些肿瘤对放射线不太敏感，放射治疗期间消退不明显，而当达到足量照射放射治疗结束后肿瘤会渐渐消退。这种情况下患者应严格遵照医生的嘱咐定期到医院复查，以便根据情况做进一步治疗和处理。

3. 放射线不但能杀伤肿瘤，对正常组织同样也有杀伤作用，而射线对一部分正常组织的损伤是迟发性慢性反应，在放射治疗结束后才逐渐表现出来。有些反应如果能及时发现、及时治疗完全可以恢复，否则造成严重的后果将会影响患者的生存质量。

二十八、影响肿瘤放疗患者康复期复查依从性的因素有哪些？

依从性是患者按照医生开列的处方进行治疗和遵照医嘱进行预防保健的行为，包括个体对医嘱，如服药、控制饮食、生活方式改变、定期复查等遵从的程度。恶性肿瘤患者治疗出院后的定期复查是出院医嘱的重要组成部分。按时复查对患者的疾病治疗、疗效观察与分析、疾病康复指导具有重要意义。目前肿瘤患者康复期因各种原因不依从复查的现象较为普遍。据文献调查发现，影响肿瘤放疗患者康复期复查依从性的因素有以下几个方面：自觉身体没有异常，路途远、出行不便、复查麻烦，经济因素，认为无必要复查，对医嘱理解程度不够充分，身体原因，行动不便，家庭不支持，其他如工作繁忙、没时间复查等，部分患者同时存在多项不复查原因。这不但不利于患者的疾病转好，也影响医生观察患者的治疗效果和康复期的生存状况。

二十九、如何提高肿瘤放疗患者康复期复查依从性？

恶性肿瘤与一般的疾病不同，它恶性程度高，生存周期短，死亡率高，且具有易复发、易转移的特点，故医护人员应向患者及家属强调康复期复查的重要性。

1. 首先，医护人员应通过健康教育提高患者的认识，引起对复查的重视，使其建立复查信念，促使按时复查行为的改变。其次，根据患者自身特点及疾病情况，通过适合患者的健康教育模式为其建立个性化的延续性护理计划。再次，在患者患病期间，家庭、社会支持系统的参与对患者疾病的治疗和康复过程起重要作用。向家属说明，社会支持系统的支持有助于患者以积极的心态对抗疾病，故遵医行为较好，转移及复发率明显降低，从而调动患者家属参与并督促患者定期复查，及时发现复发迹象，尽早处理。

2. 医院应完善就医的各个环节，为复查提供便利渠道，如开展复查前预约服务、复查检查项目预约、复查指导等；充分发挥护理院外随访在患者复查依从方面所起的重要作用，在复查前一周左右以短信或微信提醒即将复查，并追踪复查情况；复查时针对患者提出的康复期问题给予耐心详细的解答，进而增加患者对医生的信心和满意度；此外，医生可根据患者的经济承受能力，避免不必要的检查，最大限度地减轻患者的经济费用，这也是促进患者定期复查的根本措施。

三十、甲状腺癌患者 ^{131}I 治疗后如何做好辐射防护？

放射性防护措施包括时间防护、距离防护、屏蔽防护。对患者及其家属而言，主要是时间防护和距离防护，即缩短与其他人的接触时间，以及增加接触距离。特殊人群如孕妇和婴幼儿更需要防护。^{131}I 治疗甲状腺癌按严格要求是需要住院隔离的，患者入住特殊病房，设专用卫生间，一般建议患者在服用 ^{131}I 后 3 天多饮水，勤排尿，以尽快排除滞留体内的 ^{131}I，减少性腺照射，便后多用水冲洗厕所。患者的衣物、被褥做衰变处理和单独洗涤。患者体内滞留 ^{131}I 量≤1.11GBq（30mCi）时可出院，一般在 3 天后就可出院，但仍需避免到密集的公众场合，特别是不要近距离接触孕妇和婴幼儿。即尽量做好放射防护，减少不必要人群的照射。

三十一、甲状腺癌患者 ^{131}I 治疗后如何进行家居隔离？

^{131}I 是一种放射性核素，物理半衰期为 8.04 天，具有与距离平方成反比的特性。即过了半衰期，

时间越久效力越弱；同时，距离保持越远威力越小。而国内只有少数医院的核医学科设置住院病房，一般均要求患者回家观察。因此，服用 ^{131}I 的患者回家后，为安全起见，应注意如下事项：

1. 患者服用 ^{131}I 后的 3 周内，应与他人保持 1~2m 距离；由于孕妇体内胎儿随时在进行细胞分裂成长，婴幼儿也正值发育期，若工作场所有孕妇或婴幼儿，应待 3 周后再上班。若是家中有 10 岁以下幼儿，最好暂时寄养亲友处。

2. 服用 ^{131}I 后，应尽量避免搭乘公共运输工具或前往公共场所，在第 1 周也勿与他人或伴侣有拥抱等亲密接触。

3. 患者所服用的 ^{131}I 约 1/4 集中在甲状腺，其余约 3/4 会随尿液排出体外，患者如厕宜采坐式，避免外溅造成污染；如厕后宜多冲几次水。

4. 患者的唾液和汗水也可能含有放射性物质，故最好个人单独使用餐具与毛巾。

5. 由于睡觉时间长，更易让家人暴露于放射线中，故居家期间宜独眠于一室。

三十二、甲状腺癌患者 ^{131}I 治疗后解除隔离标准是什么？

按照美国核管理委员会（NRC）的规定，^{131}I 治疗后辐射安全问题，符合以下三种标准，可解除隔离：①体内残留的放射性活度≤33mCi；②距离 1m 处辐射剂量率<7mR/h（0.07mSv/h）；③对成人的最大辐射剂量≤5mSv。

三十三、甲状腺癌患者 ^{131}I 治疗后多久可以怀孕？

目前研究没有发现服用 ^{131}I 发生影响生育或新生儿先天异常的证据，但患者若需要生育、怀孕，最好在服用 ^{131}I 以后一年。

三十四、放射性治疗患者排泄物如何处理？

放射性治疗是将放射性元素注入血管内（如放射元素锶治疗多发骨转移、^{131}I 治疗甲状腺癌），这些放射性元素随血流到达肿瘤及全身其他部位，随着人体新陈代谢，还会涉及唾液、尿液等排泄物中，所以需要对放射性治疗患者排泄物进行消毒处理并统一进行倾倒，处理患者排泄物、呕吐物时最好戴手套，不要用手直接接触，厕所应冲洗多次。

（周宏珍　王　丽　张春梅）

第四章 放射治疗常见不良反应的健康教育

第一节 早期和晚期放射性反应定义及评价标准

一、什么是放疗早期放射反应？

早期放射性反应又叫急性放射性反应，是指从第一天治疗开始到第 90 天内出现的放射治疗反应，多发生在皮肤、口腔黏膜、消化道黏膜组织和造血系统等更新快的组织，因此照射后损伤会很快表现出来。急性反应一般是可逆的，在停止放疗后短期内可康复。

二、早期反应的分级评价标准是什么？

根据 RTOG/EORTOG 急性放射性反应评价标准，早期反应的临床表现见表 4-1。

表 4-1 RTOG/EORTOG 急性放射性反应评价标准

	0 级	1 级	2 级	3 级	4 级
皮肤	无变化	滤泡样暗红色斑/脱发/干性脱皮/出汗减少	触痛性或鲜色红斑，片装湿性脱皮/中度水肿	皮肤皱折以外部位的融合的湿性脱皮，凹陷性水肿	溃疡、出血、坏死
黏膜	无变化	充血/可有轻度疼痛，无需止痛药	片状黏膜炎，或有炎性血清血液分泌物，或有中度疼痛，需止痛药	融合的纤维性黏膜炎/可伴重度疼痛，需麻醉药	溃疡、出血、坏死
眼	无变化	轻度黏膜炎，有或无巩膜出血/泪液增多	轻度黏膜炎或不伴角膜炎，需激素和（或）抗生素治疗/干眼，需用人工泪液/虹膜炎，畏光	严重角膜炎伴角膜溃疡/视敏度或视野有客观性的减退/急性青光眼/全眼球炎	失明（同侧或对侧的）
耳	无变化	轻度外耳炎伴红斑、瘙痒、继发干性脱皮，不需要药疗听力图与治疗前比无变化	中度外耳炎（需外用药物治疗）/浆液性中耳炎/仅测试时出现听觉减退	严重外耳炎，伴溢液或湿性脱皮/有症状的听觉减退，与药物无关	耳聋
涎腺	无变化	轻度口干/唾液稍稠/可有味觉的轻度变化如金属味/这些变化不会引起进食行为的改变	中度口干，唾液黏稠，味觉明显改变	—	急性唾液腺坏死
咽和食管	无变化	轻度吞咽困难或吞咽疼痛，需表面麻醉剂或非麻醉性镇痛药，可能需进软食	中度吞咽困难或吞咽疼痛，可能需麻醉性镇痛药，可能需进浓汤或流食	重度吞咽困难或吞咽疼痛伴脱水或体重比治疗前下降 >15%，需鼻饲管，静脉滴注液体或高营养物质	完全梗阻，溃疡，穿孔，瘘管
喉	无变化	轻度或间断性声撕/咳嗽，不需要用镇咳药/黏膜红斑	持续性声撕，但能发音/牵涉性耳痛，喉咙痛，散在纤维性渗出或构状肌轻度水肿，不需要用麻醉性镇痛药	声音低微，喉咙痛或牵涉性耳痛，需要用麻醉性镇痛药/融合性纤维渗出，构状肌水肿明显	明显呼吸困难、喘鸣或咯血，需要行气管切开或气管插管
上消化道	无变化	厌食伴体重比治疗前下降≤5%/恶心，无需止吐药/腹部不适，无需抗副交感神经药或止痛药	厌食伴体重比治疗前下降≤5%/恶心和（或）呕吐，需要止吐药/腹部不适，需止痛药	厌食伴体重比治疗前下降≥5%/需鼻胃管或肠胃外支持，恶心和（或）呕吐需插管或肠胃外支持/腹痛，用药后仍较重/呕血或黑粪/腹部膨胀，平片示肠管扩张	肠梗阻，亚急性或急性梗阻，胃肠道出血需输血/腹痛需置管减压或肠扭转

续表

	0级	1级	2级	3级	4级
下消化道	无变化	大便次数增多或大便习惯改变，无需用药/直肠不适，无需止痛治疗	腹泻，需要抗副交感神经药（如止吐宁）/黏液分泌增多，无需卫生垫/直肠或腹部疼痛，需止痛药	腹泻，需肠胃外支持/重度黏液或血性分泌物增多，需卫生垫/腹部膨胀，平片示肠管扩张	急性或亚急性肠梗阻，瘘或穿孔/胃肠道出血需输血/腹痛或里急后重，需置管减压，或肠扭转
肺	无变化	轻度干咳或劳累时呼吸困难	持续咳嗽需麻醉性止咳药/稍活动即呼吸困难，但休息时无呼吸困难	重度咳嗽，对麻醉性止咳药无效，或休息时呼吸困难/临床或影像有急性放射性肺炎的证据/间断吸氧或有可能需要类固醇治疗	严重呼吸功能不全/持续吸氧或辅助通气治疗
泌尿生殖器	无变化	排尿频率或夜尿为疗前的2倍/排尿困难、尿急，无需用药	排尿困难或夜尿少于每小时1次，排尿困难、尿急、膀胱痉挛，需局部用麻醉剂	尿频伴尿急和夜尿，每小时1次或更频/排尿困难，盆腔痛或膀胱痉挛，需定时、频繁地予麻醉剂/肉眼血尿伴或不伴血块	血尿需输血/非继发于血凝块所致的急性膀胱阻塞、溃疡或坏死
心脏	无变化	无症状但有客观的心电图变化证据；或心包异常，无其他心脏病表现	有症状，伴心电图改变和充血性心力衰竭或心包疾病的影像学改变/不需特殊治疗	充血性心力衰竭，心绞痛，心包疾病，对治疗有效	充血性心力衰竭，心绞痛，心包疾病，心律失常，对非手术治疗无效
中枢神经系统	无变化	功能完全正常（如能工作），有轻微的神经体征，无需用药	出现神经体征，需家庭照顾/可能需护士帮助/包括类固醇的用药/可能需抗癫痫的药物	神经功能异常，需住院治疗	严重的神经损害，包括瘫痪、昏迷或癫痫发作，即使用药仍每周>3次/需住院治疗
白细胞（×10^9/L）	≥4.0	3.0~<4.0	2.0~<3.0	1.0~<2.0	<1.0
中性粒细胞（×10^9/L）	≥1.9	1.5~<1.9	1.0~<1.5	0.5~<1.0	<0.5或败血症
血红蛋白（g/L）	≥110	<110~95	<95~75	<75~50	<50
血小板（×10^9/L）	≥100	75~<100	50~<75	25~<50	<25或自发性出血

三、什么是晚期放射反应？

晚期反应是指实质细胞耗竭后无力再生而最终导致的纤维化。晚期放射反应与损伤主要发生在更新慢的组织，如肺、肾脏、心脏和中枢神经系统，潜伏期较长，一般在放疗后3～6个月内甚至数年以后出现，一旦出现，可造成永久性的损伤。

四、晚期反应的分级评价标准是什么？

根据RTOG/EORTOG晚期放射性反应评价标准，晚期反应的临床表现见表4-2。

表4-2 RTOG/EORTOG晚期放射性反应评价标准

	0级	1级	2级	3级	4级
皮肤	无变化	轻微的萎缩，色素沉着/些许脱发	片状萎缩/中度毛细血管扩张/全部头发脱落	显著的萎缩/显著毛细管扩张	溃疡
皮下组织	无变化	轻微的硬化（纤维化）和皮下脂肪减少	中度纤维化，但无症状/轻度野挛缩；<10%线性减少	重度硬化和皮下脂肪减少/野挛缩>10%线性减少	坏死
黏膜	无变化	轻度萎缩和干燥	中度萎缩或毛细管扩张/无黏液	重度萎缩伴随完全干燥/重度毛细管扩张	溃疡

续表

	0级	1级	2级	3级	4级
眼	无变化	无症状的白内障/轻微的角膜溃疡或角膜炎	有症状的白内障/中度角膜溃疡/轻微的视网膜病或青光眼	严重的角膜炎/严重的视网膜病或视网膜剥落	全眼球炎/失明
涎腺	无变化	轻度口干/对刺激有反应	中度口干/对刺激反应差	完全口干/对刺激无反应	纤维化
食管	无变化	轻度纤维化/轻度吞咽固体食物困难;无吞咽疼痛	不能正常进固体食物/可进半固体食物/可能有扩张指征	重度纤维化/仅能进流食/可有吞咽疼痛/需扩张	坏死/穿孔/瘘
喉	无变化	声音嘶哑/轻度喉水肿	中度喉水肿/软骨炎	重度水肿/重度软骨炎	坏死
小肠/大肠	无变化	轻度腹泻,轻度痉挛,轻度直肠分泌物增多或出血	中度腹泻和肠绞痛,大便>5次/日,多量直肠黏液或间断出血	梗阻或出血,需手术	坏死/穿孔/瘘
肺	无变化	无症状或轻微症状(干咳);轻微影像学表现	中度有症状的纤维化或肺炎(重度咳嗽);低热,影像学片样改变	重度有症状的纤维化或肺炎;影像学致密性改变	严重呼吸功能不全;持续吸氧;辅助吸氧
肾	无变化	一过性白蛋白尿;无高血压;轻度肾功能损害,尿素25~35mg%,肌酐1.5~2.0mg%,肌酐清除率>75%	持续中度蛋白尿(++);中度高血压;无相关贫血;中度肾功能损害,尿素>36~60mg%,肌酐清除率50%~74%	重度蛋白尿;重度高血压;持续贫血(<10g%),重度肾功能损害,尿素>60mg%,肌酐>4.0mg%,肌酐清除率<50%	恶性高血压;尿毒症昏迷,尿素>100ml
膀胱	无变化	轻度上皮萎缩;轻度毛细血管扩张(镜下血尿)	中度尿频;广泛毛细血管扩张,间断性肉眼血尿	重度尿频和排尿困难,重度毛细血管扩张(常伴瘀斑),频繁尿频,膀胱容量减少(<150ml)	坏死/膀胱挛缩(容量<100ml),重度出血性膀胱炎
心脏	无变化	无症状或轻微症状—一过性T波倒置和ST改变;窦性心动过速>110(静息时)	轻微劳动时心绞痛;轻度心包炎;心脏大小正常;持续不正常T波和ST改变;QRS低	严重心绞痛;心包积液,缩窄性心包炎;中度心力衰竭;心脏扩大,心电图正常	心包填塞/严重心力衰竭/重度缩窄性心包炎
脊髓	无变化	轻度L'Hermite's综合征	重度L'Hermite's综合征	在或低于治疗脊髓水平有客观的神经体征	同侧,对侧象限性瘫痪
大脑	无变化	轻度头痛/轻度嗜睡	中度头痛/中度嗜睡	重度头痛;严重中枢神经失调(行动能力部分丧失或运动障碍)	癫痫发作或瘫痪/昏迷
关节	无变化	轻度关节强直,轻度运动受限	中度关节强直,间断性或中度关节疼痛,中度运动受限	重度关节强直,疼痛伴严重运动受限	坏死/完全固定
骨	无变化	无症状,无生长停滞;骨密度降低	中度疼痛或触痛;生长停滞;不规则骨硬化	重度疼痛或触痛;骨生长完全停滞;致密骨硬化	坏死/自发性骨折

第二节 全身性放射性反应的健康教育

一、什么是骨髓抑制?

骨髓抑制是指骨髓中的血细胞前体的活性下降。血流里的红细胞和白细胞都源于骨髓中的干细胞。血流里的血细胞寿命短,常常需要不断补充。为了达到及时补充的目的,作为血细胞前体的干细胞必须快速分裂。化学治疗(chemotherapy)和放射治疗(radiation)及许多其他抗肿瘤治疗方法,都是针对快速分裂的细胞,因而常常导致正常骨髓细胞受抑制。

各种放射线对骨髓的抑制多见于肿瘤放射治疗中及放射治疗后。由于骨髓增殖旺盛,分化程度低,对放射线高度敏感,所以骨髓损害程度取决于放射剂量的大小、照射范围和部位、照射时间等,一般来说照射范围越大、剂量越高,乳腺癌、食管癌、肺癌、纵隔肿瘤、宫颈癌、肠癌、前列腺癌等照射野内包含的造血组织越多如骨盆、肋骨、胸骨、脊柱骨等,骨髓抑制就越严重。另外大剂量化疗或放疗增敏作用的化疗药物如DNR、ADM等在增加放疗敏感性的同时,也增加了不良反应。

放疗所致的骨髓抑制远较化疗为轻,放射线对生成这三种细胞的前体细胞的放射敏感程度是一样的,但由于白细胞和血小板的寿命很短,因此外周血中计数很快下降;而红细胞的生产时间很长,贫血出现较晚。

二、骨髓抑制如何护理?

一般放疗 2~3 周,外周血常规会有不同程度的下降,中性粒细胞最为明显。根据 RTOG/EORTOG 急性放射性反应评价标准,骨髓抑制可分为 5 级,不同分级的护理措施见表 4-3。

表4-3 骨髓抑制分级及护理措施

	白细胞 ($\times 10^9$/L)	中性粒细胞 ($\times 10^9$/L)	血红蛋白 (g/L)	血小板 ($\times 10^9$/L)	护理措施
0级	≥4.0	≥1.9	≥110	≥100	此阶段,以预防为主,指导患者注意防寒保暖,预防感冒,适当活动,增强机体免疫力
1级	3.0~<4.0	1.5~<1.9	<110~95	75~<100	此阶段,加强基础护理,鼓励患者多进食鱼类、蛋类等,指导患者进食红枣、枸杞等补气血的食物,每天饮水 3000ml 左右。避免让患者暴露于易感区域,每周复查 1 次血常规
2级	2.0~<3.0	1.0~<1.5	<95~75	50~<75	此阶段应暂时中止放疗,采取一般保护性隔离。根据医嘱,继续观察或给予升白细胞治疗,严格无菌操作。并遵医嘱服用升血药物,如生血宁、鲨肝醇等
3级	1.0~<2.0	0.5~<1.0	<75~50	25~<50	此阶段暂停放疗,遵医嘱使用升白细胞药物、输成分血制品、抗生素治疗。指导患者减少活动,防止跌倒、磕碰,保持情绪稳定、大便通畅,避免颅内出血的发生,每晚紫外线消毒,减少陪护人员,防止交叉感染,每周复查 1~2 次血常规
4级	<1.0	<0.5 或败血症	<50	<25 或自发性出血	①在 3 度骨髓抑制护理的基础上,采取无菌性保护隔离,安排患者住单人房间,绝对卧床休息,病室内所有物品需用消毒液擦拭。②室内湿度控制在 50%~60%。③工作人员入室前更换隔离衣、戴口罩、帽子等,工作人员患流感、急性上呼吸道感染者禁止入内,减少患者感染的机会。④嘱患者使用软毛牙刷刷牙,保持口腔清洁。禁止牙签剔牙、剃胡须等。⑤观察患者局部有无渗血及皮下青紫现象。⑥护理人员操作过程中动作轻柔,避免长时间扎止血带,输液、抽血后,嘱患者按压穿刺口 5min。并观察患者皮肤有无新增的瘀斑或出血点

三、什么是放射性皮炎?

放射性皮炎是由放射线(主要是 β 和 γ 射线及 X 线)照射引起的皮肤黏膜炎症性损害。放射线照射后产生大量活性氧类自由基,损伤皮肤基底层细胞,导致基底层细胞分裂增殖受阻,从而减少向表皮层的迁移,角化明显减少。在放疗初期,受照局部释放组胺类物质,引起毛细血管通透性增加,组织细胞变性坏死,出现一过性瘙痒和皮肤红斑。放疗后期,真皮层血管内红、白细胞的渗出导致真正红斑。低剂量放疗导致基底层细胞分裂减慢,皮肤变薄,随着放疗剂量增加,部分基底层细胞完全破坏,导致干性脱皮,高剂量的放疗会引起湿性脱皮甚至溃疡、坏死。而机体为保护基底层细胞免受进一步损伤,黑色素细胞将释放大量黑色素入血,可致色素沉着。汗腺和皮脂腺的破坏引起皮肤干燥、皮肤萎缩和纤维化造成皮肤弹性丧失。急性放射性皮炎 RTOG 分级标准详见表 4-1。

放射性皮炎的影响因素包括患者的皮肤特点、照射部位、营养状况、年龄、一般情况、肿瘤分期及种族等;吸烟、同期化疗、照射剂量、分割方法、总剂量、射线种类、射线能量、受照射体积、照射技术、剂量分布等多种因素。

通常,机体潮湿的部位及皮肤皱褶的部位较易出现皮肤反应,如头颈部、乳腺下、腋窝、会阴部和腹股沟等部位;营养状态不佳可延长伤口的愈合;此外,表面涂抹有香味的油脂或含有金属元素的物质如汞或银等,常可加重皮肤的反应。

四、放射性皮炎如何防护？

1. 放疗期间尽量着宽松衣物，减少受照射后的皮肤与衣物的摩擦，降低疼痛感。避免进入高温环境或低温刺激，使皮肤处在适度的环境温度中。

2. 在放化疗期间易并发低蛋白血症，需补充高蛋白、高维生素的无刺激性的温凉食物。当出现白细胞下降时，饮食上宜选择有补血效果的食物，同时多饮水。

3. 注意照射野皮肤的清洁，可以使用中性肥皂清洗皮肤，在流水下冲洗，禁用碱性肥皂搓洗，不可用乙醇、碘酒、化妆品等对皮肤有刺激的药物，禁贴胶布，外出时防止暴晒及风吹雨淋。

4. 放疗开始时，在患者睡前、放疗前1h、放疗后用三乙醇胺乳膏、赛肤润、芦荟膏、利肤宁等涂抹放射野皮肤，每天观察局部皮肤反应。

5. 出现放射性皮炎时，处理如下：0/1级充分暴露，保持干燥；涂抹赛肤润、利肤宁、比亚宁、芦荟膏。2级暴露创面，避免涂抹油脂类、粉类制剂；局部喷洒重组人表皮生长因子（金因肽）、复方维生素B_{12}（贯新克）、康复新等。3级请造口组会诊，用0.9%氯化钠注射液或1∶5000呋喃西林清洗，待干后外贴美皮康，3~5天更换，或根据渗液情况更换。4级严重者需要植皮治疗。

6. 放射性皮肤反应，照射区皮肤颜色会发红，随后转为褐色，甚至会蜕皮，这时不要用力搓揉照射区皮肤，新皮肤长出后，老皮肤会自行蜕掉，不要用力撕揭。

第三节　中枢神经系统放射性反应的健康教育

一、什么是放射性脑损伤？

放射性脑损伤（radiation encephalopathy，REP）又称放射性脑病，是鼻咽癌、脑瘤、白血病及其他头颈部肿瘤在行放射治疗后所致的常见且最严重的并发症，其在多种因素联合作用下导致神经元发生变性、坏死而引发的中枢神经系统疾病，临床表现为头痛、神经功能障碍、延髓性麻痹症状及相关神经体征的持续恶化等，一旦发生，可呈进展性加重，可分为急性放射性脑损伤、早期迟发放射性脑损伤和晚期放射性脑损伤。

急性放射性脑损伤在放射治疗后数日或数周出现，主要表现为困倦、恶心、呕吐、头痛。早期迟发性脑损伤通常发生在放射治疗后1~6个月，表现为短暂脱髓鞘，短期记忆力丧失，疲劳感和嗜睡，亦可导致严重损伤，而急性及早期迟发性REP相对少见，患者的自觉症状相对轻，经过早期积极的治疗及护理干预往往能取得较好的效果。

晚期放射性脑损伤发生在放射治疗6个月以后，表现为脱髓鞘、血管异常和脑白质坏死及智力减退，通常是严重不可逆性损伤，治疗效果及预后较差。数据显示：20%~50%的长期存活脑肿瘤患者有进行性的认知功能障碍，从轻微疲劳到显著记忆力丧失和严重痴呆。

二、放射性脑损伤如何防治？

大部分处于潜伏期的患者一般无明显自觉症状，少部分患者可出现一过性记忆力下降，人格、精神状态的轻度改变。此期以心理及安全护理为主，护理人员要主动与患者沟通和交流。积极消除患者的顾虑，使之树立信心，从而积极配合治疗。对于记忆力下降的患者，要加强宣教，告知家属加强看护，防止走失。目前，尚无特效药物延缓病情的进一步发展。阿瓦斯汀（Avastin）又称贝伐单抗，是一种阻碍肿瘤血管生成的靶向治疗药物。国外新近进行的一项随机双盲、安慰剂对照试验显示，贝伐单抗能降低头颈及脑部放射所致的REP发生率，故对可能发生REP患者且有应用靶向治疗药物的指征，在化疗早期即可首选贝伐单抗。

急性REP主要是血脑屏障受到损害，通透性增加而导致脑水肿、颅高压和一过性神经功能受损所致。患者症状一般较轻，多表现为头痛、恶心、呕吐和发热，偶可出现意识改变甚至癫痫等，这些反应经积极治疗一般可恢复。因急性期REP全程都存在炎症及自身免疫反应，因此抑制炎性反应在REP的治疗中有着重要地位。早期迟发性REP的治疗，糖皮质激素及脱水剂仍为基础治疗药物；此外，放射线所致血管内皮损伤，极易形成附壁血栓，使抗血小板或根据病情适度抗凝治疗在防治

REP 中具有重要作用。REP 治疗中应用激素的剂量大、时间长，大部分肿瘤患者抵抗力差，故给药前要做好宣教工作，向患者说明激素治疗的作用、不良反应、注意事项等；给药期间观察大小便情况，预防消化道及泌尿道出血；加强皮肤、口腔、肛门等黏膜护理，预防感染。对于反复出现头痛、呕吐的患者，应行头部影像学检查，并密切观察患者的意识、瞳孔、生命体征，以及肢体活动，并防治误吸；一旦出现呼吸、脉率减慢及血压升高等颅内压升高的表现，应及时给予脱水剂治疗，警惕脑疝的发生。对头晕、行动不便、记忆力下降的患者，可适当限制其活动范围，下床活动、如厕、洗澡、外出时需有人陪伴，以防跌倒而发生外伤；对长期卧床者应安装床挡，适当给予保护性约束，防止坠床摔伤。癫痫患者有发作前驱症状时应立即平卧，避免摔伤；切勿用力按压患者肢体，以防骨折或脱臼；应及时使用牙垫，防止舌咬伤；抽搐停止后，将头偏向一侧，并充分休息。

临床护理工作中，晚期迟发性 REP 患者多见，且患者因并发症较多，病情一般较重，激素治疗能暂时缓解症状，但对预后无改善，且可能增加患者感染、消化道出血的风险，甚至可能增加肿瘤转移的发生率，故使用期间应严密、细致观察患者病情变化。晚期患者由于延髓性麻痹（包括声嘶、言语欠清、吞咽困难、饮水呛咳、咽反射减弱、软腭提升障碍等）影响进食，并且容易发生吸入性肺炎。予除常规的糖皮质激素抗感染、营养神经等治疗外，结合咽喉部肌肉康复训练，可改善患者吞咽、发音功能，且降低吸入性肺炎的发生率。采取鼻饲或胃造瘘的方式进行肠内营养，可满足机体需要量，且能减少误吸、肺炎的发生。

三、放疗后为什么会出现手麻木、触电感及颈肩部疼痛，应如何应对？

头颈部及胸部肿瘤如鼻咽癌、喉癌、甲状腺癌、食管癌、肺癌、乳腺癌等，放射治疗过程中，如果肿瘤与脊髓邻近，放射剂量过大，或患者对放射线高度敏感，就可导致脊髓损伤，产生炎性反应，引起放射性脊髓炎，其发生率为 1%～3%。根据临床表现，放射性脊髓炎可分为短暂性、急性和慢性三大类，其中短暂性放射性脊髓炎较为常见，临床表现为感觉异常，如肢体麻木、刺痛、触痛、烧灼感及颈肩部疼痛等，以及典型的低头屈颈触电样体征，即低头时出现从颈部沿脊椎向下肢或四肢放射性触电感，头复位时症状消失。

目前，放射性脊髓炎的药物治疗及护理手段有限，以减轻水肿、改善循环、促进神经细胞恢复和抑制免疫反应为原则，主要药物有糖皮质激素、B 族维生素及各种神经营养药物等，并配合高压氧，请康复科介入采取各种理疗、主动和被动康复功能锻炼。

第四节 头颈部放射性反应的健康教育

一、放疗会导致脱发吗？

颅脑部肿瘤放射治疗可引起脱发，通常是局部的，照射野区域的皮肤受损伤的同时毛囊也受到影响，因为生长期的毛囊对辐射的敏感性高，用于治疗颅内恶性肿瘤的高剂量放射治疗，可永久性地摧毁毛囊，导致永久性脱发。但是大多数生长期毛囊是在约 4mm 的皮肤深层，如果皮层 5mm 内接受的照射剂量小于 16Gy，那么发生放射性脱发是可以避免或明显减少的。目前使用的调强放疗（IMRT）等技术可大大缩小周围组织的损伤，受影响的毛囊数量也相应减少，因此部分脱发是暂时的、可逆的，放疗结束后可再生。

出现脱发时注意保护头发，梳发动作要轻，少洗发，勿用卷发器。脱发后头皮变得柔弱而敏感，在太阳下，应戴帽子或围巾来保护头皮；如果戴假发，要确保假发内层不会刺激头皮。

二、放疗会引起味觉改变吗？

放射性味觉损伤主要是发生在头颈部肿瘤放疗过程中，由于放射线的直接作用引起味蕾的减少，而非损伤味觉神经，因此放疗引起的味觉改变为可逆性。有报道指出，头颈部放疗患者，4 种味觉均在放疗的第 3 周发生不同程度减退，放疗结束的第 8 周开始恢复。有研究表明在鼻咽癌放疗中使用个性化口腔支架可减轻放疗引起的味觉损伤，并且缩短味觉的恢复时间。

三、放疗后出现口干应如何应对？

口干（xerostomia）是头颈部放射治疗后最常见的不良反应之一，是由于放射线损伤唾液腺，特别是浆液性腺泡组织为纤维组织所代替，导致唾液分泌量明显减少甚至消失。口腔干燥症是放疗后常见的并发症，目前主要以改进放疗方式、药物及进行颌下腺移位术等预防、减轻及治疗口腔干燥症，虽均取得一定疗效，但临床上仍无完全有效的预防和治疗方法。

颌下腺放射敏感性低于腮腺，通常放疗后颌下腺提供残存唾液的大部分，研究证明将颌下腺移位到颏下间隙能很好地保留颌下腺功能，并且颌下腺移位术预防鼻咽癌放疗后口干燥症的长期疗效较好，但是颌下腺移位术只能用于初治的鼻咽癌患者，且颈部Ⅰ区无淋巴结转移者。

患者在治疗过程中应少量多次饮水，多吃一些富含维生素的食物和水果，如蔬菜、梨、西瓜、草莓等。

中医方剂、针灸对治疗鼻咽癌放疗后口干燥症有一定的疗效。内饮西洋参茶水：将3g西洋参和2g红茶洗净后，加100g清水煎煮，每天早晨饮用西洋参茶水1次；另外可用胖大海、麦冬、菊花冲泡服用，或口含乌梅、橄榄及咀嚼口水醇以缓解口干。

四、放疗后出现口腔黏膜炎的预防与护理措施有哪些？

放射性口腔黏膜炎（oral mucositis, OM）是头颈部肿瘤放射治疗中较常见的急性反应，常在放射治疗2~3周后出现，随着放射治疗剂量的增加而加重，发生率为100%。放射性口腔黏膜炎的发生和发展除了受口腔黏膜的照射面积、照射剂量、分割方式和是否配合化疗等因素影响外，还与口腔护理、处置有着密切关系。

1. 预防

（1）放疗开始前1~2周完成龋齿及其他牙齿疾病的治疗。

（2）刷牙使用软毛牙刷、含氟牙膏，次数不少于每天两次，牙刷使用前可先浸泡温水5min，并每3个月更换牙刷，感冒过后及时更换牙刷；如有义齿，须每天取下清洗，睡时取出。

（3）进食前后要使用冷水、生理盐水、不含乙醇漱口水漱口，睡前要认真刷牙、漱口，每日漱口5~6次，尽量延长漱口液与口腔黏膜的接触时间，每次含漱时间不少于3min，用鼓腮和吸吮交替动作漱口。

（4）严密观察口腔情况，重视口腔早期变化，每2周行口腔黏膜细菌、真菌检测，测口腔pH（正常口腔pH 6.6~7.1），当pH至5.0~5.5时不能有效抑制口腔中细菌。在酸性条件下容易出现白细胞溶解，释放出溶媒体酶，导致局部组织损伤，易发生口腔感染和溃疡。pH在5.0~5.5时可选用碱性漱口液，如5%碳酸氢钠注射液；pH在6.0~7.0时选择多贝尔溶液、生理盐水进行漱口，但如无条件进行口腔酸碱度检测时，可选择碱性漱口液进行漱口，如碳酸氢钠漱口，6次/日以上。

（5）每天至少一次使用镜子及手电筒自我检查口腔黏膜，检查牙齿或义齿是否干净且无残留齿垢。口腔黏膜检查包括：唇、嘴角、内颊、上下颚、牙龈、舌头等部位有无红、肿、溃疡、白斑、舌苔等，出现放射性口腔黏膜炎时及时处理。

（6）每日饮水3000ml左右，可用金银花、菊花、麦冬泡水饮用。

（7）忌辛辣、油炸、刺激、粗糙、多刺、过冷、过热、过硬的食物，戒烟戒酒，避免口腔黏膜受不良刺激，进食时细嚼慢咽，勿使用牙签剔牙，可使用牙线。

（8）宜进食高热量、高蛋白、高维生素，质软、易消化的食物，如鱼、瘦肉、大豆及其制品、新鲜蔬菜，水果等，推荐每天吃至少5种以上的蔬菜。

（9）放疗日起口服复合维生素片（如善存）。

2. 护理

（1）1级黏膜反应者继续执行上述措施，可使用生理盐水+地塞米松+庆大霉素雾化吸入，减轻水肿，缓解疼痛，预防感染。

（2）疼痛管理：2级或以上黏膜反应疼痛明显时，进食前可使用生理盐水+维生素B_{12}+利多卡因混合液含漱，减轻疼痛；4级黏膜反应应加强口腔护理，4次/日，清除分泌物，漱口8～10次/日。

（3）营养管理：出现3、4级黏膜反应时，为了保证水电解质的平衡和营养的供给，可食用奶类、蔬菜汁、果汁、鸡蛋羹、鱼粥，有条件者可将食物打成糊状，方便进食；静脉补充营养，必要时给予白蛋白、血浆；如疼痛严重影响进食或患者抗拒进食，尽早使用鼻胃管进行鼻饲饮食。每日监测体重，定期监测外周血、电解质、白蛋白、血浆、肌酐、尿素氮。

（4）预防感染：对于2级或以上黏膜反应，可使用生理盐水+地塞米松+庆大霉素或根据口腔pH、咽拭子培养+药敏结果选择合适的药物进行含漱和雾化；4级黏膜反应为防止感染可静脉滴注抗生素及抗真菌药物。

（5）药物使用：口腔黏膜出现溃疡时可选用金因肽（重组人表皮生长因子）、贯新克（复方维生素B_{12}溶液）、康复新、喉风散等药物进行喷洒，对促进黏膜细胞修复，减轻疼痛有一定疗效。有研究表明，使用粒细胞-巨噬细胞集落刺激因子（GM-CSF）含漱，能有效预防和治疗放射性口腔炎的发生。另外有学者制作复方棒冰含服，结果证实口腔低温也可防止口腔放疗后反应，原理为口腔含入冰块后，低温刺激可使口腔黏膜血管收缩，黏膜组织氧含量降低，对放射作用反应减弱，从而保护或减轻了放射对口腔黏膜的损伤。

五、如何预防放射性龋齿及放射性骨髓炎？

放射性龋齿（radiation caries）是头颈部肿瘤放疗常见不良反应，其发生与放疗后唾液分泌减少使口腔自洁能力减弱及射线损伤牙齿结构、牙周血运有关。放疗后数月至数年可出现牙齿疏松、变黑、易碎裂，最后根冠交界处断裂，形成满口尖利参差不齐的黑色残根，自觉牙痛、口臭、咀嚼困难；常继发口腔感染，形成牙龈肿痛、齿槽溢脓、颌下淋巴结炎，牙齿松动、对冷、热、甜、酸感觉过敏，严重者可引起颌骨骨髓炎。对于防治放射性龋齿须进行系统的牙科检查，早期预防、早期诊断和及时治疗。

（1）开始放疗前应进行系统的口腔检查与治疗，识别和消除口腔感染灶。在高剂量的照射区内存在不可修复的、需要根管治疗的牙齿或有中重度牙周病需要考虑拔牙时，尽量在拔牙后至少14天才开始放疗。

（2）保持口腔清洁，重视餐后漱口，清除食物残渣；使用软毛牙刷，勿用牙签剔牙，使用牙线或牙间隙牙刷；终生使用含氟牙膏，增强牙齿的抗病功能；选用含氟溶液（含或不含氯己定）、朵贝溶液、0.05%氯己定溶液、5%碳酸氢钠溶液含漱，减少致病菌的滋生。有研究表明局部应用氟保护漆，能有效预防放射性龋齿的发生。

（3）注意合理的饮食结构，少吃糖类食品，忌食辛辣油炸等刺激性食物，戒烟戒酒。

（4）放射反应消失后1年，才能做义齿修复和装戴义齿。放疗后至少2年内不要拔牙，以防诱发骨髓炎。如果必须拔牙，应加强无菌操作，将创伤降到最低，并适当应用抗生素。

六、如何预防放射性颞颌关节障碍（张口困难）、放射性头颈部软组织纤维化？

放射性颞颌关节障碍、放射性头颈部软组织纤维化都是头颈部肿瘤放疗后出现的一种晚期不良反应，是由于放疗后照射野内的关节硬化，肌群、软组织发生萎缩、纤维化，引起一系列的功能障碍。张口困难的程度以测量的门齿距数据为依据，根据SOMA标准，Ⅰ级，张口受限，门齿距为>2～3cm；Ⅱ级，进干食困难，门齿距为>1～2cm；Ⅲ级，进软食困难，门齿距为0.5～1cm；Ⅳ级，门齿距<0.5cm。目前尚无特效疗法，关键在于预防。

功能锻炼强度与张口困难发生程度呈负相关，坚持一定强度的锻炼才能有效预防张口困难、头颈部软组织纤维化和减轻张口困难、头颈部软组织纤维化的程度。自放疗当天起开始进行功能锻炼至放疗结束后至少2年。

功能锻炼具体步骤：①低头-仰伸运动：低头尽量将下颌骨靠近胸骨，还原；头部尽量仰伸，目视天花板，还原，连续做4个八拍，20次/日。②转颈运动：肩膀不动，头部尽量左转，目视左前方，保持4～5s；右边同上，20次/日。③摸耳运动：左手抬起摸右耳，持续5s；右边同上，

20 次/日。④张口运动：做最大限度的张口锻炼，口腔迅速张开，然后闭合，幅度以可以忍受为限，2~3min/次，200 次/日；根据开口情况选择不同大小的圆锥形软木塞或木质开口器（直径 2.5~4.5cm），置于上、下门齿之间或双侧磨牙区交替支撑锻炼，强度以能忍受为度，保持或恢复理想开口度（>3cm），10~20min/次，2~3 次/日；练习鼓腮、咀嚼、叩齿，每日数次。

第五节 胸部放射性反应的健康教育

一、放射性食管炎护理要点有哪些？

放射线对生物体产生的电离作用，亦可使正常组织和细胞遭受损伤和破坏，因放射线所引起的食管损伤，称之为放射性食管炎（radiation esophagitis），多见于食管癌、肺癌、乳腺癌、纵隔肿瘤、甲状腺癌等照射野可能涉及食管的患者。

一般在放疗剂量达 10~20Gy 时出现，以食管黏膜充血、水肿、吞咽困难为主要表现，30~40Gy 时可产生咽下疼痛及胸骨后痛，严重影响食物的摄入。一般至放疗结束后 1~3 个月才逐渐消失。合并感染时，疼痛加剧，随着放疗剂量的增加，少数患者吞咽时，痛感明显。根据 RTOG/EORTOG 急性放射损伤分级和护理如下：

0 级：无症状。以预防为主，指导患者保持口腔清洁，进餐温度控制在 38~40℃。

1 级：轻度吞咽困难或吞咽疼痛，需用表面麻醉药、非麻醉药镇痛或进半流质饮食。指导患者饮食以软食为主，进餐速度不宜过快，进餐前后温水漱口。可教会患者分散注意力，如看电视、听音乐、自我放松法等，进餐前 30min 可用 2%利多卡因注射液 15ml、地塞米松磷酸钠注射液 10mg、庆大霉素注射液 8WU 加入 0.9%氯化钠注射液 250ml 中混合含漱，每次 15~20ml，既可缓解吞咽疼痛，又可减轻黏膜炎症，也可口服华素片，3 次/日，每次 3 粒，起到食管消炎的作用。

2 级：中度吞咽困难或吞咽疼痛，需麻醉药镇痛或进流质饮食。患者以流食或半流食为主，少量多餐，观察患者疼痛性质、持续时间等，可用吲哚美辛栓 50mg 直肠给药。

3 级：重度吞咽困难或吞咽疼痛，伴脱水或体重下降>15%需鼻饲或静脉输液补充营养。护理人员应缓解患者进食恐惧感，给予患者鼻饲饮食或遵医嘱静脉补液。遵医嘱使用止痛药物如曲马多、吗啡缓释片等，告知患者按时服药，而非按需服药。指导患者根据药物特性、用量等服药，缓释药片不可碾碎后服用。

4 级：完全梗阻、溃疡、穿孔或瘘管形成。静脉补充高营养物质，也可行胃造瘘术，补充营养。对于行胃造瘘的患者应及早指导患者进行吞咽功能锻炼。吞咽功能锻炼主要包括吞咽基础训练和饮食功能锻炼。首先让患者保持口腔清洁，坚持做空咀嚼、鼓腮、吹气、叩齿、张嘴等动作，每组 10 次，每天三组以上。再用冰冻棉签轻轻刺激患者舌根、软腭和咽后壁，嘱其做吞咽动作。饮食功能锻炼应根据患者吞咽困难的程度选取食物，温度控制在 40~60℃，防止误吸的发生。每次喂食时用汤勺轻压患者舌部，促进舌运动。患者营养可荤素搭配，将营养液、米、肉类、牛奶、蛋类、新鲜蔬菜等搅碎调制糊状、半流质或流质。食物储存在冰箱中，4℃保存，每日现配现用，为避免感染，存放时间不宜超过 24h。管饲前先回抽胃液，如胃内潴留量>100ml，暂不注食。主餐每次 250~300ml，副餐每次 100~150ml，每天总量维持在 1500~2000ml，每次管饲量最大不可超过 300ml，管饲和管饲后 30~60min 都应予坐位或半卧位。对于胃排空不好的患者，可延长注食的间隔时间，或遵医嘱使用增加胃动力的药物。管饲用物每日消毒，防止因食物或用物不洁，导致患者腹泻。

二、放射性肺炎的护理要点有哪些？

放射性肺炎是食管癌、肺癌、乳腺癌、纵隔肿瘤等放射治疗常见不良反应，一般出现在放疗后的 1~3 个月，尽量将放射性肺炎控制在 1~2 级内，避免发展为 3~4 级。根据 RTOG/EORTOG 急性放射损伤分级和护理如下：

0 级：无变化。以预防为主，指导患者戒烟戒酒，保持个人及病室内卫生，保持室内空气流通，温度控制在 18~20℃，湿度以 60%~65%最佳，定时更换床褥、衣物等，保持床单位清洁、干燥。

1级：轻微干咳或用力时呼吸困难。嘱患者卧床休息，减少活动，多饮水，保持呼吸道通畅，遵医嘱使用镇咳药物。

2级：持续性咳嗽，需要麻醉性镇咳，轻微用力时呼吸困难。在1级放射性肺炎的护理基础上，观察患者呼吸次数及频率，注意患者咳嗽、咳痰症状，痰液不易咳出者，可适当应用止咳化痰药物，辅以雾化、拍背等促进排痰。定时检测体温，轻度发热时，给予物理降温，重者可用抗生素、激素静脉滴注，减轻炎症反应。

3级：严重咳嗽，麻醉性镇咳药无效，安静时呼吸困难，临床及放射学证实的急性放射性肺炎的证据，需要间断吸氧或激素治疗。在2级放射性肺炎的护理基础上，遵医嘱给予患者吸氧护理，告知患者及家属氧气使用的注意事项，如防油、防震、防火等，病室内禁止吸烟，禁止患者或家属自己进行和终止吸氧操作。遵医嘱给予止咳、平喘、化痰、激素等对症治疗。

4级：呼吸功能不全，持续吸氧或辅助通气。在3级放射性肺炎的护理基础上，遵医嘱给予患者长期吸氧，进行血氧饱和度检测，摇高床头30°~50°，嘱患者绝对卧床休息，定时给患者湿润鼻腔、雾化吸入治疗，防止因长时间吸氧导致的呼吸道分泌物干燥。定期监测动脉血气分析，动态观察氧疗效果，防止长时间、高浓度用氧导致的氧中毒。密切观察患者呼吸频率及深度，鼓励患者2h更换一次体位，指导患者进行有效咳嗽，防止分泌物的堵塞，预防肺不张的发生。辅助通气时，摇高床头30°，根据患者病情及动脉血气分析结果设置参数，告知患者及家属不可随意调节，设置参数后观察患者有无好转，20~30min后监测动脉血气分析及血氧饱和度，根据患者病情调节治疗时间。治疗期间，湿化液温度维持在32~36℃。护理人员需为患者定时翻身、拍背，教会患者有效咳嗽，咳嗽无力时，备床边吸引装置，及时清除患者呼吸道内分泌物，保持呼吸道通畅。

第六节 腹部及盆腔放射性反应的健康教育

一、放疗为什么会引起恶心、呕吐，如何应对？

放疗所致恶心呕吐（radiotherapy induced nausea and vomiting，RINV）的机制，迄今尚不明确，一般认为是多因素共同作用的结果。胃肠道内（尤其是小肠）含有快速增殖的上皮细胞，对于放疗特别敏感。如果胃肠道在放疗照射野之内，可以直接刺激上消化道传入神经纤维。

RINV的风险与照射部位、照射面积和分割剂量及患者本身有关。经全身照射后，90%的患者在30~60min内发生呕吐；半身大面积照射，在2~3周内发生呕吐的概率是80%；全腹腔常规照射（每次15Gy），约有60%的发生率。在头颅放疗时，应注意放射引起脑水肿导致颅内高压所致呕吐。另外，放疗的分割剂量越高，总剂量越大，受照射的组织越多，发生恶心呕吐的可能性就越大。

（1）放疗期间，调整饮食方式，少食多餐，每日5~6次，在1天中最不易恶心的时间多进食（多在清晨）；进食前和进食后尽量少饮水；餐后勿立即躺下，以免食物反流，引起恶心；在治疗前后1~2h避免进食；避免接触正在烹调或进食的人员，以减少刺激。呕吐频繁时，在4~8h内禁饮食，必要时可延长至24h，再缓慢进流质饮食。

（2）宜选择清淡易于消化的高营养、高维生素的流质或半流质饮食，以减少食物在胃内滞留的时间；食物要温热适中，偏酸的水果可缓解恶心；忌酒，勿食甜、腻、辣和油炸食品；少食含色氨酸丰富的食物，如香蕉、核桃和茄子；避免大量饮水，可选用肉汤、菜汤和果汁等，以保证体内营养的需要，维持电解质平衡。

（3）有研究表明以姜半夏敷神阙穴可有效改善患者的呕吐、恶心等不良胃肠道反应。操作步骤为：出现胃肠道反应时，将姜半夏（取半夏粉10g，生姜汁5ml，蜂蜜1ml，拌成泥状，取1元硬币大小放于纱布中），贴于患者神阙穴（肚脐正中）处，放置时间为5~6h，每日更换1次，直至放疗结束。

二、放疗后为什么会出现腹泻，如何应对？

放疗后出现腹泻是由于下腹部肿瘤放疗（包括宫颈癌和直肠癌的放射治疗）引起直肠损伤，发生不同程度的放射性直肠炎。盆腔器官照射后,直肠是最常受损伤的脏器,几乎100%发生直肠组织学改变。放射性直肠炎分为急性放射性直肠炎和慢性(迟发性)放射性直肠炎两大类型。

急性放射性直肠炎多发生在放疗期间,尤以腔内放疗后多见,表现为大便次数增多、便急、里急后重感,甚至可出现血便,症状多在1~2周内得到控制。观察排便次数、量、性状,嘱患者戒烟、戒酒,穿全棉内衣,避免腰带过紧、过硬。嘱患者注意休息,放疗后静卧休息30min以上,禁食30~60min,以避免和减轻胃肠道反应。加强营养,进高蛋白、高热量、高维生素、低脂肪易消化饮食,避免辛辣刺激性食物。

慢性(迟发性)放射性直肠炎多发生在放疗后1年内或数年后发生,主要表现为腹泻,有的多达20余次,黏液样便、腹痛、里急后重、反复便血,有时便秘,病情时好时坏,病程易反复、迁延,迁延较久者可导致严重贫血、全身衰竭或直肠阴道瘘,必要时行手术治疗。

三、放疗后为什么会出现尿频、尿急、尿痛和血尿,如何应对?

前列腺、膀胱、直肠和宫颈癌的治疗通常需要放射治疗,盆腔器官如膀胱、输尿管、尿道等对放射线敏感,很小的剂量就可引起放射线损伤,引起相应的尿路症状,包括尿频、尿急、尿痛,甚至血尿等。泌尿系统对放疗的反应可分为急性期放射性反应及晚期放射性反应。

急性期放射性反应通常发生在放疗过程中或放疗后3个月内,症状包括尿频、尿急、尿痛等,一般放疗后数周可自行消退,以对症处理为主。①放疗前多饮水,保持膀胱充盈状态,减少膀胱的损伤;②每日饮水量>2000ml,勤排尿,勿憋尿,保持尿量>1500ml/d,以促进细菌和炎性物质的排出,进清淡、富含水分的食物;③注意个人卫生,每日清洗会阴部,勤换内裤;④及时选用敏感抗生素,尽可能在用药前先行清洁中段尿细菌培养+药敏试验,根据药敏试验结果选用敏感的抗菌药物进行治疗。

晚期放射性反应在放疗后3~6个月发生,包括放射性膀胱炎、膀胱纤维化、膀胱阴道瘘、尿道狭窄、输尿管梗阻等。如出现肉眼血尿、排尿困难、尿潴留等症状时应及时就诊,必要时行手术治疗。

四、放疗后出现阴道恶臭、阴道出血如何处理?

膀胱、直肠和宫颈癌放射治疗放射野往往涉及阴道,放射线对阴道壁造成损伤,导致阴道黏膜水肿、粘连、坏死、脱落、纤维组织增生等。其中放射性阴道炎表现为不同程度的外阴瘙痒,阴道口灼痛,阴道分泌物增多,阴道分泌物呈血性、脓性等症状;另外宫颈癌放疗过程中肿瘤坏死脱落也可出现不同程度的分泌物增多、阴道出血,一旦出现感染可出现恶臭味。

(1)放疗期间须穿全棉、柔软的内衣,避免粗糙衣物摩擦,并保持会阴部清洁、干燥,避免冷热敷,禁用肥皂擦洗,忌用手撕剥脱屑,防止感染;每日用温水清洗外阴一次,分泌物或出血量多时可增加清洗次数,并勤换卫生巾。

(2)加强营养,多进食高热量、高蛋白、维生素丰富的食物,尽量做到清淡可口、易于消化,禁食辛辣、刺激性的食物,如患者腹泻严重或进食困难,可行全静脉营养滴注。

(3)坚持阴道冲洗,冲洗动作要轻柔,避免引起出血不止,压力不宜过高,温度要适宜,温度以38~42℃为宜,温度过高则可能烫伤黏膜,温度过低,患者会感到不适。对大出血及月经期的患者禁止冲洗。冲洗时严格执行消毒隔离制度及无菌技术,防止交叉感染。为防止阴道粘连狭窄及感染,一般情况冲洗为1次/天,随着阴道分泌物的减少,可改为隔天阴道冲洗1次,放疗后半年改为每周冲洗2次。放疗中在医院进行冲洗,出院后可提供简易的妇科冲洗器,教会患者自行冲洗的方法,坚持阴道冲洗1~2年。

(刘玉瑶 张晓芳)

第五章 放射治疗急症护理

一、什么是放射治疗急症？

放射治疗急症包括三个方面内容：其一是由于肿瘤的增大、浸润导致中枢神经、脊髓受压，上腔静脉阻塞、气管及气管交叉等气道阻塞需从速（24h 内）放射干预解除者，特称为急诊放疗；其二是放射过程中出现的急症诸如高热、昏迷、鼻及鼻咽出血、咯血和喉源性呼吸困难等需予紧急处理者；其三，如同常人一样，肿瘤患者尚可出现其他内科急症如心绞痛、胃穿孔、急性阑尾炎、大叶性肺炎等，放射治疗医师必须警惕避免误诊或漏诊，应及时处理。

二、常见肿瘤放疗急症有哪些？

①鼻咽大出血；②大咯血；③上腔静脉压迫综合征；④脊髓压迫症；⑤颅内压增高症；⑥呼吸道堵塞。

第一节 鼻咽大出血

一、什么是鼻咽大出血？

鼻咽出血表现为鼻腔、鼻咽大量涌血或活动性出血。一次连续出血 300ml 以上或一次出血 100ml 并反复发生者称为鼻咽大出血。鼻咽癌放疗后合并鼻咽大出血时，出血特点表现为迅速、反复、出血量大、不易控制，常危及患者生命，死亡率较高。

二、鼻咽大出血的病因和发病机制是什么？

1. 鼻咽癌患者放射治疗

（1）放射线在杀伤肿瘤组织同时，可引起邻近正常组织损伤，放射线造成血管损伤后，局部组织氧供不足，照射区域的血管重建等加重炎症反应，引起局部组织纤维化。

（2）放射线造成黏膜受损，致使鼻部及鼻咽部自净能力降低，黏膜干燥，引起鼻窦炎及鼻咽部分泌物残留，促使感染及炎症产生，加重血管损伤，鼻咽部动脉的小分支及周边邻近大血管破裂引发出血。

2. 肿瘤分期晚或复发 由于肿瘤的侵袭作用较强，瘤组织浸润了大血管壁，血管破裂发生大出血。

3. 鼻咽癌患者再次放疗 首程放疗后造成鼻咽部黏膜血供变差，鼻咽部自净能力下降，同时患者自身免疫功能减低，组织修复尚不完全，再次接受放射线后，出现坏死溃疡，致血管壁破损发生大出血。

4. 放射性骨坏死 由于骨内含有大量的矿物质，可吸收较多的放射能，以致骨内动脉发生炎症反应，血管栓塞，使局部血供与营养障碍，形成无菌性放射性骨坏死，而骨坏死又可加重骨内或骨周血管的破坏而致出血。

三、鼻咽大出血的临床表现有哪些？

1. 出血前可无先兆，突然从鼻腔或口腔流出或涌出血液。出血早期检查鼻咽、鼻腔时，常可发现出血部位。当出血量大时，由于血块存在，出血点常难以发现。

2. 出血程度及症状

（1）出血量较少时，一般无全身症状。

（2）出血量＞500ml 时，可有面色苍白、手足湿冷、烦躁、精神紧张、心率加快等早期休克表现。

（3）出血量＞1000ml 时，可出现神志淡漠、反应迟钝、口唇肢端发绀、冷汗淋漓、血压下降、尿少等症状。

四、鼻咽大出血治疗原则是什么？

对活动性鼻咽出血者，先紧急止血、补充血容量，再积极治疗原发病，针对病因治疗。

1. 局部止血

（1）指压止血：是最常用的临时急救措施。主要方法是以手指紧捏双侧鼻翼，压迫鼻中隔前下区数分钟（此时，患者用口呼吸）。

（2）鼻腔填塞：对所有鼻出血的患者均可采用，是目前在治疗鼻出血时应用最为广泛、效果最为显著的方法。这种方法是利用填塞物压迫出血部位，使破裂血管闭合，达到止血目的。可用凡士林纱条等填塞物填塞，48～72h 内取出。也可采用气囊，顺着鼻腔置入气囊，再适量充气即可，对很多鼻腔后端出血的治疗效果显著，但对于嗅裂区的出血或鼻甲与中隔有粘连者，气囊难以压迫到出血点，效果不好。

（3）局部应用止血药：对较轻的鼻腔前部出血，可用浸有 1%麻黄碱、0.1%肾上腺素及巴曲酶等药物的棉片或纱条压迫止血。对反复发作的鼻中隔前段出血者，可用 50%葡萄糖或 70%乙醇等硬化剂行黏膜内点状注射，封闭该处血管止血。

（4）冷冻止血：利用液氮气化时的低温，使出血部位的毛细血管很快形成血栓，修复后形成瘢痕而止血。

（5）烧灼法：仅适用于轻微的鼻中隔前下区域出血。最简单的操作方法是在鼻腔黏膜表面麻醉后，将 30%～50%的硝酸银、三氯乙酸等常用化学药物涂于鼻黏膜出血点周围，利用蛋白质凝固作用封闭出血血管，从而达到止血目的。应用烧灼法时，应避免同时烧灼鼻中隔两侧相对应处黏膜或烧灼时间过长，以防发生鼻中隔穿孔。此外，还可利用激光、电凝、微波等方法止血。

（6）鼻内镜下止血：借助鼻内镜的照明、放大和观察作用，可准确地判断鼻内出血的部位和局部情况，同时可在直视下，通过填塞、激光、微波、高频电凝器等手段完成止血治疗。

（7）选择性血管栓塞：目前采用数字减影血管造影选择性血管栓塞术（DSA），适用于鼻腔填塞治疗后仍不能止血的严重鼻出血和外伤性鼻出血。尤其对动脉畸形或动脉瘤等造成的鼻出血，通过血管造影明确病变部位后，即可同时采用栓塞的方法有效终止出血。

（8）其他方法：鼻中隔偏曲反复发生鼻出血者，可行鼻中隔矫正术。对鼻中隔无偏曲，但鼻中隔黎氏区反复发生出血者，可行鼻中隔黏膜下分离术。对鼻腔或鼻窦肿瘤引起的鼻出血，视具体情况，或先止血，或直接手术切除肿物，或放疗止血。

2. 全身治疗

（1）应用镇静剂：可使患者安静，配合治疗，并有利于血压下降。一般应用巴比妥类药物，但对老年患者以苯海拉明或异丙嗪为宜。

（2）有效降压：应给予降压药物以保持血压稳定，有条件者应行心电监护，慎用止血药和麻黄碱收缩鼻黏膜，防止并发心、脑血管意外。

（3）全身应用止血药物：对鼻出血的治疗有辅助作用。

五、鼻咽大出血急救护理措施有哪些？

1. 病情判断　一旦发现患者大出血，护士应保持冷静，迅速判断出血来源、出血量及患者状况，立即报告医生，安抚患者，稳定情绪。

2. 体位　取坐位、半坐位或患侧卧位。若出血凶猛，出血量大，将患者保持低头侧卧位，不宜随意搬动患者。必要时压迫双侧颈外动脉。

3. 保持呼吸道通畅　立即清理呼吸道，维持呼吸道通畅是抢救鼻咽大出血的关键。嘱患者勿将血液咽下，立即清除口腔、咽喉部血液，同时予负压吸引，以防血凝块堵塞气道造成窒息；舌根后坠患者，使用舌钳拉出；张口困难者，使用开口器从白齿处将口腔张开，可考虑行预防性气管切开；若出现呼吸道阻塞或肺阻塞时，必须立即行气管插管或气管切开术，以快速建立呼吸通道，恢复呼吸功能；给予高流量吸氧。

4. 扩容止血治疗 迅速建立双静脉通道，快速扩充血容量，遵医嘱输注低分子右旋糖酐、全血、血浆等维持有效循环，同时予止血药物，防止失血性休克的发生。

5. 填塞止血 协助医生给予凡士林纱条、后鼻孔填塞或气囊快速鼻腔填塞止血，待出血部位局限症状缓解后，遵医嘱送患者行鼻内镜寻找出血部位，烧灼止血。

6. 镇静治疗 遵医嘱使用地西泮或苯巴比妥等镇静治疗。

7. 病情观察

（1）予持续心电监护，密切观察生命体征、神志、尿量、四肢温度等变化，观察后鼻孔填塞塞子绳子是否松脱或气囊鼻腔填塞的气囊是否漏气。定期监测血常规、电解质、止血凝血功能等变化，观察鼻咽部、口咽部出血情况，包括血液的性质、颜色及量，清醒患者询问有无血液下咽，咽喉部有无温热感、痒感；昏迷患者观察其吞咽状况及咽腭弓有无血液渗出。

（2）正确估计出血量，并根据病情需要做好配血、输血准备。若出现头晕、乏力、面色苍白，提示出血量超过 500ml 以上，必须密切观察。若出现血压下降、出汗、脉速、乏力，提示失血量超过 500~1000ml，必须加快输液。若收缩压<80mmHg[①]、脉搏>120 次/分钟，出现休克，提示失血量达 1500ml 以上，必须加压输液输血。

六、鼻咽大出血患者健康教育有哪些？

1. 做好患者心理疏导。解释高度紧张、烦躁使咽喉等肌肉收缩、血管收缩，增加止血难度，同时血压升高而加重出血，关心安慰患者，指导其深呼吸。向患者介绍以往抢救成功的病例，提高其战胜疾病的信心，以取得患者充分配合，同时及时清除患者衣服及床单污血，以减轻患者紧张情绪。

2. 出血期间应卧床休息，禁止活动，出血完全缓解以后，可根据情况进行室内散步，避免剧烈活动。取半坐卧位，可用冷毛巾或冰块敷额头部位或颈部两侧。

3. 指导患者如何用口呼吸，保持呼吸平顺。

4. 做好口腔护理。指导或协助患者漱口，清除口腔异味，常用的漱口液有西吡氯铵含漱液、口泰含漱液、生理盐水等；保持口腔和嘴唇湿润，可用湿润纱布覆盖。

5. 嘱患者勿将口腔血液咽下，吐于专用容器，以便观察血液的性质、颜色及量。

6. 指导患者使用 0.25%氯霉素眼药水或泰利必妥眼药水滴眼，每天 4 次。

7. 嘱患者勿擅自拔除后鼻孔塞子的绳子，注意是否松脱。

8. 48~72h 后填塞物取出，因受损部位血管尚未完全修复，嘱患者尽量避免剧烈活动、剧烈咳嗽、打喷嚏或用力排便等，以防再次出血。

9. 填塞后暂禁食，填塞物取出后可进食流质或半流质温凉饮食，以防再次出血，以后逐渐过渡至普食。

第二节 大 咯 血

一、什么是大咯血？

咯血是指喉部以下气管、支气管、肺组织的出血经口腔咯出，是危及患者生命的危急重症。大咯血指一次咯血量≥100ml 或 24h≥500ml。部分患者咯血存于气道或吞入食管、胃，难以准确估计出血量，因此有大口咯血，伴心悸、皮肤苍白、血压下降、脉细速、冷汗等休克体征者均视为大咯血。大咯血可导致患者休克和血块堵塞呼吸道而窒息，如不及时抢救，将严重威胁患者的生命。

二、大咯血的病因有哪些？

1. 支气管内肿瘤出血。

---

①1mmHg=0.133kPa

2. 肿瘤细胞侵犯了支气管或肺血管。
3. 感染或药物毒性对肺的损伤。
4. 血栓栓塞引起的肺梗死。
5. CT引导下经皮肺穿刺取活检术引起的血管及肺组织损伤性出血。
6. 合并全身性疾患也可有咯血症状，如血小板减少、白血病、弥散性血管内凝血、抗凝治疗等。

三、大咯血的发病机制是什么？

大咯血的发病机制，随着病因的不同而各异。例如，支气管-肺的炎症感染。急性、慢性炎症导致血管壁破裂，或造成血管病变，于剧烈咳嗽或剧烈动作时破裂而大咯血；肿瘤的坏死或溃疡，肿瘤侵蚀邻近血管壁，使其破裂而出血。风湿性心脏病二尖瓣狭窄等心血管疾病则引起肺血管曲张破裂而出血。全身系统疾病可引起肺小动脉损害而产生大咯血。血液病是由于凝血机制障碍而出血。

四、大咯血的临床表现有哪些？

1. 多数大咯血患者可有胸闷、喉痒、咳嗽等前驱症状，一咯即出，咯血鲜红，常夹泡沫或伴有痰液。但也有一部分患者无任何不适的前驱症状，突然出现大咯血。
2. 咯血时突然出现胸闷、呼吸困难、唇甲发绀、烦躁不安、面色苍白等症状，为窒息先兆，病情危急重。
3. 反复多次大量咯血，患者出现四肢厥冷，大汗淋漓，血红蛋白降低，血压持续下降，甚至休克，为循环衰竭表现，病情危重。
4. 肺部体检若一侧肺部呼吸音减弱和（或）出现啰音，对侧肺呼吸音良好，可能出血的部位即在该侧。此外，还可出现原发病的症状与体征。

五、大咯血的治疗原则是什么？

大咯血的治疗原则为：及时止血，保持气道通畅，防止窒息，寻找病因，对因治疗。

1. 一般治疗

（1）绝对卧床休息：取患侧卧位，以避免吸入性肺炎或肺不张。出血部位不明确时宜取平卧位。

（2）镇静：对精神紧张、恐惧不安者，应解除不必要的顾虑，适当给予镇静药，剧咳者予可待因口服，密切观察患者，做好各项抢救准备，如气管切开包、吸引器、急救车等，记录咯血量，及时识别咯血引起的窒息。

2. 止血药物的应用

（1）垂体后叶素：20～40U加5%葡萄糖注射液500ml静脉持续滴注（紧急咯血时用垂体后叶素10U加生理盐水10ml静脉注射），疗程72h；还可用垂体后叶素10～20U加生理盐水50～100ml雾化吸入，每次10～15min，根据具体出血情况，每日吸入2～6次，疗程72h。其止血机制为：使肺小动脉收缩，降低肺静脉压，有助于血管破裂区凝血。由于其升高血压，也能收缩冠状血管，故对高血压、心脏病患者禁用。超声雾化吸入垂体后叶素治疗咯血可使垂体后叶素进入小气道，直接作用于出血部位，使局部血管收缩止血，临床疗效与静脉应用相近且避免了全身用药不良反应。

（2）缩宫素：5～10U加5%葡萄糖注射液20ml缓慢静脉注射，10～20min后大部分咯血明显减少。再用10～15U加5%葡萄糖氯化钠注射液500ml静脉滴注，每日量40～50U。缩宫素治疗咯血的机制是直接扩张血管，既能扩张静脉，也可扩张周围小动脉，从而减少回心血量，降低肺动脉压和减少肺循环血量而达到止血的目的。

（3）酚妥拉明：10～20mg加入5%葡萄糖注射液或生理盐水500ml中24h维持静脉滴注，剂量20～50μg/（kg·h），15～30滴/分，连用4～7日，待咯血停止后减量至停用。酚妥拉明为α受体阻断药，有较强的血管扩张作用，能减轻心脏前、后负荷，降低动脉压力及外周阻力，由于血管扩张及强心作用,可使右房压、肺毛细血管楔压、肺血管阻力及全身血管阻力下降,使肺动、静脉压力同时降低而制止咯血。酚妥拉明静脉推注后改静脉滴注疗效更好,因为静脉注射能迅速扩张血管,降低动、静脉压力,对老年患者及合并有高血压、冠心病的患者尤为适宜,由于垂体后叶素有较强的血管收缩作用,单用时不良反应较突出,高血压、冠心病患者不宜使用。少数患者用垂体后叶素后体循环血压升高,咯血加重,但同时用酚妥拉明可消除其不良反应。

（4）钙拮抗药：如硝苯地平10~20mg,每6h舌下含服1次,连用7日,同时给予病因治疗。硝苯地平能选择性阻断血管平滑肌兴奋收缩偶联,从而扩张全身血管和冠状动脉,作用强烈而迅速,在降低心脏前、后负荷的同时使阻滞于肺的血流至四肢及其他部位,起到从体内放血的作用,能降低肺动脉压及减少肺血流量,达到止血目的,对合并冠心病、高血压、充血性心力衰竭及支气管哮喘的患者尤其适用。

（5）氯丙嗪：10~20mg肌内注射,每日4次；咯血停止后减量为10mg肌内注射,每日2次,维持2~3日。氯丙嗪能扩张小动脉,使肺循环压力降低,支气管动脉和左室压力下降,肺血流减少,出血停止,尤其适用于高血压、冠心病、左心功能不全等合并咯血者。小剂量氯丙嗪除能止血外,尚可消除患者咯血时的恐惧及焦虑,更有利于止血。

（6）糖皮质激素：用地塞米松10mg加5%葡萄糖注射液20ml静脉注射,6h 1次,病情好转后改为5mg,并减少次数,一般用药4~5日；或用氢化可的松100mg加5%葡萄糖注射液500ml静脉滴注,每日1次,激素总量不超过1.0g。激素止血机制：①有稳定细胞膜作用,减少局部炎症,降低毛细血管通透性；②可使血中组胺和肝素水平下降,凝血时间缩短,咯血停止；③能促进骨髓制造血小板和中性粒细胞增多,并能增加血中纤维蛋白原的浓度,从而缩短凝血时间；④能降低白细胞对炎症区的浸润和吞噬作用,降低毛细血管的通透性；⑤不仅能直接作用于介质的合成和释放,并能作用于组织和细胞受体,使其数量和功能发生变化,从而改变组胺、5-羟色胺（5-HT）、活性肽等血管活性物质的作用。

（7）巴曲酶（立止血）：对大咯血可选立止血1~2kU静脉注射,每日总量不超过8kU；也可按咯血量大小分别每次用立止血200U、400U、600U加生理盐水30ml雾化吸入,8~12h 1次,疗程48h。其机制是：立止血可直接作用于内、外源凝血系统,发挥凝血活酶样作用,且能增加出血部位血小板的黏附力和凝聚力,具有促进凝血和止血的作用,达到局部止血的目的。

（8）凝血酶：凝血酶4000U加生理盐水10~15ml雾化吸入,局部止血。凝血酶主要作用于凝血过程的第三阶段,使出血部位的纤维蛋白原立即转变为纤维蛋白,加速血液凝固,填塞血管创面,达到止血的目的,目前广泛用于局部止血。

（9）奥曲肽（商品名善得定）：奥曲肽0.1mg加5%葡萄糖注射液20ml静脉缓慢推注；继之以0.6mg加5%葡萄糖注射液1000ml,0.5μg/min持续静脉滴注,维持72h。奥曲肽目前广泛用于上消化道大出血,尤其是食管静脉曲张破裂大出血的治疗,而用于治疗大咯血的机制未明,推测可能主要与内脏血流量减少和降低肺循环压力有关。其次奥曲肽具有激素活性,亦可维持细胞膜的稳定性,保护未受损的黏膜及促进黏膜再生,使出血创面迅速愈合而有利于咯血停止,达到止血的目的。

3. 纤支镜探查和治疗 主张应用于药物止血效果不佳或诊断不明者,或拟行支气管动脉栓塞者,或手术治疗而出血肺叶不明者。对外伤后、肺切除后再咯血者更需纤支镜检查和治疗,在尽快了解出血部位后,及时、尽力做局部止血。局部止血包括应用肾上腺素、凝血酶、立止血等。如使用凝血酶2000~6000U,加盐水溶解后在出血灶局部注射,2~3日后可重复用,止血效果较满意。此外,冷盐水加肾上腺素灌注,气囊导管局部压迫出血灶,激光烧灼,冷冻出血灶,均有应用报道。在操作过程中注意吸氧,保持气道通畅,监测心率、血压、呼吸,做好窒息抢救准备。

4. 支气管动脉肺栓塞（BAE） 在反复出血,或大出血,以及一般止血效果好、无禁忌证时均可应用,先经股动脉插管行支气管动脉造影,注意有无与脊髓动脉的交通支。在出血未完全止住前往往可以发现出血灶,血液呈细雾状喷出,用明胶海绵栓塞后加用高渗盐水和红霉素灌注,之后再次用明胶海绵栓塞,称为"夹心面包"疗法。此外,尚有用聚乙烯颗粒加明胶海绵,或钢丝圈做栓塞材料者。看不清出血病灶者可将支气管动脉分支栓塞，因为肺为双层供血，不会引起肺缺血。BAE 多可立竿见影，2～3 日后出血停止，且并发症不多。警惕误栓脊髓动脉，术前必须做支气管动脉造影。少数人术后低热、胸痛，对症处理均可恢复。除永久性栓塞物外，1 周后栓塞动脉可再通，恢复灌注。仅仅为止血而手术治疗者，越来越少。

5. 放射治疗 应用于不宜手术及 BAE 的晚期肿瘤咯血。照射引起组织水肿、坏死，导致血管闭塞而止血。

6. 化学治疗 可帮助局部肿瘤的控制，对于以咯血为首发症状的胸部恶性肿瘤效果尤为明显。

7. 并发症的治疗

（1）窒息：是咯血患者迅速死亡的重要原因，应及早识别，抢救的重点是保持呼吸道通畅和纠正缺氧，具体措施如下所述。

1）体位引流：对于一次大咯血者，立即抱起患者下半身，俯卧位倒置，使躯干与床呈 45°～90°，由另一人转托患者的头部向背部屈曲并拍击背部，倒出肺内积血，防止血液淹溺整个气道。对于一侧肺已切除者，将患者侧卧于切除肺一侧，健侧肺在上方。

2）清除口腔内积血：在引流倒血过程中，一人托患者头部向背部屈曲，另一人拿压舌板或开口器撬开紧闭牙关，尽量挖出口腔及咽喉部血块；以电动吸引器吸出口鼻咽喉内的血液或血块，并刺激咽喉部使患者用力咳出阻塞于气管内的血液块；也可直接喉镜下插管吸出血块。

3）高流量吸氧。

4）呼吸兴奋剂：尼可刹米、洛贝林等。

5）其他措施：窒息解除后辅助治疗包括纠正代谢性酸中毒，控制休克，补充循环血容量，治疗肺不张及呼吸道感染等。

（2）出血性休克：迅速补充血容量（输液或输血），适当使用血管活性药，但血压不宜升得太高。

（3）肺不张及肺炎：鼓励患者咳嗽，并行体位引流，应用祛痰剂及解痉剂雾化吸入，适当应用抗生素。必要时可在纤维支气管镜下吸出血块。

六、大咯血的急救护理措施有哪些？

1. 保持呼吸道通畅 体位引流和保持呼吸道通畅，是抢救大咯血患者成功的关键。为减少出血和避免血液流向健侧，使血液流出气道，应保持患侧卧位，头偏向一侧，清除口腔内血液和血凝块，以防窒息。咯血过程中如果患者突然出现窒息的表现，如：①咯血突然中断，出现胸闷、精神紧张；②烦躁不安，患者急需坐起呼吸；③咽部作响，突然呼吸急促，牙关紧闭；④喷射性大咯血过程突然中断，呼吸困难，或从口鼻腔中喷射出少量血液后患者张口瞪目；⑤呼吸骤停、面色发绀、两手乱抓、意识不清、大小便失禁等，应立即取头低脚高位，轻拍患者背部，倒出气管内的积血，也可用开口器张开口腔，或用舌钳将舌拉出，迅速清除口腔内的血块。使用吸痰管负压吸引，以避免血块阻塞气道而导致窒息，必要时做气管插管或气管切开吸出血块等抢救工作。

2. 安慰患者，消除恐惧

3. 吸氧 给予高浓度的氧气吸入，吸氧流量控制在 6～8L/min，必要时行人工呼吸机辅助呼吸。床边备压舌板、开口器、舌钳、吸引器、简易人工气囊、气管切开包等抢救用品。

4. 迅速建立静脉通道 遵医嘱予镇静及止血药物，禁用吗啡与哌替啶等镇静剂。

5. 做好心电、呼吸、血压、经皮血氧监测

6. 镇咳 如伴剧烈咳嗽时可口服可待因。

7. 输血 观察生命体征变化，评估出血量，根据病情给予输血。

七、大咯血患者的健康教育包括哪些？

1. 心理护理 由于大咯血发病突然，来势凶猛，患者常伴有紧张、恐惧、悲观及绝望的心理反应，护士应关心、安慰、理解患者，指导使用放松技巧，稳定患者情绪，以取得患者充分配合。

指导患者尽量将口咽部的血液咳出，勿屏气，以防出现喉头痉挛、血液排出障碍导致窒息的发生。及时清除患者衣服及床单位污血，以减轻患者紧张情绪。

2. 卧床休息 大咯血患者应绝对卧床休息，以咯血停止一周为宜，减少翻动。协助患者取患侧卧位，减少患侧活动度，有利于健侧通气。病情稳定后可进行室内散步，但避免剧烈活动、剧烈咳嗽，用力排便，以防再次出血。

3. 饮食指导 大咯血者应暂禁食，静脉营养治疗。小量咯血者或咯血停止者宜进少量温凉的流质饮食，多饮水。避免饮用浓茶、咖啡、酒、过硬、辛辣等刺激性食物。咯血停止后可进食高蛋白、高热量、低脂肪、富含维生素及易消化流质或半流质饮食。

4. 保持大便通畅 向患者讲述保持大便通畅的重要性，指导患者进食香蕉、火龙果、红萝卜等食物，以保持大便通畅，便秘者可使用开塞露塞肛通便，避免因排便用力过度，增加胸腹压加重或诱发出血。

5. 保持口腔清洁 咯血后指导或协助患者漱口，清除口腔异味，增加舒适度。

6. 预防上呼吸道感染 嘱患者注意保暖，避免受凉，加强营养，保证充足睡眠，避免呼吸道感染。

7. 指导病情稳定后的康复活动 不要过度劳累，避免剧烈咳嗽，适当活动锻炼，循序渐进，避免剧烈运动。

第三节 上腔静脉压迫综合征

一、什么是上腔静脉压迫综合征？

上腔静脉压迫综合征是指由多种原因引起完全或不完全性上腔静脉及其主要支属血管回流受阻，使通过上腔静脉回流到右心房的血液部分或完全受阻，由此产生静脉压升高，或伴有侧支循环形成，出现头面部、颈部、上肢水肿及前胸壁淤血和静脉曲张等一系列症状的临床综合征。临床上以肺癌、食管癌、恶性淋巴瘤等恶性病变伴纵隔淋巴结增大引起上腔静脉压迫较多见，良性病变较少见。

二、上腔静脉压迫综合征常见症状和体征有哪些？

上腔静脉综合征的轻重急缓与静脉回流受阻的部位、程度及侧支循环的形成有关。恶性肿瘤所致上腔静脉阻塞多为慢性改变，临床上以上肢、颈面部肿胀，颈静脉充盈怒张、胸壁静脉曲张、皮肤发绀为主，严重者会有呼吸困难、脑水肿及颅内压增高等症状，影响患者生存质量。

1. 症状 ①呼吸困难；②咳嗽、胸痛；③面部和颈部肿胀，眼眶周水肿，结合膜充血，可伴有眼球突出；④咽喉部水肿，致发生吞咽困难；⑤手臂肿胀；⑥脑水肿与颅内压增高，引起头痛、眩晕、惊厥及视觉与意识障碍。

2. 体征 颈静脉扩张、胸壁静脉扩张、面部水肿、面部充血、发绀、手臂水肿。喉部、气管与支气管水肿引起咳嗽、呼吸困难、声嘶和喘鸣，平卧或弯腰时上述症状加重。周围静脉压升高，双上肢静脉压高于下肢，肘前静脉压常升至 30~50cmH$_2$O。

三、上腔静脉压迫综合征诊断要点是什么？

颈、胸部皮下静脉充盈和扩张是上腔静脉综合征的一种典型体征，结合临床症状诊断一般不困难。多数患者胸部 X 线平片上可见纵隔（75%~80%为右侧）肿块，有肺和肺门淋巴结病变的占 50%以上。CT 片可显示肿块和气管、支气管受压。CT 和 MRI 对上腔静脉综合征的诊断意义很大：①可清楚地显示胸内结构；②显示上腔静脉受阻的具体部位；③有助于了解侧支循环的情况；④指导经皮穿刺活体组织检查；⑤帮助放射治疗医师准确定位及评价治疗效果。

四、上腔静脉压迫综合征的治疗原则是什么？

上腔静脉压迫综合征治疗的目的在于改善压迫症状，减少并发症，所采取的治疗手段取决于发病的原因和阻塞的严重程度。一般治疗包括：抬高头部、吸氧、利尿、皮质类激素等。

1. 放射治疗 对大多数恶性肿瘤所致的上腔静脉压迫综合征，放疗是首选的治疗方法，常可很快缓解症状。一般最初放疗用大剂量（3～4Gy/d），持续数天后，再改为常规剂量，按肿瘤类型和病变程度决定放射总量。放射治疗前及治疗中，应给予利尿、激素及抗生素治疗，减轻水肿。

2. 化疗 对化疗敏感的小细胞肺癌和恶性淋巴瘤患者，化疗是首选方法，化疗往往在数天内缓解症状。化疗时应避免上肢补液，特别是右上肢静脉，因血流速度慢，容易形成血栓，药物分布不稳定等，故宜选择下肢补液。

3. 手术治疗 一般用于良性病变者，对放化疗不敏感的肿瘤也可采用手术治疗。血管内支架是处理上腔静脉压迫综合征的有效方法，可以在短时间内缓解上腔静脉压迫综合征和增加患者对治疗的耐受性。

4. 抗凝治疗 上腔静脉压迫综合征常伴有血栓形成，肝素抗凝治疗合并放疗或化疗可以缩短住院时间。

五、上腔静脉压迫综合征护理措施有哪些？

1. 病情观察 密切观察患者颜面、颈部及上肢的肿胀程度，有无呼吸困难、颅内高压、意识障碍等症状，如有异常及时报告医生。

2. 体位护理 取半坐卧位或端坐位，利于头颈部血液回流，膈肌下降，胸廓扩大，增加肺通气量，减轻呼吸困难，同时双下肢垂放，减少下肢回心血量。

3. 保持呼吸道通畅 持续低流量吸氧，如剧烈咳嗽、呼吸急促、口唇发绀应立即予高流量吸氧。

4. 静脉输液部位的选择 严格限制补液量及控制输液速度。禁止在上肢静脉、颈外静脉及锁骨下静脉穿刺输液，以免增加上腔静脉血容量而加重压迫症状。选用下肢静脉为穿刺部位，必要时采取股静脉穿刺置管，留置时间2周内，注意观察有无导管相关性血流感染及静脉血栓形成。

5. 预防压疮 使用防压疮床或水垫垫于臀部，易受压部位给予美皮康（软聚硅胶酮）辅料覆盖。密切观察患者受压部位的状况。

6. 测量血压 以左上肢为准，必要时两侧对照测量。因上腔静脉回流受阻，静脉压增高，使右肱动脉压力亦增高，右上肢血压随之增高，故不宜选用右上肢测量血压。

7. 限制钠盐及水量 限制饮食中钠盐的摄入及减少摄水量，准确记录24h出入量，观察体重的变化。

8. 观察化疗的毒副反应 大剂量的化疗，应严密定期监测血常规、电解质、肝肾功能等变化。

9. 观察放疗的不良反应 观察有无发热、气促、咳嗽、胸痛、呼吸困难等放射性肺炎的症状，有无进食胸骨后疼痛、恶心呕吐、吞咽梗阻加重等放射性食管炎的症状。

六、上腔静脉压迫综合征健康教育包括哪些方面？

1. 心理疏导 上腔静脉压迫综合征起病急，临床症状明显，被迫体位，易导致患者产生负面情绪，护士应关心安慰患者，观察患者情绪的变化，耐心地倾听，及时发现问题，给予心理指导，指导患者使用放松技巧，讲解以往成功的病例，提高其战胜疾病的信心。

2. 饮食指导 告知患者饮食的重要性，给予高蛋白、高维生素、高糖类、低盐低脂、易消化饮食，限制食物中钠盐和摄水量，少量多餐。如有放射性食管炎时应指导患者进清淡、易消化、温凉的流质或半流质饮食，忌食辛辣、粗、硬、热等刺激性食物。进食速度不宜过快、细嚼慢咽、进食后漱口，并予温盐开水50～100ml口服，以冲洗食管，减少病灶部位的食物残留，减轻局部的炎症和水肿。对疼痛明显进食困难者，进餐前予20%甘露醇250ml+庆大霉素32万U+复方维生素B_{12} 50ml+地塞米松10mg混合后含服，以减轻疼痛，利于进食。

3. 促进排痰 指导患者有效地咳嗽、排痰及拍背，预防呼吸道感染。定期协助患者变换体位。输液指导，向患者讲解下肢静脉输注的必要性，以提高患者的依从性。

4. 体位指导 指导和协助患者取正确的体位，讲述取半坐卧位或端坐位，双下肢垂放的重要性。

5. 活动与功能锻炼 告知患者尽量减少活动，避免劳累，可适当床上活动肢体，病情缓解后尽早下床活动，避免血栓的形成。如出现放射性肺炎时应指导患者功能锻炼，如缩唇呼吸、扩胸运动等。

6. 皮肤护理 指导患者放射野皮肤的自我护理，嘱勤换内衣，穿宽松、棉质的衣服，放射野皮肤禁用碘酒、乙醇、药油、胶布，沐浴时水温适宜、禁用肥皂、沐浴露等，嘱其勿擦掉身上放疗的标记，勤剪指甲，避免皮肤搔抓。放射野皮肤可予三乙醇胺乳膏（比亚芬）局部涂抹，每天3次；指导患者做好水肿皮肤的保护和预防压疮的措施。

第四节　脊髓压迫症

一、什么是脊髓压迫症？

脊髓压迫症（compressivemyelopathy）是指脊椎或椎管内占位性病变引起的脊髓、脊神经及供应脊髓的血管受压迫，造成脊髓功能障碍的临床综合征。脊髓压迫若不及早诊断和治疗，在数小时至数天内脊髓功能便完全丧失，因此，脊髓压迫症被视为急症，应予充分认识和重视。

二、脊髓压迫症常见病因有哪些？

脊髓压迫症80%以上是由肿瘤转移引起，肺癌、乳腺癌、前列腺癌、肾癌、多发性骨髓瘤、肉瘤、淋巴瘤等是常见病因。

三、脊髓压迫症临床表现有哪些？

脊髓压迫症的临床表现取决于脊髓受压的部位和疾病发展的速度，主要源于机械压迫和血供障碍。临床表现为与脊髓受压部位一致的较剧烈的疼痛，95%以上患者以进行性加重的后背正中或旁疼痛为主诉，通常平卧、咳嗽或喷嚏时加重，坐位可缓解；脊髓压迫部位以下肢的麻木、无力、感觉异常及自主运动障碍，严重时出现截瘫，常伴尿潴留、尿失禁及排便障碍。

四、脊髓压迫症的辅助检查有哪些？

1. 脊髓X线摄片 重点观察有无骨质破坏和骨折。

2. 磁共振成像（MRI） 是诊断脊髓病变最有价值的手段。具有敏感性高、特异性高、准确性高等优势，成为诊断脊髓压迫部位和范围的金标准。

3. 脊髓造影 与脊髓X线摄片相比，脊髓造影对既往接受过放射治疗、淋巴瘤、黑色素瘤等患者的检测具有一定优势，但自MRI在临床上应用之后，脊髓造影已少用。

五、脊髓压迫症治疗原则是什么？

治疗原则是去除脊髓压迫原因，防治脊髓神经损伤，缓解症状。根据临床症状、肿瘤对放疗敏感性、受压迫水平、既往放疗史等，综合考虑后决定治疗手段。主要治疗手段有：

1. 皮质类固醇激素 可减轻肿瘤周围水肿，改善神经功能。肿瘤患者一旦出现脊髓压迫的明确症状，应及时静脉滴注地塞米松治疗，放疗期间4~10mg q6h，放疗结束后再逐渐减量。

2. 放射治疗 对于大多数患者，放疗是标准治疗方法，尤其是放疗敏感肿瘤引起的脊髓压迫症，通过放疗可以缓解症状。

3. 手术治疗 手术减压对脊髓压迫致下肢瘫痪者疗效较好。手术的适应证：不适合放疗的患者，手术可迅速解除脊髓和神经根压迫；大剂量激素和放疗48~72h后，神经系统症状反而加重；诊断不明者以明确诊断，指导治疗。

六、脊髓压迫症放疗的护理要点有哪些？

1. 病情评估 评估患者肌力状况、疼痛程度、皮肤受压情况，有无感觉神经的功能障碍、排泄障碍、生命体征的改变，及时评估患者的心理状况等。

2. 疼痛护理 协助患者取舒适体位，评估患者疼痛强度及性质，遵循癌痛治疗三阶梯镇痛法的原则，选择正确的止痛药物，密切观察药物不良反应如便秘、恶心和呕吐、头晕、瘙痒、呼吸抑制、运动和认知功能障碍等，采用合理的预防措施减轻及避免不良反应的发生，评估用药效果。

3. 排尿功能障碍护理 嘱患者保持饮水量2000ml左右，保持尿管通畅，观察尿液的颜色、尿量及性质。保持会阴部干燥、清洁，会阴抹洗，每日2次。如尿液颜色混浊，予0.1%呋喃西林溶液膀胱冲洗，每日2次。脊髓损伤后导致膀胱功能障碍，应训练膀胱功能，白天夹尿管，每2h或有尿意时开放尿管。

4. 预防跌倒 四肢肌力下降者应警惕跌倒的发生，及时评估跌倒风险，设防跌倒警示标志。定时巡视病房，及时发现病情的变化，同时有针对性加强对无陪护或病情改变患者的巡视。保证周围环境的安全，病房、洗手间及走廊光线明亮、无障碍物、地面干爽、安设扶手。将呼叫铃及患者常用生活用物放于患者随手可及之处。根据病情使用床挡，合理安排陪护等。

5. 预防压疮 准确评估压疮风险，严密观察皮肤受压情况。使用防压疮床或气垫床，每2h翻身1次，以改善血液循环。翻身时需注意轴线翻身，保持头、颈、躯干一致，防止脊髓损伤，翻身时动作轻柔，避免拉、推、拽等动作。保护骨隆突部皮肤，予美皮康泡沫敷料或透明敷料覆盖。局部受压皮肤可使用赛肤润，以缓解皮肤受压引起的局部血供障碍。

6. 预防血栓 长期卧床患者预防血栓形成，加强肢体功能锻炼和活动，观察双下肢是否有肿胀，定期测量腿围；避免在下肢输液；早期穿弹性袜或使用弹性绷带。

7. 肢体功能锻炼 协助或指导患者进行肢体功能锻炼，防止肢体出现挛缩、畸形及肌肉萎缩等。主要有按摩、保持患肢功能位、主动活动、被动活动、坐起锻炼等，何时开始进行肢体主动活动和被动活动的锻炼，很大程度上依赖于脊柱稳定性。一般认为患者的疼痛在可以忍受的范围内才应该活动或者在治疗后开始活动。行走步态不稳者进行活动时应警惕跌倒的发生。

8. 预防坠积性肺炎 嘱患者多饮水，鼓励患者咳嗽，同时可拍背或压腹协助咳嗽。加强营养、注意保暖，预防上呼吸道感染。指导患者进行呼吸功能锻炼，定期检查肺功能。加强运动锻炼，如卧床患者应进行肢体的功能锻炼，或坐于床边、坐轮椅等活动，以减少长期卧床造成的肌肉萎缩和无力。每隔2~4h翻身一次。痰液黏稠者可行雾化吸入、口服祛痰药等。如伴有吞咽困难者应及时予鼻饲饮食，以免引起误吸或呛咳，导致或加重坠积性肺炎。

9. 感觉障碍护理 24h留陪护，严密观察患者肢体皮肤有无红肿、苍白，禁用热水袋及冰袋，预防烫伤及冻伤。严密观察患者是否有肢体麻木、蚁走感、刺痛、触痛等放射性骨髓炎的症状。

七、脊髓压迫症健康教育包括哪些方面？

1. 建立良好的护患关系，理解、关心患者，鼓励正确对待疾病，讲解以往康复良好患者的病例，帮助其树立战胜疾病的信心。

2. 加强营养，以增强机体抵抗力。给予高蛋白、高维生素、高纤维素、易消化饮食，如鸡、瘦肉、鸡蛋、鱼、豆、牛奶、番薯、红萝卜、木耳、香蕉、西瓜、苹果等，鼓励患者多饮水。

3. 向患者及家属讲解癌痛的治疗方法及用药原则，嘱其按时服药，勿擅自减量或停药。教会患者及其家属疼痛的评估工具，告知药物不良反应和用药注意事项。嘱患者进食易消化、低脂肪、富含粗纤维饮食，保证每日摄水量2000~3000ml，病情允许可适当活动等，以减轻或预防胃肠道反应。如出现头晕，嘱改变体位时动作缓慢，即先床上坐3min，再床边站立3min，活动时应家属搀扶，以预防跌倒的发生。

4. 预防压疮，应告知患者及其家属压疮形成的机制及预防的重要性，指导患者家属预防压疮的方法，以防止压疮的发生。

5. 慎防跌倒发生，指导患者下床或活动时穿防滑鞋，穿脱衣服、袜子、鞋子时应坐着进行，告知患者有护士或家属协助方可下床活动，动作缓慢。如有头晕、头痛等不适时切勿强行活动。

6. 指导患者及其家属进行关节活动度及肌肉的训练，保持脊柱的生理弯曲度，翻身时注意一字形翻身，保持头颈、躯干一致，防止脊柱扭曲，造成脊髓的损伤。指导并协助患者做适当的四肢运动,如屈伸膝关节、肘关节、趾关节,抬高下肢,按摩肌肉,以促进血液循环,防止肌肉萎缩和肢体功能退化。保持足部的功能位,可在足底垫一枕头。

7. 保持放射野皮肤清洁,会阴及肛周皮肤的干燥,勤换内衣、穿宽松、棉质的衣服。勤剪指甲,避免皮肤搔抓。放射野皮肤禁用碘酒、乙醇、药油、胶布,沐浴时水温适宜,禁用肥皂、沐浴露等,嘱其勿擦掉身上放疗的标记。

第五节 颅内压增高症

一、什么是颅内压增高症?

颅内压增高症是由颅内疾病导致的颅腔内容物体积增大或颅腔容积缩小,超过颅腔可代偿的容量,导致颅内压持续高于 200mmH$_2$O,以头痛、呕吐和视神经盘水肿为主要临床表现的综合征。颅内压增高症按病因分为弥漫和局灶性颅内压增高;按病变发展的快慢分为急性、亚急性和慢性颅内压增高。

正常颅内压 成人:80~200mmH$_2$O,儿童:40~100mmH$_2$O

颅内压增高症 成人:≥200mmH$_2$O,儿童:≥100mmH$_2$O

二、颅内压增高症发病机制是什么?

正常生理情况下,颅内容物通过内部的调节,与颅腔的容量保持着一定的关系,使颅内压维持在一定的范围内。在疾病情况下,通过生理调节作用以取代颅内压的代偿能力是有限度的,当颅内病变的发展超过这一调节的限度时,就可以产生颅内压增高。引起颅内压增高的原因很多,诸如颅腔狭小、颅骨异常增生、颅内感染、脑积水、脑水肿、高血压、颅内血管性疾病、脑出血、脑脓肿、脑寄生虫和颅内肿瘤等。其主要机制有:①生理调节功能丧失;②脑脊液循环障碍;③脑血液循环障碍;④脑水肿。

三、颅内压增高症的常见病因有哪些?

1. 内容物体积或量增加 脑体积增加(脑组织损伤、炎症、缺血缺氧、中毒等导致脑水肿);脑血容量增加(高碳酸血症时血液中二氧化碳分压增高,脑血管扩张致脑血流量增加);脑脊液量增加(脑脊液分泌过多、吸收障碍或脑脊液循环受阻导致脑积水);颅内占位性病变(颅内肿瘤)。

2. 腔空间或颅腔容积缩小 先天性因素(狭颅症、骨缝早闭、颅底凹陷症等);后天性因素(大片凹陷骨折使颅腔变窄、颅内占位性病变如颅内血肿、脑肿瘤、脑脓肿等)。

四、颅内压增高症的辅助检查有哪些?

1. 腰穿测压 压力>200mmH$_2$O,即可确诊。

2. 颅内压监测 较腰穿测压准确,可动态了解颅内压变化。轻度升高 2.0~2.7kPa(15~20mmHg 或 200~270mmH$_2$O);中度升高 2.8~5.3kPa(21~40mmHg 或 280~550mmH$_2$O);重度升高>5.3kPa(40mmHg 或 550mmH$_2$O)。

3. 影像学检查 头颅 X 线照片、CT 和 MRI 脑血管造影、数字减影血管造影(DSA)可间接诊断颅内高压。

五、颅内压增高症临床表现有哪些?

1. 头痛 是颅内压增高的常见症状,初时较轻,以后加重,并呈持续性、阵发性加剧,清晨时加重是其特点,头痛与病变部位常不相关,多在前额及双颞,后颅窝占位性病变的头痛可位于后枕部。

2. 呕吐 不如头痛常见,但可能成为慢性颅内压增高患者的唯一主诉。其典型表现为喷射性呕吐,与饮食关系不大而与头痛剧烈程度有关。

3. 视神经盘水肿 是颅内压增高最客观的重要体征。

4. 生命体征改变 机体代偿性出现血压升高、脉压增大、脉搏慢而有力、呼吸深而慢（二慢一高），这种典型的生命体征改变称为库欣（Cushing）三主征。

5. 脑疝 急性和慢性颅内压增高者均可以引起脑疝。急性颅内压增高发生较快，有时数小时就可以出现，慢性颅内压增高发生缓慢，甚至不发生。

6. 其他症状 可有头晕、耳鸣、烦躁不安、嗜睡、癫痫发作、展神经麻痹、复视等症状。

六、颅内压增高症治疗原则是什么？

颅内压增高症治疗原则主要是迅速解除引起颅内高压的病因和有效控制颅内压力。包括：减轻脑水肿、降温和止痉、激素治疗、镇静止痛药、控制血压及过度换气、手术治疗。

1. 降低颅内压

（1）脱水疗法：脱水药物的作用时间有一定限度，一般不超过 6h，因此必须重复使用。20%甘露醇 250ml 快速静脉滴注，每 4～6h 1 次。甘露醇不仅可以减低颅内压和减轻脑水肿，还可以改善脑和体循环，防止自由基的产生，增强神经细胞耐受缺氧的能力，促进脑功能的恢复。10%甘油葡萄糖液或 10%甘油生理盐水溶液 500ml 静脉滴注 2～3h，每日 1～2 次，多用于慢性颅内压增高症。使用高渗性脱水剂时，慎防急性肺水肿、心力衰竭、肾衰竭、酸中毒、高渗性昏迷。

（2）利尿剂：呋塞米 40～60mg 静脉注射，或 50%葡萄糖 40ml+呋塞米 40～60mg 静脉注射，每日 1～3 次，也可加入甘露醇内快速静脉滴注。利尿剂和脱水剂的应用，因排钾过多，应注意补钾，限制液体入量。

（3）肾上腺皮质激素：可调节血-脑脊液屏障、改善脑血管通透性、抑制垂体后叶抗利尿激素、减少储钠排钾、促进细胞代谢、增强应激能力，因而对防治脑水肿起作用。常用药物有地塞米松 10mg 加入 20%甘露醇 250ml 快速静脉滴注，每日 2 次；地塞米松 20～40mg 加入 5%～10%葡萄糖液 250～500ml 静脉滴注，每日 1 次；或氢化可的松 200～300mg 加入 5%～10%葡萄糖液 250～500ml 静脉滴注，每日 1 次。

2. 减压手术 在应用脱水剂和利尿剂无效后，或颅内压增高发生脑危象早期时应用，可选用颞下肌减压，枕下减压。也可脑室穿刺引流或脑室分流术。

3. 其他疗法 低温疗法：可减低脑组织的代谢率，从而提高脑神经细胞对缺氧的耐受力，减少脑耗氧量，减少脑水肿的发生。通常用于高热、躁动及去大脑强直的患者。采用脑局部降温的有冰帽、冰袋、冰槽。

七、颅内压增高症的护理要点有哪些？

1. 指导患者保持安静，绝对卧床休息，并抬高床头 15°～30°，以利颅内静脉回流，减轻脑水肿。昏迷患者取侧卧位，便于呼吸道分泌物排出。
2. 密切观察患者意识、瞳孔及生命体征变化，注意原有症状是否加重，一旦发现急性颅内压增高表现，应立即给予处理。
3. 保持呼吸道通畅，持续或间断给氧，减轻脑水肿，减低颅内压。意识障碍及排痰困难患者应配合医师尽早行气管切开术。定时为患者翻身扣背，防止肺部并发症。
4. 动态监测颅内压的变化，防止颅内压骤升诱发脑疝。颅内压监护者，应注意保持管道通畅，记录颅内压，保持引流或监测系统的密闭性，预防逆行感染。
5. 高热者降温，以改善脑缺氧状况。
6. 及时控制抽搐发生，避免情绪激动、剧烈咳嗽、便秘等，防止和控制癫痫发作，以免加重脑缺氧和脑水肿，并防止患者发生坠床、窒息等意外。
7. 限制液体摄入量。每日补液量不超过 2000ml，保持尿量每天不少于 600ml，并记录 24h 出入量。
8. 观察患者应用脱水剂的反应，密切监测电解质情况，防止低钠、低钾、急性心力衰竭和肺水肿的发生。

9. 保持大便通畅，避免用力排便，便秘者给予缓泻剂或低压少量液体灌肠。

10. 有手术指征者积极做好一切术前准备。

11. 脑室引流的护理：①妥善固定引流管和保持引流通畅，引流管开口高于侧脑室平面10～15cm，移动患者前、或更换引流袋时暂时夹闭引流管，防止空气进入或脑脊液反流引起颅内感染。②观察并记录脑脊液的颜色、量及性状，根据引流量调整引流管高度，控制引流速度和量。③拔管：引流管一般放置3～4天，此时脑水肿已消退，颅内压已降低，不宜超过5～7天，以免时间过长发生颅内感染；拔管前行头颅CT检查，并试行抬高引流袋或夹闭引流管24h，了解脑脊液循环是否通畅。拔管时先夹闭引流管，以免脑脊液逆流引起感染。拔管后应加压包扎伤口处，嘱患者卧床休息和减少头部活动；严密观察穿刺伤口有无渗血，有无意识、瞳孔变化、失语或肢体抽搐等，发现异常及时报告医生处理。

八、颅内压增高症健康教育包括那些？

1. **饮食指导**：以高热量、高蛋白、富含维生素及纤维素易消化的软食为主，避免干硬的食物。
2. 保持平和的心态，稳定情绪，避免情绪激动大喊大叫，以免增加颅内压。
3. 指导患者应避免咳嗽、便秘、提重物等，以防颅内压骤升诱发脑疝。
4. 告知患者如果头痛进行性加重，伴有呕吐，一般治疗无效时，应及早回院就诊。
5. 如果发生呕吐时，应将头部偏向一侧，以防呕吐物堵塞呼吸道引起窒息。
6. 卧床休息，床头抬高15°～30°，利于颅内静脉回流，减轻脑水肿。
7. 保持室内环境安静，鼓励有神经系统后遗症的患者积极进行功能锻炼。

第六节　呼吸道堵塞

一、什么是呼吸道堵塞？

呼吸道堵塞是指呼吸道内、外疾病引起的通气障碍，主要表现为呼吸困难、喘鸣。本节主要介绍由肿瘤因素引起的呼吸道堵塞。

二、呼吸道堵塞的常见原因有哪些？

口咽部或喉部肿瘤，如下咽癌、舌根癌、扁桃体癌、会厌癌、喉癌等由于肿瘤堵塞声门，合并炎症、水肿加重；或因放射反应加重气道狭窄程度，呈吸入性呼吸困难；肺及纵隔原发或继发肿瘤引起主气管、食管受压；气管或主支气管、食管内原发肿瘤均可导致腔内堵塞而出现呼吸困难。

三、呼吸道堵塞的临床表现有哪些？

主要表现为呼吸困难、喘鸣和（或）进食梗阻。

呼吸困难按程度分为4度：

1. **Ⅰ度**　安静时无呼吸困难表现，活动时出现吸入性呼吸困难。
2. **Ⅱ度**　安静时出现轻度吸入性呼吸困难，活动时加重，无烦躁不安。
3. **Ⅲ度**　呼吸困难明显，吸气时出现胸骨上窝、锁骨上窝、肋间隙和上腹部凹陷症，同时出现鼻翼翕动、出汗、烦躁不安、轻度发绀。
4. **Ⅳ度**　症状更严重、发绀、面色苍白最后出现昏迷、窒息导致呼吸、心跳停止。

四、呼吸道堵塞的治疗原则是什么？

1. 手术治疗　呼吸道上段阻塞者可行气管切开术，根据呼吸困难的程度处理。

（1）Ⅰ度呼吸困难不需要特殊处理，安静休息，必要时予低流量吸氧，应密切观察病情。

（2）Ⅱ度呼吸困难时可预先行气管切开术，再进行放射治疗，以防止放射治疗加重黏膜水肿导致窒息的发生。此处理适用于口咽、下咽、喉部肿瘤堵塞气道患者。

(3) Ⅲ度呼吸困难应立即行气管切开术。

2. 化学治疗　化疗与放疗同期进行，可提高疗效。

3. 放射治疗　体外照射适用于残留的或外压性肿物，以 2Gy/d，至总剂量大于 50Gy 可获姑息治疗。

4. 其他　根据病情可考虑采用后装腔内照射、手术治疗、激光、腔内微波等。

五、呼吸道堵塞的护理要点有哪些？

1. 密切观察患者意识、呼吸频率和节律、血氧饱和度、唇及甲床颜色，判断呼吸困难分度，持续予中流量吸氧。

2. 观察血气分析、尿素氮及电解质的变化。

3. 床边备负压吸引装置、气管切开包等，Ⅲ度吸气性呼吸困难无好转或加重及Ⅳ度吸气性呼吸困难，应立即配合医生行气管切开术、环甲膜穿刺术或气管插管。

4. 指导患者改变姿势及呼吸技巧，从而改善呼吸状态。

（1）常用改善呼吸症状的姿势是向前倾斜，利用桌子支撑手臂及上半身，以改善辅助肌的功能，增加换气容量。

（2）呼吸技巧包括横膈式呼吸、缩唇呼吸。横膈式呼吸指放松双肩，将双手放在腹部肋弓下缘用鼻吸气，并将腹部向外凸顶住双手屏气呼吸，呼气时双手在肋弓下方轻轻施加压力，用口缓慢呼出气体。缩唇呼吸指用鼻吸气，缩唇呼气，呼气时胸部前倾，口唇缩成吹口哨状，吸气与呼气时间比为 1∶2 或 1∶3，每分钟 7~8 次。

5. 保持环境安静，减少不良刺激，对烦躁不安患者可遵医嘱予以镇静剂。

6. 因肿瘤压迫呼吸道造成呼吸困难，患者常感到恐惧及濒死感，甚至出现抑郁的负面情绪，护士应多巡视病房，识别患者的心理反应，及时进行干预。

7. 行气管切开患者，应做好术后的观察及护理。术后取半坐卧位，保持呼吸道通畅，鼓励患者咳出痰液，必要时用负压吸引吸净口腔和气管套内的分泌物，防止肺部感染。遵医嘱予 0.9%氯化钠注射液加糜蛋白酶予气管套内壁滴入，以稀释痰液。密切观察伤口有无渗血，气管切口周围及胸部有无皮下气肿，如握雪感、捻发音。在气管套管口覆盖一层湿纱布以湿润气道。妥善固定气管套以容纳患者的一个手指为宜。气管套每天清洗 4 次，或根据病情增减。掌握气管外套管脱出或堵塞处理措施。

六、呼吸道堵塞患者的健康教育有哪些？

1. 心理护理　营造温馨、舒适、安全的环境。护士态度要热情、真诚、积极，并尊重和理解患者，允许患者宣泄情绪，发挥患者的家庭及社会支持系统，鼓励患者亲友多陪伴、支持、关心患者。列举一些治疗成功的病例，或请其他患者现身说法，增强其治疗信心。

2. 饮食指导　嘱患者进食高热量、高蛋白、富含维生素及纤维素易消化的半流或流质饮食，避免粗糙干硬、多刺、辛辣等刺激性食物。

3. 体位指导　告知患者改变姿势及呼吸技巧的重要性，以改善患者的呼吸状态。

4. 气管指导　出院前 1 周指导患者及家属清洗气管套管。注意观察呼吸情况、切口及气管内出血情况。妥善固定气管套管，以容纳患者的一个手指为宜，以防脱管。指导患者气管套管处可用 2 层纱布覆盖，注意勿将棉被、衣物或纸巾等盖住管口，以防影响呼吸及异物进入气管。

5. 交流指导　指导患者使用写字板、纸笔写字、智能手机语言功能等进行言语的交流，文盲患者教会其简单的手语。

6. 其他　注意保暖，尽量少去人群集中的地方，劳逸结合；禁止淋浴、游泳等。

（刘玉珊　张杏兰　徐小静）

第六章 放射治疗患者中西医饮食的健康教育

一、放射治疗饮食健康教育的目的及意义是什么？

对于恶性肿瘤的治疗，目前提倡综合疗法。饮食健康教育是贯彻疾病治疗的连续性过程，也是整体护理的一个重要组成部分，通过中医辨证饮食与西医饮食方法相结合指导患者，配合适当的营养治疗，能有效减轻放射治疗患者的不良反应，提高生活质量，帮助放射治疗患者顺利地完成放疗全过程。

二、放射治疗饮食健康教育的对象及范围是什么？

主要对象为放射治疗患者及患者家属，患者固然要注意放射治疗之后的饮食健康，提高放疗后的生活质量；其家属对于患者的照顾同样重要，家属了解更多的饮食健康的知识，才能有针对性地对患者饮食进行调理，这与患者的健康密不可分。

三、放射治疗饮食健康教育的方式有哪些？

建立健康指导及随访档案、营养宣教手册、口头宣传、住院走廊宣传栏示范、电话随访、病友间的成功经验交流会及座谈会、采取图片或幻灯片形式介绍平衡膳食宝塔内容、介绍烹饪技巧及具体方法，同时由营养师根据患者的具体情况纠正不正确的饮食行为或进行疑问解答。

四、放射治疗的饮食原则有哪些？

1. 放射治疗患者一般饮食原则

（1）放射治疗前的准备

1）应多进食瘦肉、鸡、鸭、蛋、奶、大豆制品、米、面、杂粮、新鲜的蔬菜和水果等高蛋白（增加50%）、高热量（增加20%，肥胖者不增加）、高维生素的食物，使机体有一定的营养贮备。

2）在治疗前1h吃一些食物以保证不要空腹接受治疗。少食多餐。可常备一些加餐小食物，如面包、饼干、蛋糕、藕粉、杏仁粉、酸奶、水果、果汁、坚果等。

（2）放射治疗过程中的饮食

1）放射治疗在杀伤肿瘤细胞的同时对正常组织也有不同程度的损伤。加强饮食对促进组织修复、减轻毒副反应及提高疗效有重要的作用。在食品调配上，注意色、香、味、少量多餐；为患者创造一个舒适、干净的进餐环境。以高热量、高维生素、高蛋白、低脂肪、易消化的食物为主。

2）给予低盐、高蛋白、高维生素饮食，努力给患者创造一个良好的进食环境，如鼓励家属与患者共同进餐或给予蒸、煮、炖、拌等烹调方法的清淡可口食物，少食多餐，忌油腻及刺激性强、腌制品等食物，减少食物调料的用量，尽可能在两餐之间进食一些水果蔬菜或饮用牛奶。对进流质饮食者加服牛奶、山楂汤、蛋羹及豆腐脑等；对有味觉改变者，如食甜食出现苦味，食含丰富蛋白质食物感觉味苦者，则需注意食物的冷热、咸甜；按患者的要求与病情的需要，经常变换食物花样，以促进食欲。

3）放射疗期间宜多进食新鲜水果、蔬菜、奶制品、瘦肉、蛋类等。多饮水，3000ml/d以上，可饮绿茶、绿豆汤等。

4）放射治疗常导致"内热"，热性食物如狗肉、辣椒、花椒、胡椒、芥末、八角、桂皮等应不食或少食，不宜食用盐腌的、熏制的、烧焦的、发霉的食物。忌辛辣刺激食物，禁忌虾蟹、无鳞鱼、牛肉，忌味精、忌烟酒。

5）除正在服用中药需遵医嘱忌口外，食物的禁忌不宜太多，以免影响热量及营养素的摄取。要破除迷信，走出饮食误区，不能只喝汤不吃渣，营养大多在渣里，汤的营养只有原料的5%～10%；不能只吃肉不吃菜、不吃鸡蛋。不能只吃菜不吃饭；不能只吃水果不吃蔬菜；不能以输液代替进食，另外，食物的价格与营养价值无关。要以日常饮食为主，不要过于盲目相信和依赖形形色色的各种保健品。

2. 放射治疗不良反应饮食原则 对于不同类型肿瘤患者在放射治疗过程中出现的不良反应，我们亦有相应的饮食指导。

（1）头颈癌放射治疗患者的饮食护理：头颈癌放射治疗患者多为胃肠功能良好者。为此，我们鼓励患者尽可能经口进食，尤其是因癌性疼痛而回避进食者。采用多餐制，并结合患者具体情况选用适当饮食种类，如对咀嚼困难和吞咽不便的舌癌、腭癌、咽癌患者，给予软饭或半流质食，三餐间给予蛋糕、蛋羹等；当经口进食有困难不能满足患者营养需要时，应及时劝其采用口服加鼻饲的方式进食，以避免进食不足造成营养不良。鼻咽癌患者在进行放射治疗后要少吃鱼类，特别是有滋阴作用的甲鱼不能吃，否则会加重肿瘤水肿。

（2）食管癌放射治疗患者的饮食护理：放射治疗开始时，食管黏膜会出现充血、水肿，且随着剂量的增加，症状会逐渐加重，食管壁变得僵硬，脆性增加，应根据患者食管黏膜情况，选择恰当的饮食形式，降低穿孔和出血的发生率。指导患者合理饮食，进高蛋白、高热量、高维生素、低脂少渣的半流质饮食如肉泥、蒸蛋羹、奶类、豆腐脑、蔬菜汁等，少量多餐，定时定量。一般情况下，软食每天3~4次，半流质每天5~6次，流质每天6~8次。嘱患者细嚼慢咽、用餐前后饮用温水，冲洗食管，防止食物残留，降低对食管的刺激。避免烟酒、咖啡等刺激性食物，忌用粗纤维、油炸、辛辣粗硬类食物，从而降低对消化道黏膜的物理损伤和化学刺激，减少食物梗阻的发生。进餐后不宜立即平卧，以免引起食管反流，加重食管黏膜的炎症反应。不能进食的患者，应遵医嘱使用营养药物，满足机体需要。

（3）胃癌放射治疗的饮食护理：让患者多食用高蛋白、高营养及易消化食物。禁止患者食用刺激性食物。合并糖尿病患者注意控制食物糖分，给予其低糖食物。初期阶段，给予患者肠内营养支持，保证蛋白质、维生素等正常补充。当患者肠胃功能稳定后，给予患者米汤等流质食物，并逐渐加大食量。遵循"少食多餐"原则进食，每日进餐4~6次，保证胃内不空不充。根据患者胃功能恢复情况，逐步丰富食物类型，由流质食物转变为半流质食物，再转变为软食及普通饮食。可适当结合患者喜好制定菜谱，以此来提升患者食欲。

（4）肠癌放射治疗的饮食护理：放疗初期，开始放疗1~2周，可无或仅有轻微症状，肠黏膜只有轻度水肿，能迅速自愈。这些改变一般认为属于放射反应性损伤。此期要卧床休息，指导患者少吃高蛋白、高脂肪食物，限制纤维素摄入，少食奶类及乳糖的膳食。急性肠炎期，放疗2~3周后，此期肠道急性充血、水肿、发炎、肠蠕动活跃，其消化吸收功能都比较弱，患者宜低油、无渣饮食，避免麦胶、牛奶、乳糖等饮食。以半流质食物为主，如大米粥、藕粉、鸡蛋、面糊、细面等，这样有利于保护肠黏膜和病体的恢复。恢复期，放疗结束后，由于胃肠的病理性改变，肠道对食物非常敏感，因此要特别注意节制饮食，应避免过早地进食肥肉、油炸食品、生冷略硬及多纤维食物，如韭菜、芹菜、黄豆芽等。菜肴要容易消化，富于营养，随着病情发生好转，逐步扩大进食的范围。

（5）膀胱癌放射治疗的饮食护理：放疗期间密切观察其小便次数、颜色、量及性状，对患者做好解释工作，遵医嘱给予抗生素治疗，同时嘱每天大量饮水，以减轻膀胱的不良反应，顺利完成放疗。

五、放射治疗患者应该养成哪些良好的饮食习惯？

饮食习惯与放疗患者康复有密切关系，应养成良好的饮食习惯，一般要注意遵守以下事项。

1. 饮食要定时、定量、少食、多餐。要有计划地摄入足够的热量和营养。少食多餐对消化道癌症患者更合适。

2. 多吃富含维生素A、维生素C的饮食，多吃绿色蔬菜和水果。

3. 常吃含有抑制致癌作用的食物，如卷心菜、荠菜等。

4. 少吃"垃圾食品"，不吃盐腌及烟熏的食物，特别是烤糊焦化了的食物。

5. 坚持低脂肪饮食，常吃些瘦肉、鸡蛋及酸奶。

6. 食物应尽量保持新鲜，不吃发霉变质的饮食。

7. 不暴饮暴食，不过多摄入冷饮、冷食。

8. 保持大便通畅，便秘患者应吃富含纤维素的食品及每天喝一些蜂蜜，多饮水。

9. 少吃精米、精面，多吃全麦片、五谷杂粮、玉米面、黄米饭、豆类（黄豆、扁豆、架豆、豌豆）等。

10. 常吃富有营养的干果种子类食物，如葵花子、芝麻、南瓜子、花生、葡萄干等。这些食物含多种维生素、矿物质及纤维素、蛋白质和非饱和脂肪酸等。

六、肿瘤患者在放射治疗期间如何选择适宜的食物

中医的治疗原则是"寒者热之、热者寒之"，根据疾病的寒热属性选择食物或忌口。患者在放射治疗期间，宜根据食物本身的四气五味和归经的性质，因病而异、因人而异、因地而异、因季节而异来选食配膳。各种食物都有它自己的性味，即性平和或寒或凉，或温或热。

1. 如患者证候属寒者，一般要禁忌寒性食物，如鸭、芦笋、藕、西瓜、梨、绿豆等。

2. 患者证候属热性者，需禁忌热性食物，如狗肉、虾、黄鳝、葱、姜、大蒜、辣椒、荔枝等。

3. 患者平素脾肾阳虚容易腹泻者，应忌食生冷油腻不易消化食物；患者肺胃阴虚口干舌红者，切忌辛热香燥食物等。

4. 当患者有发热、面红耳赤、口干舌燥、便秘、尿黄赤、舌红或绛、苔黄或燥等表现时，不宜食热性或油炸、煎炒的食品。

5. 肺阴虚的患者，常表现有干咳、痰少或黏稠、口舌干燥、舌红少苔等症，应忌食辛辣、燥热食品，如葱、姜、辣椒及油炸之品。神疲乏力、四肢不温、怕冷、五更泄泻者，属脾肾阳虚之证，应忌食生冷、黏腻滑肠之品，如生冷瓜果、糯米制品等。

6. 腹胀者宜少食甜食及易产气的食品，如豆类、红薯、黄瓜、泡菜、牛奶、玉米等。

七、放射治疗整个疗程结束后的饮食注意事项有哪些？

宜选择高蛋白、高热量的饮食以补充因治疗而损耗的能量。多选择瘦肉、鸡肉、鱼肉、鸡蛋等含优质蛋白丰富的食物，少量多餐，适当运动。放射治疗结束后的营养支持时间宜以身体恢复正常为度，不宜长期摄入过多的营养，以免引起新的健康问题。

八、放射治疗患者在饮食方面存在哪些误区？

1. **误区一** 乳腺癌患者口服蜂王浆。乳腺癌患者放射治疗后，尤其是进行内分泌治疗时会出现潮热汗出、皮肤干燥、情绪波动等不适症状，很多患者认为是体弱所致，于是大量服用蜂王浆等抗衰老保健品。殊不知，蜂王浆里含大量雌激素，乳腺癌、妇科肿瘤是激素相关性肿瘤，额外增加雌激素会加速肿瘤生长、转移。另外，营养过剩会导致体重增加，堆积的脂肪使体内雌激素水平升高，对乳腺癌患者预后不利。

2. **误区二** 消化道肿瘤患者吃山楂。有的消化道肿瘤患者会出现消化不良、食欲不振等症状，进而大量食用山楂"开胃"。事实上，进食山楂会促使胃酸分泌，增加肿瘤破溃引起消化道出血的机会。如果患者正服用药物奥美拉唑，则要避免饮用浓茶、浓咖啡。

3. **误区三** 肝癌患者多补高蛋白。肝癌患者肿瘤生长迅速，如果肝脏功能下降，可能会出现白蛋白降低，进而出现下肢水肿、腹水等，此时再摄入大量高蛋白食物，非但不会改变低蛋白血症，还会加速病情进展，甚至出现肝昏迷。这是因为过量氨基酸需通过肝脏转化后再从肾脏排出，高蛋白会加重肝脏负担，不利于病情恢复。因此，肝癌患者需进食少量动物蛋白，或是通过药物来改善肝功能，增加白蛋白合成。因此，肿瘤患者切不可盲目进补，食用前最好先咨询肿瘤科医生或中医科专家。

4. **误区四** 认为放射治疗期间要大吃大补。虽然放射治疗期间患者需要营养，但是由于肿瘤在侵蚀人体过程中，严重破坏了人体各个器官的功能，使患者的味觉减退，食欲下降，消化功能很

差，致使食欲减退，食欲下降，营养吸收或各项代谢发生障碍，这时如果一味地给患者进不易消化的大补食物，不但不能消化吸收，还会加重胃肠消化吸收功能的障碍，进一步加重厌食。实是欲速则不达，反而有害。

5. 误区五　重食轻饮。患者和家属常常是重视吃什么、怎样吃，而对饮水方面的调理则有所疏忽。事实上，肿瘤细胞破坏人体水和电解质的平衡是一样严重的，而水的平衡是人体赖以生存所必不可少的。因此在防治和康复过程中，就很需要注意患者饮水的正确调理。

九、什么是带发的食物？放射治疗患者可以吃"发物"吗？

所谓发物，是指特别容易诱发某些疾病（尤其是旧病宿疾）或加重已发疾病的食物。发物禁忌在饮食养生和饮食治疗中都具有重要意义。在通常情况下，发物也是食物，适量食用对大多数人不会产生不良反应或引起不适，只是对某些特殊体质及与其相关的某些疾病才会诱使发病。发物的范围很广，在我们的日常生活中，属于发物类的食物按其来源可分为以下几类：

1. 食用菌类　主要有蘑菇、香菇等，过食这类食物易致动风生阳，触发肝阳头痛、肝风眩晕等，此外，还易诱发或加重皮肤疮疡肿毒。

2. 海腥类　主要有带鱼、黄鱼、鲳鱼、蚌肉、虾、螃蟹等水产品，这类食品大多咸寒而腥，对于体质过敏者，易诱发过敏性疾病发作如哮喘、荨麻疹，同时，也易催发疮疡肿毒等皮肤疾病。

3. 蔬菜类　主要有竹笋、芥菜、南瓜、菠菜等，这类食物易诱发皮肤疮疡肿毒。

4. 果品类　主要有桃子、杏等，前人曾指出，多食桃易生热，发痈、疮、疸、疖、虫疳诸患，多食杏生痈疖，伤筋骨。

5. 禽畜类　主要有公鸡、鸡头、猪头肉、鹅肉、鸡翅、鸡爪等，这类食物主动而性升浮，食之易动风升阳，触发肝阳头痛、肝风脑晕等宿疾，此外，还易诱发或加重皮肤疮疡肿毒。鸡蛋虽不属发物，但也不宜多吃，一般一天不宜超过2个，尤其是肝炎、过敏、高血脂、高热、肾脏病、腹泻患者，更不宜多吃。原因是鸡蛋内含大量蛋白，但它们属于异性蛋白，有相当一部分人吃了异性蛋白后会出现病态反应。

武汉大学中南医院放疗科教授张弓介绍说，癌症患者不能吃"发物"的说法不能一概而论。在临床实践中，没有见到因为吃了某种食品而引起肿瘤复发的例子，相反却有许多患者因为没有注意饮食调养，造成营养不良，不能耐受放射治疗和化疗，而使治疗被迫中断。放射治疗和化疗的患者，一般宜进食凉食、冷饮，但有寒感的患者，则宜进食热性食物。任何疾病饮食没有绝对的禁忌，任何食物均应适量食用。如果要采用食疗最好是请中医专家辨证施食，才可能达到事半功倍的效果。

十、放射治疗期间为何要多饮水？

患者应多饮水，每日饮水量为3000ml以上，以增加尿量，不但可以使放射治疗所致的肿瘤细胞坏死释放的毒素尽快排出体外，还可以减轻放射治疗过程中口干舌燥、咽喉肿痛的反应。

十一、什么是流质、半流质及正常饮食？

1. 流质食物　是一种食物呈液体状态、在口腔内能融化为液体，比半流质饮食更易于吞咽和消化无刺激性的食物。流食适用于极度衰弱无力咀嚼食物的重症患者，如高热，口腔溃疡严重、面颊部及外科手术前后及急性胃肠炎、食管狭窄等疾病患者。此种膳食只能短期应用，作为过渡期的膳食。因为所供营养素均不足。

可用的食物有：稠米汤，藕粉，杏仁茶，麦片粥；蒸蛋羹，蛋花汤，肉汤冲鸡蛋，牛奶冲鸡蛋；各种牛奶及奶制品、奶酪、杏仁豆腐、酸奶、牛奶冲藕粉；豆浆；菜水，西红柿汁，鲜果汁，果冻；清鸡汤，清肉汤，猪肝汤等。

2. 半流质饮食　是一种介于软饭与流质之间的饮食。它比软饭更易咀嚼和便于消化。纤维素的含量极少，而含有足够的蛋白质和热能。使用人群：发热、口腔疾病、咀嚼困难、胃炎、肠炎等，其消化功能尚不能适应正常饮食，可采用半流质饮食，并应少吃多餐。禁用辛辣刺激性食物，避免过冷或过热的食物。争取做到色、香、味俱佳和食谱多样化。

常用的半流质食物有肉松粥、汤面、馄饨、肉末、菜泥、蛋糕、小汤包子等。

3. 正常饮食 是指与普通人的日常饮食基本一致，但忌刺激性食物。

十二、放射治疗患者的营养支持方式有哪些？

常见的补充营养的方法有口服、鼻饲、造瘘管饲、全胃肠外营养。不能从口进食的患者才用鼻饲、造瘘管饲。静脉营养适用于2周不能摄入合理的营养，尤其是由于疾病引起的高度消耗的患者。

十三、什么是辨证施食？

辨证施食即是饮食疗法，根据每个人的不同状况，综合地作出其疾病部位、证型诊断，以便有的放矢地给予相应药食处方，预防或治疗疾病。中医辨证方法很多，最基本的是"八纲辨证"，即将患者的症状、体征从阴阳、表里、寒热、虚实8个方面加以归纳，得出综合判断，或为阳虚，或为里热，或为阴虚，或为表寒之类，并与脏腑、经络等部位相联系。用药治疗称"施治"，用食物治疗则称"施食"。

十四、不同类型肿瘤放射治疗后的中医辨证施食有哪些？

这里介绍包括头颈部肿瘤放射治疗，腹部肿瘤的放射治疗，胸部肿瘤、泌尿生殖系统肿瘤，骨与软组织肿瘤放射治疗等。

1. 鼻咽癌

（1）气虚痰瘀证

【证候】鼻涕带血，头痛呈跳痛或刺痛，鼻塞、耳内胀闷或耳鸣耳聋。可出现胸胁胀痛，口苦口干，舌质红或暗红，或瘀暗紫斑，舌苔白或黄，脉弦细或涩缓。局部检查：鼻咽肿块暗红，或有血脉缠绕，触之易出血，颈部或有硬实肿块。

【辨证食疗】饮食宜健脾益气、化痰祛瘀之品。

党参茯苓鲫鱼汤：鲫鱼一条，约250g，党参、茯苓、白术各10g，甘草3g。党参、茯苓、白术、甘草煎煮取汁备用，鲫鱼去鳞去内脏，加油煸一下，两面翻一下，加入料酒、葱姜，放入适量水煮沸后，倒入中药汁水一同煮沸，加入调味品即可，喝汤食肉。

陈皮老鸭汤：老鸭一只洗净，剥皮，斩块，焯水捞起，红枣8个洗净，拍扁去核；陈皮5g用水浸软，刮去白瓤，煮沸瓦煲里的清水，放入鸭肉、陈皮、红枣、3片姜片和米酒1汤匙，武火煮沸，转小火煲1.5h，下盐调味即可食用。

（2）痰浊结聚证

【证候】鼻塞涕血，头痛头重，耳内胀闷。可出现痰多胸闷，体倦嗜睡，或见心悸，恶心纳呆，便溏。舌质淡暗或淡红，舌体胖或有齿印，舌苔白或厚腻，脉弦滑。局部检查：鼻咽肿块色淡红或有分泌物附着，一般颈部多有较大肿块。

【辨证食疗】饮食宜清化痰浊、行气散结之品。

陈皮肉丝：陈橘皮10g，猪瘦肉100g，猪肉切丝后加盐、黄酒拌匀，陈皮浸泡至软切丝。锅内油烧至七成热时，下肉丝、陈皮丝一起翻炒几下，再加入少许盐、黄酒炒至香，添水焖烧5~6min，放入香葱即成。

白三七鸡肉汤：备鸡肉（连骨）500g，燕白60g，陈皮6g，三七12g，生姜、红枣、米酒适量。三七洗净，打碎成小粒状，鸡肉洗净，切块，陈皮水浸洗净，除去根须，洗净，生姜、红枣（去核）洗净，把三七、鸡肉、陈皮、生姜、红枣放入开水锅内，武火煮沸后，文火煲2h，放入蒸白再煮沸片刻，调味，放入米酒搅匀。

（3）痰热蕴结证

【证候】痰涕带血较多，污秽腥臭，头痛剧烈，耳鸣耳聋，或视矇复视。可出现咳嗽痰稠，心烦失眠，口干口苦，小便短赤，大便秘结。舌质红，脉弦滑或弦数。局部检查：鼻咽癌肿溃烂，或呈菜花状，或有颈部肿块硬实。

【辨证食疗】饮食宜泻火解毒、疏肝散结之品。

葛根煲瘦肉：葛根 60～120g，瘦肉 60g，加水久煎，吃肉饮汤。

（4）正虚毒结证

【证候】鼻塞涕血，耳鸣耳聋，头痛眩晕。形体瘦弱，面色无华，或腰膝酸软，盗汗，五心烦热。舌红，少苔，脉细滑。局部检查：鼻咽肿块隆起，色淡红，或血脉缠绕，颈部可触及硬实肿块。

【辨证食疗】饮食宜调和营血、扶正祛邪之品。

党参黄芪粥：党参 30g、黄芪 30g、山药 30g，用水煎成 500ml 浓汁，滤出药汁后，加入粳米，再加入适量水煮粥，加红糖趁热吃。

胶芪枣汤：阿胶 9g，黄芪 18g，大枣 10 枚。先水煎黄芪、大枣，水沸 1h 后取汤，将阿胶放入汤中溶化，取汤分次饮用。

补气生津茶：以参须 10g 浸泡水中 1h 后切段，和麦冬 10g 加适量水煮汤，去渣后温凉饮。

臭草绿豆汤（刘伟胜教授经验方）：生臭草 50g、绿豆 50g、粳米 100g、鱼腥草 50g，煮粥频服。适于放射性口腔黏膜溃疡（口腔白膜、糜烂）患者，放疗开始即坚持服用，可增强食欲，减轻咽痛、口干等症状。

清热利咽方（林毅教授经验方）：麦冬 10g、胖大海 10g、千层纸 10g、白茅根 10g，反复焗服，1 剂/日，当日可反复焗服，饮水 1500ml 以上，可减轻口干的程度，并减少口腔黏膜损伤的程度及比例。

2. 肺癌

（1）肺脾气虚证

【证候】咳嗽，痰多，胸闷胸痛，神疲乏力，腹胀纳呆，便溏。舌质淡苔薄、边有齿痕，脉濡缓。

【辨证食疗】进食补益肺气、脾气的食品，如糯米、山药、鹌鹑、乳鸽、鱼肉、鸡肉、蘑菇等。食疗方：糯米山药粥。

（2）肺阴虚证

【证候】咳嗽气短，干咳痰少，潮热盗汗，心烦寐差，口干口渴。舌红苔少，脉细数。

【辨证食疗】进食滋阴润肺的食品，如蜂蜜、核桃、百合、银耳、葡萄、萝卜、莲子、芝麻等。食疗方：核桃雪梨汤。

（3）气滞血瘀证

【证候】咳嗽不畅，气促胸闷，心胸刺痛或胀痛，唇暗。舌紫暗或有瘀血斑、苔薄，脉弦。

【辨证食疗】进食行气活血、化瘀解毒的食品，如山楂、桃仁、大白菜、芹菜、白萝卜、生姜等。食疗方：白萝卜丝汤。

（4）痰热阻肺证

【证候】咳嗽咳痰，痰黄黏稠，气憋胸闷，发热。舌质红，苔黄腻或黄，脉弦滑。

【辨证食疗】进食清肺化痰的食品，如雪梨、白萝卜、荸荠等，少量咯血者可吃海带、菠菜等。食疗方：杏仁猪肺汤。

（5）气阴两虚证

【证候】咳嗽，痰少或痰稀而黏，神疲乏力，汗出气短，午后潮热，手足心热。舌质红苔薄，脉细数。

【辨证食疗】进食益气养阴的食品，如莲子、桂圆、瘦肉、蛋类、鱼肉、山药、海参等。食疗方：皮蛋瘦肉粥、桂圆山药羹。

3. 食管癌

（1）痰湿型

【证候】吞咽困难，痰涎壅盛，胸咽噎塞，膈肋胀满，浊气上逆，舌质黯青，舌体肥大，周有齿印，苔白厚腻多津，脉象滑细。X线检查多为晚期髓质型、缩窄型食管癌。

【辨证食疗】进食温阳益气，健脾祛湿，降逆化瘀的食物，如茯苓、薏米山药粥、赤小豆、百合莲子汤。

（2）梗噎型

【证候】症状单纯，轻度梗噎或吞咽不利。X线检查多属早、中期髓质型、覃伞型食管癌。舌质黯青，苔黄白，脉弦细。

【辨证食疗】进食抗癌散结，理气降逆，温阳扶正的食物，如海带、海参、赤小豆、薏米、陈皮、山楂、鸽肉、桂皮红糖饮（桂皮15g，水煎去渣取汁，加入红糖10g，调匀热饮）、陈皮红枣饮（橘子皮1块，红枣3枚。红枣去核与橘子皮共煎水即成。每日1次，此食疗方降逆止呕）。

（3）气滞型

【证候】早期食管癌的表现，无明显吞咽困难，只为吞咽时感食管内挡噎、异物感或灼痛，胸郁闷不适及背部沉紧感，时隐时沉的吞咽不利感。X线检查主要为早期食管癌的病变。舌质淡黯，舌苔薄白，脉弦细。

【辨证食疗】进食疏肝理气，温阳益气，扶正抑瘤之品，如鱼、丝瓜汤、干姜枣芪羊肉（羊肉100g切块、黄芪6g、大枣10枚（去核）、干姜5g。以上食材加水适量炖熟，调味食用），枸杞山楂蜜饮（枸杞20g、鲜山楂5~10g切片，煮30min取汁加蜂蜜15g，饮用）。

（4）阴枯阳衰

【证候】病期已晚，咽下困难，近于梗阻，呕恶气逆，形体消瘦，气短乏力，烦热唇燥，大便干如粪，舌质黯绛，瘦小，少苔乏津或无苔，也有苔黄黑干而裂者，脉细数或沉细无力。

【辨证食疗】进食滋阴补阳、益气养血之品，如黑豆、阿胶、当归、黑芝麻、龙眼干、海参、百合、何首乌、龟甲。

（5）血瘀型

【证候】症状除吞咽不利外，以胸痛为主，且痛有定处，或伴口臭等。X线检查多为中、晚期髓质型、溃疡型食管癌。舌质紫黯，舌面有瘀点或瘀斑，舌下静脉怒张，舌苔黄腻，脉沉涩而紧。

【辨证食疗】进食活血化瘀、温阳益气、通经止痛之品，如山楂苡仁粥（鲜山楂30g，绿豆50g，薏苡仁30g，白米100g，冰糖适量，煮粥食用）、动物肝脏、胡萝卜、南瓜、羊肉、桂圆、韭菜、核桃、小米。

（6）壅阻型

【证候】主证：咽下完全梗阻或近于全梗阻，干呕或伴口吐黏液，舌绛干裂或黯淡胖大多津，苔黄而厚腻或少苔，脉沉细。

【辨证食疗】进食开道通管、疏壅透膈之品，如藕、山楂、玫瑰花泡水、白萝卜。

4. 胃癌

（1）肝胃不和证

【证候】胃脘胀满，脘胁疼痛，嗳气呕吐，心烦胸闷，纳谷不馨。

【辨证食疗】宜食清淡、富有营养的半流质，少食米醋、食糖、李子、荔枝等酸甜类热性之品，以免助酸生热加重病情，禁韭菜、辣椒、胡椒等温热之品。服药期间应少食或不食滞气碍胃之物，可用陈皮、生姜煎水代茶饮，有理气解郁之功效。

（2）脾虚痰湿证

【证候】胃脘胀痛，泛吐痰涎，口淡无味，腹胀便溏，乏力肢软。

【辨证食疗】可食山药、冬瓜等食物，适当选用生姜、葱白、花椒等调味品。忌海鲜及油腻食物，如海蛤等、带鱼、奶酪、油炸类食品等。凉性果蔬，应尽量不食。

（3）瘀阻胃络证

【证候】胃脘刺痛，触及肿块质硬，脘胀不欲食，呕血黑便。

【辨证食疗】饮食宜清淡、富有营养，如稀粥、藕粉等流质或半流质食物。有呕血或黑便时应禁食。

（4）脾胃虚寒证

【证候】胃脘隐痛，喜温喜按，或朝食暮吐，呕吐清水，或便溏浮肿，肢冷神疲，面色苍白。

【辨证食疗】饮食宜以温补为主，忌食生冷寒凉伤胃之品。中药汤剂宜浓煎，少量多次温热服。服药后休息片刻，并可服热稀粥或牛奶或胃脘部热敷保暖，以助药力。若患者呕吐频繁，可指压内关、中脘等穴，待胃气平复再服药。

（5）胃热阴虚证

【证候】胃脘灼热，嘈杂疼痛，口干咽燥，形体消瘦，五心烦热，大便干燥。

【辨证食疗】饮食宜清补，可多食新鲜水果及滋阴养胃食物，忌辛辣、坚硬、香燥食物。胃脘灼痛、嘈杂、反酸时，应禁食山楂、葡萄等食物。便秘者宜吃香蕉、芝麻等润肠通便的食物。

（6）气血两虚证

【证候】面色无华，全身乏力，心悸气短，头晕目眩，虚烦不寐，自汗盗汗，纳少乏味，或有面浮肢肿。

【辨证食疗】忌大寒大热之物，宜食用补益元气之品，以达到益气养血的目的。如芝麻粥（芝麻6g，粳米30g，蜂蜜适量。将芝麻、粳米煮粥即将熟时加放，再加蜂蜜调匀即成。每日1次）。

5. 肠癌

（1）湿热蕴结证

【证候】腹痛腹胀，大便滞下，里急后重，大便黏液，伴有脓血，肛门灼热感，口苦口干，溲短赤。舌黯红，苔黄腻，脉滑数。

【辨证食疗】饮食可进高蛋白、高维生素、易消化少渣的半流质或流质。忌生冷、辛辣之食物，平时可食猕猴桃，每日250g。食疗方：马齿苋炖猪肉汤（马齿苋、猪肉各60g炖至熟）。

（2）瘀毒内阻证

【证候】腹痛腹胀，痛有定处，腹有肿块，便下脓血黏液，或里急后重，便秘或便溏，大便扁平或变细。舌质黯红，有瘀斑，苔薄黄，脉弦数。

【辨证食疗】宜高蛋白、高维生素、易消化的饮食，忌食油腻和刺激性食物。食疗方：旱黄枣汁白木耳汤（旱莲草50g，大黄30g，大枣20g，白木耳汤500ml），如有便血可食鲜无花果。

（3）脾肾亏虚证

【证候】腹痛下坠，腹部肿块增大，大便频数，便下脓血腥臭，口淡乏味，少气纳呆，腰膝酸软，形神俱衰。舌淡黯，苔白，脉沉细。

【辨证食疗】宜高维生素、易消化少渣食物。平素进温补类食物。忌寒凉食物。食疗方：藤梨根炖狗肉汤（狗肉、藤梨根各60g），或山药薏仁粥[薏仁、山药（后下）各60g]。

（4）肝肾阴虚证

【证候】五心烦热，头晕目眩，口干盗汗，腰膝酸软，遗精多梦，舌红，薄少、脉弦细。

【辨证食疗】食用滋补肝肾食物，可服山药粥，金银花10g泡水饮。食疗方：当归煲鸡汤（当归10g，鸡肉250g）

（5）气血两亏证

【证候】气短乏力，时有便溏，面色苍白，脱肛下坠，舌淡，苔薄白，脉沉细弱。

【辨证食疗】进食益气养血食物，可食黄芪、甘草泡水饮。食疗方：党参茯苓煲汤（党参10g，茯苓15g，瘦肉100g）。

6. 原发性肝癌

（1）肝郁脾虚证

【证候】表现为胁肋胀痛，胸闷不适，善太息，纳呆食少，或有腹泻，或胁下痞块，舌淡红、苔白微腻，脉弦。

【辨证食疗】饮食宜疏肝散结之品。

党参百合陈皮煲瘦肉汤：党参 30g、百合 30g、陈皮 10g、瘦肉 300g。将党参、百合、陈皮洗净；瘦肉洗净，切块。全部用料放入锅内，加清水适量，武火煮沸后，改用文火煲 2h，调味即可，饮汤吃肉。

青皮玫瑰花饮：青皮 20g、玫瑰花 10g、白糖 20g，把青皮洗净、切碎；玫瑰花洗净，去杂质；放入锅内，加入 250ml 水。

（2）气滞血瘀证

【证候】表现为右胁下或脘部痞块巨大，痛处固定拒按，痛引肩背，入夜尤甚，脘腹胀满，乏力纳呆，便溏不调，舌质紫暗有瘀斑瘀点或瘀条等，脉涩或弦涩。

【辨证食疗】饮食宜行气活血化瘀之品，如田七煲猪心汤（田七 10g 洗净，猪心洗净，切块。全部用料放入锅内，加清水适量，武火煮沸后，改用文火煲 2h，调味即可。饮汤吃肉）。

（3）湿热蕴结证

【证候】表现为身目泛黄，或潮热、或壮热，口干口苦，心烦易怒，胸腹满闷，右肋疼痛，溲黄便干，舌紫暗，苔黄腻，脉滑数或弦滑。

【辨证食疗】饮食宜清淡、偏凉滑利湿之品。

茯苓清蒸桂鱼：茯苓 15g，桂鱼 150g。烧沸，再用文火煮 5min 即成。

赤小豆冬瓜煲鲫鱼汤：鲫鱼一条，宰净，冬瓜（连皮）500g，赤小豆 60g，葱头 5 个，煲汤。

土茯苓扁豆蔻仁煲瘦肉汤：土茯苓 30g、扁豆 30g、豆蔻仁 30g、瘦肉 300g。将土茯苓、扁豆、豆蔻仁洗净，瘦肉洗净，切块。全部用料放入锅内，加清水适量，武火煮沸后，改用文火煲 2h，调味即可。

（4）湿瘀互结证

【证候】表现为胁下痞块巨大，质硬，腹痛且胀，按之如囊裹水，面黄或晦暗，小便短少，舌质暗淡或有瘀斑，苔白腻滑，脉沉濡。

【辨证食疗】饮食宜健脾化湿、活血通络之品。

芡实炖肉：芡实 30g，瘦肉 100g 一起放砂锅中，加水适量，炖熟后去药渣，吃肉喝汤。

薏米山药粥：薏苡仁 10g，山药 10g（鲜山药 50g），大米 100g，水适量。

（5）肝肾阴亏证

【证候】表现为胁肋疼痛，五心烦热，心悸少寐，头晕，食少，腹大如鼓，青筋暴露，甚至呕血、黑便等，舌红少苔，脉细而数。

【辨证食疗】饮食宜滋养肝肾之品。

枸杞粥：将枸杞 30g，加入粳米，再加入适量水煮粥，加红糖趁热吃。山药薏米甲鱼汤：山药 30g，薏苡仁 30g，甲鱼 150g。将枸杞、甲鱼共蒸至熟烂即可食用，一同煮粥服用。

7. 胰腺癌

（1）湿热郁阻证

【证候】脘腹胀闷，时或疼痛，口苦纳呆，身目俱黄，大便秘结或溏薄，小便短赤，消瘦，发热，舌质红，舌苔黄腻，脉象滑数或濡滑。

【辨证食疗】清热祛湿，利胆解毒。

玫瑰花茶：玫瑰花 6g，沸水冲泡。代茶频饮。乌梅饮：乌梅 500g，曲醋 1000ml。将乌梅用曲醋浸泡 24h。每日 3 剂，每次 10~20ml。

薏仁绿豆粥：薏苡仁 50g，绿豆 20g，薄荷 5g，白糖适量。薄荷轻煎取汁，再煮薏苡仁、绿豆，粥成后加入薄荷汁再煮沸，加白糖即可食用。

（2）气血瘀滞证

【证候】腹上区疼痛不已，呈持续性，常累及腰背，平卧痛剧，前躬及屈腿可减轻；胸腹胀满，恶心呕吐或呃逆，食少纳呆，口干口苦，形体消瘦，腹部可扪及包块；舌质淡红、暗红或青紫，有瘀斑，舌苔薄或微腻，脉象弦细涩。

【辨证食疗】行气活血，化瘀软坚。如姜艾薏仁粥、益母草香附汤、山楂桂枝红糖汤、姜枣红糖水、姜枣花椒汤、海带绿豆汤（取海带 15g，绿豆 15g，甜杏仁 9g，玫瑰花 6g，红糖适量。先将玫瑰花用布包好，与洗净的海带、绿豆、甜杏仁一同入锅，加水适量，煮汤至熟，去玫瑰花，加入红糖调味即可）。

（3）阴虚热毒证

【证候】低热不退，消瘦神疲，口干，烦躁失眠，食少纳呆，腹部闷痛，大便干，小便黄，或有腹水，舌质鲜红或嫩红或红暗，少津，舌苔少或光，脉弦细数或弱。

【辨证食疗】进食养阴生津、泻火解毒之品，如苹果、甘蔗、香蕉、葡萄、山楂、核桃、百合、糯米、蜂蜜、牛奶、花生、鲜山药、白木耳、广柑、白果、梨、红枣、莲子、甘蔗。食疗方：百合红枣糯米粥、百合莲子粥、百合杏仁粥。

（4）气虚湿阻证

【证候】乏力消瘦，身目发黄，色泽晦暗，脘腹闷胀，恶呕纳呆，上腹疼痛，大便溏薄，可有下肢浮肿或腹水，腹部可触及包块，舌质淡红，或有齿印，舌苔腻，脉象细濡。

【辨证食疗】进食益气化湿、健脾软坚之品，如玉米、番茄、香菇、扁豆、鸡肉、苹果、山楂、木瓜、无花果、大枣。

8. 乳腺癌

（1）肝郁气滞证

【证候】乳房结块，两胁胀痛，或经前乳房作胀，经来不畅，郁闷寡言，心烦易怒，口苦咽干，苔薄白，或舌边瘀点，脉弦或弦滑。

【辨证食疗】宜食疏肝理气、软坚散结之品，如陈皮、玫瑰花泡水等。食疗方：鱼丝瓜汤，枸杞山楂蜜饮（枸杞 20g、鲜山楂 5～10g 切片，煮 30min 取汁加蜂蜜 15g，饮用）。

（2）气血两亏证

【证候】患者多数年纪偏大，中气不足，术后伤正气，且癌症属瘀毒内蕴，耗伤津液，故见面色㿠白，心促气短，夜眠欠佳，舌淡苔白，脉沉细无力。

【辨证食疗】进食益气养阴的食品，如大枣、龙眼肉、沙参、玉竹、麦冬等。食疗方：黄芪粥（黄芪 10～15g，大米 100g，黄芪：补气健脾），沙参山药粥。

（3）冲任失调证

【证候】乳房内肿块、表面不光滑、盗汗、口干、腰膝酸软，舌质红、苔少，脉细或细数无力。

【辨证食疗】进食补益肝肾食品，如黑豆粥、白芍粥。食疗方：核桃山药煲骨头汤、青皮麦芽饮（青皮、麦芽各 10g）。

（4）气滞血瘀证

【证候】乳中有块，烦闷易怒，寐差，口干喜饮，便干尿黄，舌紫暗，苔黄厚，脉沉涩或弦数。

【辨证食疗】进食行气活血、化瘀解毒的食品，如山楂、白萝卜、绿豆。食疗方：山楂薏仁粥（鲜山楂 30g，绿豆 50g，苡仁 30g，白米 100g，冰糖适量，煮粥食用）。

（5）脾虚痰湿证

【证候】患者素有脾胃虚弱、术后面色苍白，休倦乏力，免疫力下降，患者上肢肿胀、胸闷、纳呆、便溏。舌质淡，苔白腻，脉滑细。

【辨证食疗】可进食健脾化痰之品，如薏苡仁、陈皮、山药、赤小豆、茯苓。食疗方：薏苡仁（10g）山药粥，陈皮（15g）老鸭汤。

9. 卵巢癌

（1）气血瘀滞型

【证候】腹部坚硬、固定肿块，小腹疼痛，坠胀不适，面色晦暗，形体消瘦，神疲乏力，胃纳减少，二便不利，舌质黯紫有瘀斑，脉细或弦。

【辨证食疗】宜食活血化瘀、理气止痛之品，如绿豆、黑木耳、茄子、柿子、莲藕。

（2）湿热瘀毒型

【证候】腹部肿块，腹胀，纳差不欲饮，二便不畅，或伴有不规则阴道流血，舌质黯红或绛紫，舌苔黄腻，脉滑数。

【辨证食疗】宜食清热利湿、解毒散结之品，如绿豆、蚕豆、赤小豆、黄豆、白萝卜、茄子、白菜、芹菜、黄花菜、茼蒿、茭白、荸荠、西瓜、冬瓜、丝瓜、黄瓜、甜瓜、苦瓜、菊花、荷叶。

（3）气阴两虚型

【证候】腹中积块日久，日渐消瘦，神疲乏力，面色苍白，时有低热或腹大如鼓，不思饮食，舌红少苔，脉弦或弱。

【辨证食疗】宜食滋补肝肾、软坚消症之品，如枸杞、山药、黑豆粥、白芍粥、黑芝麻。

（4）痰湿凝聚型

【证候】腹部肿块，腹水明显，胃脘胀痛，身倦无力，纳呆，舌淡苔白腻，脉滑。

【辨证食疗】宜食健脾利湿、化瘀软坚之品，如赤小豆、薏苡仁、白扁豆、绿豆、冬瓜、西瓜、黄瓜、荸荠。

10. 宫颈癌

（1）肝郁气滞型

【证候】心情忧郁，胸胁或小腹胀痛，心烦易怒，周身窜痛，口干不欲饮，白带增多，宫颈糜烂，呈小菜花样改变。舌质正常或稍红，舌苔薄白；脉弦或涩。

【辨证食疗】宜食疏肝理气、解郁之品。食疗方如：

鱼鳞胶（鲫鱼或鲤鱼鳞甲适量，米酒适量，将鱼鳞甲用文火熬成鱼鳞胶。每次30g，用温米酒兑入水冲服。每天一剂，连服15～20剂）。

薏米菱角粥（薏苡仁30g、菱角60g、加水煮粥内服。每天一剂，连服30剂为1个疗程）。

（2）湿热蕴毒型

【证候】白带增多，状如米泔或粉污，恶臭，小腹胀痛，尿黄便干，口苦口干，宫颈呈菜花样坏死，或者继发感染。舌质红，苔白腻或黄腻；脉滑数。

【辨证食疗】宜食清热解毒、活血祛瘀之品，食疗方如：

山豆根粉（山豆根粉3～6g、黄柏6g、黄芩6g、牡蛎30g、甘草3g、白糖适量。将黄柏、黄芩、牡蛎、甘草煎汤去渣，冲山豆根粉及白糖内服。每天一剂，连服10～15剂为1个疗程）。

槐蕈煎：槐蕈6～10g用水煎服。每天一剂，常服。

（3）肝肾阴虚型

【证候】头晕耳鸣，口苦口干，腰膝酸痛，手足心热，大便秘结，小便短赤，常有阴道流血，宫颈呈菜花结节型或溃疡空洞型改变。舌质红或正常，苔薄白；脉细数等。

【辨证食疗】滋补肝肾、佐以解毒。食疗方如：

三草蔗糖：旱莲草15g、白花蛇舌草30g、重楼30g、生地黄15g、山药15g、蔗糖适量。将旱莲草等前五味药水煎去渣，兑入蔗糖冲服。每天一剂，连服20～30剂为1个疗程。

龟甲肉：龟甲30g、山药15g、山茱萸9g、女贞子15g、槐蕈6g、瘦猪肉60g。将龟甲等前五味药煎汤去渣，加瘦猪肉煮熟服食。每天一剂，常服。

（4）中气下陷型

【证候】赤白带下，阴道、肛门有下坠感，腰酸痛，食欲不振，二便不利。舌质淡红，苔薄白，脉细无力。

【辨证食疗】宜食补中益气之品。食疗法如：

鱼鳔薏米粥：薏苡仁30g、菱角15g、大枣10枚、鱼鳔5g，共同煮粥食。每天一剂，常食。

11. 前列腺癌

（1）肾气虚亏证

【证候】夜尿增多，尿意频数，尿流稍细，腰膝酸软，体力较差，时有怕冷，喜温喜热，口干不欲饮，舌质淡红或淡紫，苔白或少苔，沉脉或细脉。

【辨证食疗】宜食滋阴补肾、益气健脾之品，如蜂蜜、果仁、小麦、玉米、芝麻、葵花子、核桃仁、杏仁、花生、松子仁、鱼类。食疗方如：

山药枸杞子汤：鲜山药200g，干莲子肉20粒，枸杞子20g，银耳6朵，冰糖少量。

杜仲淮山鹌鹑汤：鹌鹑1只，生切淮山60g，杜仲30g，红枣3颗，姜、盐各适量。

党参淮山鹌鹑汤：鹌鹑1只，生切淮山、党参各30g，姜、盐各适量。

（2）湿热蕴积证

【证候】小便不畅，尿线变细，排尿无力，滴沥不通或成癃闭，小腹胀满，大便干燥或秘结，腰酸肢痛，口干口苦，舌质红或紫暗，苔黄腻，脉滑数或细弦。

【辨证食疗】利湿清热、散结通水之品，如木瓜、白萝卜、大枣、红豆、山药、薏苡仁、羊肉、鲢鱼、柠檬、樱桃、栗子等。

（3）瘀血内结证

【证候】小便滴沥，尿如细线，或癃闭不通，小腹作痛，时痛剧难忍，烦躁不安，舌质紫暗，脉涩或弦细。

【辨证食疗】活血化瘀、通水消结之品，如白菜、芹菜、白萝卜、大蒜、生姜、海带、紫菜。

（4）脾肾两虚证

【证候】疲乏无力，体形消瘦，面色无华，腰疼身痛，动则气促，小便不畅。不思饮食，卧床不起，口苦干不思饮，舌质淡红或红赤、绛紫，甚者舌体短缩，脉沉细无力或细弦。

【辨证食疗】益气补肾、抗癌消癌之品。食疗方如：

猪腰核桃补肾汤：猪腰子1个，核桃仁10g，山茱萸6g。饮汤。

海参杞参汤：海参150g，党参、枸杞子各12g。一起煮约60min左右后，加入味精、油、盐等调味品，即可吃参喝汤。

海参煲鸭汤：海参200g，老鸭一只。将鸭去毛杂、洗净，与海参一同加水慢炖，鸭肉熟后，加入食盐、味精、葱花、姜末等即可食用。

肉苁蓉羊肾汤：肉苁蓉30g，羊肾2个。羊肾切开洗净，挑去白色筋膜，与肉苁蓉一起加水煮汤，食盐调味服食。

参茸鸡肉汤：高丽参5g，鹿茸3g，鸡肉100g。高丽参切薄片。鸡肉洗净，去皮，切粒。将高丽参、鸡肉与鹿茸片放入炖盅内，加开水适量，炖盅加盖，文火隔水炖3h，调味食用。

12. 膀胱癌

（1）阴虚内热型

【证候】口干不思饮，五心烦热，小便短赤，大便干，腰骶部疼痛，低热，消瘦，舌质红，苔薄，脉细。

【辨证食疗】宜食滋阴清热、活血化瘀之品，如菊花、黄瓜、板蓝根、番茄、竹笋、绿豆、豆腐、芹菜、荸荠、菱角、马齿苋、金针菜、橄榄、香菇、大白菜、凤梨、葡萄柚、红糖、胡萝卜。

（2）瘀血内阻型

【证候】面色晦暗，腰腹痛，腰腹部肿块，肾区憋胀不适，舌质紫黯或斑瘀点，苔薄黄，脉弦或涩或结代。

【辨证食疗】宜食活血化瘀、理气散结之品，如红糖、生姜、葡萄、番茄、柠檬。

（3）脾气虚弱型

【证候】小便欲解而不得出，或量少而不爽利，血尿，肢体倦怠乏力，肌肉消瘦，大便溏泻，纳呆乏味，气短言微等，舌质淡，苔白，脉沉无力。

【辨证食疗】宜食健脾益气、通利水道之品。食疗方如：

薏苡仁山楂红豆粥：薏苡仁、干山楂、粳米各30g，红豆20g。先将薏苡仁、红豆洗净加水适量浸泡1h后蒸熟，用山楂加水适量与粳米煮粥，在粥将熟时，倒入蒸熟的薏苡仁、红豆再煮5~

10min 即可食用。

白茯苓粥：白茯苓 15g，粳米 100g。将白茯苓研成细粉备用，每次取 15g 同粳米煮粥，日服 1 次或隔日 1 次。

冬瓜粥：新鲜带皮冬瓜 150g，粳米适量。

（4）肾气虚弱型

【证候】小便不通，或滴滴不畅，排出无力，腰痛乏力，舌质淡，苔薄白，脉细。

【辨证食疗】宜食补肾益气之品，如百合、白扁豆、莲藕、黄鳝、花生。

（5）脾肾两虚型

【证候】腰痛、腹胀、腰腹部肿块，血尿，纳差，呕吐恶心，消瘦，面色发白，虚弱气短，舌质淡，苔薄白，脉沉细无力或弱。

【辨证食疗】宜食健脾益肾、软坚散结之品，如栗子、桃子、红枣、山药。

（6）湿热下注型

【证候】小便不得出，或小便量少热赤，尿急尿频尿痛，血尿，小腹胀满，腰背酸痛，下肢浮肿，口苦口黏，或口渴不欲，舌苔黄腻，脉滑数或弦数。

【辨证食疗】宜食清热利湿、化瘀止痛之品，如豆芽、冬瓜、木瓜、红豆。

13. 骨与软组织肿瘤放射治疗的饮食

【宜】

宜多进食具有抗软组织肿瘤的食物：苦菜、赤豆、大叶菜、栗子、核桃、海带、紫菜、牡蛎、赤金榄、荸荠。疼痛宜吃香菜、白萝卜、薏米、丝瓜、核桃、鳖血、鸭血、南瓜、鲤鱼血。

【忌】

忌烟、酒、咖啡、浓茶等。

忌葱、蒜、椒、桂皮等刺激性食物。

忌肥腻、油煎、霉变、腌制食物。

忌羊肉、狗肉、韭菜、胡椒等温热动血食物。

忌牛肉、公鸡等发物。

14. 骨肿瘤辨证分型及辨证食疗

（1）瘀阻实证型

【证候】肢体肿痛，胸胁刺痛，脘腹胀痛，痛有定处，肿块坚硬，大便干，小便涩。舌紫有瘀斑，苔腻或厚，脉沉弦。

【辨证食疗】多食活血化瘀、攻下软坚之品，如黑木耳、生姜、大蒜、醋、番茄、山楂。

（2）毒热炽盛型

【证候】发热身痛，口干舌燥，头痛，大便干结，小便黄赤，局部红肿，灼热压痛。舌质红，苔黄、脉弦数。

【辨证食疗】多吃清热解毒之品，如绿豆、蚕豆、赤小豆、黄豆、生萝卜、茄子、白菜、芹菜、黄花菜、茼蒿、茭白、荸荠、菜瓜、西瓜、冬瓜、丝瓜、黄瓜、甜瓜、苦瓜、菊花、荷叶、苋菜、菱角、香蕉、青鱼、鲫鱼等。

（3）肝肾亏虚型

【证候】头晕目眩，耳鸣，腰膝酸软，肢体无力，步履艰难，遗精阳痿或月经不调。舌质红，苔少，脉细数。

【辨证食疗】多吃滋补肝肾之品，如阿胶炖红枣、黑芝麻炖鸡、龙眼干、当归益母草蛋汤、黑豆核桃炖猪腰、西洋参百合粥、海参冰糖羹。

（4）气血不足型

【证候】久病体虚，心慌气短，腰酸腿软，面色苍白，头晕目眩。舌质淡，苔少，脉沉细。

【辨证食疗】宜进食补肾气血之品，如红枣桂圆粥、栗子、黑芝麻、枸杞、核桃。

(5)积聚难消型

【证候】肿块坚硬难化,疼痛不适,纳差腹胀。舌质暗,苔腻,脉滑。

【辨证食疗】宜进食消散瘀肿、软坚散结之品,如海带炖排骨汤、海参、山药薏米粥。

15. 软组织肿瘤辨证论治

(1)痰阻湿聚型

【证候】躯体包块,单发或多发,面足虚浮,倦怠乏力,胸胁满闷,恶心呕吐。舌质淡红,苔白腻,脉滑或濡。

【辨证食疗】宜进食清痰散结、健脾化湿之品,如丝瓜豆腐鱼头汤、冬瓜鲩鱼汤、火龙果、银耳、木耳、雪梨。

(2)热毒蕴结型

【证候】瘤体迅速增长,色暗红或紫色,发亮,扪之热,或瘤体破溃,渗液,腐臭难闻,全身发热,烦躁易怒,口干便秘,小便黄赤。舌质红绛,苔黄腻,脉弦滑数。

【辨证食疗】宜进食清热解毒、消肿散结之品,如绿豆西瓜皮汤、白菜、苋菜、茭白、苦瓜、黄瓜、绿豆芽、小麦、葛根。

(3)瘀血阻滞型

【证候】躯体有固定性包块,刺痛,表面肤色正常或青紫,面色晦暗,口干口苦。舌质暗红有瘀斑,苔薄白,脉涩或细数。

【辨证食疗】宜进食活血化瘀、软坚散结之品,如黑木耳、白萝卜、生姜、大蒜、醋、番茄、山楂。

(4)肝肾阴虚型

【证候】肿块增大,时有破溃渗液,局部或全身疼痛,口干口苦,五心烦热,腰膝酸软,形体瘦弱。舌质红或红绛,少苔或无苔,脉弦细或细数无力。

【辨证食疗】宜进食滋补肝肾、解毒散结之品,如枸杞山药粥、党参茯苓汤、糯米、黑米、高粱、刀豆、南瓜、扁豆、红枣、桂圆、核桃、栗子、荞麦、薏苡仁、荠菜、菠菜、蕹菜(空心菜)、芹菜、莴笋、茄子、荸荠、黄瓜。

(5)气血两虚型

【证候】肿块溃烂,缠绵不愈,局部疼痛,面色苍白,体倦乏力,心悸怔忡。舌质淡白,苔薄白,脉沉细。

【辨证食疗】宜宜补益气血、散结止痛之品,如山药、猪肝、红枣、胡萝卜、黑豆、桂圆、黑木耳、当归、黄芪、海带、橘子、绿豆、茄子、菠萝、山楂。

十五、放射治疗引起不良反应的饮食护理

1. 放射治疗胃肠道反应的饮食

(1)放射治疗引起的厌食、恶心、呕吐的饮食护理:①厌食是最早出现的症状之一,对食欲不振要根据不同情况对症下药。如因放疗引起的食欲不振,可服用维生素 B_6 及助消化药和开胃药,也可选择食用开胃食品山楂等。上述症状较重者一般处理效果不好时可考虑静脉输液或停止放疗。②恶心时应卧床休息,多饮水,少量多餐,吃清淡易消化食物,勿吃过甜、辛辣油腻和气味不正的食物,吃咸味的点心和食物。口服维生素 B_6、甲氧氯普胺(灭吐灵)等药物,可减轻恶心。食菜中可放少量姜汁调味,也可含生姜片或用中药陈皮、柿蒂等煎水代茶饮。

如呕吐严重可肌内注射甲氧氯普胺等药物。最简便的方法是用手按压或针刺内关穴和足晕穴,也会有所帮助。

(2)出现腹泻的饮食护理:①宜进少渣低纤维饮食,避免吃易产气的食物,如糖、豆类、洋白菜、碳酸类饮料,避免食用牛奶及乳制品以免加重腹胀、腹泻。②鼓励患者适量补充淡盐开水。指导患者少食多餐,避免高纤维食物,给予清淡食物,如过滤米汤、清肉鱼汤、果汁等,嘱多饮水,

适当补充含钾高的食物，如香蕉、橙子、土豆、苹果等。③腹痛剧烈者应禁食，由静脉补充营养，腹泻严重者限制脂肪及蛋白质类食物，卧床休息。

（3）出现放射性直肠炎时主要表现为腹痛、腹泻、便次增多、黏液脓血便甚至血便。对患者给予饮食指导，嘱其避免进食刺激性、粗纤维、润肠食物。

2. 放射治疗后血症（出血）的饮食 呕血量多时应禁食。病情好转后逐渐改为半流质或软食，宜少量多餐。忌辛辣、煎炸等动火之品，戒烟酒。

实热证者，予清热、凉血、止血的蔬菜和水果，可用白茅根、仙鹤草煎水代茶饮，同时多饮清凉饮料，如橘子汁、西瓜汁等。虚证者，血止后再补益。气虚不摄可用西洋参含服或煎水代茶服用。

3. 放射治疗后口腔溃疡的饮食
（1）鼓励进食，饮食宜清淡，多食富含维生素的食物，多饮水，宜饮清凉解毒饮料，可用蔷薇花、玫瑰花或桑芽代茶饮。保持大便通畅。
（2）勿进食过咸、过烫、过生冷之品，避免辛辣、刺激性食物，禁食"发物"。
（3）餐前、餐后、睡前漱口。

4. 放射治疗后引起放射性皮炎的饮食 应禁烟戒酒。饮食宜清热解毒、滋阴清火，可多食梨、西瓜、绿豆、苦瓜、椰汁、白木耳、百合、藕、鸭、鳝鱼、鸭蛋、绿豆、百合、鱼腥草等。食疗方有百合绿豆汤、雪梨鱼腥草汤、鱼腥草绿豆汤等。避免吃热性食物，如狗肉、辣椒、花椒、胡椒、芥末、八角、桂皮等，不宜食用盐腌、熏制、烧焦、发霉的食物。多吃新鲜水果、蔬菜，以增加维生素摄入，并应多饮水，每天3000ml以上。

5. 放射治疗后免疫力下降的饮食 饮食宜补益心脾、益气养血、安神益五脏之品，如当归、黄芪、红枣、莲心汤、桂圆、花生衣猪骨汤等，早餐可食用桂圆红枣粥。忌浓茶、咖啡。

6. 放射治疗后大便干结的饮食
（1）清淡易消化饮食，多食新鲜蔬菜水果及其他富含纤维素的食物，如地瓜、燕麦、海带、蜂蜜、核桃、花生等。必要时服中药麻仁润肠丸。
（2）注意多饮水，或者喝温热的果汁、柠檬水。
（3）勿吃口香糖、可乐碳酸饮料、豆类，会造成过多空气进入肠道，引起腹胀。
（4）香蕉味甘、性寒，而性寒能清肠热，味甘能润肠通便，较适用于肠胃积热所致的热秘，可于饭后1～2h进食，每日1～2根为宜。但对于虚秘和冷秘的人，由于本身体质虚寒，与香蕉的属性寒相同，吃了反而不利于通便，应少食。实际上，香蕉只能作为辅助治疗便秘的水果，对于顽固性便秘者效果甚微，一般需要通过辨证治疗，配合中医药膳才能达到治疗的目的。

7. 放射治疗后口咽不适的饮食
放射治疗期间或放射治疗后，可致津液耗损，口干舌燥。饮食以清淡、无刺激的食物为主，不宜太热太烫，肉要剁细，蔬菜水果若无法吞咽者可榨汁饮用，应当食用一些滋阴生津之品，如绿茶、藕汁、梨、萝卜汁、荸荠、梨、枇杷、绿豆汤、西瓜汁、甘蔗汁、芦根、茅根、杏仁、无花果、蜂蜜、海参、鲫鱼等，可进些清淡、易消化、少油的半流质饮食，如鱼片粥、藕粉、面条等，也可用沙参、麦冬、玉竹、红枣，水煎服。禁忌香燥、辛辣的食物，如八角、辣椒等。可选用以下食疗方。
（1）梨汁、荸荠汁、鲜芦根汁、麦冬汁、鲜藕汁（或甘蔗汁），混合饮，用于放疗期间口渴者。
（2）白木耳15g水煎，加白糖适量，连汤食。每天清晨1次，连服2～3个月。
（3）鲜芦根1支或鲜茅根1扎，煎汤代茶，可生津清热。
（4）石斛、玄参、北沙参、麦冬各12g，生梨皮、西瓜皮适量，煎服，能养阴生津。

8. 放射治疗后疼痛的饮食 鼓励患者进食益气祛瘀的食物，如田七煲鸡、黄芪粥、百合山药汤等，忌食肥甘辛辣之品，如辣椒、生蒜、肥肉等，戒烟酒。因疼痛而影响进食的患者，进餐前30min，用2%利多卡因15ml、地塞米松10mg、庆大霉素8万U加入0.9%氯化钠注射液250ml中混合含漱，每次 15~20ml，食管有溃疡的患者不加地塞米松，以免加重溃疡，引起出血。疼痛严重者遵医嘱予补液、抗感染治疗。

9. 放射治疗后发热的饮食

（1）高热患者需给予高蛋白、高维生素饮食，以清淡素菜为宜，并鼓励患者多进食、多饮水，以增加抗病能力。

（2）发热患者忌食油炸、肥甘厚味。长期低热患者需给予大量液体和充足的营养，以补充患者体内物质的消耗。

（3）进食清热生津之品，如苦瓜、冬瓜、猕猴桃、荸荠等，忌辛辣、香燥、助热动火之品。阴虚内热者，多进食滋阴润肺之品，如蜂蜜、莲藕、杏仁、银耳、梨等。协助多饮温开水，漱口液漱口。

10. 放射治疗后血常规异常的饮食 放疗后出现各种血常规异常，除注意补充营养，如动物肝、肾、瘦肉及新鲜蔬菜、水果外，还可用炖乌骨鸡、花生、枸杞、红豆等补血。食疗方选用：①龙眼肉 5g，大枣 10 枚，枸杞 15g，加入 60g 糯米中煮粥吃，用于红细胞、血红蛋白变化为主者。②薏苡仁 60g，大枣 10 枚，赤小豆 30g 煮粥吃，用于白细胞下降明显者。③大枣 15 枚，糯米 60g，加入生羊胫骨 2 根，煮粥食，用于血小板下降明显者。④鸡血、鹅血、鸭血煮汤，放调料，也可放入黄芪制成药膳。经常食用，可协助白细胞、血小板、红细胞上升。

11. 放射治疗后水肿的饮食

（1）饮食：阳水征者，可给予清热利水之品，如西瓜、冬瓜、赤小豆等。阴水证者，饮食宜富于营养，多食用补中益气温阳之品，如大枣、牛羊肉等。

（2）水的控制：水肿患者应控制饮水量，饮水量视尿量而定，一般以总入量等于前一日总出量加 500ml 为宜，若有高热、呕吐、泄泻者则适当增加入量。日常饮水量不仅仅是指白开水，也包括了日常摄入食物中的隐性含水量。例如，二两米饭含有水 60~70ml，而新鲜蔬菜的含水量则达到了 65%~90%。计算总入量时应将此也考虑进去。重度水肿者应遵医嘱禁水或限水，中度者则必须控制入水量，轻度者可口渴即饮，但也不可过多。

（3）盐的控制：严重水肿者遵医嘱给予低盐或无盐饮食，低盐饮食即钠盐摄入控制在 2~3g/d，包括含钠食物及饮料，如香肠、腊肉、罐头食品等。

（蔡小慧 刘付春）

第二篇 各 论

第七章 头颈部肿瘤

第一节 头颈部肿瘤放疗常见问题

一、头颈部肿瘤放疗前的口腔准备有哪些?

放疗前指导患者戒除吸烟、酗酒等不良习惯,减轻放疗射线所致正常组织损伤,如咽喉糜烂、口腔溃疡等。患者放疗前应由口腔科医师全面检查口腔情况,必要时行口腔内病灶治疗,包括洁齿、除牙垢、补龋,治疗牙龈炎,拔除松动的牙齿及残根。若牙齿拔除较多或周围组织损伤较重的情况下,应给予相应抗生素治疗,对尖锐粗糙的牙尖和填充物进行磨平处理,以减少和杜绝放疗期间口腔并发症的发生。因短期内需行放疗,应谨慎行根管、杀神经等治疗,以使放疗适时、安全。口腔处理最好在放疗前1~3周完成,使拔牙等口腔处理引起的组织损伤得以修复。

二、头颈部肿瘤放疗结束后为什么1~2年内不能拔牙?

由于放射线对齿槽骨及其供应血管的直接损伤作用,加上放射治疗后涎液量减少、质变黏稠,口腔干燥,口腔的自洁功能减弱,便于细菌繁殖。再加上牙周局部血液循环障碍,形成放射性龋齿,如果1~2年内拔牙,容易诱发颌骨骨髓炎。病情严重时,常穿破皮肤、形成瘘管,终日流脓血不止,影响患者进食,导致长期慢性消耗,使患者生活质量降低,甚至因脓毒血症或全身衰竭而死亡。如果必须拔牙,应到正规医院,由口腔医师充分评估同时加强无菌操作,将手术创伤降低到最低程度,并适当应用抗生素。

三、放疗性口腔黏膜炎的发生原因有哪些?

1. 病理改变 口腔黏膜上皮由未角化的复层扁平鳞状细胞组成,这些上皮组织更新速度快,对放射线具有较高的敏感性。放射线破坏口腔黏膜上皮细胞,产生大量超氧自由基,从而破坏细胞正常代谢,导致细胞坏死,引发口腔黏膜炎。因此,鼻咽癌放疗过程中,几乎所有患者都可能发生不同程度放射性口咽黏膜损伤。

2. 鼻咽癌放射治疗导致唾液腺损伤 口腔唾液腺包括腮腺、颌下腺、舌下腺和许多的小唾液腺,具有分泌功能的是浆液性和黏液性2种细胞。放疗后口腔黏膜脆性增加,容易破溃,同时唾液腺受到放射线损伤,特别是浆液性腺泡组织为纤维组织所代替,导致唾液分泌量明显减少,口腔自洁作用显著降低,从而引起菌群的改变,导致口腔炎症的发生。

3. 患者自身免疫功能下降及抗生素的使用 放射治疗在一定程度上降低了患者的免疫系统,使机体抵抗力下降,可继发口腔感染。而在治疗中使用抗生素有可能造成口腔菌群失调,增加细菌感染的机会。

四、头颈部肿瘤患者放疗期间口腔护理要点有哪些?

放疗过程中和放疗后,因放射线所致唾液腺功能降低,导致唾液分泌减少,口腔 pH 变化,牙齿自我保护功能下降,患者容易出现口干不适、口腔感染、放射性龋齿,严重时可引起骨髓炎,甚至下颌骨坏死。因此,要注意口腔护理,防止口腔感染,减轻口腔黏膜反应。落实早晚刷牙,宜用软平牙刷。坚持进食后漱口,一般可用冷开水,也可按医嘱使用漱口剂。如出现严重口腔炎,建议停止使用牙刷,改用消毒棉签清洗。溃疡疼痛者可在进食前 30min 用 0.1%利多卡因+复方维生素 B_{12} 溶液口含 2~3min。对于口腔干燥症,非药物性药剂如无糖口香糖、无蔗糖糖块可以作为咀嚼刺激来促进唾液腺功能和唾液分泌功能的恢复。

五、头颈部肿瘤患者放疗结束后进食功能的康复指导有哪些？

头颈部肿瘤放射治疗过程中，不可避免地会受到高剂量的照射，引起不可逆的颞颌关节僵硬，同时咀嚼肌群的放射性纤维化，影响到患者的咀嚼和吞咽功能；另一方面，由于恶性肿瘤本身的原因及放射治疗的不良反应，唾液分泌会随之减少，从而出现恶心、食欲下降、口腔及食管黏膜炎等。这些都会影响患者的进食，造成不同程度的营养不良，因此促进患者进食功能的康复尤为重要。

1. 保护口腔黏膜 口腔黏膜溃疡是放射治疗常见的不良反应之一，会直接影响到患者的进食。此时应特别注意口腔的清洁卫生，预防口腔感染，勤用生理盐水、多贝尔液漱口，用软毛牙刷刷牙。对于已出现口腔炎症反应者，应加强口腔护理，口腔疼痛明显、影响进食时，可给予1%利多卡因溶液含漱或局部喷洒重组人表皮生长因子以缓解疼痛不适。上述方法仍不能缓解疼痛的，应准确评估患者疼痛程度，及时向医生反映患者情况，必要时遵医嘱使用止痛药物。

2. 促进唾液腺的分泌 使舌头在口腔内来回转动，让舌头充分接触并按摩口腔黏膜及牙龈，可促进唾液腺的分泌。同时吞咽唾液，还可润滑口咽部的黏膜而减轻口咽干燥、疼痛等不适。

3. 调整饮食 对于咀嚼和吞咽功能受损而消化道尚通畅者，应鼓励患者经口进食软食、流质或半流质饮食，必要时可留置胃管，经鼻饲管补充营养。对于消化道梗阻的患者可进行胃造瘘或空肠造瘘来提供营养。

4. 饮食指导 饮食要合理调配，进软质、清淡饮食。多食新鲜蔬菜汁、水果汁，避免过热、过酸、过甜及辛辣、刺激性食物，少食或不食腌制、霉变食物，如咸鱼、咸菜、腌鱼、熏肉等；忌烟酒。蛋白质的缺乏会对肿瘤患者构成严重威胁，如免疫力低下、抵抗力低下、贫血、低血容量、低蛋白血症，因此要补充足够的蛋白质，动物性食物含蛋白质丰富应注意多食，如肉、禽、鱼、蛋、奶类，植物性食物如谷类、大豆。鼻咽癌患者可适当补充微量元素铁，以减少发生咽部癌变的可能。补碘可预防甲状腺癌的发生，宜食用含碘丰富的食品，如海带、紫菜等。

六、如何预防放射性口腔黏膜炎？

1. 密切观察和评估口腔黏膜情况 每天检查和评估患者口腔卫生情况、饮水量、机体状况。向患者及家属讲解口腔溃疡的预防和观察方法，营养支持的重要性，如何促进口腔黏膜溃疡愈合。消除患者焦虑情绪，鼓励坚持治疗。

2. 保持口腔卫生 将牙刷放在热水中浸泡，以增加牙刷的柔软性后再刷牙，餐前、餐后及睡前漱口。

3. 饮食护理 鼓励患者进食营养丰富的食物，如高蛋白质、高热量及富含维生素B、维生素C，无刺激的温凉软食，如肉、鱼、鸡蛋、牛奶、蔬菜及水果汁，以维持良好的营养状况，摄取足量的液体。避免过热、过冷、辛辣、粗糙等刺激性食物，少食多餐，禁烟酒。

4. 预防性口腔用药 如以漱口液含漱，口腔温度降低，可引起局部血管收缩，降低黏膜组织氧含量，从而减轻放疗时对口腔黏膜的损伤，放疗期间口含碎冰或颊部冰敷，以减少口腔黏膜炎的发生。

七、头颈部放疗时患者脱发的原因有哪些？

放射治疗过程中的高能射线穿透能力很强，而人的头颅大小有限，所以射线完全可以穿透。只要头颈部照射野内有头发或射线通过的路径上有头发，那么射线对头发毛囊的生长都会有影响，达到一定剂量后就会引起脱发。放疗引起的脱发是可逆的，停止放射治疗后头发会逐渐长出来，只不过每个人头发长出来的时间不同。

八、头颈部肿瘤放疗照射野皮肤的护理要点有哪些？

放疗前应向患者说明保护照射皮肤对预防皮肤反应的重要作用。给照射野标识前先用肥皂水洗净局部皮肤，保持照射野皮肤标记的清晰，切勿洗脱照射野标记，如发现标记不清楚，应及时告知管床医生及护士，请主管医生描画。充分暴露照射野皮肤，避免机械性刺激，建议穿宽松、柔软、吸湿性强纯棉衣物，颈部照射要求衣领柔软或低领开衫，利于穿脱，不要在照射野内粘贴胶布、涂抹红汞、碘酒等刺激性药物。沐浴时用温水，禁用刺激性皂类清洁皮肤，勿用粗糙的毛巾擦拭皮肤。有脱皮时切忌用手撕脱、抓挠。剃毛发宜选用电动剃须刀，不要在太阳下暴晒等，避免一切理化因素的刺激。患者应注意保护放射区皮肤的完整性，以便顺利完成放疗。放疗期间及放疗结束后半年，照射野皮肤避免风吹日晒及直接受热，外出时应以遮阳伞或衣服遮挡，尽量不用电热毯、热水袋及靠近取暖设备。

九、头颈部肿瘤患者出院后的复诊内容有哪些？

一般出院第一年每 3 个月复查一次，第二年每半年复查一次，第三年以后可一年复查一次。这样可以较及时发现肿瘤复发、转移的迹象，及时治疗，会取得比较好的效果。

1. 上颌窦癌 治疗后应长时间地定期随诊，以观察有无局部复发或远处转移。随诊内容包括局部及颌淋巴结的检查、上颌窦影像学检查等。肿瘤标志物检查有糖链抗原（CA211）。

2. 鼻咽癌 放疗后需定期随诊，随诊时间为治疗后第一年每 2~3 个月一次，第二年每 3~4 个月一次。随诊内容包括了解治疗后有肿瘤残存者的病灶消退情况，以及有无局部复发及远处转移。治疗后的第一年应复查鼻咽部 CT2~3 次，以及定期接受胸片、腹部 B 超等检查。肿瘤标志物检查有 EB 病毒抗体（VCA~IGA、EA~IGA）、EB 病毒抗体 DNA 酶抗体中和率（DNA 酶）、癌胚抗原（CEA）。

3. 喉癌 治疗后需长期随诊，治疗后的第 1、2 年应每 3 个月左右随诊一次，包括喉镜检查及常规检查。

4. 舌癌 治疗后应定期随诊，主要检查局部及颈淋巴结，了解有无复发。

5. 甲状腺癌 治疗后应定期随诊，检查内容包括常规体检、胸部 X 线检查、甲状腺放射性核素检查及 TGB 测定。肿瘤标志物检查有促甲状腺素（TSH）、甲状腺素球蛋白（TG）、降钙素（CT，甲状腺髓样癌）。

十、头颈部肿瘤暂停放疗的指征是什么？

放疗期间患者食欲下降、进食过少及放疗对造血系统的影响都可使血常规下降，尤其对大范围骨髓、脾脏、扁骨，如颅骨、肋骨、骨盆、脊柱的放疗，均可抑制血细胞的生成，造成骨髓抑制，使白细胞和血小板锐减。下降到一定程度会对人体产生影响并有一定危害。当白细胞少于 3×10^9/L，血小板少于 70×10^9/L 时应暂停放疗，采用升血对症治疗，血常规恢复后再开始治疗。不过，当放射野较小，如垂体瘤的放疗，或放射野未包括造血系统时，如颈部的放疗、四肢软组织的放疗，如果白细胞在小于 3×10^9/L，但大于 2×10^9/L，血小板小于 70×10^9/L，但大于 50×10^9/L 时，仍可继续放疗，但应严密监测血细胞的变化，如果呈逐渐下降的趋势，则应立刻停止放疗，加强升血治疗。另外，皮肤放射性反应的严重程度也影响到患者的放疗进度。轻度及中重度皮肤反应可采取相应护理措施及遵医嘱用药，当重度皮肤反应干预不理想时，应密切观察其变化，必要时应停止放疗。

第二节 鼻 咽 癌

一、鼻咽癌的临床表现有哪些？

1. 鼻塞 是鼻咽癌的临床表现，大多表现为单侧鼻塞。当鼻咽肿瘤增大时，可能出现双侧鼻塞。

2. 涕血 是鼻咽癌症状早期的表现，表现为鼻涕中带血，或表现为从口中回吸出带血的鼻涕，又称为回吸性痰中带血。临床表现为痰中带血或带有血丝。

3. 耳鸣、耳闷塞感及听力下降 也是鼻咽癌的症状早期信号。该症状是由于鼻咽癌新生物堵塞患侧咽鼓管口所致。听力下降也可能是鼻咽癌进一步恶化损伤听力神经所致。临床上不少鼻咽癌患者即是因耳部症状就诊而被发现的。

4. 淋巴结症状 鼻咽癌早期还可以发生颈淋巴结转移，常常表现为上颈部淋巴结肿大，无痛、质硬，早期可活动，晚期与皮肤或深层组织粘连而固定。

5. 头痛 是常见的症状。临床上多表现为单侧持续性疼痛，部位多在颞、顶部。

6. 眼部症状　鼻咽癌侵犯眼眶或与眼球相关的神经时虽然已属晚期，可引起视力障碍（可失明）、视野缺损、复视、眼球突出及活动受限、神经麻痹性角膜炎。但仍有部分患者以此症状就诊。

7. 脑神经损害症状　鼻咽癌在向周围浸润的过程中以三叉神经、外展神经、舌咽神经、舌下神经受累较多，嗅神经、听神经则甚少受累。

二、什么是回吸性涕血？

回吸性涕血指常发生在早晨起床后从口吸出带血的鼻涕，带血量不多，常被患者疏忽，或被当做咯血到内科或呼吸科就诊。由于鼻咽腔内肿瘤血管比较脆，肿瘤外表常没有黏膜覆盖，故易有血涕症状。回吸性涕血是鼻咽癌早期症状之一，应该引起患者和医师重视。

三、为什么治疗鼻咽癌首选放疗？

鼻咽解剖位置特殊，位于头颅中央，与周围重要组织器官有着密切关系，且容易侵犯周围组织结构；其后壁为颈椎，顶壁为颅底，破裂孔有舌下、舌咽、迷走、副神经及重要动静脉出入颅腔。鼻咽癌多属于恶性程度高的未分化或低分化癌，早期被确诊的仅占4%~7%，就诊患者多属中晚期。同时颈部淋巴结转移率高，病变发展迅速，给手术带来困难与限制。因此，目前公认放射治疗为首选治疗方法。

四、鼻咽癌放疗前常做的检查有哪些？

1. 询问病史及体格检查

2. 实验室检查　血常规、血型、尿常规、粪便常规、生化常规、乙肝两对半、肝炎四项、HIV~Ab、USR、VCA/IgA、EA/IgA、DNA 酶抗体和 EBV~DNA 拷贝数检测。

3. 影像学检查　胸片、腹部 B 超、心电图。鼻咽+颈部 MRI、骨 ECT。

4. 病理检查　鼻咽镜检查并取活检。

五、鼻咽癌放射治疗的适应证与禁忌证有哪些？

1. 放射治疗是鼻咽癌的首选治疗方法，可分为根治性和姑息性治疗。①根治性放疗的适应证：凡全身状况中等以上，颅底无明显骨质破坏，颈淋巴结最大直径小于 8cm，活动，尚未达锁骨上窝和无远处器官转移的患者，均适合作根治性放疗；②姑息放疗的适应证：全身状况中等，颅底有骨质破坏（包括有眼球突出、失明），颈转移淋巴结直径超过 8cm，固定或达锁骨上窝或仅有局限性远处器官转移者，适宜作姑息性放疗。

2. 鼻咽癌放疗禁忌证：全身状况太差，有广泛颅底侵犯或远处转移，合并严重内科疾病者或已出现放射性脑脊髓病者，不应再给予外照射治疗者。

六、鼻咽癌的放射性后遗症常见的有哪些？

鼻咽癌的放射性后遗症主要有颞颌关节功能障碍、软组织萎缩纤维化、放射性龋齿、放射性颌骨骨炎、放射性脑脊髓病，包括放射性脑病和放射性脊髓病。

七、鼻咽癌放射治疗后遗症发生的原因有哪些？

鼻咽癌放射治疗后遗症的发生基于两种原因：①放射线受照射的机体组织引起创伤性效应，一旦超过一定放射量，就会引起不可逆转的损害；②照射鼻咽癌病灶同时，其邻近重要的组织结构不可避免地遭受照射。放疗过程中鼻腔、鼻窦和鼻咽颅底不可避免地受到照射，从而引起这些部位的放射性黏膜急性反应（如充血、渗出、肿胀、白膜形成等）和延迟反应，导致鼻腔粘连、后鼻孔或鼻咽闭锁、慢性鼻窦炎、放射性骨坏死等。

八、鼻咽癌放疗期间常见的不良反应及处理措施有哪些？

1. 全身反应　与治疗部位照射野大小及每次照射剂量有关，主要表现为恶心、呕吐、厌食、头痛和全身疲乏、胃纳差及消化不良等。可出现于放疗后 1 至数小时或 1~2 天。其处理方法是及时调整治疗方法和剂量；给予维生素 B 类，充分摄取水分，必要时采用镇静剂或给予中医药治疗。

2. 血常规反应 由于骨髓和淋巴组织对放射线高度敏感，故放疗可导致白细胞和血小板降低。其降低的程度与照射范围及放疗前和放疗中是否应用了化疗药物有关。一般在放疗后第2周末梢血细胞数下降，白细胞可低于 $4\times10^9/L$，或血小板可低于 $80\times10^9/L$。为预防此类并发症，医生多在放疗期间给患者用升血药，如利血生、肌苷、鲨肝醇及扶正滋阴、养血益气的中草药。

3. 局部反应 身体各部位组织对放射线的耐受量不同，随着放射剂量的增加，正常组织或器官可表现为一过性放射反应、早期放射损伤及晚期放射损伤三个阶段。一般讲，一过性放射反应和早期放射损伤是可以恢复的，但放射线过量造成的晚期放射性损伤恢复的可能比较小。常见的有口干，鼻咽癌普通放疗时照射野包括了大部分腮腺组织，照射1~2次后，患者即感腮腺区肿胀、疼痛，张口困难，此为腮腺局部充血、水肿、涎腺排泄不畅所致。继续放疗，口干加重，放疗后一年后部分患者口干略有好转。缓解办法即为应用放疗新设备及改进放疗技术。口腔、口咽黏膜急性放射反应，与高维生素、高蛋白饮食，保持口腔卫生；若患者反应特别严重时，暂停放疗，可给予补液支持治疗、配合使用抗生素、激素。放射性皮肤反应，照射区皮肤颜色会发红，随后转为褐色，甚至会蜕皮，这时不要用力搓揉照射区皮肤，新皮肤长出后，老皮肤自行会蜕掉，不要用力撕揭。如果出现水疱、溃破等湿性皮肤反应，这时应暂停放疗，保持局部皮肤干燥、清洁、外敷消炎药，忌用乙醇、碘酒等刺激性消毒剂。

九、如何指导鼻咽癌放疗患者进行鼻腔冲洗？主要的冲洗液有哪些？

指导患者鼻腔冲洗时取半坐位，头稍向前倾，前面放一弯盘，将装有溶液的鼻咽冲洗器的前端，轻轻插入一侧鼻孔，患者张口呼吸，用手轻轻挤压鼻咽冲洗器，使冲洗液缓慢流入鼻咽，由另一侧鼻孔流出，两侧交替进行。冲洗过程中应注意：

1. 鼻咽冲洗每日1~2次。

2. 冲洗时压力不可过大，以免导致并发症。

3. 冲洗时嘱患者勿说话，以免引起呛咳。

4. 冲洗完毕嘱患者勿用力擤鼻涕，以免用力过大引起鼻咽腔出血。对鼻塞严重者可先用麻黄碱滴鼻液滴鼻后行冲洗。冲洗液为生理盐水，2.5%~3%硼酸钠溶液或2%双氧水（过氧化氢溶液）。每次放疗前冲洗1次，局部炎症严重者可适当加用抗生素冲洗，如庆大霉素、阿米卡星（丁胺卡那霉素）等。

十、鼻咽癌患者鼻和鼻咽出血的原因和观察要点有哪些？

1. 鼻咽癌患者鼻和鼻咽出血的原因 临床上非常多见，除肿瘤的感染、溃疡、坏死等直接侵蚀血管外，放射性的损伤使鼻咽黏膜干燥，形成慢性炎症，鼻咽充血、水肿或放疗后黏膜萎缩等，都可以导致鼻咽出血，另外合并肿瘤复发更易出现鼻咽出血，肿瘤组织向深部浸润，可直接侵犯破裂孔及颈内动脉管累及颈内动脉，如果肿瘤侵蚀到颅底引起骨质破坏及包绕、破坏颈内外等大动脉，在血管压力的作用下逐渐形成假性动脉瘤，用力咳嗽、排便等因素导致血管破裂。临床上出血可以是少量的点滴样，也可以是不断地涌出，还可以是在几分钟内失血量达1000~2000ml的致死性出血。

2. 鼻咽癌患者鼻和鼻咽出血的观察要点 ①注意观察患者的生命体征，鼻咽癌患者在鼻和鼻咽少量或点滴出血时，突发低血压、头晕眼花，必须警惕鼻咽大出血的出现；②观察患者鼻咽情况：癌组织坏死和感染后，口腔、鼻腔常散发恶臭气味，应及时检查鼻咽部，行鼻咽内镜检查和CT/MRI扫描，明确局部软组织改变，以及肿瘤复发和转移或侵蚀；③鼻咽出血的前期症状：大出血前，可有反复少量的口鼻出血，肿瘤侵蚀颅底及脑神经时有剧烈头痛，烦躁。因此，对鼻咽癌患者必须密切进行动态观察，熟悉病灶位置、程度，尤其对菜花型及溃疡型，以及有出血先兆和凝血机制差者，更要提高警惕。值班护士掌握重点患者，随时准备急救物品，把预防工作做在前头。

十一、鼻咽癌患者鼻咽出血预防及应急处理措施有哪些？

预防鼻咽出血应加强宣教工作，嘱患者勿用手挖鼻、擤鼻涕。打喷嚏时不要过于用力或用力咳嗽，以免引起出血现象。多补充维生素C，保持大便通畅，鼻腔干燥者可用鱼肝油滴鼻，有涕血时暂停鼻咽冲洗，注意休息，避免疲劳及情绪波动。少量到中度出血的应急处理措施：

1. 少量出血 可用3%麻黄碱滴鼻，并可用麻黄碱浸湿棉塞子行鼻腔填塞。

2. 中度出血 可局部用麻黄碱、肾上腺素纱条或鼻棉填塞止血，冰敷额和双侧颈部，加用止血药物，有利于小血管的收缩，促进凝血。

十二、鼻咽癌患者放疗后出现口干的原因及防治措施有哪些？

患者在接受了高剂量的放疗后，正常腺体的腺细胞不能分泌足够的唾液，唾液变得少而黏稠，故患者会觉得口干。这种情况在放疗中便开始出现并可能伴随终生。虽然目前还没有很好的办法可以使唾液分泌功能恢复正常，但以下办法可以使症状减轻。

1. 在制订治疗计划时，医生如果能避开腮腺等腺体时，应运用各种治疗手段尽量避免照射这些腺体或其受照射量过高，尤其是患有一侧舌癌、齿龈癌及颊黏膜癌时。

2. 运用多种治疗计划，如放疗加手术，体外放疗加组织间插植或腔内治疗，控制大面积放疗的剂量，加强局部剂量。即使腺体的损害减少。而肿瘤也能得到很好的控制。

3. 患者在治疗过程中少量多次饮水，多吃一些富含维生素的食物和水果，如蔬菜、梨、西瓜、草莓等；少吃辛辣食品及"补药"（如人参等）、忌烟酒。

4. 注意口腔卫生、多漱口；配合生津、去火的中药治疗，如胖大海、麦冬、菊花、绿茶冲泡服用。

十三、鼻咽癌放疗后放射性中耳炎的处理措施有哪些？

鼻咽癌放疗后可出现放射性中耳炎，其是较常见的后遗症之一。放疗后期患者出现耳痛、耳朵流液、骨膜及中耳黏膜出血，重者中耳积液，听力下降，合并感染时，可致中耳损害及脑脓肿、化脓性脑膜炎。患者应进高蛋白、高热量、多种维生素食物，并注意保暖，预防感冒，保持鼻咽部清洁，积极治疗放射性中耳炎，以局部治疗为主，必要时口服或静脉使用抗生素。每日用生理盐水或冰醋酸加生理盐水冲洗外耳道，冲洗时动作要轻，以免损伤外耳道及耳郭，经常擦拭耳道内溢出的脓液，采集耳内分泌物培养，如合并化脓性感染，可根据细菌培养及药敏试验，联合应用抗生素抗感染。有分泌物的用3%过氧化氢溶液冲洗，再用生理盐水冲洗，并用无菌棉签擦干。对于中耳积液，除给予促进咽鼓管引流外，必要时可进行鼓膜穿刺引流。应用非耳毒性药水滴耳、滴鼻，如氧氟沙星（泰利必妥）滴耳液。为减少中耳炎的发生，鼻咽冲洗时要避免因操作不当而增加中耳炎的发生。

十四、鼻咽癌放疗期间急性放射性腮腺炎的处理措施有哪些？

急性放射性腮腺炎一般出现在放疗的第1~3天，主要表现为一侧或双侧的腮腺区肿胀、疼痛，严重者局部皮肤红、皮温增高，并伴发热。主要原因是由于腮腺导管细小，放疗使导管上皮细胞水肿致唾液潴留所致。通常注意清淡饮食、加强漱口、保持口腔清洁，可自行消退，必要时口服甲硝唑，症状明显且伴红肿、发热者可局部或全身抗感染治疗并暂停放疗。在放疗前几次应避免进食酸、甜等增加唾液分泌的食物和饮料，可达到预防作用。

十五、鼻咽癌患者放疗中咽喉疼痛的处理措施有哪些？

口腔、咽喉疼痛是鼻咽癌患者放疗时最常见的不良反应，常在放疗2周左右开始发生。患者早期口腔黏膜充血、水肿，出现点、片状白膜，患者表现为口干、咽痛、吞咽困难。为减轻反应可多饮水，保持口腔湿润，并采用多贝尔液等漱口。进食温热软饭，以减轻食物刺激，必要时饭前用0.2%普鲁卡因液含漱，以达到表面麻醉，利于进食的目的。采用庆大霉素24万U，地塞米松 5mg，生理盐水 20ml 雾化吸入，每日2次。若出现严重的黏膜反应，如口腔溃疡、糜烂、影响进食时可暂停放疗，应静脉补充液体，以保证机体营养供给，并给予口咽部喷药，必要时静脉给予抗生素治疗，并注意口腔卫生。对于疼痛严重的患者，正确评估患者疼痛后，告知医生，遵医嘱使用止痛药。

十六、鼻咽癌患者为什么常伴发热？

鼻咽癌患者，尤其晚期患者，常伴发热，原因有以下几方面。

1. 肿瘤热 由于肿瘤块中心往往缺血而坏死，故出现坏死吸收热。白细胞浸润肿瘤时，可释放出致热原，引起发热。

2. 继发性吸收热 如并发溶血性贫血、脑出血、肿瘤梗阻腔道等而发热。

3. 肿瘤并发感染 肿瘤本身和化疗、放疗对机体免疫力的损害，诱发感染而致发热。

4. 医源热和药物热 如创伤性检查（鼻咽活检）或手术治疗，可有数天自限性发热。抗癌药物，如博来霉素，常致发热。

十七、鼻咽癌患者放疗期间如何进行功能锻炼？

1. 叩齿 上下齿轻轻叩击（或咬牙），每日 2~3 组，每组 100 次左右，最后用舌舔牙周 3~5 圈，以坚固牙齿，锻炼咬肌。

2. 咽津 经常做吞咽运动，使唾液下咽，以减轻口干舌燥，运动舌头、牙齿腮部的肌肉，防止口腔功能退化发生吞咽困难。

3. 鼓腮 闭住口唇向外吹气，使腮部鼓起，每日 2~3 次，每次不少于 20 下，同时用手指腹轻轻按摩腮部和颞颌关节，预防颞颌关节及其周围肌肉组织的纤维化。

4. 弹舌 微微张开口，让舌头在口腔里弹动，发出"嗒嗒"的响声，能使舌头在口腔里运动，防止舌头、口腔黏膜、咬肌发生退化现象，每日 2 次，每次不少于 20 下。

5. 张口 大幅度张口锻炼即口腔迅速张开，然后闭合，幅度以可以忍受为限，每天 200 次左右，每次张口 20 下，分 10 组完成。或口含小圆形的塑料瓶或光滑的小圆木等，并按摩颌颞部肌肉，改善局部血流和张力。

6. 颈部旋转运动 每日进行颈部旋转运动 3 次，每次 5~10min；自行鼓膜按摩：即患者以自己的示指扪住外耳道，作压、松运动，以改善听力，防止鼓室粘连。

7. 肩部运动

（1）耸肩：坐在椅子上，将两肩膀抬至最高，保持这种姿势 5s，然后放松，重复 5 次。

（2）增加肩部力量：坐在椅子上，把两手分别放在椅子两侧，将两手抬至水平，保持这种姿势 5s，然后放松，重复 5 次。

（3）上肢伸展运动：坐在椅子上，把一手臂放在桌子上尽量朝前伸，身体不能前移，保持这种姿势 5s，然后放松，换另一只手，各重复 5 次。

（4）肩部上举运动：站立双脚并拢，双手同握一圆木，距离与肩同宽，由下向上举到头顶部，保持这种姿势 5s，然后放松，重复 5 次。

十八、鼻咽癌患者放疗期间为什么要练习张口运动？

张口困难主要为颞颌关节和咬肌受到高剂量照射造成损伤导致纤维化引起，严重者牙关紧闭、言语及进食困难。对此暂无特殊治疗措施，患者应在放疗开始及放疗后经常做张口运动，重在预防。并注意口腔卫生，饭前、饭后睡觉前都要漱口。

十九、如何预防鼻咽癌？

目前对鼻咽癌尚无确切的一级预防（从病因上预防）措施。日常生活中，人们从以下几方面采取的预防措施可能有益。

1. 尽可能地避免接受污染较重的外界空气环境。因为鼻咽部是外界空气进入肺部的必经之路，有害的气体进入肺部之前首先侵害鼻咽部。

2. 戒烟、酒。

3. 注意饮食结构，不要偏食，要多吃蔬菜、水果等含有大量维生素的食物。少吃或不吃咸鱼、腌肉等。尽可能地避免长期接触可能致癌的一些物质。

二十、鼻咽癌患者的随诊内容有哪些？

1. 定期复查，观察有无复发、转移和放疗后遗症，并给予适当处理。鼻咽癌复发约有 80%发生在放疗后 2 年内，90%发生在 3 年内，故放疗后 2~3 年内要频做复查；放疗后 1 年内最好 1~3 个月复查一次，随着距离治疗时间越长，复查间隔可逐渐延长至 3~6 个月一次不等，5 年以上者可 1 年 1~2 次。

2. 复查内容：根据患病的不同要行患病部位的 CT 或 MRI 检查、胸部正侧位片、颈部腋下腹部彩超、血常规、肝肾功能、各种肿瘤免疫组化指标的检查等。同时要对放疗的急性期反应的恢复，放疗的晚期反应进行评估，并做好对晚期反应的预防，针对颈部纤维化采用 γ-干扰素预防和缓解等。

3. 防治感冒及头颈部感染，以免诱发头颈部急性疏松结缔组织炎和放射性脊髓炎。

4. 注意口腔卫生，放疗后 2~3 年内勿拔牙，可补牙，以后如需拔牙亦应向牙医提供放疗既往史，以提起注意采取相应措施，常规在拔牙前后抗炎 3~7 天，以免诱发放射性颌骨骨髓炎、骨坏死。

5. 保护照射野处皮肤免受一切理化刺激，特别是曾经常规 X 线放疗，或曾有过皮肤反应，患有皮肤花斑样纤维变的，要注意切勿外伤，以免诱发放射性皮肤溃疡坏死。

6. 育龄妇女避孕 2~3 年，待病情稳定 3 年后再考虑生育问题。

7. 加强营养、摄取高蛋白高维生素食物，注意休息，生活有规律，适当活动，锻炼身体如散步、早操、太极拳等。忌烟酒，勿过劳，尽一切可能提高免疫力。

二十一、鼻咽癌患者的居家护理有哪些？

1. 保持情绪乐观 正确对待疾病，并最大限度获得家人和社会的心理支持。

2. 饮食指导 合理膳食，进食高蛋白、高热量、富维生素易消化食物，忌食辛辣刺激性食物。

3. 活动与休息 生活规律，戒烟、戒酒，保证充足睡眠，劳逸结合，可适当散步、打太极拳、慢跑等，避免重体力劳动。

4. 用药指导 遵医嘱按时用药，指导患者用药的时间、剂量及相关注意事项，如出现用药不良反应，及时就诊。

第三节 口 腔 癌

一、什么是口腔癌？

口腔癌是发生在口腔黏膜上的上皮癌，为头颈部较为常见的恶性肿瘤之一，大部分属于鳞状上皮细胞癌，即所谓的黏膜发生变异。口腔癌发生男性多于女性，包括唇癌、舌癌、口底癌、牙龈癌、腭癌和颊癌。

二、口腔癌的病因有哪些？

1. 长期嗜好烟、酒 口腔癌患者大多有长期吸烟、饮酒史，而不吸烟又不饮酒者口腔癌少见。

2. 口腔卫生差 口腔卫生习惯差，为细菌或真菌在口腔内滋生、繁殖创造了条件，从而有利于亚硝胺及其前体的形成。加之口腔炎，一些细胞处于增生状态，对致癌物更敏感，如此种种原因可能促进口腔癌发生。

3. 异物长期刺激 牙齿根或锐利的牙尖、不合适的义齿长期刺激口腔黏膜，产生慢性溃疡乃至癌变。

4. 营养不良 人口统计学研究显示摄入维生素 A 低的国家口腔癌发病率高。维生素 C 缺乏尚无资料证明与口腔癌有关。也有认为与微量元素摄入不足有关，如食物含铁量低，总蛋白和动物蛋白摄取量不足可能与口腔癌有关，锌是动物组织生长不可缺少的元素，锌缺乏可能导致黏膜上皮损伤，为口腔癌的发生创造了有利条件。

5. 黏膜白斑与红斑 口腔黏膜白斑与增生性红斑常是一种癌前病变，不论口腔黏膜白斑病病程多长及其是否良性表现，均需长期随访以便早期发现癌变。

6. 紫外线和电离辐射 从事户外工作者，长期暴露在日光直接照射下，其唇癌和皮肤癌的发病率都较高。电离辐射可引起遗传物质 DNA 的改变，激活肿瘤基因而导致癌变，无论是 γ 线或 X 线都有致癌作用。在广东省，由于鼻咽癌放射治疗的广泛应用，放射区的口腔任何部位第二原发癌的发病危险性都有所增高。

7. 其他 诸如微生素 A_1 和维生素 B_2 及微量元素铁、锌和砷的缺乏等都会增加机体对致癌物的敏感性。另外，慢性肝炎、肝硬化及病毒感染等导致机体免疫力低下的疾病也与口腔癌的发生有一定的关系。

三、舌癌的病因有哪些？

舌癌的病因至今尚未完全认识，但目前比较多的舌癌流行病学调查显示，多数口腔癌的发生与环境因素有关，一些外来因素如热、慢性损伤、紫外线、X 线及其他放射性物质都可成为致癌因素，如舌及颊黏膜癌可发生于残根、锐利的牙尖、不良修复体等长期、经常刺激的部位。另外，内在因素如神经精神因素、内分泌因素、机体的免疫状态及遗传因素等都被发现与舌癌的发生有关。

四、口腔癌的分类有哪些？

口腔癌主要指发生在口腔黏膜的上皮癌，因病变部位不同分别称为唇癌、舌癌、口底癌、牙龈癌、颊黏膜癌和硬腭癌。

五、口腔癌共性的临床表现有哪些？

1. 疼痛 早期疼痛感较轻或有局部异物摩擦感，如出现溃破时疼痛明显，肿瘤进一步侵犯附近神经时，可引发耳痛和咽喉痛。

2. 溃疡 嘴唇或口腔黏膜局部变硬，边缘隆起，中央凹凸不平，甚至糜烂出血。

3. 口腔黏膜有白斑或红斑出现

4. 肿块 嘴唇或口腔内部有肿块，颈部淋巴结肿大。口腔癌多先向附近的颈部淋巴结转移，有时原发灶很小，甚至症状还很不明显，颈部淋巴结就已有转移、变大。

六、口腔癌的辅助检查有哪些？

1. 影像学诊断 X 线平片及断层摄影在口腔癌侵犯上、下颌骨及鼻腔鼻窦时能提供较多有价值的信息，但对口腔癌的定位信息、肿瘤侵犯范围特别是侵犯原发灶周围软组织的情况尚不能满足临床医生诊断与制定治疗计划时的需要。CT 则在相当大程度上弥补上述要求，但 CT 不应作为常规的检查手段，应在取得详尽病史、体检及其他检查材料的基础上有选择地应用。

2. 细胞学与活组织检查 脱落细胞学检查适用于病变浅表的无症状的癌前病变或病变范围不清的早期鳞癌，适用于筛选检查。然后对阳性及可疑病例再进一步作活检确诊。对一些癌前病变还可进行脱落细胞学随访。此法患者易于接受。但多数口腔早期鳞癌变细胞直接突破基底膜向下浸润而表层上皮正常，脱落细胞学检查常呈阴性结果。

七、口腔癌的治疗原则是什么？

口腔癌的治疗方式主要以手术切除、放射线治疗、化学治疗为主。早期的口腔癌如未见颈部淋巴转移，则单独使用手术或放射治疗均有不错的成效；中晚期的口腔癌，较适合使用外科手术合并术后与放射线治疗。

八、为什么对早期、未分化及低分化口腔癌首选放射治疗？

癌症治疗强调注重患者较好的生存质量和保护器官功能，放疗无疑是比较理想的治疗手段，让患者获得较高的治疗后生存质量。放射治疗与手术相比的另一个优势是较少受解剖部位及重要器官的限制，放射野可以足够大（如肿瘤外 5cm 或更大），能对已侵入到瘤外组织的散在肿瘤细胞（称为亚临床灶）进行杀灭，并能同时对淋巴引流区进行治疗。

九、患了舌癌，一定要割掉舌头吗？

既往患了舌癌多需全部或部分地割去舌头。当然，这是舌癌最可靠的治疗办法，但由于割除舌头会造成语言障碍和饮食不便，不易为患者接受。近年来经研究发现，舌癌对放射线非常敏感，加上放射治疗技术的进步，目前对小于 3cm 的舌癌可免除割舌之苦，用镭针插置放疗可获得理想的效果。对于较晚期的患者，尤其出现淋巴结转移者，手术是不可避免的，有时还需将舌癌与颈转移癌一同手术清除（颈清除术）。因此，患了舌癌要否切除舌头，关键在于早发现。

十、生活中哪些症状需警惕口腔癌的发生？

1. 口腔内的溃疡，2 周以上尚未愈合。
2. 口腔黏膜有白色、红色和发暗的斑。
3. 口腔与颈部有不正常的肿胀和淋巴结肿大。
4. 口腔反复出血，出血原因不明。
5. 面部、口腔、咽部和颈部有不明原因的麻木与疼痛。

十一、自我检查口腔癌的方法有哪些？

1. **头颈部** 对头颈部进行对称性观察，注意皮肤颜色的变化。
2. **手示指触摸面部** 面部如有颜色变化、触疼或肿块、疣痔增大，2 周内就医检查。
3. **触摸颈部** 从耳后触摸至锁骨，注意触摸疼痛与肿块。检查左右两侧颈部。
4. **上、下唇** 先翻开下唇，观察唇红部与唇内侧黏膜，用示指与拇指从内向外，从左向右触摸下唇，对上唇做同样检查，触摸是否有肿块，观察是否有创伤。
5. **牙龈与颊部** 用示指拉开颊部，观察牙龈，并用示指与拇指夹住颊部，进行触摸。
6. **舌与口底** 伸出舌，观察舌的颜色与质地，用消毒纱布包住舌尖部，然后把舌拉向左或右，观察舌的边缘部位。用示指与拇指，触摸舌体，注意是否有异常肿块。检查口底需用舌舔上腭部，以观察颜色与形态的变化，然后用示指触摸口底。
7. **上腭部** 对上腭部检查有时需用牙刷柄压住舌，头略后仰，观察软腭与硬腭的颜色与形态。

十二、如何预防口腔癌？

防患于未然对于口腔癌的防治主要为病因学预防，预防口腔癌的主要措施是：①避免不必要的长时间光照，防止引发唇癌；②避免吸烟与喝酒；③戴义齿的患者及时修复不适的义齿，发现义齿下组织有疼痛、发炎，要及时就医；④平衡饮食，粗细搭配，合理营养，不喝、吃过烫的水与食物，避免刺激口腔组织；⑤及时处理口腔内的疾病，拔除残根、残冠（不能修复的牙），佩戴良好的义齿，不刺激组织；⑥养成良好的口腔卫生习惯，经常刷牙。

第四节 喉 癌

一、什么是喉癌？

喉是呼吸的管道，又是发音的器官，位于颈前正中咽腔喉部的前方，上借喉口与咽腔喉部相连，下接气管。喉癌（carcinoma of larynx）是发生在喉黏膜上皮的恶性肿瘤。喉癌患者可行肿瘤彻底切除并重建喉功能。根据喉癌发生部位不同而出现不同症状。声门上癌：出现喉部异物感、疼痛，吞咽时加剧，咳出臭痰，晚期声音嘶哑并伴同侧颈淋巴结增大。声门癌：肿瘤侵犯声带而出现声嘶，呈进行性加重，咳嗽以刺激性干咳为主，可出现痰中带血，并伴发呼吸困难及喉痛。声门下癌：早期无症状或仅有咳嗽，晚期有呼吸困难、失声、咯血、消瘦及痰臭，可有颈淋巴结及内脏转移灶。近年来，喉癌的发病率有增长的趋势。

二、喉癌的病因有哪些？

喉癌的发生目前尚无确切病因，可能是多种因素共同作用导致，主要有吸烟、饮酒、空气污染、职业因素、病毒感染、性激素、微量元素、放射线，另外，一些一些癌前病变主要为喉上皮增生症，包括角化症、黏膜白斑、乳头状瘤、重度不典型增生等都有可能发生。

三、喉癌的临床表现有哪些？

1. **声音嘶哑** 为声门区肿瘤首发症状，声音嘶哑进行性加重。
2. **喉部疼痛** 肿瘤合并溃疡、炎症或软骨膜炎时，可引起迷走神经反射性疼痛，表现为同侧面部疼痛。
3. **咽部异物感** 喉部有紧迫感或不适，为声门上型肿瘤的首发症状，但常被忽略，延误诊断。
4. **呼吸困难** 为中晚期症状，系肿瘤阻塞呼吸道所致，多见于声门或声门下区喉癌患者。
5. **吞咽困难** 为晚期喉癌可能出现的症状，主要是声门上型癌。
6. **咳嗽咯血** 为刺激性干咳，痰中带血。
7. **颈部肿块** 肿块主要在上颈部下颌角上方，声门及声门下区转移以中颈多见。

四、喉癌的辅助检查有哪些？

1. **颈部查体** 包括对喉外形和颈淋巴结的望诊和触诊。观察喉体是否增大，对颈淋巴结触诊，应按颈部淋巴结的分布规律，从上到下，从前向后逐步检查，弄清肿大淋巴结的部位及大小。
2. **喉镜检查** ①间接喉镜检查；②直接喉镜检查；③纤维喉镜检查。
3. **影像学检查** 通过X线片、CT及磁共振检查，能够确定喉癌侵犯周围组织器官的情况及转移情况。通过浅表超声影像检查，可观察转移淋巴结及与周围组织的关系。
4. **活体组织检查** 活体组织病理学检查是喉癌确诊的主要依据。有些需要反复多次活检才能证实。活检不宜过大过深，以免引起出血。

五、喉癌放疗前常做的检查有哪些？

1. **实验室检查** 血常规、血型、尿常规、粪便常规、生化常规、乙肝两对半、肝炎四项、HIV、USR、CB6等。
2. **影像学检查** 胸部X线、腹部B超、颈部MRI、骨ECT等。
3. **病理检查** 纤维喉镜检查并取活检。
4. **其他检查** 心电图。

六、喉癌放疗的优点及放疗期间的护理要点有哪些？

放射治疗是临床上治疗喉癌的一种有效方法，它不仅可以消除肿瘤，也可以保留喉功能，患者可以在整个治疗过程及治疗后不丧失发音功能，这是喉癌放射性治疗的最大优点。放疗期间的护理要点：

1. **皮肤护理** 由于放射线的照射，可导致皮肤完整性受损的危险，应让患者及家属掌握放疗区皮肤保护的知识。穿全棉、宽松、柔软的衣服，用电动剃须刀剃须，修剪指甲，放射野皮肤忌搔抓、撕剥，忌用肥皂、乙醇和含金属的软膏，忌接触热水和阳光直射，忌冷热刺激和粘贴胶布。
2. **饮食护理** 放疗在杀伤肿瘤细胞的同时，对正常组织也有不同程度的损害，加强营养对促进组织修复、提高治疗效果及减轻毒副反应有着十分重要的作用。应给予高蛋白、高热量、富含维生素和纤维素的食物，且色、香、味俱全，易于吞咽。由于放疗副作用使患者胃纳下降，因此应注意食物调配，鼓励其进食，少量多餐，以增加进食量。
3. **气管套管护理** 保持气管通常，及时清除呼吸道分泌物，观察气管套管外周围皮肤情况，保持套管周围敷料的清洁、干燥。但凡肿瘤伴有坏死、感染、呼吸困难者，不宜放疗。放疗前必须注意做好口腔清洁，洁牙及治疗龋齿，预防和清除牙源性感染，防止放疗后出现放射性骨损伤。放疗后一年内不要拔牙。如有必要拔牙，必须加用抗生素，预防诱发颌骨骨髓炎。

七、喉癌患者出院前要掌握什么内容？

1. **套管的家庭护理** 患者或与患者同住的家属学会清洗套管方法，包括发生意外时的处理方法；塑料材质的套管，不能用热水泡浸，以免变形。

2. 日常生活的注意事项 禁止游泳，防止洗涤时肥皂沫及污水进入气管造口，引起吸入性肺炎；指导患者正确的淋浴方法。

3. 合理调配饮食 进黏稠糊状食物，防止误咽。多吃新鲜蔬菜汁、水果汁，防止便秘。

4. 保持口腔清洁 喉癌手术后或放疗后，喉部的自洁功能减弱，易发生局部感染，保持口腔和喉部清洁，餐前餐后漱口，以减少局部感染。

5. 预防瘘口狭窄 全喉切除术后患者，造瘘口是永久性的，如瘢痕体质者，尽可能延长戴管时间，建议2年以上，以预防瘘管狭窄。其他患者可在造瘘口愈合良好的情况下（一般1年以上）可尝试白天不带套管，晚上睡前戴上，既可减少白天戴套的不便，又可防止气管造瘘口狭窄。

6. 语言康复 训练食管发音，或学习一些手语，用手势或写字方式表达自己的意愿。有条件的家庭可自行购买电子喉，以解决术后不能发音的问题。喉全切除术后发音方法主要有：①电子喉，一种人造的发音装置，声音较响亮，使用方便，容易掌握；②食管发音，需参加学习班经特殊训练；③发音重建术，需手术行气管食管瘘法或气管咽吻合法。

7. 定期复查 定期返院复查，如出现声音嘶哑或其他症状，及时到医院检查。

八、喉癌患者复查与随诊的内容有哪些？

出院后3个月进行第一次的复查；恢复良好的患者，每3个月复查一次，持续3年。以后每6个月复查一次。五年后每年一次，复查内容包括CT或MRI、颈部彩超、胸部、肝及骨X线摄片及骨ECT等。

九、喉癌患者放置金属气管套管在放疗前应注意什么？

气管套管有两种：一种是金属的；另一种是塑料的。术后放射治疗佩戴的气管套或喉筒必须是塑料的，戴金属气管套及喉筒是不能进行放射治疗的。如果放疗前是戴金属的气管套管，放疗期间要改为塑料的套管，目的是防止金属套管影响疗效及可能发生次波射线对局部造成损伤，避免放疗对皮肤黏膜的伤害。

十、喉癌放疗患者气管套管的护理要点有哪些？

根据套管内分泌物的多少给予每天1~4次消毒，必要时可增加消毒次数，全喉切除患者由于喉套管管径粗、短直，呼吸道分泌物易于咳出，套管可数天消毒1次，当然，如全喉套管内分泌物较多时，应及时予以消除。放疗期间，患者可出现不同程度的痰量增多或痰中带血，因此除常规套管护理外，还要特别关注套管内的痰量、颜色、性质，并根据情况随时调整套管消毒的频率，痰中带血的患者应加强气道湿化和增加饮水量。套管系绳应松紧适宜，一般以能过一指为度，防止因系绳过紧而勒伤；保持套管系绳的清洁、干燥、柔软，避免因痰液或污渍在系绳上干结而擦伤放疗区皮肤。

十一、喉癌放疗患者的饮食指导有哪些？

放疗在杀伤肿瘤细胞的同时，对正常组织也有不同程度的损害，加强营养对促进患者组织的修复，提高治疗效果，减轻毒副反应有重要的作用。因放疗期间患者味觉、嗅觉有不同程度的改变，并有疼痛、咽干等不适，对患者进食造成影响，应加强饮食护理。饮食应营养丰富，多食蔬菜、水果。放疗期间鼓励患者多饮水，每日宜3000ml以上，以增加尿量。避免过热、过咸、辛辣刺激性食物，戒烟酒等。口腔黏膜溃疡加重影响进食，以流质或半流质饮食为主，必要时静脉补充维生素、氨基酸、维生素等，预防控制感染，保证营养摄入。

十二、喉癌患者气管切开并发症的观察与护理要点有哪些？

1. 切口出血 加强巡视，观察伤口引流液的颜色和性状、痰液的颜色，如有异常，及时通知医生处理。

2. 皮下气肿 如发生皮下气肿，可拆除1~2缝线，促使气体排出。

3. 气管套管脱出 检查套管是否脱出，可用棉花丝放在套管口，顺畅时，棉花丝随着呼吸摆动，如果不动，证明套管脱出，立即通知医生重新置管。

4. 伤口感染 观察患者的体温变化，伤口是否有红肿。严守无菌操作规程，按医嘱正确使用抗生素。

5. 咽瘘 观察伤口是否红肿、敷料渗液是否增多、唾液是否有漏出、局部疼痛是否加重、进食时是否剧烈呛咳等现象。发生咽瘘时，禁止从口腔进食，应鼻饲饮食，加强营养。护理上，应保持伤口清洁干燥，及时更换伤口敷料；正确使用抗感染药物。

6. 气管造口狭窄 是全喉切除术后较为后期的并发症。发生原因是皮肤与气管黏膜结合不良、气管软骨缺损、造口处发炎和瘢痕收缩等。预防方法，除了手术时在颈部皮肤切除一块与气管直径大小相等皮肤，然后再将气管与皮肤缝合外，术后佩戴喉套时间应尽量长些，建议两年以上。已形成狭窄者可将狭窄处切除，重新修复。

十三、喉癌放疗发生喉头水肿的护理要点有哪些？

1. 观察患者的呼吸情况，判断喉头水肿的程度。做好心理护理，减轻患者的紧张情绪。
2. 给予中高流量吸氧，床头摇高 30°～45°，以减轻舌头后坠，保持回心血量。
3. 轻度喉头水肿时可给予庆大霉素 8 万 U+糜蛋白酶 4000U+地塞米松 5mg+生理盐水 5ml 氧气雾化吸入，或静脉使用激素药物控制水肿。
4. 严重的急性喉头水肿时，应停止放疗，吸氧＞5L/min，地塞米松 10mg 静脉推注，如休克患者可用肾上腺素 0.5～1mg 皮下注射。足量的抗生素治疗，必要时可用脱水剂，如呋塞米推注或 20%甘露醇 250ml 快速静脉滴注，以减轻水肿。
5. 气道明显梗阻时应紧急气管切开，开放人工气道。

十四、喉癌放疗后远期并发症的预防及护理措施有哪些？

1. 口干、味觉改变 味觉在放疗结束后逐渐恢复，口干持续时间较长。口腔、咽和喉部疼痛、痰多等黏膜反应会持续 1～2 周，应持续漱口和使用药物，如金因肽、维斯克等喷涂口腔。

2. 皮肤色素沉着 放疗结束后皮肤会出现明显的色素沉着，2 周后皮肤会逐渐修复好转。应穿着宽松低领的衣服，敞开保持清洁干燥，避免暴晒、过冷或过热。使用药物，如比亚芬软膏、易孚、金因肽、维斯克等喷涂局部。

3. 张口困难 坚持张口锻炼，每日数次做叩齿及咬合锻炼。适当做颈部运动，如坐位时进行仰头、低头、左右转头锻炼，动作要轻柔、幅度不宜过大。

4. 颜面部水肿 放疗后一个月左右由于颈部淋巴回流不畅，出现面颊、颏下、上颈部软组织水肿，水肿可随体位而变化，早晨起床时较重，活动后减轻，6 个月左右开始缓解，1～2 年消失。

5. 放射性骨髓炎 放疗后尽量避免拔牙，出现牙齿或齿龈疾患时，应积极保守治疗，迫不得已时才考虑拔牙。治疗时要告知牙科医生放疗的病史，拔牙前要清洁口腔和牙齿，拔牙后要使用抗生素治疗，以减少口腔、颌间隙感染的机会，减少颌骨骨髓炎或骨坏死的机会。

第五节 甲状腺癌

一、什么是甲状腺癌？

甲状腺为人体最大的内分泌腺体，血液供应丰富，连于喉和气管上，可随吞咽而上下移动。其背面有甲状旁腺，具有调节钙、磷代谢的重要功能。甲状腺癌即甲状腺组织的癌变，是头颈部肿瘤中常见的恶性肿瘤，甲状腺癌的主要症状是颈部肿块，包括甲状腺肿块及颈淋巴结转移所形成的肿块。但也有的患者在出现腹泻数年以后才出现颈部肿块，晚期可有压迫症状（如憋气）等。

二、甲状腺癌的病因有哪些？

甲状腺恶性肿瘤的发病机制尚不明确，但是其相关因素包括许多方面，主要有以下几类：癌基因及生长因子、电离辐射、遗传因素、缺碘、雌激素。

三、甲状腺癌的临床表现有哪些？

1. 甲状腺肿物或结节 为常见症状，可随吞咽上下移动。

2. 局部侵犯和压迫症状 肿瘤增大可压迫气管和食管，引起气管移位、呼吸困难、咯血、吞咽困难、声音嘶哑。

3. 内分泌表现 可伴有腹泻或阵发性高血压，甲状腺髓样癌可出现与内分泌有关的症状，如顽固性腹泻（多为水样便）和阵发性高血压。

四、甲状腺癌有哪些类型及其特点是什么？

1. 乳头状癌 是一种分化好的甲状腺癌，也是最常见的一种，约占甲状腺癌的 3/4 以上。该型可发生于任何年龄，男女均可发生，但以女性青、中年多见（18~40 岁）。甲状腺乳头状癌以颈部淋巴结转移为多见，血行转移到远处器官者较少，是一种治愈率极高的肿瘤，经手术治疗后不影响自然寿命者在 80% 以上。

2. 滤泡状癌 也是一种分化好的甲状腺癌，占甲状腺癌的 10%~15%，该型多见于 40~60 岁的中、老年女性。滤泡状癌可很早就出现血行转移，淋巴转移较乳头状癌少。治疗效果尚好，治愈率在 70% 左右。

3. 未分化癌 是一种高度恶性的肿瘤，占甲状腺癌的 5%~10%，多见于老年男性。血行及淋巴转移早，且多见。该型预后恶劣，多数患者在 1 年内死亡，5 年治愈率低于 5%。

4. 髓样癌 是一种中度恶性的肿瘤，占甲状腺癌的 3%~10%。可发生于任何年龄，男女发病率无明显区别，约 10% 有家族史。该类癌细胞可分泌多种物质，如降钙素、促肾上腺皮质激素、前列腺素和 5-羟色胺等，可出现相应的症状，医生称为类癌综合征。临床上表现为慢性腹泻、面部潮红、低血钙、高血压等。该类肿瘤属于所谓的多巴前体肿瘤（APUD 肿瘤）。该型 5 年治愈率为 40% 左右。

五、甲状腺癌治疗原则是什么？

甲状腺癌的首选治疗方式为手术切除，不论病理类型如何，只要有指征就尽可能手术，甲状腺癌对放射治疗敏感性差，但对于手术后有残留者行放射治疗是有价值的，并可辅助应用核素、甲状腺激素等治疗。

六、甲状腺癌放疗的适应证有哪些？

1. 甲状腺未分化癌或不能手术切除的甲状腺癌选放射治疗。
2. 手术切缘不净或残留者。
3. 无手术切除适应证患者可酌情考虑行姑息性放射治疗。
4. 对部分远处转移病灶，^{131}I 治疗无效者，尤其是骨转移，可行局部姑息性放射治疗。

七、甲状腺癌放疗的禁忌证有哪些？

1. 颈部及颈前区曾做过放射治疗，局部已有严重的放射损伤者。
2. 有严重恶病质，体质虚弱者不能耐受放射治疗者。
3. 病灶过于广泛，且有气道明显压迫者。

八、甲状腺癌放疗后的放射反应和并发症有哪些？

1. 放射性咽喉炎 下咽困难、咽喉疼痛等症状。

2. 喉水肿 由于放射导致淋巴管阻塞或软骨周围炎，在放射治疗过程中和放射治疗后可出现喉水肿。其发生率和程度、剂量、照射野大小及肿瘤的范围有关。

3. 喉软骨坏死 软骨受侵犯的患者放射后发生坏死的机会较多。

4. 放射性脊髓炎

5. 甲状腺功能低下 术后加放射治疗后可能出现不同程度的甲状腺功能减退。

九、什么叫甲状腺功能减退？

甲状腺功能减退症，简称甲减，是由于甲状腺激素合成和分泌减少或组织利用不足导致的全身代谢减低综合征。

十、放疗后甲状腺功能减退的原因及其临床表现有哪些？

放疗可导致甲状腺功能减低，其发生与甲状腺接受的范围、照射剂量有关。另外颈部手术史是导致放疗后甲减发生的高危因素。

放疗后甲减的临床表现为怕冷、嗜睡、月经周期不规律，活动、说话及思维减退、皮肤发凉、粗糙及非凹陷性水肿等，还可影响多个系统，引起肌肉、关节、心血管系统、血液系统、消化系统、内分泌系统等病变。由于缺乏特异性，不易与肿瘤本身的伴随症状区别，早期诊断应以临床检验为主。

十一、甲状腺癌放疗后出院的注意事项有哪些？

1. 饮食 少量多餐，进食清淡易消化食物，多吃水果、蔬菜等。禁烟酒。放疗结束后3个月内宜进食清补的炖汤，清淡的鱼、鸡或猪肉蔬菜汤。少食煎炸、烧烤、辛燥、腌制或肥腻的食物。

2. 运动 根据个人的体力恢复情况可以做适当的体育锻炼，如跑步、打乒乓球、打羽毛球等，强度宜活动后感觉舒服为宜。康复后可投入工作，但要多增加休息时间，避免过劳、重体力劳动、熬夜、高空作业等。

3. 心情 保持愉快、乐观、积极向上的心态。

十二、甲状腺癌的随诊内容有哪些？

1. 出院后1个月返院复查，放疗后3年内每3个月，3年后每半年返院复查。

2. 放疗后第3个月及以后每年一次进行全面检查，包括验血、磁共振、X线和B超、内镜等检查，可根据会诊医生的具体要求做。

3. 放疗加化疗或治疗期间出现血常规异常的病友，放疗后第3个月内应每周检查血常规、肝肾功能，如血常规异常应及时看医生。如有任何不适，请及时和医生联系。

4. 育龄妇女做好避孕措施，康复后生育应咨询放疗主管医生意见手术是除未分化癌以外各型甲状腺癌的基本治疗方法，并辅助应用核素、甲状腺激素及放射外照射等治疗。

十三、如何预防甲状腺癌？

1. 童年时期尽量避免接触放射线。

2. 有甲状腺家族史的人群定期甲状腺体检早期筛查。

3. 有甲状腺疾病的患者，定期到医院检查，必要时药物干预。

4. 关于饮食，在饮食中很难对碘的摄入有明确规定，只需营养均衡即可；可以避免长期高碘食物的摄入。

十四、如何自查甲状腺癌？

正常的甲状腺既薄又软，看不见也摸不着。只有出现肿胀，才能在衣领部位触摸到肿块，如果肿块不痛不痒并且孤立存在，不排除是甲状腺癌的可能。因为，该病初期无任何明显症状，患者不易早期发现，即便出现肿块，也常常被误以为是其他疾病而延误治疗。如果颈部摸到肿块，需特别留意肿块的形状、大小及表面是否光滑等，以尽早发现病患，尽早治疗。①肿块形状：外形如果似蝴蝶，多见于地方性甲状腺肿、甲状腺炎及部分甲状腺功能亢进；如果甲状腺某个部位出现圆形肿块，多见于甲状腺囊肿、甲状腺癌。②肿块大小：肿块是弥漫性肿大或多发性结节肿大，多为地方性甲状腺肿。但是囊肿的直径如超过2cm，应疑似为甲状腺癌。③肿块光滑度和软硬度：用拇指和示指仔细触摸肿块表面，如果表面光滑多为地方性甲状腺肿；表面不光滑，则有甲状腺炎的可能。如果是单个结节肿大并且表面不光滑、呈实体感者，应怀疑癌肿。④肿块生长速度：地方性甲状腺肿增长缓慢，病程长达数年之久；良性肿瘤及囊肿的病程可能是数月至数年；而甲状腺癌的肿块增长较快，十几天内肿胀明显。⑤是否触及淋巴结：在甲状腺周围如果触摸到质地较硬的淋巴结，应高度怀疑为甲状腺癌伴有局部淋巴结转移。

第六节 颅内肿瘤

一、什么是颅内肿瘤？

颅内肿瘤即各种脑肿瘤，是常见的神经系统疾病之一。一般分为原发和继发两大类。起源于颅内组织（包括脑组织、脑膜、脑神经、垂体、颅内血管等）的肿瘤称为原发性颅内肿瘤；从身体远隔部位转移，如肺、子宫、乳腺、消化道、肝脏等的恶性肿瘤转移至脑部，或邻近器官的恶性肿瘤由颅底侵入颅内称为继发颅内肿瘤。颅内肿瘤可发生在任何年龄，以成人多见，其发病年龄、好发部位与肿瘤类型存在相互关联。

二、颅内肿瘤的病因有哪些？

主要由遗传因素、物理因素、化学因素和致瘤病毒引起。

三、颅内肿瘤好发于哪些部位？

颅内肿瘤的发生部位往往与肿瘤类型有明显关系，胶质瘤好发于大脑半球，垂体瘤发生于鞍区，听神经瘤发生于小脑脑桥角，血管网织细胞瘤发生于小脑半球较多，小脑蚓部好发髓母细胞瘤等。

四、颅内肿瘤的临床表现有哪些？

1. 头痛　颅内高压或肿瘤本身压迫、牵拉颅内痛敏结构时，会引起头痛，表现为发作性头痛，清晨或睡眠为重，常因用力、打喷嚏、咳嗽、低头及大便时加重。

2. 恶心、呕吐　常出现于剧烈头痛时，易在早上发生；颅后窝肿瘤常较早出现呕吐，并可因直接压迫呕吐中枢而呈喷射性。

3. 视力障碍　主要表现为视盘水肿和视力减退。

4. 头晕与眩晕　主要为颅内高压引起内耳迷路水肿或前庭功能受累引起，以颅后窝肿瘤为常见。

5. 癫痫　约30%的脑肿瘤患者出现癫痫。

6. 复视　眼球运动神经在颅底行走过程中，因挤压牵拉所致。

7. 精神及意识障碍　表现为思维、情感、智能、意识、人格和记忆力的改变。

8. 前囟膨隆、头围增大及颅缝分离现象　可在儿童颅内压高的患者中出现。

五、颅内肿瘤同其他部位肿瘤比较有什么特点？

1. 颅内肿瘤发生于有限的颅腔容积内，无论良性还是恶性肿瘤，占位效应本身就造成脑功能损害，甚至威胁生命；如果说颅内恶性肿瘤的致死原因是由于肿瘤细胞恶性增殖的结果，那么良性肿瘤则往往因为生长于重要的脑功能区或肿瘤深在难于手术治愈而致命。

2. 某些原发性颅内肿瘤的生物学行为随复发而改变，如神经母细胞瘤具有随复发次数增加逐渐成熟分化的倾向，而弥漫性星形细胞瘤复发时可能发生间变而转化为间变性星形细胞瘤，并可以进一步恶性进展为胶质母细胞瘤。

3. 原发性颅内肿瘤很少向颅外转移，但某些恶性肿瘤可以在中枢神经系统内播散。

六、颅内肿瘤的治疗原则是什么？

颅内肿瘤的治疗是以手术治疗为主，在保护脑功能的前提下尽可能彻底切除肿瘤，并辅以术后放射治疗、化学治疗等综合治疗措施。

七、颅内肿瘤放疗前常做的检查有哪些？

1. 实验室检查　血常规、血型、尿常规、粪便常规、生化常规、乙肝两对半、肝炎四项、HIV、USR、CB6等。

2. 影像学检查 胸部 X 线、腹部 B 超、颅脑 MRI。

八、放疗为什么会引起颅内高压？有哪些表现？

当照射剂量达到 1000～1500Gy 时，脑组织由于受到放射线的损伤，细胞膜的通透性发生改变，导致脑水肿而引起颅内压增高。正常颅内压约为 1.33kPa（10mmHg）。当脑组织肿胀，颅内占位性病变或脑脊液分泌过多、吸收障碍、循环受阻或脑血流灌注过多导致颅内压持续保持在 2.0kPa（15mmHg）以上时称颅内高压。临床特征表现有头痛、呕吐及视盘水肿，共称为"颅内高压三主症"。

九、颅内肿瘤患者头痛的护理要点有哪些？

1. 密切观察患者病情，包括神志、瞳孔、生命体征的变化。对于躁动的患者需要加床栏保护。

2. 给予脱水等对症治疗。

3. 环境要安静，室内光线要柔和。

4. 心理护理：与患者交流，了解其思想状况，进行细致的解释和安慰，同时与家属共同体贴关心患者，减轻患者的精神压力，以利患者积极配合治疗。

5. 指导患者卧床休息，可通过看报纸、听轻柔的音乐等方式分散注意力以减轻疼痛。

6. 饮食护理：指导患者进食清淡、宜消化的软食，可食新鲜的蔬菜、水果，保持大便的通畅，若便秘应指导患者勿用力解大便，以免腹压增高引起颅内压增高。

十、脑部放疗引起颅内压增高的处理措施有哪些？

1. 应及时给予脱水治疗。

2. 在无休克的情况下抬高床头 15°～30°，限制入水量，保持呼吸道通畅，必要时吸氧，以改善脑组织缺氧。

3. 快速静脉滴注 20%甘露醇液 250ml，内加地塞米松 2～10mg，或 50%葡萄糖液 60～80ml 静脉注射，二者交替使用，并注意瞳孔、意识变化，发现异常及时通知医生，以免脑疝的发生。

4. 患者呕吐时头偏向一侧，防止吸入呼吸道引起窒息。

5. 注意水及电解质平衡。

6. 如患者出现抽搐时，应立即给予地西泮 10mg 或苯巴比妥 0.1g 肌内注射，并刺激人中。

7. 对牙关紧闭的患者应注意保护舌部，必要时应用开口器，注意患者安全，防止坠床。

8. 快速建立静脉通路，尽早给予降低颅内压的药物。

十一、颅内肿瘤患者癫痫发作的处理措施有哪些？

1. 应尽量为其创造安静环境，以避免任何不良刺激，如疼痛、紧张、高热、外伤、过度疲劳、强烈的情绪波动（急躁、发怒）等。另外饮酒、食用刺激和油腻食物等也可诱发癫痫发作，应尽量避免其接触。

2. 仔细观察了解癫痫发作的诱因，及时发现发作前的预兆。并在床边备好急救药品，如金属压舌板、吸痰器。对有癫痫病史的患者应留陪护人，加床栏防坠床。当患者出现前驱症状时，预示其可能在数小时或数日内出现癫痫发作，这时要做好患者的心理护理，帮助其稳定情绪，同时与医生联系，在医生的指导下调整癫痫药物的剂量和（或）种类，预防癫痫发作。

3. 癫痫发作时的护理，及时移开身边硬物迅速让患者就地平卧，如来不及上述安排，发现患者有摔倒危险时应迅速扶住患者，让其顺势倒下，严防患者忽然倒地，摔伤头部或肢体造成骨折。如果癫痫发作时，患者的口是张开的，应迅速用缠裹布的压舌板或金属筷子等物品垫在患者嘴巴一侧的上、下牙之间，以防其牙齿脱落，阻塞呼吸道。发作时呼吸道的分泌物较多，可造成呼吸道的阻塞或误吸窒息而危及生命，应让其头侧向一方，使分泌物流出，同时解开衣领及腰带保持呼吸通畅。遵医嘱给予地西泮肌内注射或慢推、脱水的应用、吸氧等处理。

（邹要芬　冯燕英）

第八章 消化系统肿瘤

第一节 结直肠癌

一、什么是结直肠癌？

结直肠癌包括结肠癌和直肠癌，是指发生在大肠黏膜的肿瘤，一般是指大肠癌，是我国最常见的消化道肿瘤之一，且随着生活水平的提高其发病率日趋增加。大肠癌在消化道癌中发病率仅次于胃癌和食管癌，在我国恶性肿瘤发病率、死亡率中均居第5位。直肠癌的发生率高于结肠癌，结直肠癌的发病率随年龄的增加而上升，男性发病率略大于女性。

二、结直肠癌的病因有哪些？

1. 饮食因素 低纤维素、高脂肪、高蛋白饮食与结直肠癌的发生有着密切的关系，是结直肠癌发生的高危因素。钙、硒、维生素C等微量元素及维生素的缺乏，也可能影响结直肠癌发生的风险。

2. 遗传因素 20%～30%结直肠癌患者存在家族史，其中3%～5%的患者存在明显的"遗传性结肠癌综合征"，主要包括家族性腺瘤性息肉病（FAP）和遗传性非息肉病性结直肠癌（HNPCC），以及近年不断被发现的MYH息肉病综合征等。

3. 消化道疾病因素 溃疡性结肠炎、克罗恩病和大肠息肉患者，发生大肠癌的概率高于正常人，大肠腺瘤患者患大肠癌的危险是正常人的三倍。

4. 生活方式及其他因素 吸烟喝酒、肥胖及药物与大肠癌的发生有一定关联性。

三、结直肠癌的分型有哪些？

1. 大体形态分型

（1）肿块型：肿瘤向肠腔内突出，呈菜花状隆起，易溃疡出血并继发感染。该型肿瘤分化程度较高，生长缓慢、浸润为浅表局限、恶性程度较低，预后较好。

（2）浸润型：肿瘤向肠壁各层弥漫浸润，沿黏膜下生长，质地较硬，易引起肠腔狭窄和梗阻。分化程度低，出现转移较早，恶性程度高，预后差。

（3）溃疡型：肿瘤表面形成较深的溃疡，溃疡边缘隆起，中央凹陷，向肠壁深层呈弥漫浸润生长，病变早期即可出现溃疡，易发生出血、感染，甚至穿透肠壁。分化程度低，出现转移早，是结直肠癌中最常见的类型。

2. 组织学分型

（1）管状腺癌：约3/4结直肠癌是腺癌，是最常见的组织学分型。癌细胞由腺管状或腺泡状结构组成。按照分化程度可分为三级：高分化、中分化及低分化腺癌。

（2）黏液腺癌：以癌细胞分泌大量黏液为特征，在细胞内可将细胞核挤到一边，整个细胞呈印戒状，形成印戒细胞癌。分化低，预后较腺癌差。

（3）乳突状腺癌：癌细胞由大小不等的乳突状结构组成，存在不同的分化程度。

（4）未分化癌：癌细胞小，形状与排列不规则，易侵入小血管和淋巴管，浸润明显。分化很低，预后最差。

（5）其他：如鳞状细胞癌、腺鳞癌等，少见。

四、大肠癌的转移途径有哪些？

大肠癌最主要的转移途径是淋巴结播散，转移率与大肠癌的病理分型、分化程度等有关。其次还有血行播散、临近器官蔓延、种植播散等形式。

五、结直肠癌临床表现有哪些？

1. 结肠癌 结肠癌患者因肿物部位不同而有不同临床表现。

（1）右侧结肠癌患者表现：主要为全身症状，如原因不明的贫血、消瘦、乏力、低热。体征出现频率依次为：腹部肿块、腹痛、贫血。

（2）左侧结肠癌患者表现：排便习惯改变，出现便频、便秘交替出现，肿瘤浸润性生长引起管腔狭窄导致肠梗阻表现。体征出现频率依次为：便血、腹痛、便频。

2. 直肠癌

（1）直肠刺激征：肿物刺激直肠产生便意，出现便频、里急后重、肛门下坠、便不尽感、肛门痛等症状。

（2）黏液血便、大便变形：80%～90%患者最早出现便血，大便表面带血和（或）黏液，严重时有脓血便。肿块增大时会引起肠腔缩窄，出现腹痛、粪便变细和排便困难等慢性梗阻症状。

（3）肿瘤转移：当肿瘤出现转移，侵犯膀胱、尿道、阴道等周围脏器时可出现尿路刺激征、血尿、会阴部疼痛、阴道排除粪液等症状。

六、结直肠癌的辅助检查有哪些？

1. 直肠指检　是诊断直肠癌患者最常见的方法，可作为普查项目。患者出现直肠刺激征、便血、大便变形等症状时都应行直肠指检。检查时注意有无肿物触及、肿物距肛门距离、大小、硬度、活动度、黏膜是否光滑、有无压痛及与周围组织关系等，男性患者明确与前列腺关系，女性患者应行阴道检查及双合诊检查，查明是否侵犯阴道后壁。

2. 实验室检查

（1）大便隐血实验：可作为疑似大肠癌患者的筛查方法，持续阳性者需行进一步检查确诊。

（2）肿瘤标志物：CEA、CA19-9 对结直肠癌的诊断有一定意义，但特异性不高，因此不适宜大肠癌的普查和早期诊断，常用于判断患者疗效和预后。

3. 影像学检查

（1）气钡双重对比造影 X 线摄片、钡剂灌肠：气钡双重对比造影 X 线摄片是诊断结肠癌常用且有效的方法，可提供结肠癌病变部位、大小、形态等相关信息。钡剂灌肠可见病变区结肠袋形态不规则或消失、充盈缺损、管腔狭窄、黏膜紊乱等，尤其适用于肠镜因肠腔狭窄等原因不能进镜者。但对直肠癌诊断价值不大。

（2）B超：可显示病灶的部位、大小及与周围组织的关系，对了解有无肝脏转移有一定价值。

（3）CT 检查：有助于了解有无肝脏转移、腹腔种植转移、淋巴转移，对周围组织及脏器有无浸润等，有助于辅助判临床分期断，制定治疗方案。

（4）腹部平片：排除肺转移，也用于急性肠梗阻病例。

4. 腔镜检查　直肠镜、结肠镜检查可观察全大肠的肠壁、腔壁的改变，了解病灶部位、大小、形态等，同时可取活体组织行病理学检查。Hilsden 等报道，单独使用乙状结肠镜也可以降低大肠癌人群死亡率，因此无全肠镜设备的地区，可以考虑行乙状结肠镜检查。

5. 病理学诊断　包括脱落细胞学检查和活检取组织标本行病理检查，后者是最安全、最可靠的肿瘤诊断方法。

七、结直肠癌治疗原则是什么？

1. 手术治疗　结直肠癌首选治疗方式，也是大肠癌治疗的重要手段，按照是否保留肛门分为无造口手术和有造口手术。一般来说，肿瘤下缘至齿状线 3cm，可以行保肛手术。无造口手术可提高直肠癌保肛率，降低复发率，使患者得到根治性治疗的同时保留最佳功能状态。常见术式有：右半结肠切除、左半结肠切除、乙状结肠切除、Dixon 术。有造口手术常见方式有：腹会阴联合切除术、Hartmann 术。

2. 放射治疗　NCCN 指南：距肛 12cm 以下直肠癌患者需要行放疗、化疗辅助治疗。其分为手术前放疗、手术后放疗，术中放疗较少。术前放疗可缩小肿瘤、降低癌细胞活力、降低术后局部复发率、为患者争取再次手术机会等，术后放疗可降低术后局部复发率，也用于术后姑息性治疗。对于不可手术的晚期或复发结直肠癌患者，也可用于综合治疗或姑息减症治疗，提升患者生活质量，延长生存期。大肠癌放疗常见方案：

（1）三维适行放疗（3DCRT）：中等放射剂量 30～40Gy/（3～4 周），停止 2 周后手术。

（2）术中放疗：常用的放射治疗方式是 IORT，在手术直视下，切除肿瘤后采用 6～20MeV 电子线，根据病灶具体情况照射选择剂量为 10～25Gy。

3. 化学药物治疗

（1）辅助化疗：Ⅱ期及Ⅲ期结直肠癌手术后的辅助化疗。常见方案：5-FU/CF、卡培他滨、奥沙利铂+5-FU/CF、奥沙利铂+卡培他滨。推荐术后化疗时间为 6 个月。

（2）转移性结直肠癌的全身化疗：处理残存癌细胞，延长患者的生存时间，提高生存质量。常见方案：一线化疗，奥沙利铂/伊立替康+5-FU，奥沙利铂+卡培他滨；二线化疗，5-FU 或卡培他滨单药化疗。

4. 同步放化疗治疗 同步放疗、化疗的作用已得到广泛认可。

5. 其他治疗 靶向治疗、中医治疗、局部介入治疗等。

八、结直肠癌放疗的护理要点有哪些？

1. 肛周的清洁卫生 如出现腹泻或便血应立即告知医务人员，密切观察肛周有无水肿及感染。便后用温开水坐浴，必要时遵医嘱予抗生素预防感染或止血药物，减轻肛周水肿等症状，缓解里急后重感，促进肛周皮肤愈合。

2. 放射性胃炎 由于放射对胃黏膜的损伤，患者可出现恶心、呕吐、腹泻、痉挛性腹痛、食欲下降等表现，遵医嘱预防性应用护胃药物，指导患者合理调整饮食，少食多餐，进食易消化、清淡半流食。

3. 放射性膀胱炎 当放疗剂量达到 1500～2000cGy 时对膀胱、尿道有影响，可出现血尿、尿频、尿急、尿痛等放射性膀胱炎现象，应嘱患者多喝水、多排尿，每日饮水量大于 3000ml，为防止膀胱、小肠收到射线照射，膀胱充盈时照射最佳，必要时遵医嘱给予消炎、止血药物。

4. 饮食护理 造瘘口患者注意饮食卫生，防止腹泻的发生，进食粗纤维饮食，保持大便通畅。具体护理措施见第六章。

5. 皮肤护理 具体护理措施见第四章第二节。

6. 口腔护理 具体护理措施见第四章第四节。

7. 骨髓抑制护理 具体护理措施见第四章第二节。

九、结直肠癌健康教育内容包括哪些？

（1）大肠癌可以通过发现和切除腺瘤性息肉来预防。存在息肉及息肉手术史、家族性病史、持续反复粪便带血、排便习惯改变等，应及时就诊排查，可有效提高早诊率。通过积极预防和治疗消化道的慢性疾病，可避免大肠癌癌变。

（2）保留永久性肠造口患者，指导患者参与造口的护理，使患者掌握造口的常规护理、更换造口袋、定期扩张造口等信息，避免穿紧身裤，保持造口处清洁干燥，如有不适及时就诊。

十、什么是肠造口？

为治疗一些肠道疾病需要，如大肠梗阻；大肠先天性畸形、创伤、肿瘤等需粪便避免排向病变组织；肛直肠切除术后等，在大肠和腹壁表面之间建造人工通道，形成肠造口。肠造口代替原会阴部肛门行使排便功能，形成新的粪便出口，俗称"人造肛门"。原则上造口位置越接近直肠越理想，按造口部位不同分为回肠造口、横结肠造口、乙状结肠造口。

十一、接受肠造口手术有哪些作用？

造口在大肠疾病中应用较为广泛，目的是提高患者生存质量。常见的肠造口手术作用有：

1. 直肠肛门切除后，造口代替排便功能，形成新的粪便出口。

2. 配合大肠病变的治疗，行粪便改道，避免流向末端结肠、直肠或肛门病灶处。

3. 解除梗阻性结肠、直肠或肛门的压力，以免肠壁血运压力过大而穿破。

4. 大肠吻合或修补手术后，防止结肠胀气影响手术部位愈合。

十二、造口的护理要点有哪些？

1. 造口的观察和护理 造瘘口开放前，用凡士林纱布或生理盐水纱布外敷造口处，造口开放后，及时清洁造口分泌物、渗液，根据患者实际情况，选择合适的人工肛门袋更换。观察造口处周围肠黏膜血运情况，正常的黏膜应是鲜红或粉红色、平滑且湿润，若是暗红色或紫色则表示血运障碍。用生理盐水进行清洗，如有炎症糜烂可涂氧化锌软膏。

2. 衣着 着宽松衣物，避免腰带压迫造口。

3. 饮食 在胃肠功能恢复后，可正常饮食，少食辛辣、刺激性、易产气的食物和饮料。进行饮食调整，必要时服用抑制肠蠕动或稀便收敛药物等措施，建立良好的排便习惯，使造口处粪便干稀适度、排便次数略规律，形成习惯，使粪便软而成形，排便时间有一定规律。

4. 规律性训练 为避免造口狭窄，患者应学会自己扩肛：用手指戴手套涂润滑油缓慢插入造口，可依次从小指、示指到拇指，每天一次。

5. 心理护理

（1）根据患者、家属受教育程度和理解能力，用深入细致或通俗易懂的语言讲解疾病的相关知识及造口的必要性，使患者及家属对疾病的病因、症状体征、治疗方案、预后效果、肠造口护理方法等相关知识有全面的了解，帮助患者规范、有效治疗。

（2）向患者及家属讲解肠造口的知识，使患者及家属认识到肠造口术只是将正常的排便渠道由肛门处转到腹部，消化道功能不会发生改变，学会肠造口的护理方法、选择合适的造口袋，可以像正常人一样工作、生活、适当运动。

（3）经常与患者多交流，取得患者的信任，建立良好的护患关系。给予充分的理解、同情、支持，使患者远离自卑、悲观的情绪，积极面对目前身体状态。建立家庭支持系统，鼓励家属参与患者疾病治疗，教会家属院外肠造口护理知识，引导家属在日常生活中给予患者鼓励，使患者保持乐观向上的心态。

（4）异味和身体意象的改变会影响到患者的社交功能，造成患者心理、家庭、社会多方面的影响。因此医护人员应加强对患者的健康教育，使患者正面面对肠造口。家属多鼓励患者参加肠造口联谊会，多与恢复良好、心理健康的病友交流，减轻孤独感，改善精神状态，增强生活的信心。

（5）建立和完善肠造口患者随访机制，保持与患者的联系，对患者院外造口护理、饮食、随访指征等进行系统的指导，为患者解决生活中遇到的问题，使患者更好的投入社会生活。

6. 院外指导

（1）根据患者个人喜好、实际情况选择适应的造口袋。

（2）把旧的造口袋、旧的两件式底盘脱下，用温水清洁皮肤，可用纱布或毛巾擦拭干。如皮肤上残留皮胶，可用中性肥皂液清洗，勿使用乙醇等刺激性物品擦洗，避免刺激造口。清洁过程中，黏膜可能会出现少量流血，属于正常情况。

（3）用尺测量造口的大小，根据造口大小形状裁剪造口袋，宜比造口略大 0.2～0.3cm，造口袋过大易引起粪便和分泌物渗漏、过小会压迫造口黏膜，引起造口黏膜损伤、出血等。撕开粘胶保护纸，待皮肤干燥后，依造口位置贴上保护皮，双手轻压四周，使之紧贴皮肤，用双手均匀抚平。袋边的凹槽与底盘扣牢，保持袋囊朝下，尾端反折，并用外夹关闭。

（4）如肛袋充满 1/3 的排泄物时，要及时更换清洗；造口底盘出现渗漏应立即更换造口袋。

（5）如造口周围出现皮肤溃疡、发红宜使用溃疡粉；出现造口出血、造口坏死、造口皮肤黏膜分离、造口狭窄、造口脱垂等并发症时，应立即返院治疗。

第二节 肝 癌

一、什么是原发性肝癌？

肝癌是肝脏最常见的恶性肿瘤，分为原发性肝癌和继发性肝癌。原发性肝癌是起源于肝细胞、肝内胆管上皮细胞及混合型的癌，以中年男性发病率较高，男女发病比例为 2：1。由于起病隐匿，早期没有症状或症状不明显，进展迅速，确诊时大多数患者已经达到局部晚期或发生远处转移，治疗困难，预后很差。据统计，原发性肝癌在我国恶性肿瘤发病率居第 3 位、死亡率中居第 2 位。

二、什么是继发性肝癌？

继发性肝癌是其他部位起源的恶性肿瘤侵犯至肝而发生的肿瘤，多来自胃癌、胆囊癌、卵巢癌、子宫癌等部位的肿瘤。

三、原发性肝癌的病因有哪些？

1. 病毒性肝炎 中国是世界上患病毒性肝炎患者人数最多的国家，大约有 1 亿人以上携带乙肝病毒，约占全球乙肝病毒携带者的 1/3。我国的肝癌患者 HBV、HCV 感染率达 90%，原发性肝癌与病毒性肝炎的发病率的地理分布相一致，提示 HBV、HCV 与肝癌的发生有密切的关系。

2. 黄曲霉毒素 根据流行病学统计，黄曲霉毒素受污染严重的地区，肝癌的发病率高。研究表明，黄曲霉毒素对动物肝脏有致癌作用，且有很多研究认为，黄曲霉毒素与 HBV 致病癌作用有协同性。

3. 饮用水污染 研究表明，长期饮用不净饮水与肝癌的发生有关系，污水中的六氯苯、苯并芘、氯仿等有致癌、促癌作用。

4. 乙醇 随着我国经济物质文化的发展，大量饮酒这个不健康的生活方式大量存在社会中，加上高脂饮食、缺乏锻炼，酒精性肝病、脂肪性肝病日益增多，这些都是致癌的高危因素。一项针对中国人群的 Meta 分析结果显示乙醇致肝癌的危险度为 1.56。

5. 其他 肥胖等。

四、肝癌的分类有哪些？

1. 大体分型 结节型、块状型、弥漫型、小肝癌型。结节型多见，以大小、结节数目不等的癌结节组成，直径 5cm 左右，常伴有肝硬化。块状型多为单发，肿瘤直径超过 5cm；超过 10cm 称为巨块型，质地硬易引起肝破裂。弥漫型少见，结节呈灰白色密布于全肝。小肝癌型指早期、体积较小的肝癌，单个癌结节最大直径不超过 3cm 或癌结节数目不超过 2 个，最大直径之和小于 3cm。

2. 组织学分型 肝细胞型、胆管细胞型、混合型，以肝细胞型最常见，约占 90%。

五、肝癌的转移途径有哪些？

早期转移是肝癌预后差的重要因素。

1. 肝内转移 最早出现、最常见的转移，原发性肝癌易侵犯门静脉及分支形成瘤栓，脱落后在肝内引发多发性转移灶，形成肝内扩散。

2. 肝外转移 其一为最常见的血行转移，以肺转移率最高。其二淋巴转移，以肝门淋巴结最为常见。其三为种植转移，较少见，从肝脏脱落的癌细胞可种植于腹膜、腹腔、横膈等处。

六、肝癌会传染吗？

肝癌的本质是自身细胞的基因突变，不是传染病，没有传染性。肝癌的发生与乙型肝炎、丙型肝炎这些传染性疾病有着密切的关系，如果肝癌患者伴有活动性肝炎就有感染性，传染的原因是肝炎，而非肝癌。

七、原发性肝癌临床表现有哪些？

早期无明显症状和体征，中期至晚期可有局部或全身临床表现。

1. 症状

（1）肝区疼痛：是最常见、最重要症状，为约半数以上患者的首发症状。疼痛多为钝痛、刺痛和胀痛，是由于肿瘤快速生长，肝包膜绷紧引起张力增加所致。肝区疼痛部位与病变部位有着密切的关系，肝右叶病变表现为右季肋区疼痛，肝左叶病变表现为剑突下区疼痛，肿瘤累及横膈肌时疼痛可牵涉至右肩背部。突发的剧烈疼痛或腹膜刺激征可能是由于肝包膜下癌结节发生坏死、破裂，可引起腹腔内出血。

（2）全身和消化道症状：早期常表现为食欲不振、进行性消瘦、恶心、呕吐、腹胀、腹泻等症状。可有不明原因的持续性低热和不规则发热，应用抗生素治疗无效。晚期则出现贫血、出血、黄疸、腹水、水肿等恶病质表现。

2. 体征

（1）肝大：为中晚期患者的重要临床体征。肝脏呈进行性肿大，质地较硬，边缘不规则，表面凹凸不平，伴大小不等的结节和巨块，常伴有触痛。

（2）门静脉高压征象：肝癌常伴有肝硬化、门静脉或脾静脉内癌栓形成，肝癌压迫门静脉或脾静脉而出现门静脉高压的表现：脾大、腹水、静脉侧支循环形成的表现。

（3）黄疸：肿瘤结节或肝门淋巴结肿大压迫胆管引起胆汁引流不畅，肿瘤侵犯胆道致胆管阻塞，肿瘤脱落导致胆管内癌栓形成，阻塞胆管，引起梗阻性黄疸。

3. 癌旁综合征 部分肝癌患者由于自身代谢异常，可出现低血糖、红细胞增多症、高钙血症、高胆固醇血症等。

4. 肝癌转移症状 如出现肺、骨、脑、胸腔等转移，可呈现相应临床症状。部分患者还可出现肝性昏迷、上消化道出血、癌肿破裂出血及继发感染等并发症。

八、继发性肝癌临床表现有哪些？

以原发癌所引起的症状和体征为主要表现，如直肠癌的便血、腹胀、肠梗阻，胰腺癌的黄疸、腹痛，肺癌的咳嗽、咯血、胸痛等。随着肝脏的转移灶逐渐长大，患者会出现食欲不振、消瘦乏力、肝区疼痛等类似原发性肝癌的临床表现，部分患者可出现肝大及质地坚硬的肝癌结节，晚期患者可出现黄疸和腹水。

九、原发性肝癌的辅助检查有哪些？

1. 实验室检查

（1）肿瘤标志物

1）甲胎蛋白（AFP）：AFP 测定是诊断原发性肝癌常用的方法，有相对的特异性，阳性率一般为 60%～70%，亦广泛应用于肝癌筛查、治疗效果判断等方面。AFP 诊断标准：排除妊娠、活动性肝炎、生殖腺胚胎瘤等，AFP>500μg/L 持续 4 周或 200μg/L<AFP<500μg/L 持续 8 周，且 AFP 由低浓度逐渐升高不降，结合影像学检查，考虑为肝癌。

2）血液酶学及其他肿瘤标志物检查：肝癌患者血清中碱性磷酸酶（ALK）、γ-谷氨酰转肽酶（γ-GT）、异常凝血酶原（AP）、碱性磷酸酶同工酶（ALP-I）等可高于正常。但缺乏特异性，只能作为辅助指标。

（2）肝功能检查：对肝癌诊断价值不大，但可提示原发性肝癌的肝病基础，对肝癌的治疗效果的预测有一定帮助。

2. 影像学检查

（1）超声检查：为无创检查，且操作简单、价格便宜，广泛应用于肝癌的筛查、诊断。可显示肿瘤的部位、大小、形态及肝静脉或门静脉内有无癌栓，诊断正确率可达 90%，但是超声检查易受检查者经验、手法、细致程度的影响。

（2）CT 和 MRI 检查：属于无创性检查，分辨率高于超声，可显示肿瘤的部位、大小、个数及与周围器官、血管的关系，可检测出 1.0cm 左右的小肝癌，诊断正确率达 90%。

（3）放射性核素扫描：是最早诊断肝癌的检查方法，随着超声、CT、MRI检查的广泛应用，现核素扫描已较少应用。核素扫描可检测出直径在3cm以上的病灶，放射性核素发射计算机体层扫描（ECT）可检测出直径1~2cm的病灶，提高诊断正确率。

（4）肝动脉造影：属于创伤性检查，适用于诊断疑似肝癌而其他非创伤性检查能明确定位者，诊断正确率可达88%~93%。亦可用于注入化疗药物、栓塞剂进行治疗。

（5）腹腔镜检查：用纤维腔镜可在直视下进行活检，用于其他方法未能明确诊断或不愿行剖腹探查者。

3. 病理学诊断 在超声引导下行肝穿刺活组织检查可获得病理诊断，多用于疑似肝癌但其他检查未能明确诊断者。

4. 剖腹探查 对高度怀疑肝癌患者，通过上诉检查仍难以诊断，必要时可行剖腹探查，全面了解肝脏情况，决定治疗方案。

十、继发性肝癌的辅助检查有哪些？

多数患者无明显的肝部症状，AFP检测常为阴性，肝功能检查多为正常，多是发现其他部位的肿瘤后行腹部检查时发现肝部病变的。超声、CT、MRI、放射性核素等检查胆道的冲洗：患者出现寒战、高热可帮助判断病变部位、数目、大小等。

十一、原发性肝癌治疗原则是什么？

1. 手术治疗 外科治疗是原发性肝癌治疗的首选，但由于肝癌发展隐匿，早期诊断困难，病情发展快，仅有30%患者有手术机会。

（1）手术切除：包括根治性切除、姑息性切除和复发的肝癌再次切除。适应证：患者身体状况较好，心、肺、肾等重要器官无严重障碍，肿瘤较局限，肝功能代偿好，凝血酶原时间基本正常。手术切除是最希望的根治方法，小肝癌行局部切除有治愈的可能性，不能切除的过大肝癌可缩小后行二期切除及复发肝癌的再次切除，对肝癌的治疗有一定效果。

（2）肝移植：肝癌合并肝硬化，肝功能失代偿，且符合肝移植无大血管侵犯、淋巴结转移及肝外转移等适应证者，经济条件允许情况下，考虑肝移植。肝移植术后易复发，有文献认为术后行适当的化疗及抗病毒治疗可能减少肝癌的复发、延长患者的生存期。

2. 血管介入治疗 经肝动脉血管介入治疗是目前肝癌非手术治疗中应用最广泛的治疗手段。

（1）经肝动脉化疗栓塞（TACE）：是不能手术切除患者首选的治疗方法。在X线监视下经肝动脉灌注化疗药物的同时，将栓塞剂与化疗药物制成乳剂，经肝动脉或其分支注入肝癌组织，利用肝癌组织对栓塞剂具有特殊滞留作用的特点，使化疗药物向肝癌组织缓慢释放，既阻断血流供应，又促使抗癌药物在肿瘤局部高浓度持久释放，从而有效杀灭肿瘤细胞。

（2）经肝动脉灌注化疗（TAI）：适用于身体虚弱、瘤体较大、不能行栓塞治疗的肝癌晚期患者，将导管置于肝动脉内进行化疗药物灌注，并尽可能的保护正常肝组织。

3. 局部消融治疗 "肝脏射频消融治疗规范的专家共识"指出，不能手术切除的直径>5cm的单发肿瘤或最大直径>3cm的多发肿瘤，局部消融可作为姑息性治疗或联合治疗的选择之一。

（1）无水乙醇注射治疗（PEI）：在B超、CT引导下，将能迅速使蛋白质凝固的无水乙醇注入病灶内，导致肿瘤细胞坏死。

（2）射频消融治疗：在B超、CT引导下，将射频针插入患者的肿瘤部位，通过射频针发出的高频射频波，引起组织细胞震荡摩擦产热，使肿瘤细胞内温度达100℃以上时，致肿瘤细胞变性坏死。

4. 放射治疗 肝癌行放射治疗由来已久，但由于放疗技术欠佳、肝脏对放射线的耐受量低及易出现肝脏损伤，应用较少。近年来，随着影像技术和放疗技术的进步，对肝脏耐受剂量有新的认识，精准放疗越来越多的应用于肝癌的放射治疗。不能行手术治疗或拒绝手术治疗、术后残留病灶或术后复发、远处转移灶治疗的患者，且一般情况较好，肝功能尚可，肿瘤较局限，不伴有肝硬化、黄疸、腹水、食管静脉曲张等，可行放射治疗。肝癌放疗常见方案：

（1）三维适行放疗（3DCRT）：每天放射剂量 2Gy，33 天，总剂量 66Gy。

（2）立体定向放射治疗（SBRT）：特点为低分割、大剂量照射，精准的将放射剂量集中于病灶区；每次放射剂量 25~30Gy，共 3~6 次。

（3）放疗联合 TACE：有文献报道，TACE 术前术后联合放疗，可提高患者生存率。

5. 化学药物治疗 适用于肿瘤不能手术切除，或作为肿瘤姑息切除的后续治疗，达到减轻肿瘤负荷、缓解症状、提高生存质量的目的。常用化疗药物有氟尿嘧啶、顺铂、多柔比星、表柔比星等，肝动脉插管灌注疗效较静脉滴注好。

6. 同步放化疗治疗 同步放疗、化疗的作用已得到广泛认可。

7. 其他治疗 靶向治疗、中医治疗、基因治疗等。

十二、继发性肝癌治疗原则是什么？

继发性肝癌治疗原则是处理原发病灶的同时处理肝转移病灶。

十三、肝癌放疗的护理要点有哪些？

1. 放射性肝炎 如患者出现精神委靡、肝区疼痛、肝大、小便变黄并日渐加深等放射性肝炎的表现，嘱患者卧床休息，遵医嘱给药，严重者暂停化疗，进行保肝治疗及密切观察病情变化。少部分患者可能出现头晕、面色苍白、血压下降等消化道出血倾向症状，应立即报告医生配合抢救。

2. 肝功能监测 观察肝功能及凝血功能有无异常，行保肝护肝治疗。

3. 肝功能不全护理 由于正常肝细胞对放疗敏感，部分患者会出现肝功能不全，主要表现为食欲减退、肝大、黄疸、腹水、AST/ALT、TBIL 升高，严重者出现肝衰竭。嘱患者绝对卧床休息，密切观察患者黄疸、腹水、神志情况，持续中流量给氧保证肝细胞足够的供氧量，保持大便通畅以免肠内氨的增加，改善凝血功能，积极行保肝治疗，给予促进肝细胞生成的药物。患者出现神志、性格、意识改变及扑翼样震颤等肝性脑病的临床表现时，及时报告医生，辅助医生早诊断、早治疗。

4. 饮食护理 原发性肝癌有强大的消耗性，患者体质较差，多伴有食欲不振、体重下降、营养不良，需要改善饮食增加营养。嘱患者进食低盐、适当蛋白质、易消化饮食，多进食新鲜蔬菜、豆类、蛋类，禁止摄入刺激性食物，保护胃肠道黏膜。出现肝性脑病时，减少蛋白质的摄入。

5. 皮肤护理 具体护理措施见第四章第二节。

6. 口腔护理 具体护理措施见第四章第四节。

7. 骨髓抑制护理 具体护理措施见第四章第二节。

十四、肝癌患者的健康宣教内容有哪些？

1. 接种病毒性肝炎疫苗，预防肝炎。定期体检，肝炎患者积极治疗，防止病情进一步进展。

2. 增强营养，注意饮水和食物卫生，多进食新鲜蔬菜、适当热量、适量蛋白质、含维生素丰富的食物，禁食霉变食物，忌烟酒，禁食刺激性食物，少吃烟熏或腌制食物。伴腹水、水肿患者减少食盐的摄入，有肝性脑病倾向患者控制蛋白质的摄入。

3. 指导患者作息规律，避免熬夜，防止情绪激动和劳累，减轻肝脏负荷，促使肝脏修复及肝功能恢复。

4. 由于肝癌患者凝血机制多有障碍，嘱患者注意自我保护，避免外伤。

5. 定期复查，密切检测肝功能、AFP 的变化。

第三节 胆 管 癌

一、什么是胆管癌？

胆管癌统指胆管系统衬覆上皮发生的恶性肿瘤，按所发生的部位可分为肝内胆管癌和肝外胆管癌两大类。还可以分为肝门部胆管癌或上段胆管癌、中段胆管癌和下段胆管癌 3 种类型，以肝门部胆管癌最常见，占 50%~75%。多见于老年人，男性略多于女性。

二、胆管癌的病因有哪些？

胆管癌发病因素迄今未明，根据大量研究表明，发病的危险因素包括胆系结石、胆道慢性炎症、病毒性肝炎、原发性硬化行胆管炎、华支睾吸虫、化学性致癌物等。

三、胆管癌的分类有哪些？

1. 大体分型

（1）乳头状癌：肿瘤向管腔内生长，沿胆管黏膜向上浸润，通常不向周围组织、血管、淋巴间隙等浸润，手术切除率高，预后良好。多见于胆管下部。此型在临床上较少见。

（2）结节状癌：肿块呈结节状，瘤体较局限，常沿胆管黏膜浸润，向周围组织和血管浸润程度较轻，手术切除率较高，预后较好。多见于胆管中部。

（3）弥漫性癌：肿瘤沿胆管壁广泛浸润胆管，伴管壁增厚、管腔狭窄。一般无法行手术切除，预后差。此型在临床上较多见。

2. 组织学分型 腺癌居多，约占 95%，常见的有乳头状腺癌、高分化腺癌、偶见黏液腺癌、低分化腺癌等。

四、胆管癌常见的转移途径有哪些？

淋巴转移是最常见的转移方式，并且早期就可发生。其次为浸润转移、血行转移等。

五、胆管癌的临床表现有哪些？

1. 症状

（1）进行性黄疸：梗阻性无痛性黄疸是胆管癌的主要症状。黄疸是胆道梗阻的结果，大部分患者呈逐渐加深的进行性黄疸，程度与梗阻的部位和程度有关。尿色深黄，粪便色浅，呈灰白色或陶土色。

（2）腹痛：约 1/3 患者有上腹部隐痛或钝痛。

（3）全身症状：可有食欲不振、体重减轻、乏力、皮肤瘙痒、腹胀、腹泻症状，有时可有发热、寒战、呕吐等胆管炎症状。

2. 体征

（1）黄疸：皮肤、巩膜黄染。

（2）胆囊改变：肿瘤发生在胆管上段时，胆囊常缩小。肿瘤累及胆囊管致阻塞时，胆囊会积液肿大。

（3）肝大：部分患者由于肝内胆汁淤积，出现肝大，质硬，有触痛。

六、胆管癌的辅助检查有哪些？

1. 实验室检查

（1）肝功能检查：呈梗阻性黄疸的表现，总胆红素（TBIL）、直接胆红素（DBIL）、AKP、ALP、γ-GT 等有不同程度升高，凝血酶原时间延长。

（2）肿瘤标志物检查：胆管癌患者胆汁 CEA 高于正常值，CA19-9 是诊断胆管癌的有效指标，阳性率高，CA125、CCRA 对胆管癌诊断有一定价值。

（3）凝血酶原时间延长。

2. 影像学检查

（1）超声检查：B 超是胆管癌的首选诊断方法，可见肝内外胆管病变的部位、大小。

（2）超声内镜（EUS）：由内镜和腔内超声两种检查技术结合的一种新型诊断方法，可更好地观察肿瘤的范围、分期、有无淋巴结转移等情况，必要时可行超声引导下病灶穿刺活检术。

（3）CT、MRI 及 MRCP：胆管癌常用的检查方法，可以显示胆道梗阻的位置、肿瘤大小等，但 MRI、MRCP 在肝门部软组织及肝实质的分辨率高于 CT，两者结合 CT 可明显提高胆管癌的诊断率。

（4）经皮肝穿刺胆管造影（PTC）：可显示胆管内病变位置、程度和范围，与周围组织、血管的关系，常用于黄疸的鉴别。有助于了解梗阻近端胆管扩张情况。

（5）PET-CT：辅助判断肿瘤的良恶性及有无远处转移。

3. 病理学诊断 穿刺获取患者肿瘤组织标本，进行组织学检查，是最有效、最可靠的肿瘤诊断方法。

七、胆管癌的治疗原则是什么？

1. 手术治疗 是目前治疗胆管癌的首选有效方法，但胆管癌的生物学行为决定了手术切除率低，尤其是肝门部胆管癌由于位置特殊，确诊时往往已是晚期，手术切除难度大。对于患者全身状况良好，无远处转移，均应行手术治疗。手术方法包括根治性切除和姑息性切除，手术效果受到肿瘤部位、胆管浸润状况、有无淋巴结转移等影响。

（1）根治性切除术：门静脉未被肿瘤侵犯、非肿瘤侧的门静脉及肝动脉未被肿瘤侵犯、远端胆总管有足够长的正常胆总管等胆管癌，可行手术根治性切除。

（2）姑息性手术治疗：临床上拥有根治性手术机会的患者较少，大多数患者只能通过姑息性手术解除胆道梗阻，常见的有胆囊空肠吻合术、胆管空肠吻合术、置管引流术等。

（3）肝移植术：由于肝移植费用昂贵、术后复发率高，应谨慎选择是否肝移植。

2. 非手术胆道引流 临床上大部分胆管癌患者不能行手术切除但存在胆道梗阻，可通过 PTCD 等植入胆管支架管，引流胆汁，有效地解除黄疸和皮肤瘙痒，改善肝功能，延长患者的生存时间。

3. 放射治疗 胆管癌对放疗敏感性较差，但近年有文献表明，对于不能行手术切除、姑息性治疗、肿瘤复发等患者，解除黄疸后，行放射治疗，可达到减少瘤体、降低复发率、延长生存期的目的。胆管癌放疗常见方案如下。

（1）三维适形放疗（3DCRT）：在胆管支架植入后 2~3 天行放疗，每天放射剂量 2Gy，5 次/周，共 25 次，总剂量 50Gy。

（2）立体定向放射治疗（SBRT）：在胆管支架植入后 2~3 天行放疗，每天放射剂量 5~8Gy，间隔 1~3 天，总剂量 40~60Gy。

4. 化学治疗 胆管癌对化疗敏感性较差。适用于不能手术切除和（或）伴有远处转移的患者，通过化疗使肿瘤降期，争取手术切除机会或缓解症状体征，也可以用于姑息性手术切除后的辅助治疗。解除黄疸后方可行化疗，常用的化疗方案：吉西他滨+铂类（顺铂、奥沙利铂）。

5. 同步放化疗治疗 同步放疗、化疗的作用已得到广泛认可。

6. 其他 中医治疗、介入治疗等。

八、胆管癌放疗的护理要点有哪些？

1. 十二指肠损伤护理 胆管癌放疗后期可出现十二指肠损伤，十二指肠损伤发生后立即予禁食，避免食物流入腹腔加速病情，行胃肠减压，禁止灌肠。密切观察患者生命体征及腹部体征，准确记录出入量，了解有无腹腔内出血，积极治疗，必要时行十二指肠修补术。

2. 胆道狭窄护理 胆道狭窄常伴有腹痛、寒战高热、黄疸等胆管炎症状，放置胆道引流管引流胆汁，密切观察生命体征、腹部体征、引流液性质及量。

3. 肝功能监测 观察肝功能及凝血功能有无异常，行保肝护肝治疗。如患者出现严重黄疸及肝功能异常，建议行经皮肝穿刺留置引流管，根据黄疸、肝功能改善情况，再考虑行放疗。

4. 日常护理 放疗期间，嘱患者多卧床休息，取舒适体位，以左侧卧位、仰卧位为宜，防止胆囊部位受压。

5. 饮食护理 因胆管癌患者胆汁排泄不畅，影响食物的吸收和消化，应摄入新鲜、清淡、易消化、高热量、高蛋白的食物，多食含维生素丰富的新鲜水果蔬菜，少吃高脂肪、产气胀气食物，禁烟酒和刺激性食物，多饮水。必要时给予肠内肠外营养支持。

6. 皮肤护理 具体护理措施见第四章第二节。

7. 口腔护理 具体护理措施见第四章第四节。

8. 骨髓抑制护理 具体护理措施见第四章第二节。

九、胆管癌健康教育内容有哪些？

1. 指导患者进食低脂、高蛋白、高维生素的易消化食物，忌油腻食物和饱餐，禁烟酒、禁刺激性食物，以免影响肝功能或引起胆管结石。

2. 观察黄疸及皮肤瘙痒情况，禁止搔抓。

3. 留置引流管护理：告知家属更换引流管的方法及有关注意事项，妥善固定引流管的方法及目的，告知每日观察引流液的颜色、性质和量的重要性。避免引流管滑脱、弯曲、堵塞，保持引流管通畅，保持引流袋位置低于穿刺口，不适随诊。

十、什么是 PTCD 术？

经皮肝穿刺胆道引流术（percutaneous transhepatic cholangial drainage，PTCD）术是指在 B 超、CT 的引导下，经皮肝穿刺放置胆道引流管，重新建立胆道引流，达到引流胆汁、解除胆道梗阻的目的。PTCD 是一种针对重度梗阻性黄疸患者行姑息性治疗的有效方法，因其操作简单、创伤小、安全性高等优点，现已取代了部分外科手术或成为 PTCD 外科手术前后的重要协助手段。PTCD 作为一种治疗阻塞性黄疸的姑息疗法已成为治疗该病的首选方法。

十一、PTCD 术的适应证是什么？

1. 不能手术切除的晚期肿瘤引起的恶性梗阻性梗阻，行姑息性治疗，置引流管行胆道引流。

2. 黄疸患者的术前减症方法。

3. 急性化脓性胆管炎等急性的胆道感染，行暂时胆道引流，缓解症状，改善肝功能及全身状况，择期手术。

4. 胆道狭窄，胆道重建及胆肠吻合口狭窄等。

5. 通过放置的胆道引流管，行放疗、化疗、细胞学检查等治疗。

十二、PTCD 引流管的护理要点有哪些？

1. 保持引流管固定、通畅 保持引流袋位置低于穿刺口部位，避免因患者活动引起扭曲、受压、堵塞、脱落等。

2. 观察并记录胆汁引流液的颜色、性质及量 正常情况下，24h 引流量＞150ml，颜色为深棕色，墨绿色为感染性胆汁，血色或暗红色可能为胆道内出血。

3. 胆道的冲洗 患者出现寒战、高热，胆汁引流液黏稠或有较多絮状物时，怀疑为胆道感染，予 0.9%氯化钠注射液+庆大霉素注射液+抗厌氧菌药物（如甲硝唑注射液）行 PTCD 导管冲洗，保持冲洗力道适中。

4. 保持穿刺口干结 无渗血渗液，以无菌操作技术更换穿刺口敷料 2 次/周。更换引流袋 1 次/日，抗反流引流袋可 1 次/周。

5. 夹管的护理 PTCD 置管 3~7 天后，患者生命体征平稳，大便颜色转黄，小便颜色变浅，总胆红素下降、全身瘙痒症状减轻可考虑夹管，嘱患者进食前夹管，进食结束后松开，无不良反应可改为白天夹管晚夜间松开，最后过渡到全天夹管，患者仍无不适，可考虑拔出 PTCD 置管。

6. 并发症的护理

（1）胆道出血：患者出现头晕乏力、面色苍白、引流管引流出血性胆汁，可能与穿刺损伤局部血管、凝血因子合成障碍、凝血酶原时间延长造成的凝血机制障碍有关。

护理措施：嘱患者卧床休息，监测生命体征，观察患者有无面色苍白、意识淡漠等休克前表现，观察并记录引流液颜色、性质及量。遵医嘱予静脉滴注止血药物，0.9%氯化钠注射液+去甲肾上腺素 1mg 行胆道反复冲洗。

（2）导管阻塞：可能与导管扭曲、胆汁浓度高、凝血块或分泌物堵塞管道有关。

护理措施：妥善固定引流管，避免管道反折、扭曲、压迫而致导管堵塞。可行管道冲洗，忌用力过猛，避免因压力过大致胆汁逆流回肝内胆管引起肝内胆管堵塞，冲洗结束再次连接引流袋，持续引流。

（3）导管脱落：与敷料固定不牢患者活动拉扯易脱出、穿刺口敷料松脱有关。

护理措施：加强对患者的相关宣教，保持引流管固定通畅，嘱患者起床活动时将引流袋用别针固定在衣服的右侧。班班交接，及时发现患者因汗液多、渗液多导致穿刺口敷料松脱，予立即更换。

（4）电解质紊乱：与出入量不平衡有关。

护理措施：观察记录患者出入量、引流液量，保持大致平衡，监测电解质数值，及时给予调整液体量。引流液每日大于 1500ml 时，应适当补液。

（5）胆道感染：患者出现右上腹疼痛、高热、白细胞计数升高、黄疸加深的菌血症表现，与胆汁淤积引起的细菌繁殖、细菌易通过引流管到胆道、手术及护理中未严格执行无菌操作有关。

护理措施：严密监测患者生命体征，观察患者腹痛、高热、意识状态的改变。控制探视人数，病房紫外线消毒 1 次/日，遵医嘱予抗生素药物静脉滴注。严格无菌操作，行胆道冲洗 1 次/日，保持引流管通，避免胆汁反流引起感染。

十三、PTCD 引流管院外护理注意事项有哪些？

1. 保持引流管固定、通畅、引流袋位置低于穿刺口。

2. 保持穿刺口干燥无渗血渗液，定时更换敷料。定时更换引流袋。

3. 做些力所能及的事情，避免过度活动。

4. 嘱患者进食高热量、高蛋白、低盐低脂、含维生素及微量元素丰富的新鲜水果蔬菜及鱼肉类的清淡饮食，禁刺激性食物，禁烟酒，保证充足的营养供给，提高身体抵抗力。多饮水，调节水电解质平衡。

5. 观察引流液：如出现引流出血性、含凝血块、恶臭分泌物等引流液，或引流液<100ml 或>1000ml/d，持续腹痛、发热，导管脱落等情况，应及时就诊。

第四节　胰　腺　癌

一、什么是胰腺癌？

胰腺癌是消化系统较常见的恶性肿瘤，起源于胰腺外分泌组织，因解剖位置特殊，难以较早发现，发现时大多为中晚期，恶性程度高，预后差，5 年生存率 1%～3%，男女发病率比例为（1.5～2）：1。据《2013 年中国肿瘤登记年报》统计，胰腺癌位列我国男性恶性肿瘤发病率的第 8 位，人群恶性肿瘤死亡率的第 7 位，全国范围内呈快速上升趋势。

二、胰腺癌的病因有哪些？

胰腺癌发病因素迄今未明，根据大量研究表明，发病的危险因素包括吸烟、酗酒、高脂肪高蛋白饮食、糖尿病、慢性胰腺炎、苯类化合物接触史等。胰腺癌存在遗传易感性，约 10%胰腺癌患者存在遗传背景。

三、胰腺癌好发于哪些部位？

胰腺癌主要好发于胰腺头部，约占 70%，其次为胰腺体部、胰尾部。

四、胰腺癌分类有哪些？

1. 导管细胞腺癌　最多见，占胰腺癌的 80%～90%。

2. 特殊类型导管起源　巨细胞癌、腺鳞癌、黏液癌。

3. 腺泡细胞癌　约占1%。
4. 小腺体癌　少见。
5. 大嗜酸性颗粒细胞性癌　罕见。
6. 小细胞癌　占胰腺癌1%~3%。

五、胰腺癌的转移途径有哪些？

转移途径主要为淋巴转移、血行转移、直接蔓延，还可经腹腔种植。

六、胰腺癌的临床表现有哪些？

1. 症状

（1）腹痛：上腹部不适是常见的首发症状，早期由于胰管或胆管梗阻，造成管腔内压增高，出现进行性的上腹部钝痛、胀痛，可放射至腰背部。晚期由于肿瘤累及胆总管下段，压迫肠系膜上静脉或门静脉，侵犯十二指肠及腹腔神经丛，疼痛加剧，多表现为顽固性疼痛。

（2）黄疸：肿瘤累及胆总管，患者出现进行性加重黄疸，伴全身皮肤瘙痒，尿色深黄，粪便色浅，呈陶土色。肿瘤靠近胆总管，黄疸出现较早，远离胆总管则出现较晚。

（3）消化道症状：由于胰液和胆汁排泄功能障碍，患者常表现出食欲不振、上腹饱胀、恶心、呕吐、消化不良等。肿瘤侵犯门静脉和脾静脉至栓塞时，可见食管胃底静脉曲张破裂出血。

（4）全身症状：由于摄入减少、消化不良、恶性肿瘤的消耗，患者呈进行性消瘦、乏力，甚至进展至恶病质。

2. 体征

（1）黄疸：阻塞性黄疸胰腺癌常见体征。

（2）肝大、胆囊肿大：黄疸明显患者，大部分有肝大，胆囊肿大而无压痛。

（3）腹部肿块：晚期患者可在腹部触及肿块，位置为病变处，质硬，不易推动。可闻及移动性浊音。

（4）腹水：多由晚期肿瘤的腹膜浸润、扩散及低蛋白血症所致，腹水多为血性。

七、胰腺癌的辅助检查有哪些？

1. 实验室检查

（1）肝功能检查：黄疸明显患者，总胆红素、直接胆红素、氨基转移酶等指标可升高。

（2）肿瘤标志物检查：CA19-9、CEA、PCAA（胰腺癌相关抗原）、POA（胰胚瘤抗原）、CA125、PSA都是常用的辅助诊断、随访项目。CA19-9可异常表达于多种肝胆胰疾病及恶性肿瘤患者，虽非为肿瘤特异性，但血清CA19-9的上升仍有助于胰腺癌与其他良性疾病的鉴别。PCAA阳性率较高但特异性较低，PCAA联合PSA检测敏感性和特异性均大大增高。

2. 影像学检查

（1）超声：B超是首选的无创检查，可作为胰腺癌筛查项目。对梗阻部位、病变性质做初步评估。超声内镜检查（EUS）可准确描述肿瘤有无侵犯周围血管及淋巴结，大大提高了诊断率。超声检查的准确率受到操作者的技术、经验、细致程度等影响。

（2）CT、MRI：检查效果优于B超，可见肿瘤大小、有无转移及与周围血管关系。

（3）ERCP：为有创性检查。有黄疸且较严重患者，经CT检查不能确定诊断时，可选择ERCP，胰腺癌诊断率高。可见双管征：肿瘤对胆总管和主胰管阻塞和包埋，引起胆总管和胰管出现双管性狭窄，导致双管均扩张。

（4）经皮肝穿刺胆管造影（PTC）：可显示胆管梗阻部位，了解肿瘤性质及胆管扩张程度。置管引流胆汁可使胆管减压、黄疸减轻，但易并发胆瘘。

3. 病理学检查

（1）在B超、CT的引导下经皮穿刺活检，取得肿瘤组织标本，行病理学学检查。

（2）通过ERCP，收集胰液，行细胞学检查。

（3）通过EUS，直接穿刺活检获得组织标本，行病理学检查。可避免因经皮穿刺引起出血、感染等。

八、胰腺癌的治疗原则是什么？

1. 手术切除　手术切除是胰腺癌治疗的有效方法，无转移的胰腺癌应该争取手术机会。

（1）胰十二指肠切除术：适用于胰头癌。

（2）胰体尾部癌切除术：适用于胰体、胰尾癌。

（3）全胰切除术：适用于全胰。

（4）扩大胰癌根治术：在以上术式基础上切除受侵犯临近脏器或血管。

（5）保留幽门的胰十二指肠切除术：适用于无幽门附近淋巴结转移的胰腺癌。

2. 姑息性手术　适用于不能行根治手术切除且合并梗阻性黄疸的患者，常见的有经内镜下经十二指肠乳头胆道内植入支架术、胆囊空肠吻合术、胆肠吻合术等手术，缓解胆道和消化道梗阻，解除黄疸，延长患者的生存期，提升患者的生存质量。术中使用无水乙醇破坏腹腔神经丛，减轻疼痛。对于存在十二指肠梗阻无法行支架植入患者，可经皮经肝穿刺留置引流管。

3. 放射治疗　近年来随着放射技术的发展，放射治疗已经成为胰腺癌综合治疗的重要组成部分。患者可通过放疗减轻临床症状，达到局部控制肿瘤的效果。胰腺癌放疗常见方案如下。

（1）三维适行放疗（3DCRT）：每天放射剂量2Gy，每周5次，共30次，总剂量60Gy。

（2）立体定向放射治疗（SBRT）：每次放射剂量2.5~4.5Gy，每周3次，共8~14次，总剂量30~45Gy。

4. 化学治疗　胰腺癌对化学治疗敏感性较低，但越来越多的研究表明，患者可通过化疗缓解症状体征、缩小瘤体，争取手术机会，降低肿瘤复发率等，化疗药以氟尿嘧啶为主，对体能状况良好的患者联合使用卡培他滨、吉西他滨，有较好的治疗效果。

5. 同步放化疗治疗　同步放疗、化疗的作用已得到广泛认可。

6. 其他治疗　免疫疗法、中医治疗等。

九、胰腺癌放疗的护理要点有哪些？

1. 十二指肠溃疡、胃溃疡护理　由于胰腺解剖位置靠近胃、十二指肠，放射治疗易引起十二指肠、胃黏膜溃疡，进食低脂、易消化、弱碱性食物，遵医嘱予抑酸、胃黏膜保护药物。患者若出现剧烈腹痛，观察疼痛性质，无压痛反跳痛时可能出现溃疡穿孔，予禁食禁水，持续胃肠减压，必要时行手术缝合或切除。患者出现呕血、解柏油样黑便时，可能出现上消化道出血，嘱患者绝对卧床休息，禁食禁水，持续胃肠减压，遵医嘱予补液、止血、抑酸等药物治疗，必要时行手术止血。

2. 监测肝功能　观察肝功能及凝血功能有无异常，行保肝护肝治疗。如患者出现严重黄疸及肝功能异常，建议行经皮肝穿刺留置引流管，根据黄疸、肝功能改善情况，再考虑行放疗。

3. 饮食护理　嘱患者进食低脂、高营养、高维生素、清淡易消化饮食，禁食刺激性食物，禁烟酒。具体护理措施见第六章。

4. 皮肤护理　具体护理措施见第四章第二节。

5. 口腔护理　具体护理措施见第四章第四节。

6. 骨髓抑制护理　具体护理措施见第四章第二节。

十、胰腺癌患者的健康宣教内容有哪些？

1. 出现上腹部胀痛、食欲不振、消瘦等疑似胰腺癌的症状，应及时就诊。

2. 进食低脂、高热量、高维生素的清淡易消化饮食，避免暴饮暴食，忌高脂肪、辛辣刺激性食物。

第五节 胃 癌

一、什么是胃癌?

胃癌是位于上皮的恶性肿瘤,是我国常见的恶性肿瘤,在全国新诊断的恶性肿瘤中仅次于肺癌,居第二位,死亡率低于肺癌、肝癌,居第三位,男性发病率高于女性,男女发病率比例大约为 2∶1,以中老年患者居多。

二、胃癌的病因有哪些?

1. 环境因素 根据世界各国对胃癌流行病学的调查统计分析,胃癌发病有明显的地域差。高纬度地区、距离赤道越远的国家发病率越高,也有资料认为与沿海因素有关,可能与各地区饮食习惯、地球化学因素及环境中存在的致癌物质有关。在我国的西北与东部沿海地区胃癌发病率比南方地区明显较高。

2. 饮食因素 可能致癌的饮食因素为长期食用烟熏、盐腌、高盐、霉变等食品,与食品含有高量的亚硝酸盐、真菌毒素、多环芳烃化合物等致癌物有关;长期吸烟也是胃癌的高危发病因素。

3. 幽门螺杆菌(Hp) Hp 不仅是慢性胃炎和消化性溃疡的主要病原菌,也是引起胃癌的危险因子,目前已知,Hp 感染引起的慢性胃炎是最强的致胃癌危险因素。Hp 被 WHO 列为最高警示级别的Ⅰ类致癌物。目前胃癌的确切发病机制尚未完全清楚,但是 Hp 作为一种致癌因子,在胃癌的发病中起病因作用已得到共识。胃癌与 Hp 感染有共同的流行病学特点,Hp 诱发胃癌的发病机制可能有:Hp 可催化硝酸盐转化成亚硝酸盐及亚硝胺而致癌;Hp 感染引起的慢性炎症促进黏膜上皮细胞变异而致癌。

4. 遗传因素 胃癌与遗传因素有关,有着家族聚集的现象,胃癌患者中家属胃癌的发病率比普通人群高 2~3 倍。胃癌的发生是一个多步骤、多因素进行性发展的过程,胃黏膜上皮细胞的增殖和凋亡依赖于癌基因、抗癌基因及生长因子,一旦这种平衡被破坏时,胃上皮细胞过度增殖而不能启动凋亡信号可能进展为胃癌。

5. 癌前疾病和癌前病变 癌前疾病包括慢性萎缩性胃炎、胃息肉、胃溃疡及残胃炎等胃良性疾病,这些疾病伴有长期慢性炎症过程,增加胃癌发生的风险。胃黏膜上皮的异型增生属于癌前病变,易转变为癌组织。

三、胃癌好发于哪些部位?

胃癌好发于胃窦部(约占 58%),其次为贲门部(约占 20%)、胃体部(约占 15%)、全胃或大部分胃(7%)。胃癌多为单发,少部分也可多发。

四、胃癌的高危人群有哪些?

男性发病率高于女性,年龄越大发病率越高,喜食盐腌制蔬菜或熏制鱼、肉,吸烟人群,有胃部手术史,胃炎、胃溃疡胃息肉病史,家族肿瘤病史等。

五、胃癌的分类有哪些?

1. 肿瘤侵犯程度分类

(1)早期胃癌:癌组织局限于黏膜和黏膜下层,不论病灶大小或有无淋巴结转移,根据形态分为三型。

Ⅰ型:隆起型,病灶突出 5mm 以上。

Ⅱ型:浅表型,病灶较平坦,突出或凹陷 5mm 以内。

Ⅲ型:凹陷型,为较深的溃疡,病灶凹陷 5mm 以上。

(2)进展期胃癌:癌组织超过黏膜下层,侵入胃壁肌层为中期胃癌,侵入浆膜并向临近脏器浸润为晚期胃癌。采用 Borrmann 分型分为四型。

Ⅰ型:肿块型,病灶边界尚清,突入胃腔。

Ⅱ型：溃疡局限型，边界尚清，病灶呈溃疡状，稍隆起。
Ⅲ型：溃疡浸润型，病灶为边界不清的溃疡状。
Ⅳ型：弥漫浸润型，癌组织边界不清，向四周弥漫浸润性生长，累及全胃或胃大部分时称为皮革胃。

2. 组织学分类
（1）腺癌：乳头状腺癌、管状腺癌、黏液腺癌。
（2）黏液癌：即印戒细胞癌。
（3）未分化癌。
（4）其他：腺鳞癌、鳞状细胞癌、类癌等，少见。

六、胃癌的临床表现有哪些？

1. 症状
（1）早期胃癌：多无明显症状，常伴有消瘦，可出现上腹不适、嗳气、反酸、食欲不振等非特异性的消化道症状。
（2）进展期胃癌：①腹痛，最早出现的症状。②食欲不振、消瘦，肿瘤毒素的吸收，使患者出现进行性的消瘦、乏力、体重下降的表现。③恶心呕吐，胃窦部癌引起幽门梗阻出现恶心、呕吐宿食。④呕血或黑便，溃疡性胃癌，常出现呕血或黑便。⑤其他，转移至不同部位可出现相应症状，转移至骨骼时可出现全身骨骼痛，转移至肝时可出现肝区痛、黄疸等，转移至肺可出现咳嗽、咯血等。

2. 体征
（1）上腹部肿块：进展期胃癌可在上腹部触及肿块，多位于上腹部右侧，质硬，有压痛。
（2）伴癌综合征：出现包括反复发作性血栓静脉炎、皮肌炎、黑棘皮病等。
（3）全身表现：晚期胃癌患者可出现食欲不振、消瘦、贫血、营养不良甚至恶病质表现。
（4）不同转移部位体征：肝脏转移可出现肝大、黄疸等；腹膜转移时可出现腹水，可闻及移动性浊音；直肠指检在直肠膀胱凹陷可触及肿块；肺部转移可有呼吸困难。

七、胃癌的辅助检查有哪些？

1. 实验室检查
（1）血常规：大部分患者会出现贫血，多由于长期失血引起的缺铁性贫血，或消瘦导致的恶性贫血，表现如巨幼红细胞性贫血。
（2）大便隐血实验：持续性大便隐血阳性，对胃癌诊断有参考价值。
（3）肿瘤标志物：临床上胃癌广泛应用的肿瘤标志物有 CEA、CA19-9、CA-50、CA-125，特异性均不高，联合使用，可提高特异性和阳性率，用于辅助诊断和疗效判断。

2. 影像学检查
（1）超声：首选的无创性检查，可作为胃癌患者的常规检查项目。价格低廉、操作简单，可显示肿瘤大小、部位，有无腹盆腔脏器、淋巴结转移等。受到检查者操作技术、细致程度等影响。
（2）CT、MRI：两项检查广泛应用于临床，可显示肿瘤大小、对胃壁的浸润程度、与周围脏器的关系及有无淋巴结或远处转移，有助于胃癌的诊断和术前临床分期判断。
（3）X线钡餐检查：诊断胃癌常用的检查项目。常采用气钡双重造影，可清晰地显示黏膜结构，可发现较小且浅表的病灶。肿块型胃癌表现为凸向腔内的充盈缺损；溃疡型胃癌表现为胃壁内龛影，轮廓不规则而锐利；浸润型胃癌表现为胃壁僵硬，失去蠕动；弥漫型胃癌表现为胃容积变小，蠕动消失，呈狭窄的革袋状。

3. 腔镜检查
（1）胃镜检查：临床上广泛的使用检查项目，可显示胃黏膜病变，普及胃镜检查可提高胃癌早期诊断率，争取早发现、早治疗。

（2）内镜检查：是目前可靠的诊断胃癌方法。在内镜直视下，观察病变部位、范围、性质、距贲门、幽门的距离，同时获取黏膜组织行病理学检查，有助于胃癌的定性定位判断及手术方案的选择。

4. 病理学检查 胃镜活检组织行病理学检查，是最可靠的诊断方法。

八、胃癌的治疗原则是什么？

1. 手术治疗 手术切除是胃癌治疗的主要手段，也是目前能治愈胃癌的唯一方法。

（1）根治性手术：完整切除病灶和可能受浸润胃壁在内的胃的部分或全部，按临床分期标准行胃周围的淋巴结清扫。

（2）姑息性手术：原病灶无法根治性切除，将病灶尽可能的切除，减少肿瘤作用，有助于行下一步放疗、化疗综合治疗。

（3）减症术：解除肿瘤引起的梗阻、出血、穿孔等并发症。

2. 放射治疗 长久以来，一直认为胃癌多为腺癌，对放射线不敏感，易引起胃黏膜损伤，不适合放疗。随着设备的更新、放疗技术的发展，对于不能行手术治疗或拒绝手术治疗、术后残留病灶或术后复发、远处转移病灶，患者可通过放疗减轻临床症状，达到减缓肿瘤进展的效果。也可用于术前辅助治疗，减轻肿瘤负荷。胰腺癌放疗常见方案为三维适行放疗（3DCRT）：每天放射剂量2Gy，每周5次，总剂量40~45Gy。

3. 化学治疗 可用于根治性手术、姑息性手术前、中、后的辅助姑息减症治疗，也可用于晚期无手术指征的综合治疗，杀伤残留的癌组织和抑制、减缓癌细胞的扩散，改善患者症状，提高生存质量。静脉滴注的常用化疗药有氟尿嘧啶、顺铂、多柔比星、依托泊苷、紫杉醇等，口服给药的化疗药是卡培他滨。

4. 同步放化疗治疗 同步放疗、化疗的作用已得到广泛认可。

5. 其他治疗 免疫疗法、中医治疗等。

九、胃癌放疗的护理要点有哪些？

1. 贫血护理 由于胃癌患者手术后内因子和维生素 B_{12} 缺乏，容易出现缺铁性贫血，因此患者常常表现出乏力、头晕等贫血症状，这不仅影响患者的生活质量，严重的贫血还将降低放化疗的疗效。因此放疗期间，嘱患者进食含铁丰富食物，如肝、瘦肉、豆类、海带等，严密监测血常规，观察红细胞和血红蛋白的数值变化，红细胞<120g/L，嘱患者卧床休息，遵医嘱予口服铁剂、注射促红细胞生成素药物，红细胞<70g/L，考虑输注红细胞。

2. 放射性胃炎护理 放射性胃炎是上腹部接受放射治疗后引起的严重并发症。由于放疗射线对胃壁肌层和黏膜层的损伤，患者出现胃黏膜充血、水肿伴有渗血的急性炎症的症状，全身表现为剑突下疼痛、吞咽困难、食欲减退、恶心、呕吐、腹痛等，严重者出现黑便，遵医嘱予解痉、护胃、止痛、止吐药物，必要时行外科手术止血。观察大便颜色，如有异常及时报告处理。

3. 其他并发症的观察和护理 胃周围的肾、肝、脾等脏器易被放射线损伤，应密切观察患者的尿的量及性质，监测肝功能、血常规，观察有无脾脏损伤迹象，询问患者有无腹痛、腹泻等，应及时给予药物及相应处理。

4. 饮食护理 进食高维生素、高蛋白的稀软易消化清淡饮食，少进食过甜、过酸、易产气食物，少食多餐。具体护理措施见第六章。

5. 皮肤护理 具体护理措施见第四章第二节。

6. 口腔护理 具体护理措施见第四章第四节。

7. 骨髓抑制护理 具体护理措施见第四章第二节。

十、胃癌健康宣教内容有哪些？

1. 患有萎缩性胃炎、胃息肉、胃溃疡及残胃炎等胃良性疾病人群，胃黏膜萎缩、胃癌家族史等胃癌高危人群，应定期体检，以便早期诊断和治疗。

2. 少量多餐，食高热量、高维生素、清淡易消化食物，忌生、冷、煎、炸、酸等刺激性易产气食物。避免服用对胃肠黏膜有损害的药物。

3. 患者出现腹部不适、黑便、锁骨下淋巴结肿大等临床表现时，及时就诊。

十一、消化系统肿瘤放疗的护理要点有哪些？

1. 放疗前宣教 向患者及家属讲解放疗的相关知识，保持照射野皮肤的清洁和干燥，保持放疗标记清晰，勿涂擦和洗脱，不清晰应及时重画，确保放射的准确性。放射野内有义齿、金牙等金属物件放疗时需要取下，以免照射剂量出现误差。

2. 皮肤护理 加强基础护理，保持皮肤干燥、清洁，防止感染。嘱患者着宽松、柔软的棉织品，避免粗糙衣物摩擦。禁用碱性肥皂、粗糙毛巾，禁用乙醇、碘酒等刺激性强消毒剂涂擦皮肤。照射部位禁止涂含金属的药膏、油剂、胶布等，防止阳光暴晒和搔抓皮肤。多观察放射野皮肤，出现红肿、瘙痒时可轻拍，擦拭放疗皮肤保护剂。如果皮肤出现破损立即告知医务人员，并予相应处理，严重破溃时需停止放疗。

3. 口腔护理 饭前饭后用漱口水漱口，避免因放疗导致唾液腺分泌减少、口腔 pH 改变而引起细菌繁殖，导致口腔感染。

4. 骨髓抑制护理 放射治疗后常出现骨髓移植，以白细胞、血小板减少为主要表现。

（1）白细胞＜$(1\sim3)\times10^9/L$、中性粒细胞＜$1.5\times10^9/L$ 时，采取一般保护性隔离，减少外出和病房探视人数，预防感冒。当白细胞＜$1.0\times10^9/L$、中性粒细胞＜$0.5\times10^9/L$ 时，必须采取无菌性保护隔离，病房每日消毒两次。

（2）血小板＜$100\times10^9/L$ 时，给予升血小板治疗，必要时考虑输注血小板，注意观察有无出血倾向。嘱患者卧床休息，保持大便通畅，避免用力排便导致内脏出血。

（3）白细胞＜$(1\sim3)\times10^9/L$、中性粒细胞降至 $1.5\times10^9/L$、血小板＜$80\times10^9/L$ 时，暂停放疗，对症治疗。

5. 放射性肠炎护理 放射性肠炎是盆腔、腹腔及腹膜后肿瘤放疗常见的放射性损伤。

由于放射对胃肠黏膜的损伤，患者可能出现上腹饱胀、腹痛、恶心、呕吐、腹泻等放射性肠炎表现，嘱患者放疗前 30min 禁止进食，减少胃肠道受累面积和负荷，减轻胃肠道反应。口服护胃肠药促进胃肠黏膜修复，必要时禁食禁水，完全肠外营养，肠功能恢复后，再由肠内营养过渡至半流食、普食。观察大便颜色，防止胃肠道出血，如有异常及时报告处理。

6. 饮食护理 肿瘤为消耗性疾病，放疗为损伤性治疗手段，因此合理的饮食计划对放疗患者尤为重要。指导患者进食高营养、高维生素、清淡易消化饮食，多进食补气养血抗肿瘤的食物，如红枣、香菇、花生、胡萝卜、猪肝、菠菜等，注意增加事物的色、香、味，少食多餐，保持就餐环境清洁、安静，增进患者的食欲。禁烟酒，禁食刺激性食物。准确记录患者24h 出入量，呕吐物颜色、性质、量，及时发现有无电解质紊乱。每日饮水＞2000ml，以促进毒素的排出。按需给予肠内肠外营养支持。

7. 全身反应护理 嘱患者放疗期间多饮水，每日饮水量 2000~3000ml，增加尿量，将放疗、化疗所致肿瘤细胞破裂、死亡释放出的毒素排出体外，减轻全身毒副反应。放疗期间，嘱患者多卧床休息，保持舒适体位缓解疲劳。严密检测患者生命体征，如有异常予相应处理。

8. 疼痛护理 晚期肿瘤患者大多存在疼痛，对患者的心理、生理造成不可忽视的影响。根据患者需求协助患者取舒适体位，保持病房安静，避免不良刺激。通过询问病史，观察或运用评估工具来判断疼痛的部位、性质、程度。参照 WHO 三阶梯止痛方案，遵医嘱按时予镇痛药，准确应用止痛药达到有效止痛目的。指导患者行松弛训练分散注意力，如深呼吸、聆听舒适平缓的轻音乐、与治疗效果好的病友交流，保持病房安静，避免不良刺激，缓解疼痛，提高患者生存质量。

9. 心理护理 患者由于经济负担过重、生理承受折磨、心理饱受摧残等原因，可能会出现否认、悲观、沮丧、愤怒等情绪，医护人员应怀着同情心、责任心、爱心积极地与患者多交流，深入了解患者内心活动，鼓励患者说出内心感受，并给予正确引导，获得患者的信任，缓解其抑郁、悲观的情绪，制订并不断调整护理计划。向患者及家属讲解放射治疗的必要性、放射治疗的相关知识及可能出现的毒副反应，全面了解治疗方案，使其积极乐观配合治疗。

十二、消化系统肿瘤患者的健康宣教内容有哪些？

1. 定时体检，争取早发现、早诊断、早治疗。
2. 普及常见肿瘤的筛查和早期诊查工作，有效地提高早诊率，积极预防和治疗消化道的慢性疾病，避免癌变。
3. 进食高热量、高维生素、清淡易消化饮食，多食新鲜水果、蔬菜。
4. 指导患者生活规律，根据病情和体力做加适当的体育锻炼，增强身体抵抗力。多与家属、朋友及预后好的病友交流，保持乐观向上的心态，尽可能地融入正常人的生活。
5. 放疗期间，一周复查一次血常规，检测白细胞、红细胞、血红蛋白等指标。
6. 遵医嘱按时按量服药。指导患者正确使用止痛药，达到自我有效控制疼痛。
7. 定期复查、随访，如有不适，及时就诊。

（罗宇玲 黄榕 柳好）

第九章 胸部肿瘤

第一节 食管癌

一、什么是食管癌？

食管癌是指发生在食管上皮组织的恶性肿瘤，是一种常见的消化道肿瘤，占所有肿瘤发生率的 2%。

二、食管癌的病因有哪些？

到目前为止，食管癌的发病机制仍未明确，但大量的国内外研究显示，食管癌的发生是多种因素协同作用所导致的。食管癌相关的致病因素包括：

1. 亚硝胺与食管癌的发生密切相关。
2. 真菌实验室研究发现自然发霉的食物可诱发大鼠食管癌的发生。
3. 不良的饮食习惯：腌制食物食入太多、食物粗糙、喜食烫食、进食过快等均是食管癌的促发因素。
4. 营养不足：营养不良、维生素及微量元素缺乏、不合理的膳食结构等均可促发食管癌。
5. 食管的慢性炎症：胃食管反流性疾病是腺癌的高危因素之一。
6. 饮酒、吸烟：饮酒是鳞癌的危险因素，对腺癌影响不大。吸烟者的发病风险比非吸烟者高 2 倍。

三、食管癌好发于哪些部位？

食管癌的好发部位，各地区间虽存在差异，但大量调查研究显示，50%左右的食管癌发生在食管中段，30%发生在食管下段，20%发生在食管上段，颈段的发生率很低。

四、食管癌的高发地及高发人群有哪些？

我国作为"食管癌大国"，全球近一半的食管癌发生在中国，主要高发于经济欠发达的地区，河南省林州县、辉县、安阳等地是我国食管癌发病率和死亡率最高的地区。食管癌好发于 40 岁以上的人群，男性发病率高于女性，40 岁以下发病者近年来呈逐渐增长趋势。

五、食管癌的分类和分期有哪些？

90%以上的食管癌为鳞状细胞癌或腺癌。我国以鳞状细胞癌多见，占 68.5%~90.6%。按照病理形态，可将食管癌分为：髓质型（约占 70%）、蕈伞形、溃疡型及缩窄型。AJCC 对食管癌的临床分期如表 9-1 所示。

表 9-1 AJCC 对食管癌的临床分期

分期	T	N	M
0 期	Tis	N_0	M_0
Ⅰ期	T_1	N_0	M_0
ⅡA	T_2	N_0	M_0
	T_3	N_0	M_0
ⅡB	T_1	N_1	M_0
	T_2	N_1	M_0
Ⅲ	T_3	N_2	M_0
	T_4	任何 N	M_0

续表

分期	T	N	M
Ⅳ	任何T	任何N	M_1
ⅣA	任何T	任何N	M_{1a}
ⅣB	任何T	任何N	M_{1b}

六、食管癌的转移途径有哪些？

1. 直接浸润扩散 食管癌侵入外膜时，直接累及临近的器官如气管、肺、心包等。

2. 淋巴结转移 为食管癌的主要转移途径。

3. 血行转移 出现较晚，通过血液的循环向远处转移。

七、食管癌的临床表现有哪些？

1. 食管癌的早期征兆 早期症状多不明显，很多患者因未引起重视而耽误治疗。临床上常见的症状有：

（1）吞咽食物梗噎感：很多患者在进食干性食物和不易咀嚼的食物时尤为明显。

（2）胸骨后不适和闷胀：与黏膜糜烂和浅表溃疡有关，当食物接触到糜烂或溃疡面时，即可出现。

（3）食管内异物感：有20%左右的患者主诉在吞咽时有食管内的异物感。

（4）咽喉部干燥及紧缩感。

（5）食物通过缓慢并有滞留感。

2. 食管癌中晚期的临床表现 以进行性吞咽困难最为常见。常见的伴随症状有：

（1）前胸或后背部持续性疼痛。

（2）呕吐黏液。

（3）因进食困难导致的消瘦、营养不良、脱水等。

（4）食管出血。

（5）食管穿孔。

（6）转移症状和体征：①颈部肿块；②声音嘶哑；③压迫症状；④转移至肝、肺、骨骼等引起的相应症状。

八、食管癌的辅助检查有哪些？

1. 细胞学检查 简单、经济，主要用于食管癌高危人群的筛选和普查。阳性率可达80%以上。

2. 食管内镜超声检查术 NCCN指南建议患者在手术前行食管内镜超声检查，可明确肿瘤的侵犯程度，对食管癌分期，尤其是食管癌非手术治疗前的分期很有帮助。

3. 影像学检查

（1）X线检查：是诊断食管癌尤其是中晚期食管癌的简便方法。但在判断肿瘤大小、浸润程度上有一定局限。

（2）CT/MRI检查：能够显示肿瘤的大小及走向，对放射治疗中照射野的设计和定位有很大帮助。

（3）PET-CT：可评估患者全身淋巴结转移和远处转移情况。但由于价格昂贵，且医保不能报销，应用有局限。

4. 食管镜检查 是明确食管癌诊断的常规手段之一。

九、食管癌的治疗原则是什么？

食管癌的治疗方法有手术治疗、放射治疗、化学治疗、综合治疗。临床上根据病程的早晚、病变的部位及个体情况来选择治疗方法。但手术治疗仍然是目前治疗食管癌的首选方法。

1. 手术治疗 Ⅰ、Ⅱ和Ⅲ期患者有潜在切除的可能。食管超声，PET或PET/CT及分子生物学技术提高了手术患者选择的条件、预后及总生存率。所有需要进行食管手术切除的患者，都应先进行身体评估，包括是否耐受手术和肿瘤的发展程度。食管癌的手术方式包括胃替代食管、胸部或颈部做食管胃吻合术空肠结肠替代食管等，主要根据食管癌的原发肿瘤大小、部位及外科医生的经验进行选择。

2. 放疗 是食管癌最主要、有效的治疗方法之一。可以单纯放疗，也可联合手术、化疗进行综合治疗。目前开展了许多新技术如调强放疗和三维适形放疗等。放疗适应证：①术前放疗用于食管癌Ⅲ期患者，可杀灭或抑制肿瘤细胞，使原发肿瘤变小，降低淋巴结转移率，从而增加生存率。放疗量约4000cGy/20次/4周。②术后放疗：一般于术后3~6周开始放疗，用于手术后肿瘤残存或肿瘤外侵者预计可能有残存者，或有较多淋巴结转移者。③单纯放疗：单纯放疗包括根治放疗和姑息放疗。根治性放疗用于一般情况中等以上，病变长度未超过8cm，无转移，无瘘管或穿孔等条件的患者；姑息放疗用于一般情况差，病变长度超过8cm，有锁骨上淋巴结转移或明显外侵等条件的患者。

3. 化学治疗 顺铂是最有效的化疗药物之一。临床最常用的方案即顺铂联合氟尿嘧啶（PF或CF方案）。晚期食管癌常用方案：DCF（多西他赛、顺铂、氟尿嘧啶）、ECF（表柔比星、顺铂、氟尿嘧啶）

4. 综合治疗 根据食管癌NCCN指南，可切除的食管癌，选择术前化放疗加手术是最佳方法。对于晚期不可切除的食管癌，放化疗是最合适的方法。手术后放化疗治疗可使所有具有胃或贲门腺癌复发高危因素的患者在总体生存率和缓解率方面都有明显的改善。

十、食管癌放疗的护理要点有哪些？

1. 心理护理。

2. 饮食注意事项。

3. 放疗不良反应的护理。

十一、为什么需要对食管癌放疗患者进行心理护理？如何护理？

患者多因对癌症知识缺乏、治疗经济负担大、家庭矛盾等因素产生恐惧、焦虑心理。护理人员需及时了解患者心理变化，给予患者强大的心理支持，安慰和疏导患者。帮助患者选择最合适的治疗方案，减轻患者经济负担。患者的合理要求尽量满足，介绍成功案例，鼓励治疗成功的患者与其进行沟通，调动其积极对抗疾病的信心。告知家属多陪伴患者，给予其宽容、关爱和理解，做好患者不良情绪的疏导。在护患关系良好的情况下，可以主动和患者讨论死亡，提示死亡不可怕，正确地面对死亡，摒弃对死亡的恐惧心理。

十二、食管癌放疗患者饮食的注意事项有哪些？

1. 选择适宜的饮食形式 放疗开始时，食管黏膜会出现充血、水肿，且随着剂量的增加，症状会逐渐加重，食管壁变得僵硬，脆性增加，应根据患者食管黏膜情况，选择恰当的饮食形式，降低穿孔和出血的发生率。指导患者合理饮食，进高蛋白、高热量、高维生素、低脂少渣的半流质饮食，如肉泥、蒸蛋羹、奶类、豆腐脑、蔬菜汁等，少量多餐，定时定量。一般情况下，软食患者每天3~4次，半流质每天5~6次，流质每天6~8次。

2. 降低食管刺激 嘱患者细嚼慢咽、用餐前后饮用温水，冲洗食管，防止食物残留，降低对食管的刺激。避免烟酒、咖啡等刺激性食物，忌用粗纤维、油炸、辛辣粗硬类食物，从而降低对消化道黏膜的物理损伤和化学刺激，减少食物梗阻的发生。

3. 进食的体位选择 进餐后不宜立即平卧，以免引起食管反流，加重食管黏膜的炎症反应。不能进食的患者，应遵医嘱使用营养药物，满足机体需要。

4. 减轻疼痛 因疼痛而影响进食的患者，进餐前30min，用2%利多卡因5ml、地塞米松10mg、庆大霉素 8 万 U 加入 0.9%氯化钠注射液 100ml 中含漱，每次 15~20ml，食管有溃疡的患者不加地塞米松，以免加重溃疡，引起出血。疼痛严重者遵医嘱予补液、抗感染治疗。

十三、食管癌放疗患者的不良反应有哪些？

①全身反应；②放射性皮炎；③放射性食管炎；④放射性肺炎；⑤放射性肋骨损伤；⑥放射性脊髓炎；⑦食管穿孔、食管瘘及大出血；⑧放射性食管狭窄；⑨骨髓抑制。

十四、食管癌放疗患者全身反应的临床表现有哪些？如何进行护理？

放疗数小时后或 1~2 日，患者常会出现全身反应如乏力、头晕、头痛、厌食、恶心、呕吐等症状。指导患者多饮水，每日 3000ml，促进排尿，减轻放疗反应，每次放疗结束后静卧半小时，加强营养，补充维生素。

十五、食管癌放疗患者为什么会出现放射性皮炎？如何进行护理？

放射线照射肿瘤组织时，对皮肤会造成一定的损伤，可出现不同程度的放射性皮炎，一般分为三度，Ⅰ度（干性脱皮）、Ⅱ度（湿性脱皮）、Ⅲ度（放射性溃疡）。指导患者暴露患处，穿棉质、宽松的衣物，外出时佩戴帽子或打伞遮阳，避免阳光直晒，忌用肥皂、沐浴乳等产品，洗澡时严格控制水温，禁用热水冲洗放射野皮肤，禁止在放射野区域使用乙醇、碘酒等刺激性消毒剂。各级详细护理措施请见总论第四章不良反应的健康教育。

十六、食管癌放疗患者食管黏膜反应的临床表现有哪些？如何进行护理？

大部分患者在放疗后的 10~20Gy 时会出现程度不一的放射性食管炎，以食管黏膜充血、水肿、吞咽困难为主要表现，30~40Gy 时可产生咽下痛及胸骨后痛，严重影响食物的摄入。一般至放疗结束后 1~3 个月才逐渐消失。合并感染时，疼痛加剧，随着放疗剂量的增加，少数患者吞咽时，痛感明显。根据美国肿瘤放射治疗协作组的分级标准急性放射损伤分级可分为 4 级。

0 级 无症状。以预防为主，指导患者保持口腔清洁，进餐温度控制在 38~40℃。

1 级 轻度吞咽困难或吞咽疼痛，需用表面麻醉药、非麻醉药镇痛或进半流质饮食。指导患者饮食以软食为主，进餐速度不宜过快，进餐前后温水漱口。可教会患者分散注意力，如看电视、听音乐、自我放松法等，进餐前 30min 可用 2%利多卡因 5ml、地塞米松 10mg、庆大霉素 8 万 U 加入 0.9%氯化钠注射液 100ml 中混合含漱，每次 15~20ml，既可缓解吞咽疼痛，又可减轻黏膜炎症，也可口服华素片 3 次/日，每次 3 粒，起到食管消炎的作用。

2 级 中度吞咽困难或吞咽疼痛，需麻醉药镇痛或进流质饮食。患者以流食或半流食为主，少量多餐，观察患者疼痛性质、持续时间等，可用吲哚美辛栓 50mg 直肠给药。

3 级 重度吞咽困难或吞咽疼痛，伴脱水或体重下降大于 15%需鼻饲或静脉输液补充营养。护理人员应缓解患者进食恐惧感，给予患者鼻饲饮食或遵医嘱静脉补液。遵医嘱使用止痛药物如曲马多、吗啡缓释片等，告知患者按时服药，而非按需服药。指导患者根据药物特性、用量等服药，缓释药片不可碾碎后服用。

4 级 完全梗阻，溃疡、穿孔或瘘管形成。静脉补充高营养物质，也可行胃造瘘术，补充营养。

十七、食管癌放疗患者气管反应的临床表现有哪些？如何进行护理？

放射治疗 2~3 周后，患者可出现低热、刺激性咳嗽等炎性反应。一般情况较轻，无需特殊处理，保持室内空气清新，指导患者多饮水，每日饮水 3000ml，保持呼吸道通畅，密切观察生命体征变化。随着剂量增加，出现胸痛、呼吸困难时，应遵医嘱应用抗生素加激素联合治疗。同时辅以吸氧、平喘、止咳等对症治疗。一旦出现放射性肺炎，应立即停止放疗。

十八、食管癌放疗患者骨髓抑制的临床表现有哪些？如何进行护理？

一般放疗 2~3 周，外周血常规会有不同程度的下降，中性粒细胞最为明显。根据 WHO 的骨髓抑制程度分度，可分为Ⅵ度。详细护理请见总论第四章不良反应的健康宣教。

十九、食管癌放疗患者出现食管穿孔、食管-气管瘘的临床表现有哪些？如何进行护理？

食管-气管瘘是食管癌患者在放疗中出现的严重并发症之一，死亡率较高，患者常因窒息、吸入性肺炎、营养不良等造成死亡。一旦患者出现进餐、饮水后呛咳、窒息性咳嗽、高热、呼吸困难、胸痛等症状时，要高度警惕食管-气管瘘的发生。放疗过程中严密观察病情，一旦出现并发症，应立即中止放疗。患者禁食、遵医嘱予营养支持、止血、抗感染等治疗。注意患者生命体征及有无呛咳、呕血等病情的变化，备齐抢救用品，做好抢救准备。

二十、食管-气管瘘主要的治疗方法有哪些？

1. 食管内置管或置内支架。
2. 食管-气管瘘口旷置、胃造瘘或转移术。
3. 食管癌切除、气管瘘口修补加消化道一期或二期重建。

二十一、食管-气管瘘患者怎样选择适宜的治疗方法？

临床常根据患者食管-气管瘘的情况及患者全身情况进行选择。一般将足量放疗、年龄大于70岁、全身营养状况差、肺功能重度减退作为手术的高危因素。如同时具备两个高危因素，选择食管-气管瘘口旷置、胃造瘘术。该术式创伤小、手术时间短、最大限度避免了肺部感染，能有效建立肠内营养，但不能切除肿瘤。如果具备一个高危因素，如全身营养差，可通过静脉补充营养，待情况改善后，再选择手术，手术方式包括食管癌切除、气管瘘口修补、胃造瘘术、食管外置，2~3个月后二期再行胸骨后胃或者结肠代替食管术。该手术可彻底切除肿瘤，建立肠内营养。但时间长，创伤大。

二十二、造瘘术后胃造瘘管护理的注意事项有哪些？

1. **管饲液温度**：食物温度控制在40~60℃。
2. **胃潴留量**：管饲前先回抽胃液，如胃内潴留量>100ml，暂不注食。主餐每次250~300ml，副餐每次100~150ml，每天总量维持在1500~2000ml，每次管饲量最大不可超过300ml。
3. **体位**：管饲和管饲后30~60分钟都应予坐位或半卧位。
4. **防误吸**：每次喂食时用汤勺轻压患者舌部，促进舌运动。
5. **丰富营养搭配**：患者营养可荤素搭配，将营养液、米、肉类、牛奶、蛋类、新鲜蔬菜等搅碎调制成糊状、半流质或流质。
6. **管饲液的储存**：储存在冰箱中，4℃保存，每日现配现用，为避免感染，存放时间不宜超过24h。
7. **定时消毒管饲用物**：为防止因食物或用物不洁，导致患者腹泻。管饲用物需每日消毒。
8. **坚持功能锻炼**：对于行胃造瘘的患者应及早指导患者进行吞咽功能锻炼。吞咽功能锻炼主要包括吞咽基础训练和饮食功能锻炼。首先让患者保持口腔清洁，坚持做空咀嚼、鼓腮、吹气、叩齿、张嘴等动作，每组10次，每天三组以上。再用冰冻棉签轻轻刺激患者舌根、软腭和咽后壁，嘱其做吞咽动作。
9. 对于胃排空不好的患者，可延长注食的间隔时间，或遵医嘱使用增加胃动力的药物。

二十三、什么叫食管癌金属支架植入术？哪些患者需要做金属支架植入术？

食管癌的金属支架植入术即通过穿刺、导管、球囊导管扩张和金属内支架置入等技术，使食管扩张、再通。食管金属支架适用于：①恶性肿瘤引起的食管-气管瘘或食管纵隔瘘；②化学性灼伤破裂、术后吻合口瘘等良性病变患者不能耐受外科手术或保守治疗失败后。

二十四、食管癌金属内支架植入术的术前准备和术后护理要点有哪些？

1. **术前准备** 做好患者宣教，术前禁食、禁水12h，讲解操作过程和配合的要点，完成胃肠钡餐及内镜黏膜活检；肌内注射山莨菪碱 10～20mg，并酌情使用镇静药物。

2. 术后的护理

（1）记录生命体征，密切观察患者有无恶心、呕吐、咳嗽、咳痰、呼吸急促等症状，及时做好对症处理，防止因用力过猛导致支架脱出，做好抢救准备。

（2）术后禁食、禁水 2h，以免引起呛咳；支架植入 2h 后，鼓励患者饮用温开水，使支架扩张到最佳状态；术后 1 周以流质饮食为主，如豆浆、牛奶、肉汤等，温度控制在 40～50℃，为防止支架收缩移位、变形和脱落，禁冷饮及冰冻类食物。支架植入 1 周后可逐渐过渡为半流质或软食如小米粥、玉米面粥等。1 个月后可进普食，合理搭配，少量多餐。

（3）用餐前后多饮水，可防止食团堵塞支架，进食时细嚼慢咽，进餐后饮用 200～500ml 温水，减少食物残渣的黏附，避免产生异味和腐蚀支架内膜。

（4）进餐后忌立即平卧，如身体允许可餐后直立 1h，睡前活动 30min，促进胃排空，防止食物反流，减轻患者的不适感。

二十五、食管癌金属内支架植入术后的并发症有哪些？

1. 食物嵌顿 指导患者细嚼慢咽，以少渣饮食为主，餐前餐后饮用 200～500ml 温开水，冲洗食管，防止食物残渣的附着。嘱患者不可进食大团、块状食物或者是容易成团、成块的粗纤维食物。

2. 胃食管反流 一般主要发生在食管下端支架植入术后，具有防反流瓣的支架可以预防。指导患者不可饮食过饱，进餐后直立 1h，不可立即平卧，可适当活动。睡前可抬高床头 15°～30°。

3. 支架滑脱 食管支架置入 2h 后，鼓励患者饮用温开水，使支架扩张至最佳状态。当患者出现剧烈咳嗽或呕吐时，应立即对症处理，防止用力过猛，导致支架滑脱。

4. 再狭窄 观察患者有无进食哽噎，密切观察患者情况。

二十六、食管癌放疗的预后如何？

食管癌早期症状一般不明显，临床接受治疗的患者大都已处于中晚期。早期食管癌的 5 年生存率可以达到 90%～100%。中晚期食管癌，预后效果差，5 年生存率约只有 10% 左右。

二十七、如何预防食管癌？

1. 改善用水条件 减少饮用水中的硝酸盐及亚硝酸盐含量。

2. 保护食管黏膜 少吃生冷刺激的食物如浓茶、烈酒等，细嚼慢咽，保持口腔清洁。减少化学和物理刺激对食管黏膜造成的损害。

3. 改善饮食结构 营养需均衡，不可单一。禁食隔夜蔬菜、发霉的粮食、腐烂的瓜果及各种烟熏、油炸食物。

4. 戒烟限酒 香烟和酒精中的有害物质可对食管及其周围组织产生强烈的破坏。长期嗜酒酗酒可导致食管黏膜不断受到损伤，最终引起病理增生，导致癌症的发生。

5. 药物预防 高危人群可通过医生指导，补充相应维生素及微量元素。

6. 其他 积极开展普查工作，早诊断，早治疗。

二十八、食管癌患者出院健康教育内容有哪些？

1. 心理疏导 告知家属陪伴的重要性，多陪伴和关心患者。鼓励患者可通过看书、听音乐等方式排解情绪。

2. 饮食指导 多做患者喜欢的食物，刺激患者进餐的兴趣，以细软、少渣、易消化的食物为主如肉末粥、鸡蛋羹等，忌食辛辣、刺激、粗糙、干硬的食物。

3. 保持心情愉悦 可多听音乐、阅读书籍等舒缓压力，增加对抗疾病的信心。

4. 保持口腔清洁 多饮水，勤漱口，每天饮水 2000～3000ml。

5. 保持大便通畅 多吃高膳食纤维的果蔬如香蕉、芹菜等。

6. 保持放射野皮肤清洁、干燥 保持放射标线清晰。

7. 药物宣教 告知患者遵医嘱按时、按量服用止痛药物，不可多服、漏服、补服。特殊药物，做好用药指导，如吗啡缓释剂，告知患者及家属12h服用一次，记录好服用时间，不可掰开或研磨后服用。

8. 定期复查 出院后，第一年每4个月进行一次完整的体检和病史询问，随后每6个月一次，持续两年，其后每年一次。根据患者情况安排全血细胞计数、血生化和胸片检查。如有临床症状如持续或反复吞咽困难时应相应进行内镜和其他影像学检查。

第二节 肺 癌

一、什么是肺癌？

原发性支气管恶性肿瘤（简称肺癌）是指发生于各级支气管上皮细胞及细支气管肺泡上皮细胞的恶性肿瘤，是世界范围内最常见的恶性肿瘤之一。继发性肺癌指身体其他部位的肿瘤细胞经血液、淋巴或直接种植侵袭到肺部的肿瘤。

二、肺癌的发病率高吗？

据流行病学研究显示，肺癌是发病率及死亡率增长最快的恶性肿瘤之一，目前，我国已经成为世界上第一肺癌大国，且肺癌的发病率仍呈不断上升趋势。在所有恶性肿瘤中，男性肺癌的发生率和死亡率占据第一位。女性肺癌的发病率占据第一位，死亡率占据第二位。

三、肺癌好发于哪些部位？

从主支气管到细支气管都可发生癌肿。大量研究显示，肺癌的好发部位是肺上叶，占43.3%，其次是下叶，占30.6%，右肺的发病率高于左肺。

四、肺癌会传染吗？

不会。肺癌虽然与肺结核、流感一样同属呼吸道疾病。但性质完全不同。肺结核由结核杆菌感染导致，可通过空气-呼吸道传播。流行性感冒因病毒感染而导致上呼吸道炎症，可通过呼吸道传染。肺癌患者痰中虽常常可发现脱落的癌细胞，但癌细胞脱落后，生命力脆弱，很容易变形或坏死，没有生长和繁殖的条件，故不具有传染性。

五、肺癌的病因有哪些？

肺癌的病因尚不完全明确，但大量研究显示，肺癌的致病因素包括：①吸烟，是最重要的因素。研究表明，80%~90%的肺癌可归因于吸烟。②职业和环境接触，石棉、砷、铬、镍、铀是肺癌致病的危险因素。③大气污染，工业废气、汽车尾气中所含的苯并芘可致癌。④电离辐射。⑤既往的肺部慢性感染。⑥遗传。

六、吸烟与肺癌之间有什么相关性？

吸烟已被公认为是肺癌的首要危险因素，90%的肺癌患者发病与吸烟有关。研究证明，每日吸烟量越大、时间越长、总量越多、初始年龄越小、吸烟深度越深，患肺癌的危险性越大。

七、是不是得了肺癌就意味着死亡？

不是。肺癌的存活率主要取决于早期发现及有效的治疗。不同阶段的肺癌生存率差异很大，如早期肺癌，尤其是2mm以下的肺癌患者5年存活率可达90%~100%，但晚期不能手术的肺癌患者5年存活率只有2%~3%，所以早发现，早治疗，成为肺癌防治工作的重点，可大大延长肺癌患者的生存率和生活质量。

八、大气污染可以导致肺癌吗？

我国的大气污染主要来源于燃料的燃烧、农业生产、工业生产、交通运输。依照污染物的存在形态分类，可分为颗粒污染物和气态污染物。肺是暴露于大气污染的主要器官。大量流行病学研究显示：可吸入颗粒（PM10）、二氧化氮（NO_2）、二氧化硫（SO_2）等大气污染物浓度的升高，可能和肺等呼吸系统疾病的发病及死亡风险呈正相关。但由于大气污染的地域差异，同一种污染物与肺癌的关系各地存在差异。

九、PM2.5是不是肺癌的真凶？

PM2.5指悬浮在空气中，空气动力学直径≤2.5μm的颗粒，又称细颗粒物或可吸入肺颗粒物。具有直径小、富集效应器强、比表面积大的特点，能吸附空气中的有害物质如重金属、病毒等，通过呼吸沉积于肺泡，甚至可以渗透到血液循环中。PM2.5流行病学研究表明，肺癌的发病率和病死率与PM2.5暴露有关，PM2.5的暴露，增加了肺癌的死亡风险，但肺癌是多种危险因素综合作用的结果，其中90%与吸烟相关。

十、肺癌患者为什么要做基因检测？

研究表明肺癌的发生主要因为体内基因发生突变加上环境致癌因素刺激所造成。常见的肺癌相关基因检测包括表皮生长因子受体（EGFR）、凋亡抑制蛋白（IAP）等。人体中某些基因和治疗肺癌的化疗药物或靶向药物的作用是密切相关的。可以通过特定设备对某些特定基因进行检测，分析基因的状态，即可预判患者对各抗肿瘤药物的敏感性，从而提高抗肿瘤药物治疗的有效性和针对性。

十一、肺癌的分类有哪些？

1. 根据肿瘤的发生部位分类 分为中央型和周边型。

2. 根据组织学分类

（1）鳞状上皮细胞癌（鳞癌）：是最常见的肺癌。生长缓慢，转移较晚。

（2）小细胞未分化癌（小细胞癌）：在肺癌中恶性程度最高。

（3）大细胞未分化癌（大细胞癌）：恶性程度较高，但比小细胞癌转移晚。

（4）腺癌：恶性程度在鳞癌和小细胞癌之间，症状出现较晚。对化疗、放疗敏感性差。

3. 根据肺癌的生物学特性分类 分为小细胞肺癌和非小细胞肺癌。其中非小细胞肺癌约占所有肺癌的85%，多采用手术为主的综合治疗。

十二、肺癌的转移途径有哪些？

1. 直接蔓延 癌组织可沿支气管和肺泡向邻近组织直接蔓延。

2. 淋巴转移 淋巴转移是常见的扩散方式。癌细胞可经过支气管及肺血管周围的淋巴管向周围转移。

3. 血行转移 血行转移常发生在肺癌的晚期。小细胞癌、腺癌的血行转移发生率高于鳞癌。一般癌细胞直接侵入肺静脉，然后经左心转移至全身各大器官。常见的有肝脏、骨骼、脑等。

4. 局部种植 常发生于手术切口处或者胸腔穿刺针眼处。

十三、肺癌的临床表现有哪些？

1. 肺部症状

（1）咳嗽：是肺癌最常见的症状。几乎贯穿疾病发展的全过程。初期多为症状较轻的干咳，日久加重。

（2）咳痰：几乎所有患者都会出现不同程度的咳痰。其中血痰极为常见。

（3）胸闷或胸痛：当咳嗽、体位改变、用力时症状加重。

（4）喘鸣：当支气管痉挛、气管或者支气管部分梗阻造成狭窄时，患者可出现喘鸣。

（5）气短：肺部感染、肺不张或者支气管梗阻、痉挛、胸腔积液时都可出现气短。

（6）发热：阻塞性肺炎是引起发热的主要原因。

2. 临近组织受侵时症状

（1）声带麻痹：淋巴结转移累及喉返神经可造成声音嘶哑、吞咽呛咳等症状。

（2）膈肌麻痹：膈神经受累时，即出现患侧膈肌升高，导致矛盾运动。

（3）颈交感神经麻痹综合征（Horner 综合征）：以患侧眼球内陷、瞳孔缩小等为表现。
（4）上腔静脉综合征：主要症状有气短、咳嗽等。
（5）Pancoast 综合征：有肩背部和上肢的疼痛可伴有肌肉萎缩、皮肤感觉异常。
（6）心脏症状：表现为心动过速、心包积液等。

3. 胸外症状 发生远处转移及副肿瘤综合征时所产生的各器官和全身症状。

十四、肺癌的辅助检查有哪些？

1. X 线检查 目前只作为胸部病变的筛查工具。

2. CT 检查 是肺癌诊断、分期及治疗后随诊最主要和应用最广泛的方法。

3. MRI 检查 是观察纵隔、肺门血管及淋巴结转移的首选方法。

4. PET 及 PET-CT 提高了肺癌分期的特异性和敏感性，还可用于发现远处转移灶。由于价格昂贵，目前还未广泛应用。

5. 肺癌的细胞学检查

（1）痰细胞学检查：简单、有效且无痛苦。痰细胞学检查的敏感性为 16.9%～97%，与肿瘤位置及分期有着一定关系。

（2）胸腔积液：癌细胞学检查血性胸腔积液的癌细胞检出率较高。

（3）经皮或 CT 导向下针吸活检：为创伤性检查。阳性检出率一般为 70%～80%。

6. 肺癌的内镜检查

（1）纤维支气管镜检查：提高了肺癌临床分期的准确性。

（2）纵隔镜检查：在确定有无纵隔淋巴结转移上起着重要作用。

（3）胸腔镜检查：一般应用于非创伤性检查后仍未确诊的病例。

十五、肺癌的治疗原则是什么？

治疗原则有手术治疗、放疗、化疗、综合治疗、生物治疗、中医治疗等。临床上根据分期早晚，一般认为，根治性的手术切除是治疗早期肺癌最有效的方法。中期肺癌一般已经出现了局部淋巴结转移，根治性手术切除后再辅以放化疗。晚期肺癌已经出现全身转移病灶，故不适宜手术治疗，有些患者由于机体状态差，甚至不能接受放化疗，只能选择综合治疗。小细胞肺癌以放化疗综合治疗为主。

1. 手术治疗 手术切除是肺癌的首选治疗手段，也是临床目前唯一治愈肺癌的方法。肺癌手术分可为姑息性手术和根治性手术，应尽量选择根治性切除。手术适应证：

（1）Ⅰ期、Ⅱ期及部分Ⅲa期的非小细胞肺癌（NSCLC）。

（2）经过新辅助治疗后有效的 N_2 期非小细胞肺癌。

（3）部分Ⅳ期非小细胞肺癌。

（4）部分小细胞肺癌（SCLC），有少数资料显示可以通过手术延长患者生存期。

（5）临床高度怀疑肺癌的肺内结节时，经各种检查无法定性，可考虑手术探查。

2. 放疗 肺癌放疗包括：姑息放疗、根治性放疗、辅助放疗和预防性放疗等。放疗适应证：①姑息放疗，用于Ⅳ期肺癌转移灶的对症治疗。②根治性放疗用于 KPS 评分≥70 分，不能进行手术的早期 NSCLC、不可切除的Ⅲa 或Ⅲb 期 NSCLC 及局限期的 SCLC。③辅助放疗用于术后切缘阳性的 NSCLC 或 N_2 患者。④预防放疗用于全身治疗有效的 SCLC 全脑放疗患者。

3. 化疗 NSCLC 的化疗可分为辅助化疗（根治术后化疗）和新辅助化疗（术前化疗）。铂类是被公认为治疗肺癌最有效的化疗药物。Ⅳ期 NSCLC 一线化疗药物包括长春瑞滨、紫杉醇等。EP（依托泊苷+顺铂）是治疗 SCLC 的一线标准化方案。

十六、肺癌放疗患者的护理要点有哪些？

请参照本章第一节"食管癌的放疗护理要点"。

十七、肺癌放疗患者的饮食注意事项有哪些？

1. 增强营养 患者在放疗过程中都会出现不同程度的营养不良、体重减轻、免疫力低下等表现，告知患者及家属均衡营养的重要性。鼓励家属通过色香味俱全的食物，刺激患者进餐的兴趣。

2. 选择合理的饮食形式 以高蛋白、高热量、清淡、易消化的食物为主，多吃新鲜果蔬，补充维生素，勿吃辛辣、刺激的食物。出现放射性食管炎的患者，鼓励患者多饮水，保持口腔清洁，以细软、清淡的半流食为主，忌吃粗硬、油炸类食物，减少对食管黏膜的刺激。

3. 病情观察 出现脑转移的患者，在就餐前要严密观察患者有无头痛等症状，以免影响就餐心情，形成不良的条件反射。严重影响进食者，可遵医嘱给予营养支持。

十八、肺癌放疗患者为什么需要进行心理护理？如何护理？

肺癌患者大部分集中在60岁左右的老年男性。此阶段患者因器官衰退、基础疾病等因素导致治疗或手术效果不佳，常感到恐惧、烦躁、焦虑等不良情绪。护理工作者应抓住时机对患者进行心理疏导，态度和蔼，给予患者精神上的支持，耐心、细心地为患者解答疑惑，尽量消除其悲观情绪。动员患者身边的人主动关心、体贴患者。定期开展同病种患者交流会，使患者之间交流心得，舒缓心理压力。

十九、肺癌放疗患者的不良反应有哪些？如何护理？

肺癌放疗患者的不良反应包括全身反应、放射性皮炎、放射性食管炎、放射性肺炎及骨髓抑制。其中全身反应、放射性皮炎、放射性食管炎、骨髓抑制的护理要点请参照本章第一节"食管癌的放疗护理要点"。

二十、肺癌患者放射性肺炎的分级标准如何？相应的护理措施有哪些？

肺癌患者一般在放疗后的1~3个月，会出现不同程度的放射性肺炎，尽量将放射性肺炎控制在1~2级内，避免发展为3~4级。急性放射性肺炎的分级标准如下：

0级 无变化。

以预防为主，指导患者戒烟戒酒，保持个人及病室内卫生，保持室内空气流通，温度控制在18~20℃，湿度以60%~65%最佳，定时更换床褥、衣物等，保持床单位清洁、干燥。

1级 轻微干咳或用力时呼吸困难。

嘱患者卧床休息，减少活动，多饮水，保持呼吸道通畅，遵医嘱使用镇咳药物。

2级 持续性咳嗽，需要麻醉性镇咳，轻微用力时呼吸困难。

（1）在1级放射性肺炎的护理基础上，观察患者呼吸次数及频率，注意患者咳嗽、咳痰症状，痰液不易咳出者，可适当应用止咳化痰药物，辅以雾化、拍背等促进排痰。

（2）定时检测体温，轻度发热时，给予物理降温，重者可用抗生素、激素静脉滴注，减轻炎症反应。

3级 严重咳嗽，麻醉性镇咳药无效，安静时呼吸困难，临床及放射学证实的急性放射性肺炎的证据，需要间断吸氧或激素治疗。

（1）在2级放射性肺炎的护理基础上，遵医嘱给予患者吸氧护理。

（2）告知患者及家属氧气使用的注意事项，如防油、防震、防火等，病室内禁止吸烟。禁止患者或家属自己进行使用和终止吸氧操作。

（3）遵医嘱给予止咳、平喘、化痰、激素等对症治疗。

4级 呼吸功能不全，持续吸氧或辅助通气。

（1）在3级放射性肺炎的护理基础上，遵医嘱给予患者长期吸氧、血氧饱和度检测。

（2）摇高床头30°~50°，嘱患者绝对卧床休息。

（3）定时给患者湿润鼻腔、雾化吸入治疗，防止因长时间吸氧导致的呼吸道分泌物干燥。

（4）定期监测动脉血气分析，动态观察氧疗效果，防止长时间、高浓度用氧导致的氧中毒。

（5）密切观察患者呼吸频率及深度。

（6）鼓励患者2h更换一次体位。

（7）指导患者进行有效咳嗽，防止分泌物的堵塞，预防肺不张的发生。

（8）辅助通气时，摇高床头30°，根据患者病情及动脉血气分析结果设置参数，告知患者及家属不可随意调节，设置参数后观察患者有无好转，20～30min后监测动脉血气分析及血氧饱和度，根据患者病情调节治疗时间。治疗期间，湿化液温度维持在32～36℃。

（9）护理人员需为患者翻身、拍背，教会患者有效咳嗽，咳嗽无力时，备床边吸引装置，及时清除患者呼吸道内分泌物，保持呼吸道通畅。

5级 死亡。

二十一、肺癌放疗患者疼痛的护理要点有哪些？

疼痛是肺癌病程所有症状中最常见也是最难忍受的症状之一。80%的中重度肺癌患者都伴有不同程度的疼痛。常有患者因无法忍受剧痛，而推迟或不能配合放疗。应遵循癌痛治疗三阶梯镇痛法的原则，选择合适的止痛药物，密切观察药物不良反应如便秘、恶心和呕吐、头晕、瘙痒、呼吸抑制、运动和认知功能障碍等，采用合理的预防措施减轻及避免不良反应的发生，评估用药效果。

二十二、肺癌放疗脑转移患者的护理要点有哪些？

告知患者头皮瘙痒、脱发是全脑放疗的主要不良反应，可在放疗前鼓励患者主动剃去所有头发。患者常在放疗后数小时至数天内出现脑水肿。以头痛、恶心、呕吐、颅内压增高等为表现。护理工作者应严密观察患者生命体征尤其是神志、瞳孔变化，落实安全措施，上双侧床挡，防止脑疝的发生。患者出现剧烈呕吐时，嘱患者头偏向一侧，防止误吸的发生。遵医嘱快速静脉滴注20%甘露醇，选择粗大血管，防止药物外渗，30min内滴完，及时巡视液体，防止因液体滴空造成空气栓塞的发生。

二十三、肺癌放疗患者的预后如何？

肺癌的预后大致与肿瘤的生物特性、肿瘤患者的免疫功能及肿瘤治疗学三个方面有关。一般认为非小细胞肺癌中鳞状细胞癌的预后比较好，腺癌次之。小细胞肺癌在各类肺癌中预后最差，但经过近年综合治疗后，小细胞肺癌的预后得到改善。

二十四、如何预防肺癌？

1. 禁止和控制吸烟。禁止公共场所吸烟，加大法律或条例禁烟力度，降低吸烟者在人群中的比例。

2. 控制污染，改善环境。注意室内通风，改善室内的空气质量。落实环境保护工作，有效控制大气污染，从而达到预防癌症的目的。

3. 职业防护。对于有职业暴露风险的人群，必须认真采取各种切实有效的防护措施。减少或避免与致癌因子的接触。

4. 积极治疗慢性支气管炎、肺结核等肺部疾病，降低肺癌的发生率。

5. 早发现、早诊治、早治疗。

二十五、肺癌患者出院的健康宣教内容有哪些？

1. 饮食宣教。患者的饮食坚持以高热量、高蛋白、高维生素为主，如牛奶、鸡蛋、瘦肉、新鲜蔬果等。

2. 保持呼吸道通畅。指导患者有效咳嗽，教会家属翻身、拍背。

3. 提高免疫力。指导患者适当活动如打太极、散步等，保证充足睡眠，增强机体免疫力。

4. 戒烟、戒酒。

5. 保持口腔清洁。多饮水，勤漱口，避免与上呼吸道感染者接触、避免出入公共场所、避免居住或工作在布满烟、灰尘或化学刺激品的环境内。

6. 出院后按照医嘱按时、按量服用药物。

7. 定期复查。出院后，无特殊情况按1个月、3个月（前2年）、6个月（第2～5年）、每年（5年后）定时返院复查。定期复查血常规及肝功能等，出现呼吸困难、咯血等症状时，及时返院治疗。

第三节 纵隔肿瘤

一、什么叫纵隔肿瘤？

纵隔不是器官，而是一个解剖的区域。纵隔位于胸腔的正中，上为颈部入口，下达膈肌，前是胸骨和附着的肌肉，后为脊柱及其两侧的脊柱旁沟。纵隔内有种类繁多的器官和组织，包括心脏、气管、主支气管、大血管、食管，还有丰富的神经、淋巴及结缔组织。胚胎在发育过程中发生异常或者有后天形成的囊肿或肿瘤，就称为纵隔肿瘤。纵隔肿瘤有良性和恶性，先天和后天，实质性和囊性之分。纵隔肿瘤多数为良性，儿童的恶性率高于成人。

二、纵隔肿瘤如何进行划分？

按照胸部侧位像上的四区分区法，可将纵隔划分为上纵隔、前下纵隔、中下纵隔和后下纵隔四个区域。

三、成人与儿童的纵隔肿瘤发病率存在哪些差别？

成人的肿瘤分布与儿童不同，成人的上纵隔、前下纵隔、中下纵隔的肿瘤分布各占纵隔肿瘤的20%，后下纵隔占26%。而儿童62%位于后纵隔，26%发病于前纵隔，中纵隔仅占11%。

四、纵隔肿瘤的病因有哪些？

目前，纵隔肿瘤的病因仍未明确，但大量研究显示：部分肿瘤的形成与异位细胞或组织种植到纵隔腔致异常增生密切相关。

五、纵隔肿瘤的分类有哪些？

纵隔肿瘤分为原发性和继发性，原发性的纵隔肿瘤主要包括胸腺肿瘤、神经源性肿瘤和畸胎瘤。囊肿、支气管囊肿等多数为良性病变，但仍有恶变可能。上纵隔最常见的即为胸腺肿瘤和甲状腺肿瘤。其中胸腺肿瘤占原发性纵隔肿瘤的1/5～1/4，男女发病率相等。前纵隔肿瘤以畸胎瘤较为常见，可发生于任何年龄阶段，但半数患者在20～40岁时出现典型症状。中纵隔肿瘤绝大多数是淋巴系统肿瘤，多数以中纵隔的淋巴结肿大为特征，但也可以通过侵入肺组织形成浸润性病变。后纵隔肿瘤以神经源性肿瘤为主。

六、纵隔肿瘤的临床表现有哪些？

40%的纵隔肿瘤患者一般无症状，60%患者因肿瘤压迫或侵犯纵隔及其临近组织而产生相应症状。纵隔肿瘤常见症状有以下几种。

1. 呼吸道症状 胸闷、胸痛，一般发生在胸骨后或患侧胸部。当恶性肿瘤侵犯骨骼或神经时，患者疼痛剧烈。当肺组织或气管受压时，易咳嗽或声音嘶哑。

2. 神经系统症状 常因侵犯的神经不同，产生不同的症状。例如，侵犯膈神经时，表现在膈肌麻痹和呃逆。侵犯喉返神经时，表现为声音嘶哑。

3. 感染症状 囊肿破溃、支气管或肺组织感染时，可出现发热等一系列感染症状。

4. 压迫症状 常见于上腔静脉、食管、气管受压。

5. 特殊症状 胸甲状腺肿患者常表现为甲状腺亢进，畸胎瘤患者因肿瘤破溃进入气道或肺内，可咳出毛发等物。

七、肿瘤的辅助检查有哪些？

1. 影像学检查

（1）胸部 X 线检查：可以提供肿瘤的部位、大小、形态、轮廓、密度及与其周围邻近组织的关系。

（2）CT 检查：是检查纵隔肿瘤最适合的手段，并可作为是否进行诊断性穿刺活检的最佳方法。可以评价肿瘤浸润的情况，提高了囊肿和纵隔肿瘤诊断的准确性。

（3）MRI 检查：MRI 平扫可准确分辨出纵隔淋巴结和血管，并且能清楚观察是否侵犯心血管、肺、胸壁及脊柱。

（4）放射性核素检查：^{131}I 可用于诊断胸内甲状腺肿和甲状腺肿物。

2. 经皮针吸活检术 此项检查简单、有效，可以获得病理诊断或组织细胞学的方法。但不适合淋巴瘤。

（1）纵隔镜检查：用于气管前、气管旁、左无名静脉和右支气管上动脉区肿大淋巴结的活检。

（2）胸腔镜检查：排除主动脉瘤，对诊断后纵隔瘤有一定帮助。

（3）剖胸探查：对于经过各种手段仍诊断困难者，可酌情采用。

八、纵隔肿瘤的治疗原则是什么？

除恶性淋巴瘤及部分对放、化疗敏感的恶性肿瘤外，纵隔肿瘤的治疗首选外科手术。原发性纵隔肿瘤，一经发现，无论良性、恶性，都应力争尽早手术完整切除。对无法切除或不能完整切除者应标记肿瘤范围，术后进行放射治疗。不能耐受手术或已经丧失手术时机的患者，应尽可能在取得病理诊断后，指导非手术治疗。以铂类药物为主的联合化疗方案也较多地应用于纵隔肿瘤的综合治疗中，提高了胸腺肿瘤、神经母细胞瘤、非精原细胞瘤的缓解率和生存率。

九、纵隔肿瘤放疗患者的护理要点有哪些？

纵隔肿瘤放疗患者的护理要同食管癌。

十、纵隔肿瘤放疗患者为什么需要进行心理护理？如何护理？

患者常因肿瘤巨大或位置特殊导致的胸痛、胸闷、咯血等症状而感到焦虑、恐惧。护理工作者放疗前与患者及家属进行有效沟通，引导患者说出自己的疑问和担忧，耐心做好解释工作，告知患者及家属在放疗过程中可能出现的问题及应对措施，排解患者的心理压力和担忧，可邀请成功治疗的患者现身讲解治疗经过，指导其积极配合治疗，树立对抗疾病的信心。

十一、纵隔肿瘤放疗患者的不良反应包括哪些？如何护理？

纵隔肿瘤放疗患者的不良反应包括全身反应、放射性皮炎、放射性食管炎、放射性肺炎及骨髓抑制。其中全身反应、骨髓抑制、放射性皮炎、放射性食管炎的护理请参照本章第一节"食管癌患者放疗不良反应的护理"。

十二、纵隔肿瘤放疗患者放射性肺炎的护理要点有哪些？

患者出现发热、咳嗽、胸痛等症状时，指导患者卧床休息，给予吸氧、镇痰、平喘等对应治疗。症状严重时，做好抢救准备。

十三、纵隔肿瘤放疗的预后如何？

纵隔肿瘤大部分为良性肿瘤，治愈率高。胸腺瘤的 5 年生存率为 63.7%～83.2%，胸腺癌的 5 年生存率为 33%～50%。未成熟畸胎瘤的预后与肿瘤位置、肿瘤分级及患者年龄密切相关。术后放疗或综合治疗，可提高未成熟畸胎瘤的长期生存率。神经母细胞瘤综合治疗后的疗效明显提高，研究表明，欧美国家神经母细胞瘤的 5 年生存率Ⅰ期、Ⅱa 期可达 90% 以上。

十四、纵隔肿瘤患者的出院健康宣教有哪些？

1. 饮食指导：告知家属，患者营养消耗量大，多吃高蛋白的食物如牛奶、豆制品、鱼类等，多吃新鲜果蔬，高膳食纤维的胡萝卜、番茄等都是适合纵隔肿瘤患者的良好食物，忌辛辣、刺激性食物。督促患者养成良好的饮食习惯。

2. 告知患者放松心情，保证充足睡眠，适当活动，提高自身免疫力。

3. 指导患者多饮水、勤漱口，保持口腔卫生。避免呼吸道感染者的陪伴，防止交叉感染的发生。

4. 戒除烟、酒。

5. 定时复查，出院后，无特殊情况按1个月、3个月（前2年）、6个月（第2～5年）、每年（5年后）定时返院复查。出现胸痛、呼吸困难等不适时，及时返院就诊。

第四节 乳 腺 癌

一、什么叫乳腺癌？

乳腺癌是指生长在乳腺上皮细胞的恶性肿瘤，多发生于绝经期前后的女性，已逐渐占据我国女性恶性肿瘤发病率的首位。但女性并不是唯一发病群体，男性的发病率约为1%，曾有男性患病的报道。乳腺癌的发病率与年龄呈正比，随着年龄增长，呈上升趋势，我国的乳腺癌患者大多数集中于45～55岁的女性。

二、乳腺癌好发于哪个区域？

以乳头为中点，将乳房划分为四个象限，乳腺癌的好发部位以乳房的外上象限最为常见。

三、乳腺癌的病因有哪些？

乳腺癌的病因尚未完全明确，但大量研究显示，雌酮和雌二醇与乳腺癌的发生有密切关系，乳腺癌的易感因素包括：

1. 乳腺癌家族史　一级亲属中有乳腺癌患者，发病危险率是普通人的2～3倍。一级亲属指母亲、女儿、姐妹。

2. 内分泌因素　月经初潮早于12岁、绝经期晚于50岁、40岁以上未怀孕或初次足月产晚于35岁都与乳腺癌的发病有关。

3. 乳房良性疾病　乳腺良性疾病未及时诊治或活组织检查证实有乳腺非典型性增生，都与乳腺癌的发生有关。

4. 肥胖、营养过剩、高脂饮食　可增加乳腺癌的发病机会。

5. 其他　生活方式和环境因素。

四、乳腺癌的高危人群有哪些？

①乳腺增生多年未愈；②有乳腺癌家族史；③精神抑郁，容易生气；④常年使用激素类药品或化妆品；⑤未哺乳或哺乳时间过长；⑥反复人工流产；⑦肥胖或过多摄入脂肪；⑧长期接触各类射线；⑨终生未生育或者婚后不育；⑩月经初潮早或绝经晚；⑪不良生活习惯。

五、乳腺癌的分类有哪些？预后怎样？

乳腺癌的病理分类方法很多，我国采用的是以下方法。

1. 非浸润性癌　包括导管内癌和小叶原位癌。此类型属于早期，预后较好。

2. 早期浸润癌　包括导管内癌伴有早期浸润和小叶癌早期浸润。此期属于早期，预后较好。

3. 浸润性癌

（1）浸润性特殊型癌（髓样癌伴大量淋巴细胞浸润、小管癌、黏液癌、腺样囊性癌、乳头状癌、大汗腺癌、鳞癌、乳头佩吉特病）：此类型一般分化较高，预后尚好。

（2）浸润性非特殊型癌（浸润性导管癌和浸润性小叶癌）：此型占乳腺癌的80%，为最常见的类型。其中浸润性导管癌最为常见，约为63%，其次是浸润性小叶癌，占10%～15%。预后比上述类型差，但需结合疾病分期等因素进行判断。

（3）其他罕见癌：分泌性癌、富脂质癌、印戒细胞癌、富含糖原的透明细胞癌、神经内分泌癌、伴神经内分泌分化的癌、伴化生的癌。

4. 特殊形式的乳腺癌 炎性乳腺癌、副乳腺癌、男性乳腺癌。此型病程短，进展快，预后差。

六、乳腺癌的转移途径有哪些？

乳腺癌的转移以淋巴结转移和血行转移最为多见。

1. 局部浸润 癌细胞可沿筋膜或导管间隙蔓延，进而侵犯 Cooper 韧带及皮肤。

2. 淋巴转移 转移部位与原发部位有一定关系。原发癌灶位于乳房内侧者，约 70%可发生胸骨旁淋巴结转移。

3. 血行转移 可沿淋巴途径进入静脉，也可直接侵入血液循环，发生远处转移。一般容易侵犯肺、骨骼及肝脏。

七、乳腺癌的临床表现有哪些？

早期乳腺癌通常不具备典型的症状和体征，不易引起重视，常因体检或者乳腺癌筛查发现。乳腺癌的典型症状包括：

1. 乳腺肿块 是乳腺癌最常见的症状，常为无痛性。

2. 乳头溢液 少数乳腺癌患者表现为乳头溢液，多为血性溢液。

3. 淋巴结肿大 乳腺癌可转移到腋窝淋巴结，表现为腋窝单发或多发的淋巴结肿大。晚期乳腺癌表现为锁骨上和颈部淋巴结肿大。

4. 皮肤改变 肿瘤侵犯 Cooper 韧带时，可出现"酒窝征"。当癌细胞阻塞淋巴管时，可出现"橘皮样改变"，乳腺癌晚期时，则出现"皮肤卫星结节"。

5. 乳头、乳晕异常 肿瘤接近或位于乳头深部时，可引起乳头回缩。肿瘤距乳头较远时，可引起乳头抬高或回缩。乳头湿疹样癌可因乳头皮肤瘙痒、糜烂、破溃、结痂、脱屑并伴有疼痛而导致乳头回缩。

6. 炎性乳腺癌 临床表现为乳腺广泛发红，伴局部皮肤水肿、皮温轻度升高。

八、乳腺纤维瘤会发展成乳腺癌吗？

乳腺纤维瘤是指发生在乳腺小叶内纤维组织和腺上皮的良性肿瘤。多数为单发，少数多发。好发于 20~25 岁。除肿块外，常无明显症状。肿块生长缓慢，活动度好，表面光滑有弹性，边界清楚，无淋巴结肿大。在临床病例中，乳腺纤维瘤属于良性肿瘤范畴，极少发生癌变，但乳腺纤维瘤患者肉瘤病变的概率比较高。

九、乳腺钙化和乳腺癌是一回事吗？

钙化是早期乳腺癌 X 线检查时最容易察觉的征象，可以单独出现，也可伴随其他症状一起出现。有资料显示，30%~50%的乳腺癌患者伴有钙化，有时甚至是乳腺癌诊断唯一的阳性征象。钙化是乳腺癌诊断的一个重要阳性指标。不典型的簇状钙化，可能良恶性并存。有些病灶只表现为钙化灶或微小病灶，则需要长期的随访观察或手术活检来鉴定良恶性。

十、乳腺癌的辅助检查有哪些？

1. 全面体格检查 医生了解病史后，进行体检，检查双侧乳房情况，包括有无乳头溢液、脱屑等，乳房皮肤有无水肿或者出现扩张的静脉。皮肤凹陷时说明乳房悬韧带受到侵犯，有临床意义。还要检查和记录双侧腋窝和锁骨上区淋巴结肿大情况。

2. X 线摄影（乳腺钼靶） 是近期国际上推荐乳腺癌筛查的主要方法。可用于发现查体时摸不到肿块的乳腺癌。一般用于 40 岁以上的妇女，因该年龄段妇女乳腺对射线不敏感，放射损伤有限，且容易发现异常征象。

3. 乳腺彩超 对人体没有损伤，对于致密型乳腺、年轻女性均为合适选择。

4. **MRI** 可检查出有无骨、肝、脑等转移病灶。

5. **细胞学检查** 用于最后确诊。

十一、乳腺癌治疗原则是什么？

乳腺癌的治疗方法包括手术、化疗、放疗、分子靶向治疗、内分泌治疗等多种手段。以手术治疗为首选。

1. 常见手术方式

（1）改良根治术：目前最常用。

（2）根治术：经典术式，目前已较少应用。

（3）扩大根治术：在根治术基础上清扫内乳区淋巴结，较少应用。

（4）保乳术：适用于早期乳腺癌治疗。

2. 放疗

（1）早期乳腺癌保乳术后放疗可降低同侧乳腺肿瘤的复发率。

（2）根治术或改良根治术后的辅助放疗可降低区域和局部淋巴结的复发率。

（3）根治术或改良根治术区域或局部淋巴结复发的放疗，单侧胸壁复发的预后最好。

（4）远处转移的放疗：晚期骨转移及脑转移时的首选治疗方法。

3. 化疗 常用乳腺癌术后辅助化疗方案为CMF（环磷酰胺+甲氨蝶呤+氟尿嘧啶）、CAF（环磷酰胺+多柔比星+氟尿嘧啶）、TAC（多西他赛+吡柔比星+环磷酰胺）、TEC（多西他赛+表柔比星+环磷酰胺）等，一般给予4~8周期，3~6个月。化疗是全身性的辅助治疗，需要在手术后尽早开始，联合化疗治疗效果优于单药化疗。

4. 综合治疗 综合治疗已成为乳腺癌的发展趋势。当病变局限在局部或区域淋巴结时，可选择以局部治疗为主，以术前术后全身治疗为辅。当病变范围较广或已经出现转移时，以全身治疗为主，辅以局部治疗。

十二、得了乳腺癌就意味着失去乳房吗？

随着乳腺癌综合治疗水平的提高，现在，治疗早期的乳腺癌已可不必切除乳房。保留乳房手术（保乳术）已成为T_1~T_2期乳腺癌的主要手术方式。保乳手术既可摘除肿瘤，又可以兼顾患者的形体完美。但目前，仍不是所有的乳腺癌患者都能进行保乳手术，只有肿瘤大小、所处的位置、病理分期等都适当的情况下，才适合选择进行保乳手术。不适合保乳手术的患者仍需切除乳房，但可采用整形技术重建乳房，也可采用假体重建。可以选择在所有治疗后，各项复查指标正常时进行乳房重建，也可在切除肿瘤的同时进行重建。乳房的重建不会影响乳腺癌的治疗。

十三、得了乳腺癌是否就意味着丧失生命吗？

乳腺不是人体生命活动的重要器官，原位乳腺癌不会致命。但当乳腺癌细胞丧失正常细胞特性时，由于细胞之间连接松散，容易发生脱落。一旦癌细胞脱落，可随着血液或者淋巴液播散至全身，形成转移，从而危及生命。

十四、乳腺癌放疗患者的护理要点有哪些？

1. 心理护理。
2. 饮食护理。
3. 放疗不良反应的护理。
4. 功能锻炼。

十五、乳腺癌放疗患者的饮食护理内容有哪些？

避免单一进食，以高蛋白、高热量、高维生素的清淡、易消化饮食为主，保持营养均衡。禁忌烟熏、油炸、辛辣、刺激的食物。缓慢进食、少量多餐，提高机体免疫力。

十六、乳腺癌放疗患者为什么需要进行心理护理？如何护理？

乳房是女性特有的性别器官。诊治出乳腺癌后，患者自尊心受到伤害，常表现为情绪不稳定，以焦虑、恐惧、绝望等为表现。责任护士需主动关心患者，疏导患者的心理担忧，告知家属，尤其是丈夫，多陪伴患者，倾听患者的想法，为其建立良好的心理、社会支持。与患者沟通时，不要刺激患者，避免说教式的交流。对于患者可能担心的问题，护理人员积极做出解释，鼓励患者积极参加社交活动，科室定期举办病友交谈会，为患者相互倾诉及交流创造条件，帮助患者树立正确的审美观，重建信心。

十七、乳腺癌患者放疗的不良反应有哪些？如何护理？

乳腺癌放疗患者的不良反应包括全身反应、放射性皮炎、放射性肺炎、放射性食管炎、骨髓抑制。其中全身反应、放射性肺炎、放射性食管炎、骨髓抑制的护理要点同本章第二节"肺癌患者放疗的护理要点"。

十八、乳腺癌放疗患者的皮肤护理要点有哪些？

1. 当患者放射剂量达到 20Gy 时，可出现皮肤潮红、发热，嘱患者穿棉质宽松衣物，不佩戴胸罩，以免摩擦产生刺激。保持放射野皮肤清洁、干燥，照射野范围内不可粘贴胶布、敷料等。洗澡时，控制水温，不可过热，避免使用粗硬毛巾、肥皂、沐浴乳等沐浴产品。

2. 放射剂量达到 40Gy 时，表现为表皮发干、瘙痒伴紧绷感、烧灼感，逐渐可出现色素沉着、皮肤的颜色变深、脱屑。告知患者瘙痒时不可用手抓挠，不可涂抹乙醇、刺激性的油状软膏止痒，可轻轻拍打局部皮肤。脱屑时不可撕扯皮肤，应等其自然脱落。放射野内皮肤坚持每天放疗后 30min 内及晚睡前，涂比亚芬乳膏，有较好的皮肤保湿及止痒作用。

3. 当放射剂量达到 60Gy 时，患者放射野皮肤内可见充血水肿，偶有水疱形成伴渗出液，严重时可能会出现破溃、出血、坏死，需保持局部皮肤清洁、干燥，定时进行换药护理，防止感染，直至皮肤干燥、结痂、创面愈合。

十九、乳腺癌放疗患者的功能锻炼有哪些？

手术或放疗等因素可导致患者上肢功能障碍，应监督患者坚持做好患侧上肢的功能锻炼，以逐步恢复功能和减轻水肿。鼓励患者主动进行双侧上肢的功能锻炼如压壁运动、摆臂运动、手指爬墙运动、扇动臂膀运动等，每天坚持 1~3 次，每次 30min，为避免患侧与健侧出现差别，双侧上肢应同时锻炼，共同用力，以保证平衡。

二十、乳腺癌患者出院的健康宣教有哪些？

1. 休息与活动：告知患者以休息为主，适当活动，以无疲劳感为宜。

2. 告知患者保持心情愉悦，积极对抗疾病，可适量参加社会活动。

3. 皮肤护理：放疗后的半年内，保持放射野皮肤清洁、干燥，做好局部皮肤的护理，直至创面完全愈合。

4. 告知患者健侧乳房的自我检查方法。取坐位或平卧位，手掌平放于乳腺，自乳腺外上、外下、内下、内上至尾叶和乳头和乳晕区，依次轻轻触摸，反复数次。注意乳腺有无肿块，以及肿块的大小、质地、边界、活动度、皮肤是否受累等情况。以月经后一周检查为最佳。

5. 指导患者正确佩戴义乳或假体。患者可通过佩戴义乳或假体改善自我形象。告知患者出院时暂时佩戴无重量的义乳，治愈后才可佩戴有重量的义乳。可在根治术后 3 个月行乳房再造术，有转移或乳腺炎的患者，严禁假体的植入。

6. 避孕。做好患者及其丈夫的宣教。告知患者乳腺切除术后 5 年内避免妊娠，以免促进乳腺癌的复发。

7. 性生活。告知患者及家属性生活不会引起乳腺癌的复发和转移，相反，不和谐的性生活才是乳腺癌的危险因素。和谐、适度、有规律的性生活不仅对身体无害，而且会增加患者的自信心，调节患者的内分泌系统，有利于疾病的康复。指导患者及其丈夫性生活应该在对性渴求和充沛的体力前提下，所以治疗期间，因患者身体处于虚弱状态下，不宜进行性生活。

8. 选择合适的内衣。以舒适为主，一般搭配义乳使用。为避免增加淋巴回流的阻力，减轻患肢的水肿，避免穿戴过紧的内衣和吊带文胸。

9. 出院的注意事项

（1）坚持渐进式的功能锻炼。

（2）患侧肢体避免机械的挤压，不可进行测血压、静脉穿刺等操作。

（3）避免重体力劳动，患肢避免过度负重和高强度锻炼。

（4）防止长时间将患肢置于低位。

（5）避免患肢过热或过冷的刺激，避免蚊虫叮咬及感染，避免阳光暴晒。

（6）出院后，无特殊情况按1个月、3个月（前2年）、6个月（第2～5年）、每年（5年后）定时返院复查。

二十一、乳腺癌手术后的患者可以在患侧上肢进行静脉注射、测血压等操作吗？

不能。乳腺癌根治术过程中可能对同侧腋窝、胸部血管及淋巴管等造成损伤，且患侧加压包扎，血运循环较差。所以不宜进行静脉注射、测量血压等操作。

二十二、如何预防乳腺癌？

1. 合理饮食、适当体育锻炼，增强免疫力。多吃新鲜果蔬，尽量避免使用碳酸饮料及垃圾食品。忌酒和富含大量雌激素的产品。建议育龄期的妇女每周进行平均4h的体育锻炼，每天30min，患乳腺癌的危险性减少60%。

2. 定期进行乳腺癌的检查。40岁以上妇女每年进行一次乳腺X线检查，40岁以下的妇女至少保证每3年检查1次。高危人群应尽早开始检查。

3. 认真开展乳腺自查和互查，提倡计划生育、母乳喂养。乳腺的自查方法如下：每次月经结束后的7～10天，站在镜前，双手垂直放下，看乳房外观是否正常，皮肤有无褶皱、隆肿，乳头有无内陷等情况，轻捏乳头观察有无分泌物溢出，再检查双侧腋下，有无肿大的淋巴结。重复数次。洗澡时用指腹以螺旋方式进行检查，仔细触摸乳房的每个部分，检查有无硬块。如有异常，应立即到医院进行检查。

4. 药物预防：ASCO指南推荐，他莫昔芬可作为预防ER阳性乳腺癌的有效选择，能有效降低绝经前后妇女浸润性、ER阳性乳腺癌的风险。雷洛昔芬仅限于绝经后妇女。

5. 提倡计划生育和母乳喂养。

（陈佩娟　周宏珍　张　露）

第十章 妇科肿瘤

第一节 宫颈癌

一、什么是子宫颈癌，常见的病因有哪些？

宫颈癌又称子宫颈癌，是指发生在子宫阴道部及宫颈管的恶性肿瘤。其病因可能与以下因素相关。

1. 病毒感染 高危型HPV持续感染是宫颈癌的主要危险因素。90%以上的宫颈癌伴有高危型HPV感染。

2. 性行为及分娩次数 多个性伴侣、初次性生活<16岁、初产年龄小、多孕多产等与宫颈癌发生密切相关。

3. 其他生物学因素 沙眼衣原体、单纯疱疹病毒Ⅱ型、滴虫等病原体的感染在高危HPV感染导致宫颈癌的发病过程中有协同作用。

4. 其他行为因素 吸烟作为HPV感染的协同因素可以增加子宫颈癌的患病风险。另外，营养不良、卫生条件差也可影响疾病的发生。

二、宫颈癌常见的病理类型有哪些？

常见宫颈癌有鳞癌、腺癌和腺鳞癌三种类型。

1. 鳞癌 按照组织学分化分为三级。Ⅰ级为高分化鳞癌，Ⅱ级为中分化鳞癌（非角化性大细胞型），Ⅲ级为低分化鳞癌（小细胞型），多为未分化小细胞。

2. 腺癌 占宫颈癌15%~20%。主要组织学类型有2种。①黏液腺癌：最常见，来源于宫颈管柱状黏液细胞，镜下见腺体结构，腺上皮细胞增生呈多层，异型性增生明显，见核分裂象，癌细胞呈乳突状突入腺腔。可分为高、中、低分化腺癌。②恶性腺瘤：又称微偏腺癌，属高分化宫颈管黏膜腺癌。癌性腺体多，大小不一，形态多变，呈点状突起伸入子宫颈间质深层，腺上皮细胞无异型性，常有淋巴结转移。

3. 腺鳞癌 占宫颈癌的3%~5%，是由储备细胞同时向腺细胞和鳞状细胞分化发展而形成。癌组织中含有腺癌和鳞癌两种成分。

三、宫颈癌常见转移途径有哪些？

宫颈癌常见转移途径主要为直接蔓延及淋巴转移，血行转移较少见。

1. 直接蔓延 最常见，癌组织局部浸润，向邻近器官及组织扩散。常向下累及阴道壁，极少向上由宫颈管累及宫腔；癌灶向两侧扩散可累及宫颈旁、阴道旁组织直至骨盆壁；癌灶压迫或侵及输尿管时，可引起输尿管阻塞及肾积水。晚期可向前、后蔓延侵及膀胱或直肠，形成膀胱阴道瘘或直肠阴道瘘。

2. 淋巴转移 癌灶局部浸润后侵入淋巴管形成瘤栓，随淋巴液引流进入局部淋巴结，在淋巴管内扩散。淋巴转移一级组包括宫旁、宫颈旁、闭孔、髂内、髂外、髂总、骶前淋巴结；二级组包括腹股沟深、浅淋巴结、腹主动脉旁淋巴结。

3. 血行转移 较少见，晚期可转移至肺、肝或骨骼等。

四、宫颈癌的临床表现有哪些？

1. 阴道流血 早期多为接触性出血；中晚期为不规则阴道流血。出血量根据病灶大小、侵及间质内血管情况而不同，若侵袭大血管可引起大出血。年轻患者也可表现为经期延长、经量增多；老年患者常为绝经后不规则阴道流血。一般外生型较早出现阴道出血症状，出血量多；内生型较晚出现该症状。

2. 阴道排液 多数患者有阴道排液，液体为白色或血性，可稀薄如水样或米泔状，或有腥臭。晚期患者因癌组织坏死伴感染，可有大量米汤样或脓性恶臭白带。

3. 晚期症状 根据癌灶累及范围出现不同的继发性症状，如尿频、尿急、便秘、下肢肿痛等；癌肿压迫或累及输尿管时，可引起输尿管梗阻、肾盂积水及尿毒症；晚期可有贫血、恶病质等全身衰竭症状。

五、宫颈癌的治疗原则是什么？

手术治疗、化疗治疗及放射放疗。根据宫颈癌临床分期、患者年龄、生育要求、全身情况、医疗技术水平及设备条件等综合考虑制定适当的个体化治疗方案。

1. 手术治疗 0～Ⅱa期患者，无严重内外科合并症，无手术禁忌证。对Ⅰa～Ⅱb期的癌肿患者采用子宫颈癌根治术及盆腔淋巴结清扫术。Ⅰa1期选用全子宫切除术，对要求保留生育功能的年轻患者可行宫颈锥形切除术（即完整的移行带切除）。Ⅰa2期选用改良根治性子宫切除术及盆腔淋巴结清扫术。Ⅰb～Ⅱa期，采用根治性子宫切除术及盆腔淋巴结清扫术。有生育要求的Ⅰa2或Ⅰb0期病变直径。由于子宫颈癌较少转移至卵巢，卵巢正常者可以保留。

2. 放疗治疗 有腔内及体外照射两种方法，腔内放疗用于控制局部并在，对早期病变以腔内放疗为主，体外照射为辅。中晚期患者以放疗为主，有的肿瘤体巨大的Ⅰb～Ⅱa期患者先行放疗使其瘤体缩小，再行手术。或手术后证实淋巴结或宫旁组织有转移者，放疗作为术后的补充治疗。放疗的优点是疗效高，危险少，缺点是对放疗不敏感的疗效差，并能引起放射性直肠炎、膀胱炎等并发症。

3. 手术及放射综合治疗 是用于癌肿较大病灶者，术前先行放疗，待癌肿缩小后再行手术治疗，放疗可以作为手术治疗后的补充治疗。

4. 化学治疗 适应于晚期及复发转移的患者，也可以作为手术或放疗的辅助疗法，用于治疗局部巨大肿瘤。一般采取联合化疗方案，化疗途径有静脉化疗和介入化疗。常见化疗方法如下：

（1）新辅助化疗：是指对宫颈癌患者先行数个疗程化疗后再行手术或放疗，以期提高疗效。其目的是减少肿瘤体积，使手术易于施行，并控制亚临床转移，适宜于Ⅰb2、Ⅱa期（巨块型）、Ⅱb期较年轻的患者。

（2）同步放化疗：又称同期放化疗，即盆腔外照射加腔内近距离照射，同时应用以铂类为基础的化疗。

（3）术后、放疗后辅助化疗：术后化疗多用于术后发现淋巴结和宫旁转移，切缘肿瘤细胞阳性，或脉管浸润，分化差具有复发高危因素的患者，放疗后化疗多用于复发、转移等情况。晚期、复发性宫颈癌的姑息化疗。

六、什么是宫颈癌放射治疗的复发或未控，常见的临床表现有哪些？

宫颈癌治疗后，经过一段时间的临床治愈阶段后又发现新的肿瘤病灶，称为复发。放疗后复发指放疗结束3个月以后在宫颈、阴道、盆腔或远处出现病灶。任何方式治疗后3个月内病灶未能得到控制，并继续发展或在盆腔内出现新的病灶，称为未控。放疗后宫颈癌组织未被消灭或肿瘤对放射线抗拒导致局部未控和复发，是治疗失败的主要原因。临床表现随复发部位不同而异，早期或部分患者可无症状，白带增多和阴道流血是复发最常见的症状，疼痛包括一侧下肢疼痛，腹和盆部酸痛，下肢水肿，胃纳下降和恶病质等，另外随复发部位而有不同表现，如咳嗽、胸痛、血尿、直肠出血等。

七、宫颈癌放射治疗的适应证是什么？

1. 部分Ⅰb2期和Ⅱa2期和Ⅱb～Ⅳa期患者。

2. 全身情况不适宜手术的早期患者。

3. 子宫颈大块病灶的术前放疗。

4. 手术治疗后病理检查发现高危因素的辅助治疗。

八、宫颈癌放疗的方法有哪些？

宫颈癌放射治疗包括盆腔外照射和腔内后装照射。

九、宫颈癌进行腔内照射方法有哪些？

腔内照射采用后装治疗机，放射源为 ^{137}Cs，^{192}Ir 等，用以控制局部原发病灶。

十、宫颈癌体外照射的方法有哪些？

体外照射多用直线加速器，放射源为 ^{60}Co 等，治疗子宫颈旁及盆腔淋巴结转移灶。

十一、如何选择腔内照射及体外照射？

宫颈癌外照射和内照射结合是宫颈癌常用的放射治疗技术。宫颈癌的原发区（宫颈、阴道、宫体及盆腔三角）的治疗以腔内为主，盆腔转移区（子宫旁组织、宫颈旁组织、阴道旁组织及盆腔淋巴结区）以体外照射为主。腔内照射及体外照射相互配合，可以达到消灭肿瘤组织，最大限度地保护正常组织和器官。早期病例以局部腔内照射为主，体外照射为辅；晚期以体外照射为主，腔内照射为辅。

十二、宫颈癌体外照射剂量是多少？

1. 宫颈癌总照射量为 40～45Gy（一般 30Gy 后分野照射）。

2. 每次量：DT 为 1.8～2.0Gy。

3. 每周 5 次，腔内治疗当日一般不给体外照射。

十三、宫颈癌的规范化放射治疗有哪些？

1. 腔内照射 包括阴道容器腔内照射（阴道柱状容器、阴道盒状容器、卵圆球状容器）、组织间插植的针状容器及宫腔内治疗的管状容器。目前均采用后装治疗技术，就是先放置治疗容器，然后通过电脑自动控制放入放射源（常为 ^{192}Ir），控制放射源的运动方式及时间达到治疗所需的剂量及剂量分布。阴道容器及组织间插植主要以消除局部肿瘤为目的，宫腔内照射则需要达到一定的治疗总剂量，宫颈癌一般要求 A 点总剂量在 35～45Gy。放射治疗强调个体化原则，不同患者的总剂量及剂量分布、照射方式均有所不同，对治疗医生要求很高，并不是仅仅会手术操作放管那样简单，是导致治疗效果、治疗并发症存在明显差异的所在。再次强调在放射治疗中及治疗后进行阴道冲洗的重要性，避免阴道、宫颈粘连，导致宫腔积液。同时注意饮食清淡，不要进食辛辣刺激的食物，注意避免或减轻放射性直肠炎、放射性膀胱炎。

2. 术后辅助放疗 主要用于术后高危患者的辅助治疗，治疗指针如前述。一般采用体外照射，DT 为 40～45Gy；对阴道切除不充分者，也可给予阴道内照射（腔内后装）。经济条件好的患者也可选择体外适形调强放疗，常采用放化疗同步进行。

3. 复发患者的放射治疗 复发患者的放射治疗与初次治疗方式有关，手术后复发患者首选放疗，而放疗后复发的患者，由于正常组织的终身耐受剂量有限，再次放疗的剂量不能充分给予，影响治疗效果，并可产生严重的并发症。可选择适形调强放疗，可提高照射剂量、减少周围正常组织受量，减少并发症的发生概率。对原照射野外的复发病灶效果不错，一般放化疗同步进行。

十四、宫颈癌放疗前准备的注意事项是什么？

1. 详细解释治疗的作用及可能的合并症，并签署知情同意书。

2. 放疗前注意保持皮肤干燥与清洁，勿用乙醇、肥皂等刺激局部皮肤，切忌应用胶布条在皮肤上固定，进入放射治疗室勿戴手表、钥匙、耳环、戒指等金属物品。

3. 作好查对工作，测量生命体征，体温超过 38.0℃应暂停放疗。

4. 治疗前 1 天排便灌肠。治疗当天上午排空直肠、做好皮肤准备，行阴道冲洗，腹腔、盆腔照射前应排空小便，减少膀胱反应。

5. 每周需要复查血常规，若白细胞<4×10⁹，血小板低于100×10⁹应考虑停止放疗。

十五、宫颈癌放疗注意事项是什么？

1. 每日用温水清洗会阴部，保持会阴清洁、干燥。
2. 鼓励患者多饮水，每日3000ml以增加尿量。
3. 勤换内裤。
4. 摆好的体位不可随意改变，否则会改变照射角度，在放疗区做好的标记要保持清晰完整。
5. 放疗前后要休息1h。

十六、宫颈癌放疗期间常见并发症是什么？

1. **放射性直肠炎**　一般治疗2周左右出现，观察腹泻、肠痉挛等。
2. **放射性膀胱炎**　表现为尿频、尿急、腰背酸疼，严重者伴有血尿。
3. **放射性宫颈炎**　宫颈放疗期间，观察有无引导出血，对于女性患者盆腔照射时应取出避孕环，同时向患者或家属说明照射后有闭经的可能。

十七、宫颈癌患者照射野皮肤的护理要点有哪些？

1. 为了保护照射野皮肤，预防放射性皮炎应选用柔软内衣，避免粗糙衣物摩擦。
2. 照射野可用温水和柔软毛巾轻轻蘸洗，禁用肥皂擦洗、禁用碘酒、乙醇等刺激性消毒剂，避免冷热刺激如热敷、冰袋等。
3. 照射区皮肤不可贴胶布，进入放疗室应摘掉手表、首饰及义齿等，因重金属可产生二次射线，加重皮肤放射性损伤。
4. 避免日光直接照射，保持皮肤清洁干燥。
5. 放射前后可外用皮肤保护剂局部保护。

十八、宫颈癌放疗为什么要进行阴道冲洗？

阴道冲洗能及时清除阴道内肿瘤坏死组织和分泌物，预防阴道粘连，减轻局部炎症反应。常用的阴道冲洗液有0.025%碘伏，3%过氧化氢溶液、1:5000高锰酸钾等，如合并感染时冲洗液内应加适当抗生素。接受宫颈癌放疗的患者，不仅要在治疗期间按时阴道冲洗，放疗结束后6～12个月仍需定期阴道冲洗。阴道冲洗能有效地预防放射性阴道炎、宫颈粘连、宫腔积液。

十九、妇科肿瘤患者阴道冲洗的护理要点有哪些？

告知患者阴道冲洗时放疗的重要辅助手段，用0.025%碘伏阴道冲洗，1次/天，以促使肿瘤坏死细胞脱落和阴道分泌物的排泄，尽可能清除附着于肿瘤上的异物，保持阴道清洁，提高放疗敏感度，预防盆腔炎。冲洗时动作要轻柔，冲洗压力不宜过高，温度要适宜，严格执行消毒隔离制度及无菌技术，预防交叉感染。

二十、什么是放射性膀胱炎？

盆腔肿瘤及子宫颈癌的放射治疗，膀胱是不可避免的受照射器官之一，膀胱黏膜的放射敏感性虽然低于肠道黏膜，但经大剂量照射后，放射性膀胱炎仍属难免，发生率为2.48%～5.6%。放射性膀胱炎的发生与放射总剂量、放射治疗技术及个体放射敏感性差异有关。放射治疗技术的进步，并不能使子宫颈癌治疗时的病灶与膀胱、直肠的解剖关系有任何改变；病灶如受足量照射，定会影响邻近脏器。膀胱比直肠的放射敏感性低，照射60Gy以上多发生溃疡。放射性膀胱炎主要是放射线引起的血管损伤、小血管闭塞、黏膜充血水肿以致形成溃疡，周围有明显水肿，常合并感染、出血。溃疡愈合后残留有白色瘢痕，其周围可见有网状血管扩张，血管破裂造成反复出血，甚至放疗后10多年还可出现血尿。由于放射线引起的小血管病变（动脉闭塞、血管壁纤维化及硬化）缓慢进行，组织处于缺血状态，形成黏膜、黏膜下组织、肌肉萎缩及纤维增生，形成慢性膀胱萎缩，容量减少（常只有50ml左右），可引起尿频、尿失禁，且容易合并感染。

二十一、放射性膀胱炎的临床症状有哪些？

1. 轻度 仅有轻度症状及体征，如尿急、尿频、尿痛等。膀胱镜检查，可见黏膜混浊、充血、水肿。

2. 中度 除上述症状外，尚有膀胱黏膜毛细血管扩张性血尿，可反复发作。膀胱镜检查，可见黏膜水肿，相当范围的纤维膜、毛细血管扩张，可伴有溃疡出现，病变常在膀胱三角区后壁及输尿管间的皱褶处。

3. 重度 膀胱阴道瘘形成。

二十二、如何诊断放射性膀胱炎？

1. 有膀胱区或阴道内放射治疗史。
2. 可为无痛性血尿，轻度尿频或有尿痛及排尿困难。严重血尿可造成贫血。
3. 尿常规检查：有多量红细胞。瘤细胞阴性。
4. 膀胱镜检查：见黏膜有广泛出血点或片状出血斑及小血管怒张，三角区附近有溃疡和炎性肉芽组织。必要时做活检与肿瘤相鉴别。

二十三、放射性膀胱炎的治疗原则是什么？

对轻、中度急性放射性膀胱炎，主要采用保守疗法，如抗生素消炎、止血及对症治疗，以缓解膀胱刺激症状。药物可全身使用，方法与一般的膀胱炎相似。常用的局部治疗如下：

1. 药物膀胱冲洗。苯佐卡因0.3g、颠茄酊0.5g、庆大霉素12万U、地塞米松1.5mg，加生理盐水至30ml，每日膀胱灌注2次。

2. 经导管注入2%苯佐卡因50ml，保留5min放出，注入4%甲醛液150～200ml（用量可根据膀胱容量调整）保留15min后放出，随后注入50%乙醇200ml，冲洗2次。此法主要用于出血性膀胱炎治疗。

3. 明矾液膀胱灌注疗法。明矾液是一种不被机体吸收的收敛剂，能使出血面的蛋白质沉淀，降低细胞膜通透性，并使毛细血管内皮细胞黏合质变硬，从而使毛细血管内血浆蛋白流动减慢，局部组织的水肿、炎症和渗出减轻而出血停止。使用前先用生理盐水经三腔Foley管冲洗膀胱，尽量排尽血块，然后用1%明矾液250ml膀胱灌注，保留20min排出。同法可反复冲洗3次。

4. 经尿道行电凝固术止血。由于放射损伤的组织供血不良，易形成纤维化，再生功能低下，凝固部位易发生坏死，故应注意防止瘘的形成。

5. 骶前封闭疗法。在直肠与尾骨之间以0.25%普鲁卡因80～100ml作浸润性封闭，每5～7天1次。2～3次治疗后，有可能缓解症状。

6. 其他：α-糜蛋白酶具有抗炎、抗水肿、溶解纤维素、分解黏液等作用，用于治疗放射性膀胱炎有一定疗效。每日肌内注射25U，共2～4周，症状体征均可明显改善。高压氧可使组织内氧张力增高，新生血管和肉芽组织形成，组织损伤修复，从而促进炎症愈合。有条件的单位，高压氧可作为治疗放射性膀胱炎的手段之一。患者在高压氧室中吸100%的氧，每日1次，每次90min，每周5～6次，共20次，据报告疗效良好。

7. 对于亚急性期溃疡首先给予保守疗法，同急性期。失血多者需输新鲜血，以改善全身情况；慢性期如膀胱容量减少、膀胱壁硬化、尿路狭窄可导致肾盂积水，严重者可诱发尿毒症，需要考虑手术治疗。

二十四、妇科肿瘤患者放射性膀胱炎的护理要点有哪些？

放射性膀胱炎是妇科肿瘤患者最常见的放疗反应，发生率为2%～10%，放疗期间会出现一系列膀胱刺激症状，如尿频、尿急、尿痛和血尿。为了减轻膀胱放射反应和损伤，在放疗时嘱患者排空膀胱，可以减轻压力，减少治疗时辐射受量。放疗后嘱患者多饮水，可以降低尿液的酸碱度，缓解膀胱刺激症状放疗可引起膀胱黏膜充血、水肿、溃疡、出血，患者可出现尿频、尿急、尿痛、排尿困难的症状。出现上述症状要及时告知医生，对症处理，鼓励患者多饮水，告知患者放疗前要排空膀胱，并注意外阴及尿道口清洁，防止逆行感染，必要时用抗感染药物，血尿者给止血药，严密观察病情变化。

二十五、什么是放射性直肠炎？

放射性直肠炎是妇科恶性肿瘤、男性前列腺恶性肿瘤放射治疗的主要并发症。文献报道宫颈癌体外照射结合腔内高剂量率放射治疗时，中、重度放射性直肠炎的发生率为5.3%～15.6%。放射性直肠炎也是盆腔放射治疗的常见并发症。它是一种自愈性疾病。如治疗和护理及时、得当，可缩短其病程，减轻患者的痛苦和经济负担，提高其生存质量。

二十六、如何诊断放射性直肠炎？

1. 直肠指检 放射性直肠炎的早期或损伤较轻者，指检可无特殊发现，也可只有肛门括约肌痉挛和触痛。有的直肠前壁可有水肿、增厚、变硬、指套染血。有时可触及溃疡、狭窄或瘘管，有3%严重直肠损害者形成直肠阴道瘘。同时做阴道检查可助于诊断。

2. 内镜检查 在开始的数周内可见肠黏膜充血、水肿、颗粒样改变和脆性增加，触及易出血，直肠前壁为甚。以后有增厚、变硬及特征性的毛细血管扩张、溃疡和肠腔狭窄。溃疡可呈斑片状或钻孔样，其形成大小不等，常位于宫颈水平面的直肠前壁。直肠的狭窄多位于肛缘上方8～12cm处。有些结肠病变酷似溃疡性结肠炎。增厚变硬的黏膜和环状狭窄的肠段或边缘坚硬的钻孔样溃疡，如周围行细血管扩张不显，均可被误为癌肿。作组织活检可有助于诊断，但慎防穿破。

3. X线检查 肠道钡剂检查有助于病损范围与性质的确定。但征象无特异性。钡剂灌肠示结肠黏膜呈细小的锯齿样边缘，皱襞不规则，肠壁僵硬或痉挛。有时可见肠段狭窄、溃疡和瘘管形成。少数溃疡边缘的黏膜可隆起，其X线征酷似癌肿，其鉴别点是病变段与正常肠段间逐渐移行而无截然的分界线，与癌肿不同。乙状结肠位置较低并折叠成角，从不同角度摄片对鉴别病变性质有重要意义。

4. 钡剂检查 小肠，可见病变常以回肠末端为主。充钡时，可见管腔不规则狭窄，并因粘连而牵拉成角，形成芒刺样阴影，肠壁增厚、肠曲间距增宽。也可见肠腔结节样充盈缺损，与炎性肠病相似。排空时小肠正常羽毛状黏膜纹消失。近年来用肠系膜血管造影有助于发现小血管病变。对于放射性肠炎的早期诊断与鉴别诊断有一定意义。

5. 小肠吸收功能的测定 包括粪便脂肪测定、维生素B_{12}及D-木糖吸收试验。

二十七、放射性直肠炎的治疗原则是什么？

出现放射性肠炎者，根据RTOG急性放射损伤分级标准判断（详见表4-1），处理如下：

Ⅰ级可不予处理，仅予无渣饮食，卧床休息，减少肠蠕动，必要时应用保护肠黏膜药物如蒙脱石散。

Ⅱ级除上述处理外，需予对症处理，并予止泻药物如洛哌丁胺（易蒙停）等。

Ⅲ级需暂停放疗，并应用云南白药、泼尼松、蒙脱石散、庆大霉素等药物保留灌肠。保留灌肠是利用肠黏膜直接吸收药物而达到治疗目的，是治疗放射性肠炎行之有效的方法之一。

二十八、放射性直肠炎的并发症有哪些？

放射性肠炎引致的并发症主要有肠狭窄和肠梗阻，直肠阴道瘘、直肠膀胱瘘或回乙结肠瘘，胃肠道溃疡和穿孔，以及诱发结、直肠癌等。

二十九、妇科肿瘤患者放射性直肠炎的护理要点有哪些？

放射性直肠炎是宫颈癌放射治疗的早期并发症之一，是治疗中断的主要原因之一，通过减少阴道A点的照射剂量可使直肠炎和膀胱炎的发生率明显降低。应告知患者放疗期可有腹痛、腹泻、下坠感，甚至脓血便等症状，多发生于放疗3周以后，常在放疗第6周发生最严重的并发症。

1. 饮食护理 鼓励患者进食营养丰富的食物，如高蛋白质、高热量及富含维生素B、维生素C、无刺激的温凉软食，如肉、鱼、鸡蛋、牛奶、蔬菜及水果汁，以维持良好的营养状况，摄取足量的液体。避免过热、过冷、辛辣、粗糙等刺激性食物，少食多餐，禁烟酒。嘱患者多进食含纤维素高的食物，进食少渣半流饮食，按医嘱口服抗生素、止泻药，防止便秘，减少直肠刺激，并观察大便的性状、腹痛的性质，防止水、电解质紊乱。

2. 皮肤护理 对已出现放射性直肠炎的患者应嘱其穿宽大柔软吸水性强的棉质衣服，尽可能减少局部摩擦及刺激，保持肛周皮肤清洁干燥，忌搔抓，肛周皮肤反应严重者应暴露创面，必要时以无菌生理盐水清洗，待干后外喷重组人表皮细胞生长因子。

3. 保留灌肠作用 对放射性直肠炎患者采取保留灌肠能使药物直达病灶，易于达到病变部位的高浓度而无相应的血浆高水平，有利于发挥最大疗效，降低不良反应。能有效地减轻患者痛苦，提高患者放疗期间的生存质量。注意事项：

（1）解释说明：向患者说明肛门用药的目的、方法，嘱其排空大、小便，减轻腹压及清洁肠道，于每晚睡前肛门内注入40ml，即协助其取左侧卧位，并垫高其臀部10cm，以利于药物吸收。

（2）插管要求：导管插入肛门部分涂石蜡油，插管时动作轻柔，减少刺激，一般病变距离肛门6~8cm，插入深度以6cm即可，过深越过病灶可降低治疗效果。

（3）推药手法：用一次性注射器推注灌肠液时，速度宜慢，一般约10min。

（4）药液要求：冬季对灌肠液适当加温，以防刺激直肠，使肠蠕动增快，灌肠液难以保留，影响治疗效果。

（5）特殊处理：拔除导管后，用手轻轻揉肛门数分钟，使灌肠液在直肠内保留2h以上，才能达到疗效，保留6h以上效果更佳。

4. 心理护理 宫颈癌患者有较复杂的心理，恐惧、焦虑、怕痛，93%左右的患者存在不同程度的焦虑和抑郁。特别是当发生放射性直肠炎时，由于大便次数多且伴有严重的疼痛，使患者更加烦躁不安、心情抑郁，对治疗失去信心。此时，护理人员应当给予患者言语上的安慰和必要的解释，让其了解在放射线治疗肿瘤的同时，对正常的组织、细胞同样有损伤，这就是放疗的并发症之一。但是通过适当的用药治疗及护理可以得到控制，并随着放疗的完成症状会慢慢好转，以此增加患者的信心。在对患者进行信心培养的同时要注意与患者家属沟通，做好家庭和朋友在亲情爱情友情上的温暖，使患者得到足够的安慰，减少患者焦躁的程度。

三十、如何进行宫颈癌患者的居家护理？

1. 保持情绪乐观 正确对待疾病，并最大限度获得家人和社会的心理支持。

2. 饮食指导 合理膳食，进食高蛋白、高热量、富维生素易消化食物，忌食辛辣、刺激性食物。

3. 活动与休息 生活规律，戒烟、戒酒，保证充足睡眠，劳逸结合，可适当散步、打太极拳、慢跑等，避免重体力劳动。

4. 用药指导 遵医嘱按时用药，指导患者用药的时间、剂量及相关注意事项，如出现用药不良反应，及时就诊。

三十一、宫颈癌放射治疗的预后因素有哪些？

1. 年龄 对宫颈癌患者放疗预后有着重要的影响，但对其是否为预后的影响因素仍存在一定的争议性，有资料显示未发现年轻宫颈癌患者（≤35岁）和年龄患者（>35岁）在预后方面存在差异，认为年龄与宫颈癌预后无关，但其生存率会随着年龄的增大而降低。

2. 临床分期 临床分期越晚，预后越差，这是影响预后的明显因素。

3. 贫血 宫颈癌的长期慢性失血或急性大出血，均可导致贫血。患者的一般情况和营养状态贫血的患者对放射的敏感性较差，患者的免疫功能也较差。有研究表明，放射治疗前血红蛋白在80g/L以下比120g/L以上者5年生存率低30%左右。贫血越重，影响越大。因此治疗前积极纠正贫血对提高放射治疗的疗效是有益的。

4. 感染 包括宫腔感染和盆腔感染。宫腔积脓是主要的宫腔感染，是由于宫体被肿瘤侵犯或宫腔局部放射反应等因素所产生的或肿瘤或放射造成的子宫颈管阻塞，引流受到干扰而形成的。宫腔积脓合并高热及子宫增大者预后不佳。宫腔积脓在宫颈癌放射治疗后持续不愈或放疗后出现者提示宫颈癌局部未控或复发可能性极大。盆腔感染包括附件炎、宫旁组织炎、盆腔腹膜炎和盆腔脓肿等。肿瘤及宫腔操作、检查等都可以引发潜在感染急性发作或引起新的感染。在晚期子宫颈癌中，盆腔感染是影响子宫颈癌放射治疗的预后的重要因素。

5. 输尿管梗阻、肾盂积水 宫颈癌合并与不合并肾盂积水，其5年生存率相差约6%。特别是治疗后肾盂积水加重或出现肾盂积水者提示预后不佳。

6. 组织类别 宫颈肿瘤组织学上主要是鳞癌和腺癌，其对射线的敏感性和疗效有无差异，目前尚无明确证据。一般说来，腺癌放射敏感性低于鳞癌，且腺癌常在局部形成大肿块，放疗后易于残留。

7. 肿瘤大小 对放疗疗效之间的影响已被许多学者所证实，肿瘤直径越大其生存率越低。有资料显示：肿瘤直径＜4cm者的3年生存率明显高于肿瘤直径≥4cm者。

8. 剂量和疗程 适当的剂量和疗程可以提高治疗比。剂量过小或疗程过长达不到对肿瘤的最大破坏作用；剂量过大或疗程过短则可破坏肿瘤周围的屏障和局部组织的修复能力，也会降低肿瘤治愈率。

三十二、宫颈癌放射治疗后复发能否再次放疗？

子宫颈癌放疗后复发，不可轻率再次行盆腔放射治疗。子宫颈癌放射治疗后盆腔复发，不仅复发的癌细胞可能对再次放射治疗不敏感而疗效差，而且由于曾经受放射性损伤的盆腔正常组织器官对再次放射治疗的耐受差，极容易发生严重放射性损伤。宫颈癌放疗后复发，应根据首次治疗方法，结合复发的部位和时间，认真考虑再治疗的方针：若首次治疗为放疗，复发在宫体、宫颈、阴道或宫旁（孤立结节）等部位可以手术者，则以手术治疗为宜；不适于手术治疗或不愿意手术治疗者，可根据肿瘤情况，治疗后时间的长短及患者一般情况等因素，决定做放射治疗或药物治疗。

三十三、宫颈癌放疗后复发的高危因素有哪些？

1. 内生型桶状宫颈颈管增粗有浸润者。

2. 空洞型。

3. 肿瘤直径≥4cm者。

4. 放疗中肿瘤消退慢者。

5. 腺癌（尤其是黏液性腺癌）。

6. 组织学分级较差者。

三十四、放射治疗后复发宫颈癌再次放疗的注意事项有哪些？

1. 宫颈癌放疗后复发的诊断不能肯定之前，不可轻率地再作放疗，否则会造成不可恢复的放疗损伤。

2. 宫颈癌复发放射治疗的具体设计，要根据复发的部位、范围来确定。如阴道、宫颈或宫体的局限性复发，可考虑单纯腔内放疗；若局部复发的范围较广，或伴有宫旁及盆壁复发，则可应配合体外照射；如单纯宫旁或盆壁复发，则可根据肿瘤范围设野，给以体外照射；若术后复发，则按首次放疗处理。

3. 放疗后复发再次放疗时，照射剂量的掌握要注意。对距首次放疗2~3年以上者，可根据具体情况考虑给予全量照射。对首次放疗后较短时间复发者，决定剂量要慎重，否则既不能治愈肿瘤，又会造成严重的放疗并发症。

4. 放疗后复发的患者，由于组织纤维化，放疗敏感性降低，正常组织和器官经过一次放射损伤后再照射，并发症明显增加。因此照射时尽量采取可能的措施，以提高肿瘤剂量、降低并发症。

三十五、宫颈癌放疗的出院指导是什么？

放疗后出院指导：注意个人卫生，保持外阴清洁干燥。放疗结束后半年内坚持每天自行阴道冲洗，前6个月1次/天，6个月至2年内每2~3天1次，预防阴道炎、阴道粘连和阴道闭锁。做好性生活指导，患者在放疗后肿瘤控制满意，一般情况下3个月后可以并提倡正常性生活，以防止阴道狭窄和粘连，性交困难、干燥或疼痛时，可使用润滑剂。教会患者肛提肌锻炼的方法，嘱患者每日行肛提肌锻炼，以增强阴道肌张力，如阴道狭窄，可选择阴道扩张器，扩张阴道2次/天，每次10min，20周为1个疗程。保持自我形象，提高生存质量。出院后按时复查，定期随诊，如有特殊情况及时就诊。做好营养指导，加强营养，宜进高蛋白、高维生素、易消化和清淡的饮食，多吃动物性蛋白和新鲜的水果和蔬菜，忌辛辣、刺激性食物。如腹泻频繁，应注意鼓励患者多饮水或食用含钾高的食物，如橘汁、香蕉等。忌食生冷，注意饮食卫生以防细菌侵入肠道而加重放射反应的发生。适当休息，避免重体力劳动，逐渐增加体育锻炼，增加机体抵抗力。与此同时，加强对家属进行健康宣教，帮助了解他们相关知识，担当起监督者、支持者和帮助者的角色，以提高患者保活生存质量。

三十六、宫颈癌患者放射治疗后影响性生活吗？

放疗在杀死肿瘤细胞的同时，对正常组织也带来一定的损伤，严重时影响组织器官的生理功能，由于阴道上皮基底层及其小血管内皮细胞的成纤维细胞对辐射十分敏感，放疗后，阴道小血管狭窄、闭塞、结缔组织增生使血管扩张的能力丧失，性唤起时阴道充血、高潮受到抑制等，损伤了阴道在性生活中的延长、扩张等生理反应。其次，由于阴道上2/3段的扩展和伸长会因放射治疗而减弱，可引起性交痛、性交出血、无性高潮而使其对性生活的乐趣大大降低，有些甚至不愿意进行性交，从而导致性生活质量降低，据报道，3/5的患者完全没有性生活或次数很少，有1/2以上对性生活没有一点兴趣，仅1/10的患者与患病前无改变。

三十七、与宫颈癌放射治疗患者进行性生活会传染吗？

有报道显示11.7%的性伴侣害怕与患者进行性交，担心会传染上癌症，这是对疾病不正确的认知及偏见而造成的，癌症不会通过接触传染，故治疗前要了解患者的性生活史，向患者解释诊断宫颈癌并不意味着性生活就此结束。向患者及家属解释清楚放射治疗对性功能可能造成的影响，如阴道狭窄可应用雌激素和阴道扩张器等，鼓励患者进行提肛锻炼以增加阴道肌肉张力。如出现性交痛、阴道干燥等不适应告知患者性生活前排空膀胱、使用润滑剂等以改善其不适。

三十八、宫颈癌放射治疗后多久可以恢复性生活？

宫颈伤口一般3个月左右愈合，6个月左右可以恢复性生活，如有不适可随时就诊。

三十九、宫颈癌患者放疗后如何指导性生活？

宫颈癌患者在放疗后很容易发生阴道粘连。预防阴道粘连的最佳方法是，患者在放疗进行到1个月左右的时候，应适度地安排一下性生活。过性生活对患者有如下作用：在性生活中，阴道、宫颈的分泌物及男性的精液对阴道都会起到润滑营养的作用。此外，在性生活中阴道局部会发生充血，再加上阴茎对阴道的摩擦，更有利于患者阴道黏膜的早日康复。性生活可使患者的身心愉悦。这样不仅可以增强患者全身各器官的功能，也有利于性器官的康复。阴道冲洗器虽然可以深入阴道，直达宫颈进行冲洗。但这种器械深入阴道的部分较细，故无法起到扩张阴道的作用。在性生活中，只要双方动作适度、注意卫生，就不必担心会造成感染。对于老年女性患者，由于其宫颈可能有些萎缩，其阴道壁比较脆弱，所以在过性生活时，男方的动作更须轻柔、缓慢。一般来说，宫颈癌患者在放疗进行到一个月就可以安排性生活，以1~2个星期过1次性生活为宜。需要注意的是，在过性生活时，如果患者的阴道干涩，可先在阴道内或在男方的阴茎上涂些润滑剂或起润滑作用的乳脂。宫颈癌患者在平时清洗阴道时，可在温开水中加入适量的醋。千万不要用高锰酸钾溶液清洗阴道。因为高锰酸钾溶液属强氧化剂,会破坏阴道内的酸性环境,而诱发感染。宫颈癌患者经放疗发生阴道粘连后,除适当地安排性生活外,还可在医生的指导下进行阴道抗炎治疗和使用阴道扩张器治疗。这样其阴道粘连的症状就会很快消失。

四十、影响宫颈癌放射治疗患者性生活质量的因素有哪些?

宫颈癌患者的性生活障碍,很大原因取决于心理因素,主要是对癌症的恐惧,觉得癌症是不治之症,即使经过治疗可能也生活不了很久。其次,许多患者有一定的自卑心理,感觉到自己与其他妇女不一样,其性伴侣也误认为治疗后对性生活有影响,不愿意或者害怕与患者进行性生活,治疗后患者形象上的改变也使性伴侣感到不舒服等,使其与患者进行性生活的愿望降低。

四十一、如何提高宫颈癌放射治疗患者性生活质量?

对治疗结束患者进行性生理及性心理相关知识指导,使患者及家属了解到女性性高潮的快感中心在大脑而非子宫,性高潮的激发点在阴蒂及阴道前壁等,高潮的出现不仅仅是身体刺激的反射,更是一种精神产物,高潮反应并不是必不可少的,从而解除患者的心理顾虑。同时对性伴侣也要给以指导,告知性生活的益处,配偶的支持有利于疾病的恢复,纠正其错误观念。

第二节 子宫内膜癌

一、什么是子宫内膜癌?子宫内膜癌的发病率如何?

子宫内膜癌是发生于子宫内膜的一组上皮性恶性肿瘤,好发于围绝经期和绝经后女性。子宫内膜癌是最常见的女性生殖系统肿瘤之一,每年有接近20万的新发病例,并是导致死亡的第三位常见妇科恶性肿瘤。

二、子宫内膜癌的临床表现有哪些?

子宫内膜癌的临床表现:早期的子宫内膜癌可无明显症状,随着病程变化可出现阴道流血、阴道排液、疼痛等症状。

1. 阴道出血 不规则阴道出血是子宫内膜癌的主要症状,一般量不多,常为少量至中等量的出血。绝经后出现阴道流血为典型症状,未绝经者多表现未经量增多,延长或经期间断出现,年轻女性或围绝经期妇女容易误认为是月经不调而被忽视。

2. 阴道排液 部分患者有不同程度的阴道排液。在早期可表现为浆液性或浆液血性白带,合并感染或癌灶坏死,可有脓性或脓血性分泌物伴有恶臭。有时阴道排液中可伴有组织样物。

3. 疼痛 当癌症侵犯宫颈、堵塞宫颈管可导致宫腔积脓从而出现下腹胀痛及痉挛性疼痛,晚期肿瘤浸润周围组织或压迫神经时可出现下腹部及腰骶部疼痛,并向下肢及足部放射。

4. 全身症状 晚期出现贫血、消瘦、发热、衰竭等恶病质表现。

体征:早期子宫内膜癌妇科检查可无异常发现。随着病情发展,子宫可有明显增大,合并宫腔积脓时可有明显触痛,宫颈管内偶有癌组织脱出,触之易出血。癌灶浸润周围组织时,子宫固定或在宫旁扪及不规则结节状物。

三、子宫内膜癌的治疗原则是什么?

子宫内膜癌应根据患者子宫大小,肌层是否被癌肿浸润,癌细胞的分化及转移等情况选用和制定适宜的治疗方案。主要治疗方法为手术、放疗及药物(化学药物及激素)治疗。根据病情单选或综合应用,手术治疗为首选方案,尤其是早期患者以手术为主,按手术-病理分期的结果及存在的复发高危因素选择辅助治疗;对已有转移者,手术前后加放射治疗,可提高手术效果,年纪较大、体质差或合并全身严重性疾病,不能承担手术者,可采用放疗。虽然手术是子宫内膜癌最主要的治疗手段,但是由于孕激素可以直接作用于肿瘤细胞,抑制子宫内膜增生,促进癌细胞向正常细胞转化,因此能在一定程度上改善患者的症状,延长患者的无进展生存期。

孕激素多用在复发癌或晚期失去手术机会的病例，或与手术、放疗等综合应用。化疗可用在晚期不能手术及复发的患者。

四、子宫内膜癌常见的放射治疗方法有哪些？

腔内照射及体外照射两种。①体外照射：目前主要应用直线加速器进行，照射方式主要采用全盆照射和盆腔四野垂直照射，常根据患者的情况选择地使用腹主动脉旁延伸野照射。近年来适形调强放射治疗得到广泛应用，相对于传统放疗来说提高了肿瘤靶区剂量的同时减少了临近脏器的受累，能够有效降低放疗副作用，患者放疗后的生活质量相对得到提高。②腔内后装放疗：国内目前主要用 ^{192}Ir 高剂量率腔内后装机进行治疗，每周 1 次大剂量分割照射。

五、子宫内膜癌的常见放疗方案有哪些？

放疗用于子宫内膜癌有三种方式：单纯放疗、术前放疗、术后放疗。除晚期患者和合并严重内科并发症，高龄不宜手术者可行单纯放疗外，大多数子宫内膜癌均采用手术治疗为主、放射治疗为辅的综合治疗方法。随着手术病理分期的应用，辅助性放疗已从术前放疗为主，过渡到目前对手术病理有高危因素者有选择地应用术后放疗。

1. 单纯放疗 一般用于有手术禁忌证和老年患者，体外照射配合腔内后装放疗是子宫内膜癌最理想的单纯放疗模式。设野方法：可参照宫颈癌的设野方法，唯照射野下界可依阴道受侵范围上下有所变动，体外照射可采用四野照射（盆腔中央挡铅）的方式，宫旁剂量为 45～50Gy，每日剂量为 1.8～2.0 Gy。腔内近距离照射当天不行体外照射。可选择性照射主动脉旁淋巴结区，宜行适形调强放疗，组织量可达 60～70 Gy，一般依据每周照射次数、单次量的不同，依其生物效应的改变，总组织量也应有所改变。子宫内膜癌腔内后装放疗的剂量参照点与宫颈癌的参照点不同，常采用 F 点及 A 点；有条件者可设置直肠、膀胱参考点，以便控制其受量，减少并发症。与上述方式的体外照射相配合的腔内后装治疗剂量（高剂量率后装）：Ⅰ期 A 点总剂量 42～45 Gy，F 点总剂量均为 45～50Gy；Ⅱ～Ⅲ期 A 点及 F 点总剂量均为 45～50Gy，腔内治疗每周 1 次，每次 6～8Gy，分 6～8 次进行，必要时要适当补充阴道腔内照射，以减少阴道复发。若体外照射采用全盆方式，则依据全盆剂量大小适当减少腔内后装的剂量。中国抗癌协会建议，对病理分化程度较高、影像学检查无子宫肌层浸润的临床Ⅰ期患者可单独行腔内放疗，其他患者应接受体外放疗配合腔内放疗的治疗方案。

2. 术前放疗 术前放疗可使肿瘤体积得到减小，使肿瘤细胞活性降低，为手术的彻底性和安全性提供更可靠的保证，并能减少手术所引起的癌细胞种植、转移的机会。随着新的手术病理分期的施行，Ⅰ、Ⅱ期患者术前放疗的比例明显减少，术前放疗多用于临床Ⅲ、Ⅳ期患者。术前放疗一般采取单纯腔内治疗，腔内治疗分为全量和非全量两种。孙建衡等认为，临床Ⅰ、Ⅱ期患者术前放疗以腔内全量为佳；当患者子宫大于 10～12 孕周时，应采用术前腔内治疗结合体外照射的方法。而Ⅲ、Ⅳ期患者主张以放疗为主，如放疗后病变有所改善可考虑手术。术前放疗的适应证如下：子宫内膜癌子宫大于 2 个月妊娠者；子宫内膜癌累及宫颈；病理为 G3 级者；高危病理类型（如浆液性乳头状腺癌、透明细胞癌、鳞癌等）及临床Ⅲ、Ⅳ期患者。

3. 术后放疗 根据手术病理提供的信息对有高危因素者有选择地应用术后放疗，一般在术后 10～14 天开始，延误时间则影响疗效。术后放疗可消灭残留或可疑残留的病灶，预防复发。决定子宫内膜癌术后辅助放疗的危险因素包括：病理分级、侵及肌层深度、子宫颈受侵、高危病理类型癌（浆液性乳头状腺癌、透明细胞癌、鳞癌）、宫外病变及淋巴结转移等。术后放疗可选用体外照射或腔内后装放疗。中国抗癌协会建议，术后腔内治疗用于阴道切缘有癌组织或切缘与癌组织相邻者，而术后体外放疗用于有淋巴结转移或可疑淋巴结转移及癌灶侵犯子宫肌层超过内 1/3 或不良病理类型等。一般采用全盆照射，必要时加用腹主动脉旁延伸野照射。术后体外放疗的剂量一般与单纯放疗时体外放疗量相同。需采用术后阴道腔内放射治疗者，可在术后约 2 周时开始（即阴道伤口基本愈合后），每次单次量为阴道黏膜下 0.5cm 处 6～8Gy，3～4 次完成（为防止膀胱、直肠受量过大而不以 A 点为参考点）。

六、Ⅰ期子宫内膜癌术后辅助放疗的依据是什么？

Ⅰ期子宫内膜癌手术后的辅助放疗是根据有无高危因素进行的，高危因素包括：年龄＞60 岁、肿瘤组织学分级高、淋巴脉管间隙受侵、深肌层浸润、分期晚、淋巴结转移。

七、子宫内膜癌单纯放疗的适应证是什么？

单纯放疗仅用于有手术禁忌证或无法手术切除的晚期患者。腔内照射总剂量为 45～50Gy。体外照射总剂量 40～45Gy。对Ⅰ期 G1 不能接受手术治疗者，可选用单纯腔内照射外，其他各期应采用腔内腔外照射联合治疗。

八、子宫内膜癌放疗的适应证有哪些？

1. 病灶局限于子宫但无法手术者。
2. 肿瘤已经切除，但肿瘤分化较差。
3. 局部已有淋巴结转移。
4. 肿瘤手术不彻底。
5. 术后局部复发。
6. 晚期患者，行姑息治疗。

九、放射性阴道损伤的临床表现有哪些？

放射性阴道损伤可表现为外阴的皮肤炎症、阴道炎，后期的反射性损伤可表现为阴道狭窄。

十、放射性阴道损伤的分级有哪些？

阴道黏膜损伤评定标准按 RTOG 急性放射损伤分级标准为：

1. 没有变化为 0 级。
2. 出现充血现象，或者出现轻微疼痛，但不需要服用止痛药物为Ⅰ级。
3. 发生片状黏膜炎、炎性血清血液分泌物现象，或者出现中度疼痛，需要服用止痛药物为Ⅱ级。
4. 发生融合的纤维性黏膜炎现象或者重度疼痛，需要注射麻醉药物为Ⅲ级。
5. 出现溃疡及坏死等现象为Ⅳ级。

十一、急性放射性阴道损伤的护理要点有哪些？

急性放射性阴道黏膜损伤是宫颈癌放射治疗所致的早期不可避免的并发症之一，它不仅可以使患者阴道黏膜水肿、充血、疼痛及排出物增多，甚至引起严重感染而影响放射治疗效果。

1. 做好心理护理，注重与患者、家属做有效沟通。充分地了解患者病情及心理问题，针对性地对患者的心理进行疏导，在治疗前，运用通俗易懂的语言介绍疾病及放射性阴道炎相关知识、体外及腔内放射治疗的方法、可能出现的不良反应及注意事项等，使患者对自身疾病有一定的认识和了解，介绍成功治愈的病例，使患者具备战胜疾病的信心，提高治疗的依从性。

2. 建议多饮水，主动饮水，少量多次，每日饮水 1500～2000ml，促进了体内毒素及阴道分泌物的排出，进食易消化、富含蛋白质的食物，合理搭配糖类、脂肪、纤维素、矿物质及维生素等食物，如谷类、瘦肉、鱼、蛋、各类蔬菜、水果及豆制品。禁烟酒及辛辣、高脂肪饮食，避免营养摄入不均衡加重放疗反应情况的发生，增加了患者的营养，可促进了阴道黏膜等损伤的修复。

3. 在放疗过程中患者均有不同程度的阴道出血及分泌物，是放射源直接照射和放疗期间阴道冲洗不彻底共同所致，因此，保持阴道冲洗是防治放射性阴道黏膜损伤的主要措施，其主要作用在于清除坏死组织、促进血液循环、避免阴道粘连和感染、利于炎症的吸收与消退。在阴道冲洗的过程中根据阴道大小选用合适窥阴器，要求在严格无菌的条件下进行操作，冲洗液温度适中、冲洗动作轻柔，充分暴露宫颈、穹隆部位及阴道壁黏膜皱襞，避免了冲洗不到位留有死角、肿瘤坏死组织淤积的情况，使阴道保持清洁，破坏厌氧菌等生长的环境，减少了感染，促进了黏膜上皮愈合，在治疗过程中，应密切观察患者阴道分泌物及出血情况，必要时进行抗感染治疗。

4. 治疗结束后，进行康复指导，告知患者保护好照射野皮肤，避免感染的重要性，讲解回家后的注意事项。指导患者阴道冲洗的方法，放疗后应继续阴道冲洗，发现白带增多、阴道流血、流液等异常情况，及时进行诊治，避免感染。适当运动、劳逸结合，合理饮食，提高机体免疫力，做好定期复查。

十二、子宫内膜癌腔内放疗的护理要点有哪些？

1. 腔内放疗前的护理

（1）做好患者解释工作，消除顾虑及紧张心理，取得患者的配合，保证治疗过程顺利进行。治疗当日排空直肠，行阴道冲洗。

（2）治疗前 30min 嘱患者排空膀胱，协助患者更换衣裤，年老体弱者协助上下手术床以保证安全。

（3）患者取截石位，打开无菌包，严格无菌操作常规消毒外阴。

2. 腔内放疗中的护理

（1）根据治疗计划，备齐用物，协助医生置放施源器并固定施源器位置，尽量推开膀胱壁及直肠前壁以便远离放射源减少辐射，记录纱布或棉球数量，盖好被子送患者到治疗室。

（2）将施源器按固定序号妥善连接于治疗机上，与物理师及医生核对患者姓名、病案号、所治通道号、治疗长度、照射时间等，无误后开机。嘱患者不要紧张，不要随意移动体位，整个治疗过程是在闭路电视监控下进行的，如有不适可招手示意，用对讲系统与其交流。

（3）治疗中密切观察患者的情况，如有异常立即停机处理。

3. 腔内放疗后的护理

（1）治疗完毕后，取出固定施源器的纱布或棉球并核对数目，取出施源器。

（2）观察有无阴道出血及腹痛等情况，如有异常及时与医生联系。

（3）治疗结束后休息观察 15min，无不适后离开治疗室。

十三、哪些子宫内膜样子宫内膜癌患者应接受阴道断端放疗？

对于 1 级或 2 级癌症且≥50%子宫肌层浸润，或 3 级癌症且＜50%肌层浸润患者而言，近距离放疗预防阴道断端复发的效果与骨盆放疗相似。对于有上述危险因素特别是经综合淋巴结评估的患者而言，阴道断端近距离放疗优于骨盆放疗。

十四、哪些女性不需要接受术后外照射放疗？

子宫内膜样子宫内膜癌患者行子宫切除术后不需要补充治疗。对于子宫切除标本中无残留病灶，即使活检呈现阳性或 1 级或 2 级的癌症且无侵袭或＜50%肌层浸润，尤其是当无其他高危特征存在时，不选择辅助性放射治疗是合理的。3 级癌症患者若无肌层浸润或 1 级或 2 级癌症且＜50%子宫肌层浸润及存在高危因素如年龄＞60 岁和（或）淋巴间隙侵犯，则接受或不接受阴道断端近距离放疗均合理。

十五、窥阴器在妇科腔内后装放疗阴道冲洗中如何应用？

1. 材料　窥阴器1个，1∶5000 高锰酸钾溶液，3%过氧化氢溶液，蓬头棉签，石蜡油。

2. 方法

（1）患者取截石位，先用1∶5000 高锰酸钾冲洗液冲洗外阴，除去外阴分泌物。在窥阴器上涂上液体石蜡，然后左手顺着阴道开口的方向插入窥阴器并旋转至窥阴器上叶在下，下叶在上，充分暴露宫颈及阴道。

（2）右手用蘸有 3%过氧化氢溶液的棉签除去宫颈及阴道分泌物。

（3）右手持冲洗管冲洗阴道及宫颈，冲洗液为 1∶5000 高锰酸钾溶液，温度38～41℃。边冲洗边旋转窥阴器，以便充分冲洗净阴道四周及宫颈，而后左手向下轻压窥阴器，充分排尽阴道内冲洗液。

（4）用干蓬头棉签擦干阴道及后穹隆，再涂以碘伏，取出窥阴器，擦干外阴，协助患者坐起、穿衣。

3. 优点 窥阴器用于妇科腔内照射后装治疗阴道冲洗时，可以充分暴露宫颈，迅速清除宫颈及阴道分泌物，保持颈管通畅，而且窥阴器倒置过来能使冲洗液顺着扩阴器上叶流出，避免阴道流出的冲洗液污染操作者左手。如有宫颈病灶出血，可及时给予填塞，并做好交班。

十六、为什么子宫内膜癌患者术后需行放疗？

2014年美国放射肿瘤学会（ASTRO）发布了一项关于术后放射治疗在子宫内膜癌中的应用循证指南。

1. 盆腔放疗对于减少早期患者盆腔复发是一种行之有效方法，对于癌组织分化差者且肌层浸润或宫颈基质浸润≥50%的患者，接受盆腔放疗可减少复发风险，如存在其他危险因素[如年龄＞60岁和（或）脉管浸润]、肿瘤组织呈高、中级别分化且肿瘤肌层浸润≥50%的患者，也可以接受盆腔放疗以减少复发风险。

2. 阴道残端近距离放疗和盆腔放疗一样可以预防肿瘤组织呈高、中级别分化且子宫肌层浸润≥50%或肿瘤组织呈低级别分化且肌层浸润＜50%的患者复发，对于有上述危险因素，特别是行综合淋巴结评估的患者，阴道断端近距离放疗优于骨盆放疗。

3. 有研究显示盆腔放疗可改善患者生存率。对于淋巴结阳性或子宫浆膜、卵巢和输卵管、阴道、膀胱或直肠受累的Ⅲ~Ⅳ期患者，采用包含外照射放疗及辅助化疗在内的辅助治疗是合理的选择，化疗或单一放射治疗或可用于存在盆腔复发高危病理因素的患者。

4. 盆腔放疗后使用近距离放射治疗的缺少可行性研究数据，而回顾性研究显示，尽管存在少数获益，但没有结论性的获益证据，行阴道近距离放疗的患者一般不会同时行盆腔外照射放疗，除非存在阴道复发高危因素。

第三节 卵巢肿瘤

一、什么是卵巢癌？

卵巢癌是卵巢肿瘤的一种恶性肿瘤，是指生长在卵巢上的恶性肿瘤，占妇科恶性肿瘤的20%。卵巢癌主要由上皮癌、恶性生殖细胞肿瘤等组成。其中，以上皮癌占绝大多数，为60%~85%；性索间质肿瘤占5%~10%。在女性生殖系统恶性肿瘤中，卵巢癌的发病率低于宫颈癌和子宫内膜癌居妇科恶性肿瘤的第三位，严重威胁妇女健康的疾病。由于卵巢癌早期没有非常明显的症状，不易早期发现，且种类繁多，目前无有效的筛查方法，导致大部分患者就诊时已经接近晚期，错过了最佳治疗时期，使患者5年生存率仅为35%~50%。在女性生殖系统癌瘤中，卵巢癌是死亡率最高的肿瘤。

二、卵巢恶性肿瘤的临床表现是什么？

早期无症状，仅因为其他原因妇科检查偶然发现。一旦出现症状常表现为腹胀、腹部包块及腹水等，症状的轻重取决于三个因素：一是肿瘤的大小、位置、侵犯邻近器官的程度；二是肿瘤的组织学类型；三是有无并发症。肿瘤若向周围组织浸润或压迫神经，可引起腹痛或下肢疼痛；若压迫盆腔静脉，可出现下肢水肿；若为功能性肿瘤，则产生相应的雌激素或雄激素过多的表现。晚期患者表现为消瘦、严重贫血等恶病质征象。

三、卵巢恶性肿瘤的治疗原则是什么？

卵巢恶性肿瘤应采取综合治理方案，以手术为主，化疗、放疗为辅。手术为最主要的治疗手段之一，手术范围按肿瘤类型、分期、患者年龄、对手术耐受的情况而定，在手术过程中要尽量切除原发癌肿及附近的转移癌肿，若无法切净，则尽量能使残留肿瘤在2cm以下，便于术后化疗和放疗，化疗为主要辅助治疗措施，卵巢恶性肿瘤对化疗较敏感，可用于手术后预防复发，延长生命，对无法手术的晚期患者可先行化疗，减少腹水，缩小或松动瘤块，以提高手术效果。经过规范的手术及化疗，仍有大部分出现复发。复发后存活时间一般少于3年，且部分患者经过多次手术后身体已无法耐受手术；部分患者经多次化疗后对化疗药物产生耐药性。放疗是其有效的辅助治疗手段。卵巢癌属于放疗中度敏感的肿瘤，放射治疗对晚期及复发、耐药患者、术后的辅助治疗有一定作用，可有效控制肿瘤病灶，延长生命。

四、卵巢癌放射治疗的适应证是什么？

1. 术前放疗 适用于局限性、肿瘤固定、估计切除困难的患者。

2. 术后放疗 在术后2周开始，多采用全腹加盆腔照射。

3. 姑息放疗 以减轻症状，延缓肿瘤发展或延长生存期。

五、卵巢癌放射治疗的方法有哪些？

1. 盆腔照射 盆腔照射是卵巢癌患者手术后治疗的主要方法，多和腹部照射和（或）化疗综合应用。盆腔照射范围包括下腹和盆腔，前后对称垂直照射，6～8周完成。

2. 全腹加盆腔照射 卵巢癌患者无论是疾病早期发现还是晚期发现，都建议采用全腹加盆腔进行放射治疗，因为：①患者多有盆、腹腔内广泛种植和（或）腹水，部分肿瘤细胞是游离的；②即使Ⅰ和Ⅱ期患者上腹也可能有癌肿的转移病灶，或腹膜后淋巴结转移；③卵巢癌患者原发肿瘤在盆腔，盆腔及其他脏器也会有潜在的肿瘤细胞残存，尤其是晚期患者。全腹加盆腔照射大多适用于早期卵巢癌患者的术后治疗，或有小的残存肿瘤（<2cm，甚至<0.6cm）中晚期患者的术后治疗。

3. 腹腔内放射性核素的应用 腹腔内灌注放射性核素胶体金-198或胶体磷-32（32P）治疗卵巢癌已有30余年的历史。因其放射剂量仅分布于腹膜表面且不易被探查，并不能作用于腹膜后淋巴结，并有报道会引起腹痛、腹膜炎和小肠梗阻等并发症目前多被腹腔化疗代替。但腹腔内放射性核素治疗有其独特的优点，在它接触别的体腔表面有限的深度内，可受较高剂量的照射，同时也有给药方法简便和治疗时间短的优点。主要用于早期患者如肿瘤破裂、有腹水等的预防治疗及腹腔内有小的散在的残存肿瘤的手术后治疗。

4. 其他方法 采用高剂量单次分割放射疗法治疗晚期卵巢癌。

六、放射治疗如何应用于卵巢癌的综合治疗？

1. 卵巢上皮癌 卵巢上皮癌的放射治疗主要适用于手术前、手术后的辅助治疗及晚期、复发患者的姑息治疗。放射治疗的部位常有盆腔、腹主动脉旁、全腹及转移灶。

（1）手术前进行放疗可使肿瘤体积缩小、粘连松解，提高手术切除率。手术前放疗如给肿瘤量20Gy，休息2周可手术。

（2）手术后放疗是临床经常应用的治疗方法，可适用于初次手术无残存肿瘤，以及第2次手术探查阴性患者的术后巩固治疗和第2次手术探查阳性患者的术后挽救治疗，其目的是继续杀灭残存肿瘤。

（3）放射治疗的方法有术后单纯辅助放射治疗及术后放、化疗的联合应用等。晚期卵巢上皮癌的放射治疗主要应用于肿瘤切除彻底患者（残存肿瘤直径<2cm）的根治性治疗或晚期患者的姑息性放射治疗。治疗效果主要与残存肿瘤大小、分期及分化程度相关。

2. 卵巢无性细胞瘤 卵巢无性细胞瘤（单纯型）对放射治疗高度敏感，常采用手术后放疗，疗效好。

（陈宝莹　郑　莉）

第十一章 泌尿生殖系统肿瘤

第一节 肾 癌

一、什么是肾癌（renal cell carcinoma，RCC）？

全称为肾细胞癌，是起源于肾实质泌尿小管上皮系统的恶性肿瘤，包括起源于泌尿小管不同部位的各种肾细胞癌亚型，但不包括来源于肾间质的肿瘤和肾盂肿瘤。

二、有多少人会得肾癌？

本病世界范围内各国或各地区的发病率各不相同，总体上发达国家发病率高于发展中国家，城市地区高于农村地区，男性多于女性，男女患者比例约为 2∶1。肾癌是我国第二常见的泌尿生殖系统肿瘤，它的发病率仅次于膀胱癌，占成人恶性肿瘤的 2%～3%。

三、肾癌一般好发于哪些人群？

发病年龄可见于各年龄段，高发年龄在 50～70 岁，平均 65 岁。

四、肾癌的病因有哪些？

肾癌的发病原因目前尚不明，已经明确的与肾癌发病相关的因素有遗传、吸烟、肥胖、高血压及抗高血压治疗等有关。流行病学调查发现除遗传因素外，根据目前的研究发现，高危因素有以下几项：①吸烟，大量前瞻性的研究证实吸烟与肾癌的发生呈正相关，大量的流行病学调查也认为吸烟是肾癌发病相关的危险因素。②肥胖，国外有学者进行大宗的问卷调查，通过测定体重、身高等指标，发现随着体重增加，肾癌发生的危险也随着增加。

五、肾癌的分期有哪些？

根据 TNM 分期及临床分期进行。

1. TNM 分期

T（原发肿瘤）。

T_0：未发现原发肿瘤。

T_1：肿瘤局限于肾，最大径不超过 7cm。

T_2：肿瘤局限于肾，最大径超过 7cm。

T_3：肿瘤侵犯主要静脉或肾周围组织，但未侵犯同侧肾上腺且未超过 Gerota 膜。

T_4：肿瘤超过 Gerota 膜（包括直接侵犯同侧肾上腺）。

N（区域性淋巴结）。

N_x：区域淋巴结不能确定。

N_0：无区域淋巴结转移。

N_1：1 个或以上区域淋巴结转移。

M（远处转移）。

M_x：远处转移不能确定。

M_0：无远处转移。

M_1：有远处转移。

2. 临床分期

Ⅰ期：T_1　N_0　M_0

Ⅱ期：T_2　N_0　M_0

Ⅲ期：$T_{1,2}$　N_0　M_0　T_3　$N_{0,1}$　M_0

Ⅳ期：T_4　$N_{0,1}$　M_0　任何 T　$N_{0,1}$　M_1

六、肾癌容易转移吗？

25%～57%的肾癌患者确诊时已经有远处转移，最常见的转移部位是肺、骨、淋巴结和肝脏。

七、肾癌的临床表现有哪些？

1. 症状和体征 腰痛、血尿、腹部肿块，是经典的"肾癌三联征"。

2. 肾外症状 又称为副肿瘤综合征，10%～40%的肾癌患者会出现。表现为发热、高血压、贫血、体重减轻、恶病质、红细胞增多症、肝功能异常、高钙血症、高血糖、血沉增快、神经肌肉病变、淀粉样变性、溢乳症、凝血机制异常等改变。还有部分病例以转移灶的症状和体征作为起始表现，如咳嗽、胸痛、骨痛等表现。

八、肾癌的辅助检查有哪些？

临床诊断主要依靠影像学检查，确诊则需病理学检查。腹部、泌尿系统B超和腹部CT是诊断肾癌的主要方法；其他检查如彩色多普勒超声、胸部正侧位X线平片、腹部MRI等。PET或PET-CT检查一般很少用于诊断肾癌，多是用于晚期肾癌患者以便能发现远处转移病灶或用于对进行化疗、分子靶向治疗或放疗患者的疗效评定。对未行CT增强扫描，无法评价对侧肾功能者应行核素肾血流图或静脉尿路造影检查。目前，尚无公认的可用于临床诊断肾癌的肿瘤标志物。

九、肾癌的治疗原则是什么？

肾癌治疗主要为手术治疗、内科治疗、放射治疗。

1. 手术治疗 Ⅰ、Ⅱ、Ⅲ期肾癌，局限性肾癌、局部进展期肾癌均作为首选方法。手术方式有根治性肾切除术（radical nephrectomy，RN）、保留肾单位切除术（nephron-sparing surgery，NSS）。

2. 内科治疗 免疫治疗、化学治疗、靶向治疗。

（1）免疫治疗：包括干扰素α（IFN-α）、白细胞介素-2（IL-2）、肿瘤疫苗。曾被广泛应用于转移性肾癌的治疗，虽然有一定的疗效性，但作用局限。

（2）化学治疗：不敏感，易产生耐药，其原因与肾癌细胞高表达多药耐药基因有关，对化疗反应率极低。治疗肾癌最常用的化疗药物有长春新碱和氟尿嘧啶类药物。

（3）靶向治疗：靶向药物治疗肾癌的疗效明显优于传统的免疫治疗。代表药物有舒尼替尼、索拉菲尼、帕唑帕尼、依维莫西、阿西替尼等。

3. 放射治疗 一般对未能彻底手术切除干净的Ⅲ期肾癌可以选择术中或术后放疗。近来发展的立体定向放疗对复发或转移病灶起到较好的作用。治疗前了解健侧肾及保护肾功能。保护姑息镇痛放疗和脑转移立体定向放疗的剂量方案应根据患者病变所在部位及范围个体化进行。预防照射剂量通常为50Gy，如有明显肿瘤，做三维或调强适形放射治疗，剂量可超过50Gy。

十、靶向药物治疗的不良反应有哪些？该如何观察和处理？

肾癌靶向药物会引起广泛的不良反应。特别是多靶点药物舒尼替尼和索拉菲尼，出血、高血压、手足皮肤反应，是抗血管药物索拉菲尼、舒尼替尼等药物共同的不良反应。所以在药物治疗中必须监测血压情况，并及时处理。靶向治疗期间的出血多发生在牙龈、黏膜、甲床，护士需密切观察。索拉菲尼对肝肾功能、血液系统的毒性较轻，但舒尼替尼会引起明显的骨髓抑制情况。有研究显示舒尼替尼引起Ⅲ/Ⅳ期血小板减少至20%以上，引起临床和亚临床型甲状腺功能减退高达66%。依维莫西，会引起乏力、贫血、皮疹、黏膜炎、恶心、厌食及代谢异常，间质性肺病和感染。

十一、肾癌的预后如何？其影响因素有哪些？

1. 预后 肾癌患者的预后与肿瘤分期分级相关。T1a期患者5年生存率为97%，而远处转移患者1年的生存率大约在50%，5年生存率不足10%。

2. 影响因素 影响肾癌预后的最主要因素是病理的分期。另外，组织学分级、患者的行为状态评分、症状、肿瘤内是否有组织坏死、生化电解质指标的异常变化等因素也与肾癌的预后有关。

十二、放疗对肾癌的治疗有什么意义？

肾癌由于局部复发率较低，局部放疗对局部控制率影响不大，故肾癌对放疗敏感性低。但是对于切缘阳性、存有淋巴结转移或不能手术的肾癌患者，给予放疗是可以的。另外，对于肾癌骨转移的患者进行放疗是姑息镇痛的治疗方法之一，故放疗多用于肾癌骨转移病灶的姑息性治疗，对骨转移引起的疼痛有明确的缓解作用。立体定向放疗适用于肾癌脑转移治疗。

十三、进行放疗后，是否会出现放射性损伤？

可能会出现。放疗时应采用三维适形放疗，并尽可能保护周围的重要脏器。

十四、肾脏的放射性损伤有哪些表现？

肾脏的放射性损伤，称为放射性肾炎。

1. 放射性肾炎的临床表现 高血压、贫血、蛋白尿、氮质血症等，一般从实施照射开始到出现肾炎的表现，平均时间大约为 8 个月，严重时可导致患者死亡，致死的主要原因为恶性高血压、严重肾衰竭。

2. 放射性肾炎镜下检查表现 肾小球内皮细胞肿胀，肾小球玻璃样变性，间质水肿或纤维化，基底膜增厚和破裂等情况。

十五、肾癌患者出院后随诊的目的是什么？

随诊的主要目的是检查患者肾癌是否有复发、转移和新生肿瘤。对行保留肾单位手术的患者，术后 4～6 周应行腹部 CT 扫描检查，以便医生掌握手术后肾脏形态的变化情况，可为今后的复查做对比之用。

十六、随诊的内容包括哪些？

随诊包括询问病史、体格检查；血常规和血生化检查，如肝、肾功能及术前检查异常的血生化指标；胸部 X 线摄片或胸部 CT 扫描检查；腹部超声和（或）腹部 CT 扫描检查等。

十七、肾癌需要随访多长的时限？

Ⅰ期、Ⅱ期肾癌患者手术后每 3～6 个月随访一次，连续 3 年，以后每年随访一次。Ⅲ期、Ⅳ期肾癌患者治疗后应每 3 个月随访一次，连续 2 年，第 3 年每 6 个月随访一次，以后每年随访一次。

第二节 膀 胱 癌

一、什么是膀胱癌？

膀胱癌是泌尿系统中最常见位于膀胱内的恶性肿瘤，其中移行上皮细胞癌最为常见。其发病率居男性肿瘤病变的第 4 位，女性肿瘤的第 9 位。发病年龄多在 40 岁以上，男性与女性发病率之比约为 4∶1。

二、膀胱癌的高危因素有哪些？

膀胱癌的病因复杂，尚未完全明确，主要认为与以下因素有关。

1. 吸烟： 是已明确的危险因素之一，而且吸烟量越多发生膀胱癌的风险越高。香烟内含有芳香胺等多种致癌物质，这些物质代谢产物会经尿液排出，是吸烟致癌的原因。

2. 研究表明长期接触芳香族类化学物质如染料、油漆、皮革、橡胶等工人患病率有明显增高趋势。这些物质会经呼吸道、消化道或皮肤吸收后产生具有致癌性质的代谢物，经尿液排出作用于尿路上皮细胞导致癌变。

3. 体内色氨酸代谢异常： 其异常代谢产物会直接影响细胞的 DNA 和 RNA 合成。

4. 膀胱黏膜局部长期遭受刺激： 如长期的慢性感染、膀胱结石长期刺激及尿路梗阻，均可能为诱发肿瘤的高危因素。

5. 药物：长期大量服用镇痛药非那西汀或接受环磷酰胺治疗者，有可能是诱发膀胱癌的危险因素。

6. 其他因素：性别、年龄、种族与膀胱癌发病率也有一定的关系，随着年龄的递增，发病率呈上升趋势。

三、膀胱癌的病理分型和分级有哪些？

1. 根据膀胱癌的病理特点分型 可分为两大类，即来源于尿路上皮组织和非尿路上皮组织的恶性肿瘤。

（1）来源于尿路上皮组织的恶性肿瘤：占膀胱癌的 98%，其中变移上皮肿瘤占 95%，主要包括原位癌、乳头状癌及浸润性癌。

（2）来源于非尿路上皮组织的恶性肿瘤：膀胱癌最常见的是鳞癌和腺癌。

2. 按肿瘤细胞的大小、形态、排列、染色、核改变及分裂象分级 可分为三级。

（1）Ⅰ级：肿瘤细胞分化好，核异形稍异于正常，核分裂偶见。

（2）Ⅱ级：肿瘤细胞分化不良，中等度核异形出现，核分裂常见。

（3）Ⅲ级：属不分化型，与正常上皮无相似之处，核分裂多。

四、膀胱癌的转移途径有哪些？

1. 直接扩散 常出现在前列腺或后尿道，膀胱癌可侵犯至膀胱外与盆腔粘连形成固定块，或延伸至膀胱顶部的黏膜。

2. 淋巴转移 膀胱癌最常见的转移途径。可转移至髂内、髂外，或髂总淋巴结。

3. 血性转移 常见于晚期，最多见于肝脏，其次为肺及骨骼。少数可见皮肤、肾、睾丸、卵巢及胃肠。

4. 直接种植 可出现在手术过程中，术后在膀胱切口处或皮肤切口下发生肿块，膀胱全切术后尿道残端出现肿瘤也可能是手术种植的结果。

五、膀胱癌的临床表现有哪些？

1. 血尿 间歇性、无痛性肉眼血尿是膀胱癌最常见的典型症状。出血量、血尿持续时间长短，与肿瘤恶性程度、肿瘤大小、范围和数目存在着一定关系，但不一定就成正比。因血尿呈间歇性表现，当血尿停止时容易不被重视，误以为是疾病好转而放弃检查。

2. 膀胱刺激症状 早期膀胱癌出现尿路刺激症状较少见，如若伴随感染、或发生在膀胱三角区时，尿路刺激症状会较早出现。同时要警惕尿频、尿急等膀胱刺激症状，可能提示膀胱原位癌。所以对于缺乏感染依据的膀胱刺激症状的患者，应积极全面地进一步检查，以确保早诊断、早治疗。

3. 排尿困难 因肿瘤体积较大或肿瘤发生部位在膀胱颈，少数患者可出现尿路梗阻、排尿困难甚至尿潴留。

4. 膀胱结石表现 若肿瘤同时伴有膀胱结石时，常常以膀胱结石症状为主，表现为尿频、尿急、尿痛、血尿，以及排尿过程中突然发生排尿困难甚至尿潴留。

5. 远处转移症状 少数患者不以血尿为首要症状，主要表现为排尿困难或转移部位的症状或体征，有时以远处转移灶为首发症状。晚期膀胱癌常见的转移部位有肝、肺、骨等。当肿瘤发生在一侧输卵管口附近并浸润输尿管引起尿路梗阻，可造成该侧输尿管积水、扩张，进一步引起肾积水。孤立肾患者可有肾功能不全，骨转移患者出现骨痛，腹膜后转移或肾积水患者有腰痛。

6. 体征 多数无明显体征。当肿瘤增大到一定程度，可触诊到肿块。伴随肝或淋巴结转移时，可扪及肿大的肝或淋巴结。

六、膀胱癌的辅助检查有哪些？

1. 触诊 肿瘤体积较大时，双合诊检查可扪及肿块。

2. 影像学检查

（1）B超：可初步判断肿瘤的浸润深度。能分辨出0.5cm以上的膀胱肿瘤，同时还可检测上尿路是否有积水扩张，目前是诊断膀胱癌最简便、经济、高检出率的一种诊断方法。

（2）静脉尿路造影检查：可以了解是否有上尿路发生肿瘤及上尿路有无积水扩张情况，肿瘤较大者在膀胱区可出现充盈缺损。此检查方法对体积较小的膀胱肿瘤检出率不高。

（3）CT检查：可判断肿瘤浸润程度及淋巴结是否伴有转移。较为清晰显示1cm以上的膀胱瘤，可分辨出肌层、膀胱周围的浸润情况，常用于膀胱癌的分期诊断。相对于早期发生在膀胱内壁小于1cm的肿块不易显示，因此需要结合膀胱镜检查以明确诊断。

（4）MRI：诊断原则与CT相同。MRI对判断膀胱肌壁受侵程度及肿瘤的分期优于CT，但MRI显示淋巴结转移情况较CT无明显优势。

（5）胸部检查：常规做胸部X线检查，了解有无伴随肺转移。

（6）骨扫描：用于检查有无骨转移病灶，明确肿瘤分期。

3. 泌尿系统腔镜检查和活检 膀胱镜检查和病理活检是诊断膀胱癌最可靠的检查方法。膀胱镜检查包括全程尿道和膀胱，可明确肿瘤的大小、形态、部位及周围膀胱黏膜的情况，也可以对肿瘤的可疑病变处进行病理活检以明确诊断。

4. 实验室检查 主要是脱落细胞检查。尿脱落细胞学检查方便易行，对早期诊断和防癌普查有重要意义，也是膀胱癌诊断和术后随诊的主要方法之一。尿标本的采集可以通过自然排尿或膀胱冲洗，以获得更多的癌细胞，提高诊断率。尿标本应尽量采用新鲜尿液，但晨起第一次尿由于细胞溶解比率高而不适合进行尿细胞学的检查。阳性意味着尿道中存在尿路上皮癌的可能。

七、什么是膀胱镜检查？有哪些优、缺点？

膀胱镜检查是特殊器械经尿道及膀胱腔内进行诊断和治疗的技术。其主要应用于下尿路疾病的诊断和治疗。膀胱镜检查分为软性膀胱镜检查与硬性膀胱镜检查，前者与后者比较，其优缺点如下：

1. 优点

（1）视野无盲区检查。

（2）镜体柔软，管径细，相对舒适。

（3）视野清晰，提高微小病灶检出率。

（4）不易损伤尿道及膀胱黏膜，检查创伤导致血尿概率小。

（5）检查体位自由。

（6）有吸引功能，能有效清除膀胱内尿液和血液，保持视野清晰。

（7）镜身长，可观察特殊类型膀胱内情况，如肠代膀胱等。

2. 缺点

（1）视野范围小，可在膀胱内弯曲，操作难度较高。

（2）膀胱内出血明显者不宜使用。

（3）软性膀胱镜价格高，寿命较短。

八、膀胱镜检查的适应证和禁忌证有哪些？

1. 适应证

（1）泌尿系统疾病需进一步明确病变性质、部位和范围，且需要了解膀胱内部情况者。

（2）需要进行输尿管插管，准备逆行性尿路造影。放置输尿管导管或支架，以引流尿液、预防和治疗输尿管狭窄。

（3）需膀胱镜进行治疗操作者，如取出异物，粉碎并取出较小的结石。

2. 禁忌证

（1）泌尿男性生殖系统急性感染：急性膀胱炎、尿道炎、前列腺炎、附睾炎等是绝对禁忌证。

（2）膀胱容量过少，少于50ml时观察不满意，存在膀胱穿孔的危险，结核性膀胱挛缩是绝对禁忌证。

（3）尿道狭窄：是造成膀胱镜检查失败的主要原因，可造成尿道损伤、直肠损伤等。尿道狭窄可行尿道镜检查。

（4）未控制的全身出血性疾病。

（5）女性月经期。

（6）某些原因不能耐受检查者：体质极度虚弱者，精神病患者。

九、膀胱镜检查前应如何进行宣教？

1. 指导患者膀胱镜检查的相关知识，膀胱镜检查是诊断膀胱癌最直接、最重要的方法。可以明确肿瘤是否存在及发生部位，对发现直径 1mm 的膀胱肿瘤可直接进行病理活检，帮助医生明确肿瘤结构、细胞分化程度及淋巴血管浸润情况。

2. 术前一日清洁会阴部。

3. 检查前排空膀胱。

4. 当日晨进行会阴处皮肤准备，告知检查过程中会有不适感，局部麻醉可减少痛苦。

5. 若选用硬膜外麻醉，当日晨禁食禁水。

6. 注意休息，鼓励多饮水。

十、膀胱癌根据其临床表现及预后可分为哪几种类型？治疗原则是什么？

1. **黏膜表浅型**　治疗原则是控制局部肿瘤，防止肿瘤复发和进展。

2. **肌壁浸润型**　治疗原则是通过综合多种治疗手段控制肿瘤并尽可能保存膀胱功能。

3. **远处播散型**　治疗原则为以全身化疗为主，期望能提高生存率和延长生存时间，并可配合局部姑息放疗减轻患者痛苦，改善生存质量。

十一、膀胱癌的治疗方法有哪些？

1. 手术治疗

（1）经尿道膀胱肿瘤切除术（TURBT）：非肌层浸润性膀胱癌的主要治疗方法，浅表性肿瘤仅局限于黏膜及黏膜下层，并未侵犯肌层，此方法可保留膀胱功能。经尿道膀胱切除术不但可切除肉眼可见的全部肿瘤，还可对切除组织进行病理分级和分期。

（2）根治性全膀胱切除术：浸润性膀胱癌的首选治疗方法。此方法适用于肿瘤已超出膀胱外，疑伴随盆腔器官或盆腔淋巴结转移患者，是切除后可用直肠、乙状结肠或回肠替代膀胱的一种尿道改流术。

（3）膀胱部分切除术：只应用于单个肿瘤位于膀胱顶部且不适宜行 TURBT 者，可保留膀胱功能。

（4）尿道改流术：对于浸润性膀胱癌患者行膀胱全切术后需行永久性尿道改流术，包括不可控尿道改流、可控尿道改流、膀胱重建等方式。神经衰弱、精神病、预期寿命短、肝或肾功能受损的患者是尿道改流术禁忌证。

2. 化疗

（1）全身化疗：顺铂、多柔比星、丝裂霉素等，多联合使用。

（2）局部化疗：术后膀胱灌注治疗可以有效降低肿瘤细胞播散而引起的复发。

（3）膀胱内化疗药物的灌注：适用于保留膀胱的患者。常用的化疗药物有多柔比星、具有抗肿瘤活性的蒽环类抗生素，抗肿瘤活性较同类产品高，不良反应较少，主要不良反应是膀胱炎、膀胱激惹征、血尿等。

3. 术后膀胱灌注免疫治疗

卡介苗：不良反应发生率高，可适用于高危非肌层浸润性膀胱癌的治疗，预防肿瘤进展。主要不良反应为膀胱刺激症状和全身流感样症状，少见的不良反应为前列腺炎、附睾炎、肝炎等。

沙培林：作为新的生物反应调节剂，增强机体免疫，抗肿瘤效果优于卡介苗。

干扰素、肿瘤坏死因子等均可用于治疗膀胱癌。

4. 放疗 主要用于拒绝手术或晚期肿瘤的姑息治疗的患者，或自身条件不耐受根治性膀胱切除术，也可用于手术、化疗患者的辅助治疗。按照时间一般分为术前放疗、术后放疗，按照放射部分可分为膀胱腔内照射、膀胱组织内照射、体外照射等方式。

（1）膀胱癌的根治性放疗：研究表明根治性膀胱切除术疗效强于根治性放疗，目前根治性放疗的适应证主要为高龄或有严重合并症不能耐受手术的患者。膀胱外照射方法包括常规外照射、三维适形放疗及调强适形放疗。单纯放射治疗靶区剂量通常为60~66Gy，每天剂量一般为1.8~2Gy，整个疗程不超过6~7周。

（2）膀胱癌的术前放疗：至今没有肯定的结论，因此常规应用术前放疗仍存在争议。术中放疗：能有效避开正常组织，针对肿瘤区域精确照射，但其设备条件要求较高，只能给予单次照射，疗效不肯定，缺少临床研究数据。

（3）术后辅助性放疗：术后放疗能在准确病理分期的基础上，给予局部复发高风险病例加以辅助治疗，降低复发风险。根治性膀胱全切或膀胱部分切除手术未切净的残存肿瘤或术后病理切缘阳性者，可行术后辅助放疗。

（4）姑息性放疗：通过短程放疗（7Gy×3天；3~3.5Gy×10天）可缓解因膀胱肿瘤体积大造成无法控制的症状，如血尿、尿频、尿急、尿痛、排尿困难等。但可增加急性肠道并发症的危险，如腹泻和腹部痉挛疼痛。

十二、膀胱癌放疗的毒副反应有哪些？

放疗的毒副反应主要表现为急性反应和晚期反应。放射治疗毒性与放射治剂量和放射野大小成正相关，化放疗同步可加重毒性反应。

1. 急性反应 多发生在治疗中，表现为放射性膀胱炎、尿道炎、直肠炎、小肠炎及骨髓抑制等，大多在可耐受范围之内。

2. 晚期反应 出现在放疗结束3个月以后，主要由间质纤维化和闭塞性血管内膜炎所致，表现为无痛性血尿、尿频及膀胱痉挛或尿道狭窄等，部分患者放疗后可产生不同程度的性功能障碍。

十三、膀胱癌放疗的护理要点有哪些？

1. 放疗前做好宣教，向患者及家属讲解放疗的相关知识，保持照射野皮肤的清洁和干燥，保持放疗标记清晰，勿涂擦和洗脱，不清晰应及时重画，确保放射的准确性。

2. 放疗期间少去人流多的地方，控制病房探视人数。严密检测血常规，观察白细胞、红细胞、血小板的变化。

3. 嘱患者放疗期间多饮水，增加尿量，将放疗、化疗所致肿瘤细胞破裂、死亡释放出的毒素排出体外，减轻全身反应。

十四、膀胱灌注化疗的护理要点有哪些？

1. 灌注前嘱患者排空膀胱，灌注前半小时及灌注后1h减少饮水量，防止灌注后膀胱过度充盈。

2. 告知患者可能会出现的症状，如尿频、尿急、尿痛或轻微肉眼血尿等，这是由灌注后药物对膀胱、尿道黏膜产生刺激所致，属于正常反应。嘱患者多饮水，达到稀释尿液的作用，可减轻尿道黏膜的刺激，一般1~3天后症状会逐渐消失。

3. 灌注前行导尿术排空尿液，自导尿管内注入药物，药物灌注完毕，用10ml无菌生理盐水冲洗尿管，减少药液的浪费，最后拔除尿管。指导患者每半个小时变换体位，左、右、俯、仰各半个小时，保留2h后自行排出尿液，每周一次，6次为一个疗程。如白细胞低于3×10^9/L，则暂停灌注。

十五、如何指导膀胱癌患者合理饮食？

饮食宜易消化、清淡、富含蛋白质为主，避免辛辣、刺激性大的食物。忌食霉变、腌制的食物。适当进食富含维生素的水果和蔬菜，补充维生素 C、水分、蛋白质等，使体内的毒素能及时排出，增加营养以增强机体抵抗力。

十六、尿造瘘口的日常护理有哪些？

行全膀胱切除术的患者，尿液无法经尿道排出，需要做永久性的尿路改道手术，重新建立新的尿液引流途径，从而将尿液排出体外。由于排尿形式和身体外形的变化，患者及家属应尽快适应新的生活形态，学会护理新的引流系统，及早回归社会。日常护理中应注意以下几个问题。

1. 调整心态 由于尿路的改道，生活上会产生许多不便，患者要勇于面对现实，学会正确处理使用集尿袋，根据自己身体情况适当进行锻炼，如打太极拳、跳广场舞等，鼓励患者多参加社交活动。

2. 服装 可以选择较为柔软、宽松、有弹性的衣服，避免穿过紧的衣服，以防造瘘口受压。

3. 饮食 每日饮水不少于 2000ml，保证每天有足够的尿量。鼓励患者进食易消化、富粗纤维素饮食，防止便秘。平时多进食高蛋白质与高维生素的饮食，有利于增强免疫力。少进食含嘌呤高的食物，避免泌尿系结石形成。晚上休息前要饮水约 500ml，避免夜间尿液浓缩。

4. 造瘘口的护理 保持造瘘口敷料清洁，若有分泌物时，及时清洗，观察造口皮肤黏膜有无红肿，如有红肿及时用莫匹罗星软膏（百多邦）局部涂抹。一旦发现瘘口处皮肤有湿疹样改变，即用氧化锌软膏每日 2 次涂抹患处。

5. 集尿袋的护理 集尿袋位置不能高于膀胱区，更换集尿袋前要排空袋内尿液，无菌操作。将引流袋固定于患者衣裤，定时排空，可解决重力和移位的影响。集尿袋上贴标签，注明更换日期。当集尿袋中尿液达 2/3 满时，应及时弃掉。指导患者及家属要定时清洗和更换造口袋，不可在阳光下直晒和高温消毒，以防发生变质。

6. 尿液的观察 指导患者学会观察尿液，是否有混浊、有絮状物形成等。尿液有混浊提示发生膀胱炎或尿路感染，应到医院做尿常规、尿培养。尿中有血也应及时就诊。

7. 室内环境 注意保持室内清洁卫生，开窗通风。内衣、被褥勤换勤洗，经常在太阳下照射晾晒，以减少感染机会。

十七、膀胱癌患者出院后何时复查？复查的内容有哪些？

1. 保留膀胱治疗的患者 一般 2 年内每 3 个月复查一次，2 年内无复发者改为每 6 个月一次，5 年后每年复查一次。复查项目主要是膀胱镜检查和尿脱落细胞检查。

2. 膀胱癌根治术后的患者 一般 1 年内每 3 个月复查一次，2 年后改每 6 个月一次，5 年后每年复查一次。复查项目主要是血常规、肝肾功能、电解质、尿脱落细胞学检查、B 超、CT、静脉尿路造影等。

十八、膀胱癌患者健康教育内容有哪些？

1. 针对病因采取有效预防措施，避免接触染料、橡胶、皮革等工作环境，戒烟，减少服用非那西丁及异烟肼等可导致膀胱癌药物。

2. 重视血尿患者的随访，尤其是对 40 岁以上的男性不明原因的肉眼血尿，采取积极严格全面的诊断检查，进行膀胱癌的筛选。

3. 养成规律的生活习惯，多吃新鲜蔬菜和水果，保持每天饮水量在 1500ml 以上，可预防感染和膀胱炎。

4. 术后近期应避免重体力劳动，少做或不做腹部用力的工作。

5. 观察记录膀胱储存尿液的量与颜色。

6. 增加营养摄入，给予高蛋白、高维生素、易消化食物。

7. 遵医嘱服用抗生素及进行膀胱灌注化疗，观察灌注后有无疼痛、出血性膀胱炎等。

8. 定期门诊复查：由于膀胱癌术后易复发，应坚持术后 3 个月复查一次膀胱镜，2 年后每半年复查一次。

第三节 前列腺癌

一、什么是前列腺癌？

前列腺癌是指发生在前列腺的上皮性恶性肿瘤，是男性最常见的恶性肿瘤，其中前列腺腺癌占 95% 以上。不同种族和地区其发病率存在着显著的差异，亚洲前列腺癌的发病率低于欧美，但近年来呈增加之势。

二、前列腺癌的病因有哪些？

1. 遗传因素 前列腺癌的发病率有较大的差异性，遗传因素是影响发病率的主要原因。流行病学研究表明，如果一个直系亲属确诊前列腺癌，其本人患病的概率会增加一倍。年龄是最明显的危险因子，随着年龄的增长，前列腺癌的发病率会伴随升高。

2. 饮食和环境因素 危险因素包括动物高脂肪饮食、维生素 E、硒、肥胖、吸烟量、白酒饮用量。然而这些危险因素并不能确定存在因果关系，但重视这些危险因素对降低前列腺癌的发病率上有一定的作用。大豆及豆制品、绿茶、番茄可能会降低前列腺癌的发病率。

三、前列腺癌的临床表现有哪些？

1. 排尿功能障碍 若肿瘤侵犯或阻塞尿道、膀胱颈时，会出现类似下尿路梗阻或刺激症状。前列腺癌多数发生在前列腺外周带，对尿路压迫影响小，排尿功能障碍一般呈渐进性，主要表现为尿频、排尿费力、尿路变细、排尿不尽感、夜尿增多等类似前列腺增生症状，对进展快的患者可出现上述症状在短时间内快速加重，严重者还出现尿潴留、尿失禁。

2. 出血 表现为血尿、血精等。前列腺癌出现血尿很少见，多数是因为肿瘤侵犯尿道、膀胱颈而引起的血尿，可以是镜下血尿，严重时为肉眼血尿。出现血精可能是由于肿瘤侵犯至输精管或精囊。

3. 疼痛 前列腺癌引起的疼痛比较少见，如肿瘤侵犯或压迫输精管会引起腰痛、射精痛，部分患者出现患侧睾丸疼痛。当癌灶突破包膜侵犯盆腔神经丛的分支，可出现会阴部疼痛。

4. 转移灶引起的症状

（1）骨骼转移：前列腺癌易发生骨转移，而骨转移引起的症状一般是最常见或最早发生的。常见的转移部位依次是胸椎、腰椎、肋骨、盆骨，胸骨及颅骨转移比较少见。骨转移的主要表现是疼痛和骨折。疼痛大多表现为持续性腰、背、髋部隐痛或钝痛，部分患者出现坐骨神经痛。前列腺癌骨转移多为成骨性，骨折发病率显著低于破骨性骨转移所致。由前列腺癌引起的病理性骨折以肱骨和股骨多见，脊椎骨折少见，但会引起截瘫而影响患者生活质量。部分患者会出现骨髓抑制症状，表现为出血、白细胞降低或贫血等。

（2）淋巴结转移：常无临床症状。若髂窝淋巴结肿大压迫髂静脉可能会导致下肢水肿和阴囊水肿。腹主动脉旁淋巴结肿大可压迫输尿管或局部病变浸润输尿管开口，从而引起单侧或双侧肾积水，继发少尿、腰痛等。

（3）内脏转移：肺转移表现为咳嗽、咯血、呼吸困难、腰痛、胸腔积液。肝转移表现为黄疸、肝功能异常。胃肠道转移表现恶心、呕吐、出血、上腹痛等。颅脑转移可引起头痛、嗜睡等神经系统症状。

（4）远处实质性器官转移：肾上腺转移表现为肾上腺功能不全、乏力，睾丸转移表现为睾丸、精索结节样病变。

5. 神经症状 脊椎转移会导致脊椎受压或侵犯引起神经症状。压迫部位常在马尾神经以上，

胸椎 $T_1\sim T_6$ 最常见，表现为疼痛、知觉异常、括约肌功能失常、四肢疲软无力等。颅脑转移多数无明显症状，可引起头痛、嗜睡、吞咽困难等。垂体转移导致失明。

6. 恶病质 终末晚期会出现全身情况恶化、极度消瘦、DIC、严重贫血等表现。

四、前列腺癌的辅助检查有哪些？

1. 直肠指检 对前列腺癌的早期及诊断和分期都有重大意义，典型的前列腺癌在直肠指检时可扪及坚硬如石的不规则结节，边界不清，无压痛或轻压痛，活动度差，应当结合前列腺特异性抗原检查、影像学检查做出初步判断。

2. 前列腺特异性抗原检查（PSA） 对于 50 岁以上有下尿路症状的男性进行常规 PSA 和直肠指检检查，对于有前列腺癌家族史的男性人群，应该 45 岁以上开始定期检查、随访。PSA 异常者应复查，复查前了解有无影响 PSA 的因素存在，排除影响因素或怀疑有炎症存在，给予抗炎治疗后再复查 PSA。B 超或 MRI 等影像学检查发现前列腺存在异常回声或异常信号时应进行 PSA 检查。PSA 具有前列腺器官特异性，并不是肿瘤特异性。良性前列腺增生，急性前列腺增生、泌尿系统感染及经直肠前列腺检查、前列腺外伤及留置导尿和尿潴留均会引起 PSA 升高，中华医学会泌尿外科学分会推荐 PSA 检测应在前列腺按摩 1 周后，直肠指检、膀胱镜检查、导尿等操作 48h 后，射精 24h 后、前列腺穿刺 1 个月后进行。目前国内外比较统一的观点为：血清总 PSA 大于 4.0ng/ml 为异常。

3. 影像学检查

（1）B 超：前列腺癌影像学检查的首选方法。前列腺超声检查有经腹、经直肠、经尿道三种途径，其中最常用的是经直肠超声检查。经直肠超声检查可以清晰显示前列腺内结构、移行区和血流变化，精确测量前列腺和前列腺内肿块体积。

（2）CT：可以提供人体断层图像，对评价前列腺癌的包膜外侵犯、周围结构受累及盆腔淋巴结和骨骼转移有重要作用，可以进行肿瘤分期的评定。因受软组织分辨力的限制，不作为前列腺癌筛选或定性诊断的首选检查方法。

（3）MRI：具有较高的软组织分辨力和三维成像特点，可显示包膜的完整性，区别局限性与侵犯性前列腺癌。对前列腺癌的包膜侵犯的评价作用明显强于 CT，而且对局限于前列腺内部的癌灶，特别是对前列腺外周带内癌灶的显示更具优势。

（4）MRS（磁共振波谱成像）：利用磁共振现象和化学位移作用，对活体器官组织的能量代谢、生化改变及特定化合物进行检测和定量分析的一种非创伤性技术手段。MRS 可以从分子水平估计前列腺癌的正常组织和癌组织的代谢信息，特别是通过对癌组织代谢特征进行评估，可提高对前列腺癌诊断的特异性。

（5）骨核素扫描：了解有无骨转移，骨扫描核素浓聚区形成热点，为可疑骨转移，骨扫描可比常规 X 线片提前 3~6 个月发现骨转移灶，敏感度高。

4. 前列腺穿刺活检 诊断前列腺癌最可靠的检查方法，应在 MRI 之后进行穿刺活检。

5. 尿道造影 经尿道逆行注入造影剂，可显示前列腺部尿道形态，出现充盈缺损或变形为可疑前列腺癌，同时行膀胱造影，观察膀胱底部有无癌浸润。

6. 肾盂造影 前列腺癌浸润膀胱底部时，可出现单侧肾积水，若累及双侧，会引起肾功能不全。

五、前列腺癌的治疗原则是什么？

1. 对前列腺癌临床分期为 $T_{1a}\sim T_{2b}N_0M_0$ 的患者，可选择根治性前列腺切除术或放射治疗。
2. 局部进展的 T_3 及 T_4 期前列腺癌因单纯的根治性切除术疗效差，通常选用放射治疗联合内分泌治疗或单纯内分泌治疗。
3. 转移性前列腺癌以内分泌治疗或化疗为主，可辅助以放射治疗或核素治疗。

六、前列腺癌的治疗方法有哪些？

前列腺癌的治疗方法包括观察等待、前列腺根治切除手术、近距离照射治疗、体外放射治疗、内分泌治疗、化疗、冷冻治疗、高能聚焦超声等局部治疗方法等。

七、前列腺穿刺活检指征是什么？方法有哪些？优、缺点各是什么？

1. 指征

（1）直肠指检发现结节，任何 SPA 值。

（2）B 超发现前列腺低回声结节或 MRI 发现异常信号，任何 SPA 值。

（3）PSA＞10ng/ml，任何游离 PSA/血清总 PSA 和 PSA 密度。

（4）PSA4～10ng/ml，游离 PSA/血清总 PS 异常或 PSA 密度值异常。

2. 方法

（1）经直肠超声引导下穿刺法

优点：操作简便、定位准确、不需要局部麻醉。

缺点：需要做灌肠等肠道准备，会出现便血或潜在感染等并发症。

（2）经直肠超声定位后经会阴穿刺法

优点：穿刺部位正确，对较小结节能准确命中，不需做肠道准备，并发症少。

缺点：创伤大，疼痛明显，需局部麻醉，穿刺时间较长，需要一些特殊器材。

八、什么是前列腺癌的观察等待治疗？适应证是什么？

观察等待治疗不是放弃治疗，而是主动监测前列腺的进程，对前列腺癌患者进行定期随访观察，在出现病变进展或临床症状明显时给予其他治疗，这一方法的问世主要是因为前列腺癌是发展缓慢的疾病。PSA 筛查使前列腺癌诊断病例增加，而增加的部分大多数是无临床意义的低危前列腺癌，这些患者治疗与不治疗其生存率并无差别，观察等待疗法适合部分前列腺癌患者。

CUA 指南推荐的适应证有以下两种情况。

1. 低危前列腺癌（PSA4～10ng/ml，GS≤6，临床分期≤T_{2a}），不接受积极治疗引起的不良反应的患者。

2. 晚期（M1）前列腺癌患者，仅限于个人强烈要求避免治疗伴随的不良反应，对于治疗伴随的危险和并发症的顾虑大于延长生存和改善生活质量的预期。

九、前列腺癌根治切除手术有哪些？适应证与禁忌证各是什么？

1. 开放根治性前列腺癌切除手术 包括耻骨后根治前列腺切除术、前列腺癌的盆腔淋巴结清扫术、经会阴根治性前列腺清除术。

（1）适应证：肿瘤局限于前列腺，尚未浸透包膜或固定，尚未发现区域淋巴结转移或远处转移（即临床 T_1、T_2 期肿瘤）。

（2）禁忌证：①患有增加手术危险性的疾病，如严重的心血管疾病、肺功能不全。②患有严重出血倾向或血液凝固性疾病。③已有淋巴结转移或骨转移。④预期寿命不足 10 年。

2. 腹腔镜根治性前列腺切除手术

（1）适应证：①局限前列腺癌；②预期寿命＞10 年。

（2）禁忌证：与开放手术相同。

十、粒子治疗计划实施包括哪些步骤？

1. 根据 CT 或超声评估前列腺体积。
2. 决定源的总活度。
3. 决定粒子在前列腺内的空间分布。

十一、前列腺癌的放射治疗方法包括哪些？

前列腺癌的放射治疗方法包括外照射和近距离照射。放射治疗是局限期和局部迟发型前列腺癌的根治性治疗手段，是利用高能量光子破坏细胞的 DNA，达到杀伤肿瘤细胞的目的，也是前列腺癌的根治性治疗手段之一，适合于临床 $T_{1\sim4}N_{0\sim1}M_0$ 期前列腺癌的治疗，放射治疗联合激素治疗是局部晚期前列腺癌的标准治疗手段。此外，放射治疗是晚期或转移性前列腺癌的姑息治疗手段。外照射包括常规照射、三维适形放射治疗和调强适形放射治疗。近距离照射应用于预后好的局限早期前列腺癌的治疗。

十二、前列腺癌体外放射治疗适应证是什么？

1. 根治性放射治疗 主要包括局限期前列腺癌，临床 $T_{1\sim2}N_0M_0$ 期，对于 $T_{3\sim4}N_{0\sim1}M_0$ 期，放射治疗联合内分泌治疗可获得满意的治疗效果

2. 前列腺癌根治术后放射治疗 包括病理 $T_3\sim T_4$、精囊受侵、切缘阳性及术后 PSA 持续升高患者。

3. 转移性前列腺癌的放射治疗 通过放射治疗可以延长患者的生存期，改善生活质量。

十三、局限期前列腺癌外照射基本原则有哪些？

1. 建议应用三维适形放射治疗或调强适形放射治疗技术。
2. 低危患者的根治性治疗照射剂量为 70～75Gy/（35～41 次）。
3. 中危或高危患者的根治性照射剂量提高至 75～80Gy，提高了局部控制率和无病生存率。
4. 高危或更高危患者应考虑盆腔淋巴结照射，合并辅助内分泌治疗和（或）新辅助内分泌治疗。
5. 高剂量照射＞75Gy 时，建议应用图像引导技术如前列腺粒子标记、腹部超声定位、直肠充盈或图像引导放射治疗等，从而减少计划靶区边界。

十四、根治性前列腺切除术后放射治疗适应证有哪些？

1. 病理切缘阳性。
2. 前列腺包膜受侵、病理 T_3 或 T_4。
3. 术后 PSA 持续增高。
4. 精囊受侵。Gleason8～10 分也可考虑术后放射治疗。

十五、前列腺癌体外放射治疗并发症有哪些？

放射治疗的近期并发症主要是直肠和下尿路毒副反应，远期并发症是直肠和膀胱毒性，如直肠出血、前列腺炎和膀胱炎，部分患者可出现性功能障碍。根治性放射治疗出现直肠出血、尿道狭窄和胃肠道毒性，但较为少见。常规照射时，晚期毒副反应发生的危险性随剂量超过 70Gy 而增加，适形放射治疗或调强适形放射治疗能更好地保护正常组织，降低直肠或膀胱的毒副反应，改善患者生活质量。因此，前列腺癌根治性放射治疗应常规采用三维适形放射治疗和调强适形放射治疗。

十六、什么是前列腺癌的近距离照射治疗？

近距离照射治疗包括腔内照射、组织间照射等，是将放射源密封后直接放入计划治疗的组织内或放入人体的天然腔内进行照射。前列腺癌近距离治疗包括短暂插植治疗和永久粒子种植治疗，也就是放射性粒子的组织间种植治疗，是利用特殊的设备，在 CT 或 B 超引导下，按照治疗计划，通过粒子植入系统将放射性粒子直接植入前列腺，通过核素释放射线对癌细胞进行杀伤，来达到治疗肿瘤的目的。常规外放射治疗剂量一般限制在 66～70Gy，而粒子治疗剂量可以达到 145Gy，与外放射治疗相比，粒子植入治疗可以提高前列腺局部的放射剂量并提高肿瘤的局部控制率，而周围正常的器官或组织结构受到的剂量降低，因而有着明显优势。

十七、前列腺癌近距离照射粒子治疗的适应证及禁忌证是什么？

1. 适应证 目前对于前列腺癌粒子植入的适应证还存在争议，主要参考美国近距离治疗协会

标准。同时符合以下 3 个条件为单纯近距离治疗的适应证：①临床分期为 $T_1 \sim T_{2a}$ 期。②Gleason 分级为 2~6。③PSA<10ng/ml。

符合以下任一条件为近距离治疗联合外放射治疗的适应证：①临床分期为 T_{2b}、T_{2c}。②Gleason 分级为 8~10。③PSA>20ng/ml。④尿道周围受侵。⑤多点活检病理结果为阳性。⑥双侧活检病理结果为阳性；⑦MRI 明确有前列腺包膜外侵犯。

Gleason 分级为 7，或 PSA 为 10~20ng/ml 者则要根据具体情况决定是否联合外放射治疗。

近距离治疗联合内分泌治疗的适应证：①术前前列腺体积>60ml，可以使用内分泌治疗使前列腺缩小。②局部晚期及中高危前列腺癌放射粒子治疗可考虑联合内分泌治疗。

2. 禁忌证 ①预计生存期少于 5 年。②TURP 后缺损较大或很不规整。③一般情况差，不能耐受手术。④明确有多发转移。

3. 相对禁忌证 ①前列腺体积大于 60ml，或中叶重度突入膀胱。②既往有 YURP 史。③精囊受侵。④严重糖尿病，不能很好控制。⑤多次盆腔放射治疗及手术史。⑥尿路刺激症状严重，前列腺症状评分高。

十八、前列腺癌放射治疗的不良反应有哪些?

1. 急性胃肠道反应 包括腹泻、直肠不适感、出血，是由于肠道黏膜充血、水肿、绒毛的脱落、消失、渗出增加、吸收障碍等反应所造成。可使用蒙脱石散、硫糖铝凝胶、洛哌丁胺等药物来缓解。

2. 泌尿系反应 因尿道位于前列腺中心，不可避免地受一定剂量粒子辐射，术后可能会出现会阴部肿胀、尿频、尿急、排尿困难甚至尿潴留、尿失禁等。

3. 皮肤反应 局部皮肤可出现皮肤反应，包括红斑、皮肤脱屑、渗出、糜烂，极少见溃疡。应保持皮肤清洁，局部用药可缓解。

4. 尿道狭窄 放射治疗前或放射治疗中行 TURP 易出现尿道狭窄。

5. 性功能障碍。

十九、前列腺内分泌治疗机制是什么？有哪些并发症?

1. 治疗机制 内分泌治疗是晚期前列腺癌的主要治疗手段，其机制是通过减少雄性激素的来源或阻止雄激素来发挥作用。对激素依赖型癌细胞发生凋亡，肿瘤病灶快速缩小来达到治疗作用，以及使激素敏感型癌细胞生长速度延缓病情发展。

2. 并发症

（1）性功能异常：睾丸切除或 LHRH 类似药物的应用使绝大多数患者丧失性欲，进一步诱发任何类型的阳痿。对于接受间歇内分泌治疗的患者，间歇期性功能可得到恢复。

（2）潮红：出现在颜面部、颈部、胸部及腹部，持续数秒到数小时不等。患者潮热及大汗考虑由男性激素受阻后下丘脑周期性分泌内源性阿片样肽所致。

（3）女性型乳房：应用大剂量比卡鲁胺时最为多见。

（4）机体组成及脂肪变化：接受内分泌治疗的大部分患者中均出现体重的增加或至少出现体内脂肪的增加，尤其是接受联合治疗时更为明显，增加的体重在间歇疗法的间歇期内无明显下降。

（5）骨质疏松：虽然不能认为内分泌治疗一定会诱发骨质疏松，但在前列腺癌患者接受睾丸切除 3 年后可出现骨密度降低。治疗上建议进行行走等适当运动、补钙、使用非毒麻镇痛药。

（6）贫血：是可逆的，与促红细胞生成素的减少有关，可通过给予人类重组红细胞生成素来得到纠正，通常在停止内分泌治疗后的 3~6 个月内可恢复到治疗前水平。

（7）心理及精神方面的不良反应：出现抑郁、不安等心理及精神方面的不良反应，严重时需要抗抑郁药或心理咨询，还可出现疲劳无力。

二十、粒子植入术后的护理措施有哪些?

1. 严密观察 术后应密切观察重要脏器功能、神志、瞳孔、脉搏、血压、皮温皮色、末梢血运及排尿情况等。放射性粒子植入术后可能有局部感染、水疱、皮损、出血、粒子浮出、肺栓塞等并发症。手术中由于耻骨弓遮挡了前列腺腺体,影响了部分穿刺针的进入,导致粒子放置位置偏移,从而增加了粒子移位的发生率。肺栓塞是粒子植入术后最严重的并发症之一,即粒子浮出进入种植器官附近较大的血管内,随血液流动进入肺部,栓塞肺动脉或其分支而致肺栓塞,因而术后还应密切观察患者的呼吸。当患者突然出现呼吸困难、胸痛、咳嗽、咯血、心率加快、发绀等症状时,立即报告医师处理。

2. 饮食与活动 进食清淡易消化食物,避免牛奶、豆浆等易产气食品,避免刺激性食物。术后1天后可逐渐过渡到半流质、普食,要增加蔬菜、水果等纤维食物的含量,保证大便通畅,如若大便费力时,可使用润肠剂或缓泻剂协助排便,切勿强行用力。术后24h鼓励患者在床上活动,术后3天可以开始下床活动,避免剧烈运动,防止粒子移位。

3. 皮肤护理 会阴部皮肤潮湿,对放射线的耐受力较差,应指导患者内裤易穿柔软、宽大、吸湿性强的棉织品,放射治疗期间局部皮肤避免潮湿、摩擦等物理刺激。禁用热水和肥皂擦洗,禁涂刺激性的药物,经常保持放射区皮肤的清洁干燥。

4. 术后并发症的观察和护理 ^{125}I植入后短期不良反应轻微,其典型表现为会阴部不适和尿道放射反应,尿频、尿急、夜尿增多,严密观察泌尿系统症状,及时报告医生对症治疗。同时指导患者注意个人卫生,保持会阴部的清洁,多饮水,勿憋尿。

5. 放射性防护

(1)工作人员防护:工作人员需近距离治疗、护理时,需使用铅制防护围裙与屏障,在保证质量的前提下,尽可能集中完成测体温、量血压、更换输液瓶、发药和测尿量等工作,减少与放射线接触的时间。

(2)患者家属防护:限制、记录探视者的探视时间,不提倡孕妇及18岁以下人员探视。最好避免与患者频发接触,至少与患者保持约1m的距离。

(3)环境管理:为患者提供单间,床前悬挂放射性警示标志,缩小活动范围,要求患者不串病房,以保护其他患者。保持病室空气清新洁净,室温保持在22~25℃,尽量减少热气与散在射线结合而污染环境。患者如厕时应使用滤网过滤大小便与痰液,谨防粒子浮出,污染环境。当发现有粒子浮出后,应立即穿戴屏障防护铅服,使用镊子将粒子放入特制铅盒内,并立即送核医学科妥善处理。

二十一、怎样做好放射性粒子脱落观察与处理?

粒子丢失常发生在植入术后的第1天和第2天,所以植入术后1周内需过滤尿液和稀释的粪便溶液检查,以防粒子丢失污染环境。戴铅手套,用双层纱布罩住容器口,缓慢将尿液或粪便液倒入容器内,倒完后仔细检查纱布上有无银白色小棒。如发现粒子,应使用长柄镊子(决不允许用手操作)放入铅罐内,并记录发现粒子和放入容器的时间,立即报告医生,并将铅罐送核医学科妥善处理。

二十二、前列腺癌患者粒子植入术后需要进行哪些出院指导?

1. 粒子种植后3个月内,探视者均需采取安全防护措施,儿童和孕妇不得与患者同住一个房间。

2. 患者或家属若发现粒子排出体外时,一定要用镊子小心夹起放入铅罐内,记录发现粒子和放入容器的时间,并立即带回医院处理。

3. 施行粒子植入术的患者,在手术后2周可恢复往日的工作,在恢复期时尽量避免提超过5kg的物品;满8周后,再依个人体力情况逐渐加大运动量,值得注意的是术后3个月内应避免重体力劳动；半年内应避免久坐、久蹲、跳舞等，以免造成术后不适。

4. 因放射性粒子可以通过前列腺外周静脉丛进入肺内，故需定期进行胸部 X 线检查和前列腺 CT 扫描，检查每个粒子在前列腺的精确位置。

5. 术后 1 个月要随访 1 次，以后一般 3 个月 1 次，共随访 2 年，2 年后每 6 个月 1 次，终生随诊。

6. 如有性生活，要求患者在粒子植入 2 周内应使用安全套，避免粒子随精液射出给对方而造成伤害。粒子植入治疗可能损伤生育能力，如果患者在未来计划生育孩子，最好在手术之前储存精子。

7. 因需终生携带粒子，半年后粒子的放射性污染才消失，所以若患者在半年内死亡，必须立即通知医生，及时将粒子取出，以免造成环境污染。

（黄碧灵　曹　晶）

第十二章 血液淋巴肿瘤

第一节 恶性淋巴瘤

一、什么是淋巴瘤？

人类的身体布满了无数由淋巴管及淋巴结所组成的网络，让细小的淋巴细胞可以循环至身体各个器官和组织，发挥抵抗细菌感染的功能。

正常的淋巴细胞是会按生理需要而增生的，可是当这些细胞发生了恶性病变时，便会不断增生和结集在淋巴结内，形成肿瘤，并且逐渐蔓延至其他部位的淋巴结、骨髓和其他器官。这种原发于淋巴系统，由恶性淋巴细胞衍生出来的癌症，就是"恶性淋巴瘤"。

由于不同种类的淋巴细胞有不同的生理特性和功能，所以实在不难想象由它们衍生出来的肿瘤，会有很多的种类和表现，换而言之"淋巴瘤"其实并不是单一一种疾病，而是对于淋巴系统内各种恶性肿瘤的统称。

二、淋巴瘤的分类有哪些？

淋巴瘤的分类较多，最基本并一直沿用至今的仍是根据病理组织学的不同，将淋巴瘤分为霍奇金淋巴瘤和非霍奇金淋巴瘤两大类。

1956年Rappaport最早从单纯形态学角度对恶性淋巴瘤进行分类，但他的分类不能反映临床工作的需要、免疫学方面的进展和患者的预后。20世纪70年代后相继产生了Lukes和Collins分类、Keil分类、国际工作分类（WF）和修订的欧美淋巴瘤分类（REAL）。后3种分类区分了各类非霍奇金恶性淋巴瘤的恶性程度，比较符合临床实际。特别是REAL再将其分为B系和T系，更易为临床医师接受。2000年WHO有关专家分别对霍奇金淋巴瘤与非霍奇金淋巴瘤进行分类，由于该分类在REAL分类的基础上更好地结合了淋巴瘤的形态学、免疫学、分子生物学及临床预后的特点，正逐渐被世界各国临床和病理学家所接受。

三、淋巴瘤的病因有哪些？

淋巴瘤的病因目前尚不完全清楚，调查高危区和高危人群发现与淋巴瘤发病相关的因素有以下几方面。

1. 病毒感染 T细胞白血病淋巴瘤病毒（HTLV-1）与蕈样真菌病、EB病毒、HIV感染者有3%发生淋巴瘤。

2. 免疫功能低下 淋巴瘤易发生于器官移植、某些免疫性疾病（类风湿关节炎和红斑狼疮）等长期应用免疫抑制剂者和AIDS患者。

3. 其他 化学致癌物如农药和染发剂及放射线照射。近年来有人认为胃幽门螺杆菌感染可能发生胃淋巴瘤，某些遗传因素也易导致淋巴瘤。

四、淋巴瘤的临床表现有哪些？

淋巴瘤早期以局部症状为主，也是大多数患者就诊原因，以浅表淋巴结肿大为首诊症状者约占70%，晚期多数病例在局部症状加重是合并全身症状。

局部症状：大多数恶性淋巴瘤首先侵犯浅表和（或）纵隔、腹膜后、肠系膜淋巴结，少数以原发于淋巴结外器官，如消化道、肝、脾、骨等为首发症状，最多见局部症状为无痛性颈部淋巴结进行性肿大。肿大的淋巴结表面光滑、饱满、质地韧且均匀，早期孤立、活动，晚期融合、固定。

全身症状：约10%的患者以发热、皮肤瘙痒、盗汗、消瘦等全身表现为最早的临床表现，发热先为周期性低热，以后变为持续性。13%~53%的恶性淋巴瘤患者在病程中有各种皮疹、皮炎和色素沉着。持续性发热、多汗、体重下降、贫血等标志着疾病进展，免疫功能严重低下，提示预后不佳。

五、淋巴瘤是如何诊断和分期的？

要分辨淋巴结肿大是良性还是恶性，除了临床表现、影像学检查外，淋巴结组织活检更是不可或缺。无论是霍奇金或非霍奇金淋巴瘤，都必须依靠切除整个淋巴结做病理分析，以确立正确的诊断和分类。一经确诊，患者还需要进一步抽血化验、X线、MRI和抽骨髓等检查，以便了解患者的健康状况、浸润程度和预后评估。

恶性淋巴瘤的分期主要采用1989年Cotswolds会议修改的Ann Arbor分期标准。

所以当患者完成了所有需要的检查后，医生便会根据检验的结果，替患者制定合适的治疗方案，对症下药。

六、淋巴瘤的治疗方法有哪些？

近年来，恶性淋巴瘤的治疗取得了较明显的进展。两类恶性淋巴瘤对化疗、放疗都比较敏感，治愈率在所有恶性肿瘤中较高。两类恶性淋巴瘤的治疗原则是：根据患者全身情况、病理类型、原发病部位、临床分期等制定以化、放疗为主，免疫治疗为辅的综合治疗计划。首次治疗者应尽一切努力争取完全缓解，多次复发或难治者条件具备，可行自体或异体外周血干细胞移植。

1. 霍奇金淋巴瘤（HL）的治疗

（1）早期（CSⅠ、Ⅱ期）预后良好的HL：ABVD化疗2~4个疗程加上受累野20~30Gy放疗。

（2）早期（CSⅠ、Ⅱ期）预后不良的HL：ABVD化疗4~6个疗程加上受累野或者区域20~36Gy放疗。

（3）晚期HL：ABVD化疗6~8个疗程，伴有巨块者加上受累野或者区域30~36Gy放疗。

（4）难治或者复发病例：应该选用与原方案无交叉耐药的新方案，如ICE、DHAP、ESHAP、mini-BEAM、GDP、ABVD/MOPP（或COPP）交替方案等进行治疗，在获得较好缓解后可选择高剂量化疗联合自体造血干细胞移植。

（5）放射治疗：次全淋巴结放疗（STNI）在膈上病变照射采用斗篷野和全肋型照射野，膈下病变照射采用倒"Y"野，全淋巴结放疗（TNI）照射即斗篷野加倒"Y"野，照射剂量：成人每4~6周40~44Gy，儿童放疗剂量适当降低，照射野也适当限制，如改为局部扩大野，剂量调整为：<5岁为20Gy，每增加5岁加5Gy。

2. 非霍奇金淋巴瘤（NHL）的治疗

（1）化疗方案：不同类型的非霍奇金淋巴瘤化疗方案、剂量强度、疗程设置和化疗疗效均不一样。对于初治的低度恶性非霍奇金淋巴瘤，COPP与CHOP方案疗效相当，加用干扰素（IFN）的CHOPI方案，无疑在提高疗效与防止复发方面优于CHOP方案。中度恶性非霍奇金淋巴瘤则首选CHOP、BACOP方案，如果为B系，CD20表达阳性者利妥昔单抗（美罗华）+CHOP方案可以提高疗效。高度恶性非霍奇金淋巴瘤的化疗首选第三代方案，如ProMACE-CytoBOM、CHOMP等，在一定积蓄程度上可以提高完全缓解率。对于上述方案复发或无效的病例，应选用与一线方案无交叉耐药含有异环磷酰胺、米托蒽醌、阿糖胞苷、VP-16和顺铂的MINE、ESHAP、DICE方案。

（2）放射治疗：照射范围和剂量与霍奇金淋巴瘤大致相同。

（3）生物治疗：干扰素对低度及部分中度恶性淋巴瘤有一定疗效，用于化疗、放疗间歇期或化疗、放疗结束后的维持治疗，可降低复发率。

七、恶性淋巴瘤放射治疗常用照射野包括哪些？

1. 累及野照射仅包括那些临床上有肿瘤的区域。

2. 扩大野照射或次全淋巴结照射，指斗篷野+锄形野或倒 Y 野+小斗篷照射（不包括腋窝区域）。

3. 全淋巴结照射指斗篷野+锄形野+盆腔野。

八、恶性淋巴瘤放射治疗射线的选择有哪些？

一般选择高能射线（^{60}Co 或 6MV 以上的 X 线），它具有百分深度剂量高、剂量分布均匀、散射线量少、患者容易耐受等优点。

九、恶性淋巴瘤放射治疗照射剂量如何？

1. 霍奇金淋巴瘤照射剂量 1966 年 Kaplan 总结了照射野内复发和肿瘤治疗量的关系。发现局部复发率随肿瘤治疗剂量的增加而减少，当剂量为 4Gy/4 周时其复发率降低 4.4%，从而定此剂量为肿瘤根治剂量[35～45Gy/（4～5 周）]。适当延长照射时间或因肿瘤较大，退缩缓慢，可把局部剂量提高到 50Gy，不但正常组织反应减轻，患者容易耐受，而且疗效不受影响。已广泛应用于临床治疗，预防性照射可控制在 30～35Gy/（3～4 周）。

2. 非霍奇金淋巴瘤照射剂量 对非霍奇金淋巴瘤的照射剂量不像霍奇金淋巴瘤那样明确，一般认为 45～55Gy/（5～6 周）较为合适。

全身小剂量照射和全淋巴结照射亦是治疗晚期非霍奇金淋巴瘤方法之一。

十、治疗期间的护理要点有哪些？

化疗常见的不良反应包括食欲下降、恶心、呕吐、口腔溃疡、脱发、腹泻和因白细胞下降而引起的各种感染。恶心、呕吐可以通过药物和饮食方式改善，口腔溃疡可以通过加强漱口来预防等，医生会采用药物等各种方法去缓和各种不适，同时，这些不良反应都是暂时性的，治疗完成后会慢慢消失。放疗常见的不良反应包括疲倦、放疗部位皮肤发红甚至破溃，其他的不良反应因放疗部位不同而有所差异。放疗后引起的皮肤问题，护士会在穿衣、洗澡、使用药物等方面有详尽的指导。

治疗期间，患者要均衡饮食，适量地运动和休息，注意个人卫生，房间、衣物和用具等都保持清洁，减少到人流密集的公共场所，避免接触感冒或有其他传染病的人。

十一、恶性淋巴瘤化疗期间怎样做好饮食护理？

1. 胃肠道反应患者的饮食护理 恶性淋巴瘤患者化疗过程中均出现胃肠道反应，其原因为化疗药物损伤胃肠道黏膜导致肠嗜铬细胞释放 5-HT 等物质，刺激肠壁传入迷走神经上的受体，兴奋延髓的呕吐中枢，同时化疗药物还可作用于大脑第四脑室的催吐化学感受区而引起呕吐；化疗所致的恶心、呕吐，使其味觉改变，产生厌食现象；化疗易导致骨髓抑制等现象，患者往往感到乏力，从而活动减少，加之化疗药物对肠道黏膜的直接刺激，使肠蠕动减慢而易导致便秘。临床上在给予止吐药物处理的情况下，通过与膳食师及家属合作，根据患者的饮食习惯、嗜好，注重色、香、味的搭配，合理安排用餐的时间和量。以清淡易消化、高维生素的饮食为主，避免过甜、油腻及辛辣的食物，以免刺激患者引起呕吐，并鼓励患者多吃富含维生素的新鲜蔬菜、水果及富含粗纤维素的糙米、豆类等。多喝水，多吃萝卜、蒜苗、生黄瓜等可产气增加肠蠕动的食物，在食物中适当加蜂蜜、香油等润滑肠道的食品。

2. 口腔溃疡患者的饮食护理 口腔溃疡发生的主要原因是化疗药物直接损伤口腔黏膜上皮细胞，破坏黏膜组织的更新；其次化疗药物可引起骨髓抑制，粒细胞的缺乏，导致机体抵抗力下降，加之口腔唾液分泌减少，口腔 pH 的改变，不能有效地抑制口腔中细菌的生长繁殖，导致口腔黏膜受损而形成口腔溃疡。有口腔溃疡症状的患者可予半流质饮食，进食清淡易消化的食物如稀粥、面条等，食物在高压锅内蒸熟，以便灭菌。指导患者饭后及时刷牙漱口，保持口腔的清洁卫生，多饮水，保持口腔黏膜的清洁湿润。并根据需要测定口腔 pH，选择合适的漱口液。

3. 骨髓抑制患者的饮食护理 化疗药物在抑制肿瘤细胞生长的同时，对人体正常的造血组织也存在着抑制作用，饮食方面在使用相同的升血常规药物的同时，指导患者进食富含高蛋白、高维生素的食物，鼓励患者多吃牛奶、鸡蛋、猕猴桃等食物，并给予黑米、花生、红枣等熬制的八宝粥。

十二、淋巴瘤都是恶性肿瘤吗？

过去在书籍文献中，我们往往在"淋巴瘤"的前面加上"恶性"两字，近年来，随着对淋巴瘤发病机制的了解越来越深入，目前认为淋巴瘤均为恶性，没有必要再进一步强调"恶性"。因此，临床和病理诊断的"淋巴瘤"都是恶性肿瘤，无"良性淋巴瘤"的说法。虽然是恶性肿瘤，但是淋巴瘤有几十种亚型，不同亚型的临床过程差别巨大。有的类型进展极快，如果不治疗，只能生存数周或者数月；有的发展极慢，甚至在长达10年的时间里都无需治疗。因此，明确淋巴瘤的类型非常重要，只有明确了病理类型，才能采取正确的治疗措施，避免治疗过度和延误治疗。

十三、临床诊断是淋巴瘤还是白血病，究竟是怎么回事？

临床诊断中常常有患者或家属问到底是淋巴瘤还是白血病？实际上淋巴瘤与淋巴细胞性白血病是同一种疾病的不同时相，前者为瘤体期，后者为弥散期或循环期，其形态、免疫和分子遗传学特征都是相同的。

十四、淋巴瘤治疗过程中需要注意哪些事项？

全部检查结束后，医生会根据病情和病理类型决定是否开始治疗、采用何种治疗方案、大概的治疗计划等。此时，主管医生与患者、家属之间的沟通非常重要。患者之间存在个体差异，医生会根据肝肾功能、心脏功能、血常规、血糖及其他并发症等做适当的调整。在治疗过程中会常规对各种常见的不良反应做预防性处理，如止吐，使用保护肝肾功能、心功能的药物等。即便如此，也不能完全避免某些不良反应的出现，几乎所有的化疗药物都有骨髓抑制、脱发、胃肠道反应、肝肾功能损伤等不良反应，只是发生程度和侧重面不同而已。因此，为了能够安全、按时地开始下一个周期的化疗，如有异常情况应及时向主管医生和值班医生报告病情变化，并按照要求定期复查血常规及肝肾功能。任何一种化疗方案都不可能达到100%的疗效，是否有效主要与患者的个体差异有关，有的患者天然携带某些耐药基因，对某些化疗药物天生耐药，所以，一般每化疗2~3个周期后要进行一次评估疗效的检查。评估疗效的目的是为了评价治疗方案的效果，如果没有达到理想效果，可能需要增加剂量或者更改治疗方案。检查项目基本与第一次的检查项目相同，有病灶的部位是复查的重点。

十五、淋巴瘤为什么要进行造血干细胞移植？

复发或者难治的淋巴瘤患者，接受常规剂量的化疗后很难达到治愈，为了提高治愈率、减少复发，就需要提高化疗剂量和强度，但是伴随而来的是骨髓造血功能也受到破坏，患者长时间处于骨髓抑制状态，容易合并感染、出血和贫血，同时免疫功能也受到影响。因此对于需要大剂量化疗的淋巴瘤患者，在化疗有效、肿瘤得到一定程度缓解的情况下，往往要预先将造血干细胞从外周血中分离出来，并冻存在-80℃冰箱或者液氮中。当经过多个周期化疗后，淋巴瘤病灶达到完全缓解或者接近完全缓解的情况下，患者进入移植病区接受大剂量化疗，化疗后就可以回输预先冻存的造血干细胞进行支持治疗，帮助患者的机体尽快恢复骨髓造血功能和免疫功能的重建。这就是自体干细胞移植。少数淋巴瘤患者，对化疗不敏感或者骨髓持续存在肿瘤细胞，这种情况下就无法接受自体干细胞移植，需要异基因干细胞移植，也就是需要他人提供造血干细胞。这种治疗的风险较大，费用高，往往是不得已而为之。

十六、靶向药物能否替代化疗治疗淋巴瘤？

利妥昔单抗是第一个应用于恶性肿瘤并取得满意疗效的单克隆抗体靶向药物，其高效、低毒的特性真正实现了有目的、针对性治疗肿瘤的理想。其后，在淋巴瘤领域里相继又诞生了多个靶向药物，取得了满意疗效，且毒性、耐受性均较好。2012年的美国血液学年会首次就提出了"淋巴瘤远离化疗"的梦想，2013年的美国临床肿瘤学大会也提出了"化疗缺席淋巴瘤治疗"的梦想让人禁不住向往着"无需化疗即可治愈淋巴瘤"的梦想。或许对惰性淋巴瘤而言，这个梦想并不遥远，惰性淋巴瘤不可治愈和慢性病程的生物学特点，以及目前靶向药物在这类淋巴瘤中显现的高效性，让临床医生已经具有了这种信心，或许不久的未来，我们治疗惰性淋巴瘤就像治疗糖尿病一样，每天一粒药就足够了。但是我们也要清醒地认识到，靶向药物获得的疗效其实非常脆弱，绝大多数为部分缓解（PR），完全缓解（CR）率极低，而且价格昂贵，因此每天一粒药片就能控制惰性淋巴瘤的梦想还需要时日；对侵袭性淋巴瘤而言，毫无疑问，化疗依然是一线和挽救治疗的主力。

十七、淋巴瘤患者应如何正视疾病？

当得知自己患上了淋巴瘤的时候，不论自己的多么的坚强勇敢，也会感到彷徨无助，毫无疑问，所有的患者都需要依赖医生和药物去对抗疾病，但更重要的是亲友的关怀、支持和鼓励。这时候，患者应多与亲友沟通，打开自己的内心世界，让亲友了解自己的病情和需要，这对治疗有莫大的帮助。

十八、护理人员如何帮助患者渡过难关？

淋巴瘤患者心理压力很大，易产生焦虑、抑郁等情绪变化，因此，应根据患者的年龄、性格、习惯、知识层次及社会环境，分析患者的心理状态。让患者了解、认识淋巴瘤发病的基本情况、临床症状、治疗措施及转归等，多与患者交谈，建立良好护患关系，耐心解释，解除其思想顾虑，增加信心，使他们能正确认识，树立信心，提高心理承受能力，配合临床治疗。护理人员要鼓励其说出自己的心理感受，并耐心倾听，帮助患者解除思想顾虑。定时举办小讲座，宣传卫生知识，使患者对疾病有正确的认识，掌握病情变化的规律和防治方法。认识到只要治疗护理得当，也能像健康人一样正常地生活、工作、学习。同时用正面鼓励的方法调动患者的正性心理，如每次换药将创面好转的信息反馈给患者及家属，形成一种良好的心理氛围，同时充分调动患者的主观能动性，建立共同参与的新型护患关系。

十九、在放疗过程中护理人员怎样做好放疗的观察与护理？

1. 放疗前 从模具制作、CT定位到开始放疗这一准备阶段：经常与患者亲切交谈，让其倾诉，了解他们的心理需求、心理变化和负担，给予适当暗示，在精神上给予鼓励，生活上给予适当的帮助，得到患者的信任，使之积极配合治疗。应视情况告知病情，注意告知的适当时机与方式，以免给患者造成紧张、恐惧等不良的心理影响。对已知病情的患者应给予科学的解释，安慰和鼓励，使其积极正确地对待疾病。向其讲解放疗期间可能出现的皮肤、口咽黏膜反应、恶心、呕吐、疼痛等，并讲解应对放疗反应的治疗及护理措施，避免思想上负担。

2. 放疗中 放疗开始至放疗结束。

（1）情绪管理：时刻关注患者情绪变化，察言观色，鼓励患者将内心的痛苦和真实想法表达出来，并提供适当的场所和机会让患者宣泄内心的悲伤，耐心倾听患者的诉说，给予适当的安慰、鼓励。告知患者不良情绪可能加重治疗的不良反应，强调正性情绪（心情开朗、情绪稳定）对疾病康复的重要性。学习正确应对不良生活事件的方法及改善负性情绪反应的应对知识和技巧。

（2）认知干预：为患者提供恶性肿瘤的治疗、预后、并发症、康复等信息，告知其现代医学的高速的发展已经能有效治疗、缓解并治愈某些癌症，帮助患者纠正一些错误的认识，给予一定的保证、支持，帮助患者树立有效的应对方式。通过请治疗后已痊愈的患者"现身说法"的示范，使患者纠正"癌症等于死亡"的错误认识，从而达到解除心理障碍，改变治疗态度，减少焦虑恐惧和不安，增加战胜疾病的信心和勇气。

（3）行为干预：教会患者放松技术，取平卧位，缓慢而规律地深呼吸，选择舒缓、流畅的轻音乐进行训练，以缓解心理压力，改善其焦虑、抑郁心理。

（4）家庭及社会支持系统：对患者家属进行宣教，获得家属对疾病的正确认识和支持，营造一种充满亲情的社会环境。

3. 放疗后 放疗结束及出院指导、电话随访时护理人员以鼓励及赞扬患者为主，同时还应该详细地进行出院后的健康宣教，在身体允许的情况下让其尽量参加力所能及的学习、工作及集体性活动。定期的电话随访，了解患者学习及工作动态，更主要的是及时发现其情绪的变化，给予适当的心理安慰及心理支持。

二十、怎样保护照射野皮肤？

照射野皮肤应避免摩擦，保持干燥，宜着柔软、宽大、吸湿性较强的内衣，照射部位忌用肥皂和粗糙毛巾擦洗，可用温水和柔软毛巾轻轻蘸洗，局部禁用碘酒、乙醇等刺激性消毒剂或刺激性油膏，局部不可粘贴胶布。照射区皮肤禁作注射，以免损伤皮肤造成感染。可用电动剃须刀以避免损伤皮肤；避免冷热刺激，照射野忌用热水袋热敷，夏日外出要防止日光直射，皮肤脱屑时不要用手抓挠及剥皮。加强个人卫生，勤剪指甲，无搔抓，可适当使用保护皮肤药物，防止干性脱皮发展为湿性脱皮，如果照射部位皮肤发生破溃应及时向医生或护士报告。放疗结束后，继续使用保护皮肤药物1周至1个月，并继续保护照射野皮肤3个月以上，忌冷风、暴晒。

二十一、常见放疗不良反应及并发症有哪些？

放射线在杀灭肿瘤细胞的同时不可避免地损伤病灶周围的正常组织，从而发生各种不良反应。放射反应通常分为早期反应和晚期反应，早期反应是指发生于更新速度较快的组织，如口腔黏膜、消化道黏膜、造血系统等组织。晚期反应主要发生在更新较慢的组织，如肺、肾、心脏、中枢神经系统等。

1. 皮肤及皮下组织 射线在皮肤上的反应最先出现红斑、局部瘙痒或烧灼感，逐渐出现色素沉着、皮肤干燥、有糠皮样脱屑、汗毛脱落留下扩张的毛孔。头发脱落随剂量不同可出现暂时性或永久性秃发。如果皮肤剂量过大，则由高充血发展为水肿，甚至形成水疱进而破溃，若累及真皮则形成放射性溃疡，很难愈合。一般剂量治疗时，在治疗结束后几个月内要有几次无痛性脱皮，多数皮肤能恢复正常色泽，但局部无汗，温度略高。在晚期由于纤维组织增生，照射范围内皮下组织变硬，不可误认为癌复发。

2. 骨髓 骨髓造血系统对射线非常敏感，其中红细胞系统略逊于骨髓细胞。功能较形态更难恢复。在放射剂量范围内引起白细胞减少甚为普遍，但造成再生不良性贫血则很少见。

3. 骨 发育中的骨最易受射线影响，主要表现为骨生长紊乱，如骨骺与干骺端早期愈合。大剂量照射还可导致骨坏死或放射性骨髓炎。

4. 肺 早期出现放射性肺炎，临床表现为胸痛、咳嗽、少痰。至晚期出现纤维增殖。如继续发展常导致右心衰竭的症状，严重者危及生命。

5. 胃肠 胃经照射后首先出现功能失调，如幽门痉挛，蠕动增强，短期内即转变为无力、分泌抑制并伴发痰症。大剂量照射可导致溃疡形成甚至穿孔。射线对小肠的影响较胃和结肠更为显著，可产生充血、水肿、继发感染，大量照射也可形成溃疡乃至穿孔。由于小肠长期吸不良导致慢性腹泻、营养不良。对下腹部照射常引起直肠炎或溃疡形成，瘢痕收缩，管腔变窄、变硬、临床表现为便秘、腹胀。

二十二、放疗相关的营养问题有哪些？

如今，肿瘤治疗提倡多学科综合治疗，同步放化疗会使毒副反应增加，营养问题凸显，营养不良的发生率很高，食欲下降、恶心、呕吐导致体重下降会更明显，进而导致治疗中断，部分患者需要住院进行营养支持以完成后续治疗，这些会造成疗效下降。很多肿瘤中心常规给予同步放化疗患者置鼻饲管给予营养支持，这种早期的营养支持可以减少体重下降及应用状态恶化的发生。

绝大多数放疗相关的不良反应是急性的，即发生在放疗开始的第2~3周，放疗结束2~3周不良反应减轻。一些不良反应如放射性肠炎或放射性骨坏死会转为慢性放射损伤，在放疗结束后也会持续数周甚至数月（表12-1）。

表12-1 放疗相关的营养问题

放疗部位	急性放疗反应	晚期放疗反应
脑和脊髓	恶心、呕吐、乏力、食欲下降	头痛、倦怠
头颈部 舌、喉、下咽、口咽、鼻咽、扁桃体、唾液腺	口干、口腔及咽痛、吞咽痛、吞咽困难、黏膜炎、味觉及嗅觉改放疗相关的营养问题变、乏力、食欲下降	
胸部 食管、肺、乳腺	吞咽痛、吞咽困难、胃部灼热、乏力、食欲下降	食管：纤维化、硬化、坏死 心脏：用力时心绞痛、心包炎 肺：干咳、纤维化、肺炎
腹部和盆腔 胃肠系统、生殖器官、前列腺、结直肠、睾丸	食欲下降、心、呕吐、腹泻、腹胀、排尿灼痛感、乳糖不耐受、乏力	腹泻、消化吸收不良、慢性肠炎、尿道：膀胱炎、血尿 肠道：狭窄、溃疡、梗阻、穿孔、肠瘘

二十三、放疗后口腔干燥怎么办？

1. 进食柔软的食物和流质。
2. 醋、腌菜可以缓解干燥。
3. 柠檬味、无糖的糖果可以刺激唾液分泌。
4. 保持口腔卫生。
5. 可用人工唾液替代物。

二十四、放疗后味觉障碍怎么办？

1. 进食味道丰富的鱼、蛋、家禽类及其他日常食物。
2. 进食含草药、作料提取物、腌泡菜等食物。
3. 进食冷食物。
4. 进食水果味饮料。
5. 尝试高度芳香气味的食物，或在饭菜中增加佐料，或将佐料摆在餐桌上。
6. 进食酸食物如橘子、柠檬。
7. 进餐中间进食水去掉口中残留的其他气味。
8. 保持口腔卫生。

二十五、放疗期间该如何进食？

1. 如无特别医嘱，一般放疗前1h尽量吃点东西，不要空腹接受放疗。
2. 放疗前适量饮水。
3. 放疗期间要注意少量多餐，感觉胃口好的话可适当多吃几次。放疗期间部分患者出现食欲下降，可饮用肠内营养补充剂来弥补营养不足。

二十六、便秘时该怎么办？

1. 可以多吃富含纤维素的食物，如蔬菜、水果、豆制品和全谷物面包等，可在日常食谱中逐渐加入这些食物，另外此类食物易引起腹胀，请注意不要过度摄入。
2. 注意尽量多喝水，或者喝温热的果汁，茶或柠檬水也可。
3. 每天定时做腹部按摩，要适当增加活动来促进肠道蠕动。
4. 可尝试使用非处方的大便软化剂如便乃通、开塞露等，或者向医生求助。
5. 患者如需使用泻药，须在医生指导下使用。一般情况下3天以上未排便才考虑使用泻药。
6. 不要吃口香糖，喝可乐之类的碳酸饮料，这会造成过多空气进入肠道引起腹胀。

第二节 白 血 病

一、什么是白血病？

白血病，俗称血癌，是一类造血干细胞恶性克隆性疾病。克隆性白血病细胞因为增殖失控、分化障碍、凋亡受阻等机制在骨髓和其他造血组织中大量增殖累积，并浸润其他组织和器官，同时正常造血受抑制。临床可见不同程度的贫血、出血、感染发热及肝、脾、淋巴结肿大和骨骼疼痛。

二、白血病的病因有哪些？

白血病的病因尚未完全阐明。

1. 病毒因素　RNA 病毒对鼠、猫、鸡和牛等动物的致白血病作用已经肯定，这类病毒所致的白血病多属于 T 细胞型。

2. 化学因素　一些化学物质有致白血病的作用。接触苯及其衍生物的人群白血病发生率高于一般人群。亦有亚硝胺类物质、保泰松及其衍生物、氯霉素等诱发白血病的报道。某些抗肿瘤细胞毒药物，如氮芥、环磷酰胺、丙卡巴肼、VP16、VM26 等都有致白血病作用。

3. 放射因素　有证据显示，各种电离辐射可以引起人类白血病。白血病的发生取决于人体吸收辐射的剂量，整个身体或部分躯体受到中等剂量或大剂量辐射后都可诱发白血病。小剂量辐射能否引起白血病仍不确定。经常接触放射线物质（如 ^{60}Co）者白血病发病率明显增加。大剂量放射线诊断和治疗可使白血病发生率增高。

4. 遗传因素　有染色体畸变的人群白血病发病率高于正常人。

三、白血病是如何分类的？

按起病的缓急可分为急性白血病、慢性白血病。急性白血病细胞分化停滞在早期阶段，以原始及早幼细胞为主，疾病发展迅速，病程数月。慢性白血病细胞分化较好，以幼稚或成熟细胞为主，发展缓慢，病程数年。按病变细胞系列分类，包括髓系的粒、单、红、巨核系和淋巴系的 T 和 B 细胞系。临床上常将白血病分为急性淋巴性白血病（ALL）、急性骨髓性白血病（AML）、慢性淋巴性白血病（CLL）、慢性骨髓性白血病（CML）、年轻型骨髓单核细胞白血病（JML）、和成人 T 细胞淋巴性白血病（ATL）。

成年人中最常见的是 AML 和 CML，儿童中比较常见的是 ALL。

急性白血病的特征是不成熟白细胞剧增，这些不成熟的白细胞一般在骨髓中约占 5% 以下。这种不成熟白细胞剧增的现象使得骨髓无法制造健康的血细胞，而由不成熟的白细胞取代。急性白血病在青少年和儿童中比较普遍。由于恶性细胞的剧增和扩散，急性白血病必须立即治疗。在不治疗的情况下患者会在数月甚至数周内死亡。

慢性白血病的特点是过多地制造成熟的但依然不正常的血细胞，这些细胞（白细胞占多数）因此过多地存在在血液中。慢性白血病一般出现在成年人，少见于儿童。医生首先确立慢性白血病的诊断与分类，再依照诊断与分类决定治疗的方针。

四、白血病的临床表现有哪些？

白血病的临床表现，主要跟骨髓内造血功能的破坏有关。白细胞有穿渗进入组织的作用，部分症状也跟此种特性有关。

儿童及青少年急性白血病多起病急骤。常见的首发症状包括发热、进行性贫血、显著的出血倾向或骨关节疼痛等。起病缓慢者以老年及部分青年患者居多，病情逐渐进展。此外，少数患者可以抽搐、失明、牙痛、牙龈肿胀、心包积液、双下肢截瘫等为首发症状。

1. 发热　是白血病最常见的症状之一，表现为不同程度的发热和热型。发热的主要原因是感染，其中以咽峡炎、口腔炎、肛周感染最常见，肺炎、扁桃体炎、齿龈炎、肛周脓肿等也较常见。耳部发炎、肠炎、痈、肾盂肾炎等也可见到，严重者可发生败血症、脓毒血症等。发热也可以是急性白血病本身的症状，而不伴有任何感染迹象。

2. 感染 大部分的白细胞都是血癌细胞，无正常功能，导致免疫力下降，容易受到感染。病原体以细菌多见，疾病后期，由于长期粒细胞低于正常和广谱抗生素的使用，真菌感染的可能性逐渐增加。病毒感染虽少见但凶险，须加以注意。

3. 出血 由于制造血小板的巨核细胞减少，以致血小板缺乏而容易出现，出血部位可遍及全身，以皮肤、牙龈、鼻腔出血最常见，也可有视网膜、耳内出血和颅内、消化道、呼吸道等内脏大出血。女性月经过多也较常见，可以是首发症状。

4. 贫血 制造红细胞的母细胞减少，导致红细胞的缺乏。早期即可出现，少数病例可在确诊前数月或数年先出现骨髓增生异常综合征（MDS），以后再发展成白血病。患者往往伴有乏力、面色苍白、心悸、气短、下肢水肿等症状。贫血可见于各类型的白血病，老年患者更多见。

5. 骨和关节疼痛 是由于血癌细胞穿渗组织引起的症状。血癌细胞在骨髓内大量增生造成骨和骨膜疼痛，可为肢体或背部弥漫性疼痛，亦可局限于关节，常导致行动困难。逾1/3患者有胸骨压痛，此征有助于本病诊断。

6. 肝脾和淋巴结肿大 以轻、中度肝脾肿大为多见。ALL比AML肝脾肿大的发生率高，慢性白血病比急性白血病脾脏肿大更为常见，程度也更明显。淋巴结肿大ALL也比AML多见，可累及浅表或深部如纵隔、肠系膜、腹膜后等淋巴结。

7. 中枢神经系统白血病（CNSL） 血癌细胞穿渗进入中枢神经系统的表现，CNSL系急性白血病严重并发症，常见于ALL和AML中的M_4和M_5，但其他类型也可见到。由于常用化疗药物难以透过血脑屏障，因此成为现代急性白血病治疗的盲点和难点。浸润部位多发生在蛛网膜、硬脑膜，其次为脑实质、脉络膜或脑神经。重症者有头痛、呕吐、项强、视盘水肿，甚至抽搐、昏迷等颅内压增高的典型表现，可类似颅内出血，轻者仅诉轻微头痛、头晕。脑神经（第Ⅵ、Ⅶ对脑神经为主）受累可出现视力障碍和面瘫等。

8. 其他组织和器官浸润 ALL皮肤浸润比AML少见，但睾丸浸润较多见。睾丸白血病也常出现在缓解期ALL，表现为单侧或双侧睾丸的无痛性肿大，质地坚硬无触痛，是仅次于CNSL的白血病髓外复发根源。白血病浸润还可累及肺、胸膜、肾、消化道、心、脑、子宫、卵巢、乳房、腮腺和眼部等各种组织和器官，并表现相应脏器的功能障碍。

慢性粒细胞白血病的症状：起病缓慢，早期常无自觉症状，多因健康检查或因其他疾病就医时才发现血常规异常或脾大而确诊。随着病情发展，可出现乏力、低热、多汗或盗汗、体重减轻等新陈代谢亢进的表现。由于脾大而感左上腹坠胀、食后饱胀等症状。检查时最为突出的是脾大，往往就医时已达脐平面。病情可稳定1~4年，之后进入加速期，迅速出现贫血及更多症状，然后很快进入急变期，可以急变为AML或者ALL，临床表现与急性白血病完全一样，治疗效果和预后则比原发性急性白血病更差，通常迅速死亡。

五、白血病的诊断有哪些？

白血病是骨髓的病变，因此需要进行骨髓穿刺检查及骨髓切片检查，才能够确定诊断。为了进一步确认白血病的种类，还需要额外的特殊检查，才能精确将白血病予以分类并给予最适当的治疗。这些特殊检查包括细胞生化特殊染色、流式细胞仪检查、染色体检查。任何患者如外周血或骨髓涂片中原始细胞+幼稚细胞≥30%或只要有t（15;17）、t（8;21）、inv（16）或11q23等特异染色体异常，不论原始细胞比例多少，即可诊断为急性白血病。

六、白血病的治疗方法有哪些？

由于白血病分型和预后分层复杂，因此没有千篇一律的治疗方法，需要结合细致的分型和预后分层制定治疗方案。目前主要有下列几类治疗方法：化学治疗、放射治疗、靶向治疗、免疫治疗、干细胞移植等。通过合理的综合性治疗，白血病预后得到极大的改观，相当多的患者可以获得治愈或者长期稳定。

1. AML治疗（非M_3） 通常需要首先进行联合化疗，即所谓"诱导化疗"，常用DA（3+7）

方案。诱导治疗后，如果获得缓解，进一步可以根据预后分层安排继续强化巩固化疗或者进入干细胞移植程序。巩固治疗后，目前通常不进行维持治疗，可以停药观察，定期随诊。

2. M_3 治疗 由于靶向治疗和诱导凋亡治疗的成功，PML-RARα 阳性急性早幼粒细胞白血病（M_3）成为整个 AML 中预后最好的类型。越来越多的研究显示，全反式维 A 酸联合砷剂治疗可以治愈绝大多数 M_3 患者。治疗需要严格按照疗程进行，后期维持治疗的长短则主要依据融合基因残留情况决定。

3. ALL 治疗 通常先进行诱导化疗，成人与儿童常用方案有差异，但是近年来研究认为，采用儿童方案治疗成人患者结果可能优于传统成人方案。缓解后需要坚持巩固和维持治疗。高危患者有条件可以做干细胞移植。合并 Ph1 染色体阳性的患者推荐联合酪氨酸激酶抑制剂进行治疗。

4. 慢性粒细胞白血病治疗 慢性期首选酪氨酸激酶抑制剂（如伊马替尼）治疗，建议尽早且足量治疗，延迟使用和使用不规范容易导致耐药。因此，如果决定使用伊马替尼，首先不要拖延，其次一定要坚持长期服用（接近终生），而且服用期间千万不要擅自减量或者停服，否则容易导致耐药。加速期、急变期通常需要先进行靶向治疗（伊马替尼加量或者使用二代药物），然后选择机会尽早安排异体移植。

5. 慢性淋巴细胞白血病治疗 早期无症状患者通常无需治疗，晚期则可选用多种化疗方案，如苯丁酸氮芥（留可然）单药治疗，氟达拉滨、环磷酰胺联合美罗华等化疗。新药苯达莫司汀、抗 CD52 单抗等也有效。近年来发现 BCR 通路抑制剂的靶向治疗可能有显著效果。有条件的难治患者可以考虑异体移植治疗。

6. 中枢神经系统白血病的治疗 虽然 ALL、AML 中的 M_4、M_5 等类型常见合并 CNSL，但是其他急性白血病也都可以出现。由于常用药物难以透过血脑屏障，因此这些患者通常需要做腰穿鞘注预防和治疗 CNSL。部分难治性患者可能需要进行全颅脑脊髓放疗。

7. 干细胞移植 除了少数特殊患者可能会从自体移植中受益，绝大多数白血病患者应该做异体移植。随着移植技术的进步，供者选择、移植风险及远期预后等方面都已经有显著进步，因此，异体移植目前是各种中高危白血病重要的根治性手段。

8. 新的治疗方法展望 虽然移植可以获得较好的生存效果，但是移植物抗宿主病等并发症可能严重影响患者的生活质量。因此，选择性免疫治疗和各种分子靶向治疗是将来治愈白血病的希望，如肿瘤疫苗、细胞治疗、细胞信号通路调节剂等。

七、白血病患者需要放疗吗？哪些患者需要放疗？

临床上大部分白血病患者以化疗为主，放疗仅用于高危患者和鞘内注射不理想的患者。

1. 临床中放疗多见于中枢神经系统白血病的儿童，由于放疗对儿童生长发育所产生的不良反应，许多的医生建议用鞘内联合化疗和全身大剂量甲氨蝶呤（MTX）或阿糖胞苷（Ara-c）的庇护做中枢神经系统白血病（CNSL）预防性治疗方案，以逐步取代头颅放疗。然而，目前世界著名协作组优秀方案中头颅放疗仍继续作为其庇护预防和治疗方法。高危儿对化疗反应不佳者应常规颅脑放疗以预防 CNSL。3 岁以下不放疗。3 岁以上在 CR 后 6 个月开始颅脑放疗，剂量 16~24Gy，分 14~15 次，2.5~3 周完成照射。

2. 全身照射（total body irradiation，TBI）是放疗特殊照射方法之一。自 1959 年 Thomas 第 1 次用 TBI 预处理方案成功完成了第 1 例移植后，40 多年来 TBI 因其独特作用已成为异基因和自体基因移植的重要常规治疗的一部分，用于配合化学治疗和骨髓移植或外周血干细胞移植治疗白血病和某些晚期已经全身转移的对放射较敏感的恶性肿瘤。其最主要作用如下：

（1）抑制受体免疫功能，减低受体对移植物的排斥，使植入的造血干细胞能成活。

（2）根除机体内残存的恶性肿瘤细胞，尤其是那些位于中枢神经系统、睾丸等一般化疗药物不易到达部位的残存恶性细胞。

（3）彻底破坏受体骨髓，使受体骨髓空虚，以利于植入的造血干细胞生长。

适应证：目前，对于什么情况下的移植前处理需要加 TBI 仍存在一些争议。基础疾病、供者类型、细胞来源及治疗中心的规模是否会影响方案的选择？目前国际调查和各项数据显示 TBI 主要应用于急性白血病移植前预处理，包括急性髓系白血病和急性淋巴细胞白血病。

八、白血病化疗后完全缓解需具备几个条件？

1. 从临床表现看，患者没有淋巴结大、肝大及骨关节痛等白血病浸润所致的症状和体征，生活正常或接近正常。

2. 骨髓象检查结果，原始细胞≤5%，红细胞及巨核细胞系正常。

3. 血常规化验显示血红蛋白≥100g/L（男性）或≥90g/L（女性及儿童），中性粒细胞计数 >$1.5×10^9$/L，血小板≥$100×10^9$/L，而且血涂片上看不到白血病细胞。

4. 当患者同时满足上述三条时，则为完全缓解；若骨髓检查符合标准，但临床或血常规化验尚未达标时，则视为部分缓解；否则为未缓解。若从治疗后完全缓解之日算起，其间无白血病复发达 3～5 年者称其白血病为持续完全缓解。

九、白血病缓解后为什么还要坚持化疗？

没开始治疗的白血病患者，他们体内的白血病细胞为 $5×10^{10}$～10^{13}。完全缓解的患者，虽然白血病的临床症状、体征已完全消失，血常规和骨髓象也基本恢复正常，但此时体内仍残留有相当数量（10^8～10^9）的白血病细胞，并且在骨髓以外的某些地方隐藏，这些白血病细胞可引起疾病复发。在化疗达到完全缓解后，您只要定期复查，化验血常规、骨髓象及对骨髓中残留白血病细胞的数量进行计数检查等，就可以尽早发现病情的变化并进行及时有效的治疗。白血病治疗缓解后体内仍有一定数量的白血病细胞，若不继续治疗，按照细胞周期倍增，即便体内仅存一个白血病细胞，也会很快复发。此外一旦白血病复发，再次缓解的难度明显增大。因此白血病缓解后仍需坚持化疗。

十、白血病的护理要点有哪些？

1. 休息 白血病患者需要更多的休息时间，一般要求睡眠时间每天 8～10h。

2. 预防感染 感染是导致白血病患者死亡的重要原因之一。由于白血病患者免疫功能减低，同时化疗药物对骨髓抑制导致成熟中性粒细胞减少或缺乏，使免疫功能进一步下降。粒细胞减少或缺乏和免疫功能下降是发生感染的危险因素。粒细胞减少持续时间越久，感染的威胁越大。预防感染可采取以下措施。

（1）保护性隔离：一般在病房内，医护人员会将白血病患者与其他病种患者分室居住，以免交叉感染。当粒细胞及免疫功能明显低下时，会尽量置单人病室、超净单人病室、空气层流室或单人无菌层流床。普通病室或单人病室会定期进行紫外线照射消毒。同时，在粒细胞低下时，医护人员会限制探视者的人数及次数。

（2）注意手卫生及个人卫生：保持口腔清洁，进食前后用温开水或口泰液漱口。宜用软毛牙刷，以免损伤口腔黏膜引起出血和继发感染。勤换衣裤，每日沐浴。保持大便通畅，便后用温水或 PP 水浸泡会阴部 15～20min，以防止肛周脓肿形成。

（3）观察感染的早期表现：每天检查口腔及咽喉部，有无牙龈肿胀，咽红、吞咽疼痛感，皮肤有无破损、红肿，外阴、肛周有无异常改变等，发现感染先兆时，及时向医护人员报告。

3. 出血的观察 出血是白血病患者死亡的又一主要原因。治疗期间每天或间隔 1～2 天会扎手指或抽血常规了解血常规，如血小板过低时要注意卧床休息，避免剧烈运动，血小板低于 $20×10^{12}$ 或有皮肤出血时要绝对卧床，有头痛、视物模糊等现象时及时报告医护人员。

4. 饮食护理 增加营养，注意饮食卫生，进高蛋白、高维生素、高热量饮食。食品食具应消毒，水果应洗净、去皮，尽量选用厚皮水果。

十一、白血病预后如何？

除慢性粒细胞性白血病外，急性白血病、慢性淋巴细胞白血病都具有多种不同预后指标，根据不同的指标,可以将这些患者分为不同预后层次,从而采取不同强度的治疗。因此,现代医学对于白血病的认识越来越细化,所有患者在确诊后都应该尽可能完善各种预后分层所需要的全面检查,然后制定个体化的治疗方案。

十二、化疗期间出现恶心、呕吐怎样做好饮食护理?

1. 少量多餐。
2. 两餐之间喝水或进流食。
3. 食物放至房间的温度再进食或进食冰冻的食物。
4. 进食姜糖或薄荷糖。
5. 避免过甜、油腻、辛辣的食物。
6. 避免接触过香的香水或过于浓烈的气味。
7. 呕吐的时候不要给喜欢的食物。
8. 进食完后不要立即躺下。
9. 避免进食环境过热或环境恶劣。

十三、食欲下降时应注意哪些问题?

1. 可少食多餐,不必拘泥于一日三餐。
2. 注意进食时少喝水,以免过早产生饱腹感,饮水可在两餐间进行。
3. 注意营造良好的进餐氛围,如选择自己喜好的餐具,进餐时播放自己喜好的音乐,甚至可以边看电视边进餐等。
4. 不宜长久坐卧不动,应保持适当的体力活动来帮助增强饥饿感,比如餐前1h出门散步。
5. 身边可备一些高热量或高蛋白零食,感觉饿时就能随时进食。
6. 做自己的营养师,多了解各种食物所包含的能量和蛋白质情况,尽量选择含能量和蛋白质丰富的发热食物。
7. 依照自己的喜好进食,不必勉强自己吃不喜欢的东西。
8. 如果感觉自己进食方面有问题,应及时联系医生来获取相应指导。

十四、食欲下降或厌食时要怎样吃才能满足所需的营养?

(1)麦片:加牛奶、鸡蛋、碎肉。
(2)面包:加芝士、火腿、鸡蛋、吞拿鱼、花生酱、植物油、果酱、蜜糖。
(3)面条:加肉、饺子、麻油、或加蛋再炒。
(4)粥:加肉、鸡蛋、黄豆制品、食用油。

十五、化疗后骨髓抑制患者的饮食要求有哪些?

1. 骨髓抑制清洁餐的基本原则

(1)要选购新鲜和有营养的蔬果肉食。
(2)食物在烹调前应清洗干净。
(3)进食前应洗净所有餐具。
(4)不可吃半生熟或腌制或不卫生的食物,如半生熟蛋、咸蛋、腐乳、豆豉等发酵或腌制的食品。
(5)食物要煮至全熟才进食,煮熟的食物应尽快进食。如食物放在暖壶内,虽可保温但亦会变坏,所以应于2h内进食。
(6)奶类食物在开启后1h内进食。

2. 化疗后骨髓抑制期间可选用的食物 见表 12-2。

表 12-2 化疗后骨髓抑制期间可选用的食物

	较安全的食物	避免进食的食物
五谷类	新鲜煮熟的饭、粉、面、粥、麦片 易拉罐装意大利粉、粥品（最好完全加热） 新开密封包装的方包 独立包装的早餐谷类，如玉米片、卜卜米 独立（密封式）细包装的饼干如苏打饼、曲奇饼、旺旺饼、麦饼 独立包装的即食面、杯面、碗面（调味粉需用滚水煮熟）	外卖食品，如炒饭、汤粉面、粥品、茶楼点心等 翻热的饭、粉、粥、面等 散装面包 大盒装及曾经开启的早餐谷类 散装饼干、夹心饼、威化饼及海苔饼 散装或含忌廉的蛋糕、蛋卷及蛋挞
鱼、肉类及海产品	较新鲜或急冻的肉或鱼类或豆制品，以适当的煮食方法煮至全熟 易拉罐头肉或鱼、锡纸包装即食肉类（最好完全加热）	鱼生、半生熟肉食、冻食熟肉、冷盘 需要翻热的点心 外卖熟肉、烧味 咸鱼、虾米、蚝豉 猪牛肉干、肉松、鱿鱼丝
奶类及奶制品	保鲜纸盒装印有 UHT 字样的奶类饮品 易拉罐装淡奶、炼奶及营养奶 易拉盖罐装的奶粉及营养补充剂（注意保持罐盖密封，以防止潮湿，罐身必须保持清洁，开封后一星期内食用）	鲜奶、需要冷藏的盒装奶、雪糕 含活性菌的奶类饮品如益力多、酸乳酪 芝士茸 忌廉
蛋类	可煎、炒或烚至全熟，尤其是蛋黄 蒸水蛋要用大量沸水蒸，最少要蒸 10min	半生熟蛋、生蛋、咸蛋、皮蛋
蔬菜及瓜类	新鲜蔬菜于清洗干净后须用水煮至熟透，然后可用油炒 急冻蔬菜可直接加入锅中用水煮熟 易拉罐头蔬菜、豆类（最好完全加热） 干豆类先用水浸过夜后煮熟，可用作配菜	未经煮熟的蔬菜、生姜沙律 散装腌菜

3. 备注
（1）所有预先包装的食品要选择来自先进国家或信誉良好的品牌，如能将食品完全加热至 80℃ 1min 以上更安全。
（2）避免选购包装外表封尘及生锈的产品，进食前亦应彻底清洁包装表面，以免受到污染。
（3）食品必须于保质期「前」食用。
（4）如食用罐装食品，只可使用有「易拉盖」的包装，因罐头刀较难彻底清洁，容易受到污染。
（5）如有怀疑，请勿进食。

十六、放、化疗时需要忌口吗？

除吃中药是应该遵医嘱忌口外，其他情况下一般不需要忌口，以免影响营养食物摄入。在放疗、化疗期间，患者应因病施膳，如放疗时少吃狗肉、羊肉等燥热食物，应多补充水分；消化道肿瘤患者应吃易消化、少刺激的食物等。

十七、小儿中枢神经系统白血病放疗期间的护理要点有哪些？

1. 心理护理 治疗前向患者和家属说明治疗的必要性和治疗中可能发生的不良反应，争取患儿和家属的配合。针对不同年龄患儿的心理给予相应的心理指导，对已懂事的孩子要采取保护性医疗措施，但应对其家属讲明病情。体贴、同情、安慰、帮助患儿，使其克服悲观情绪，树立战胜疾病的信心。白血病患儿多为独生子女，患病后父母格外紧张、焦虑。他们大都对医护人员提出过高要求，护士要多与家属交谈了解其需求并减轻他们的心理负担。鼓励家属陪伴患儿，使其感受家庭的温暖，而不至于感到孤独和无助。

2. 胃肠道不良反应的护理与饮食护理 放疗期间给患儿进食高蛋白、高热量、高维生素、易消化食物，食物应新鲜卫生，不宜过热，避免刺激性食物对消化道黏膜的损伤，治疗期间消化道反应较多见，常出现食欲减退、恶心、呕吐等，除给予必要的药物止吐治疗外，还应根据患儿的饮食特点，注意饮食营养，注意食物的色、香、味俱全，以促进食欲。应减少引起呕吐的不良刺激，保持病室环境清洁、空气新鲜、无异味。呕吐后应及时清理呕吐物，协助患儿漱口、擦洗面部、更换洁净衣服、整理床单、帮助患儿取舒适体位，对胃肠道反应重者可给予静脉输液支持治疗。

3. 放疗的护理 放疗时嘱患儿保持体位不动，配合欠佳者可适当给予镇静剂，并保护好放射野标记，以保证治疗的准确性；避免照射区域皮肤的摩擦，以免引起头发脱落、局部皮痒、色素沉着等；保持皮肤清洁干燥，勿用碱性肥皂及湿毛巾擦拭，应穿全棉、柔软的内衣，射野内禁贴胶布，不涂碘酊、乙醇或有刺激性的药物，避免冷热刺激，防止日晒、手抓或剥皮。出现脱发时，应消除恐慌情绪，说明这只是暂时现象，放疗结束后增加营养，头发会慢慢长出来，或者可买假发戴、戴头巾，避免引起患儿的行为紊乱和心理障碍。

4. 放疗时应密切观察患儿呼吸情况，特别是用头面罩固定时应保持鼻腔通畅。放疗中通过对讲系统和监视屏观察患儿的动态，发现紧急情况及时处理。密切观察放疗反应，注意有无恶心、呕吐、头痛、表情淡漠、神志不清等颅内高压的症状，如有上述症状出现时及时通知医生处理，可静脉滴注 20% 甘露醇 125～250ml（15～30min 滴完）。

5. 血液系统不良反应的护理 放疗期间注意观察患儿的血常规变化，每周 1～2 次查血常规，当 WBC<$3.5×10^6$/L，血小板<$80×10^9$/L 时应暂停放疗，应酌情给予粒细胞集落刺激因子（G-CSF 或 GM-CSR）升血治疗。白细胞<$1.0×10^9$/L，可应用抗菌药物预防感染，并让患儿住隔离病房行保护性隔离，增加病房消毒，减少探视。严密监测体温变化，一旦出现发热应做血培养及药敏，并给予广谱高效抗生素治疗，必要时给予全身支持疗法。血小板降低时注意预防出血，应减少患儿的活动，协助做好生活护理，减少磕碰，并注意观察全身有无出血征象，当血小板低于 $15×10^9$/L 应输血小板。血红蛋白低于 80g/L 需输入红细胞治疗，贫血时应让患儿多休息，必要时可给予吸氧。

6. 其他护理 患儿放疗中出现疲乏等全身反应，应在放疗后静卧半小时，加强休息，以减轻全身反应。放疗中出现胃肠道反应严重时，应给予静脉输液支持及对症止吐治疗。

十八、哪些白血病患者需要做骨髓抑制或干细胞移植？

对部分中等预后、高危及复发、难治急性白血病患者应选择各种类型的造血干细胞移植。

十九、白血病骨髓抑制后在饮食方面要注意什么？

移植物抗宿主病（GVHD）是 T 细胞介导的移植物淋巴细胞抗宿主细胞的免疫反应，常累及器官包括皮肤、肝、胃肠道。预防 GVHD 主要通过多种免疫抑制剂，但这些免疫抑制剂多数会引起营养相关的并发症，故一般来讲，对于自体移植患者移植后 3 个月内及异基因移植后应用免疫抑制剂治疗期间都应该避免下列食物的摄入，包括：

1. 生、未经烹饪的食物：肉类、鱼、贝壳类、家禽肉、蛋、汉堡、豆腐、香肠、培根。
2. 未经高温蒸熟的各种肠类。
3. 冰箱冷藏的腌肉、牛肉干等。
4. 腌制的鱼肉。
5. 未经巴氏消毒的牛奶及奶制品，如奶酪和酸奶。
6. 含有辣椒或其他未经烹饪的蔬菜。
7. 未洗的蔬菜、水果。
8. 未经巴氏消毒的包装好的水果和蔬菜汁。
9. 未经加工的蜂蜜。
10. 所有大豆酱类、豆豉类食物。
11. 所有外带类食物。
12. 未经煮开的水。

二十、化疗时常引起脱发，可以预防脱发吗？

脱发是化疗时常见的不良反应，发生率仅次于恶心、呕吐。

1. 预防措施

（1）应用性质和缓的以蛋白质为主的洗发剂，避免刺激性强的洗发用品。

（2）避免使用电吹风、卷发器、染发剂及过分梳头。

（3）化疗前应用止血带、冰帽等物理手段防止脱发。止血带可降低头皮处药物血浆浓度，血压计袖带住发际下，使收缩压保持在 6.7kPa 以上，持续到用药后 15min。冰帽使头皮血管暂时性收缩，减少到达毛囊细胞的药物量，在化疗前 10～15min 用冰帽覆盖整个头皮，持续到用药后 50～60min。

2. 脱发时的护理

（1）化疗前告知患者所有的化疗药都有可能出现脱发及易致脱发，在停止化疗后 1 个半月会重新生长，使患者消除顾虑。

（2）脱发后，每天应将床上脱发扫干净，减少对患者的不良刺激，并帮助选择合适的假发、头巾等。

二十一、化疗后患者感觉恶心、精神疲倦、头晕等不适，可以服用中药调理吗？

化疗药物的不良反应主要表现为骨髓抑制、胃肠道反应，以及影响心、肝、肾功能。中医学认为这是化疗药物伤及人体气血、精津、五脏六腑功能所致，中医药可以减轻和改善这些不良反应。

1. 化疗的胃肠道反应

（1）临床表现：恶心、呕吐，腹胀，食欲减退，神疲力乏，大便溏，舌质淡红，苔腻，脉缓。

（2）治法：健脾益气，和胃降运。

（3）方药：香砂六君子汤加减。白术 15g，党参 15g，云苓 15g，砂仁 10g，广木香 10g，法半夏 10g，陈皮 10g，白豆蔻 10g，淮山药 15g。

2. 化疗后骨髓抑制

（1）临床表现：面色苍白，头晕眼花，畏风，腰膝酸软，舌质淡，脉弱。

（2）治法：健脾益肾，补气养血。

（3）方药：大补元煎合归脾汤加减。熟地 15g，枸杞 15g，当归 20g，女贞子 15g，黄芪 30g，白术 15g，人参 10g，山茱萸 15g，淮山药 15g，杜仲 15g，炙甘草 10g。适当加入少量活血化瘀药，如炮山甲能增强疗效。

3. 化疗引起的心肌劳损 可用益气养血、化瘀通脉的中药，如川芎 10g，丹参 10g，当归 15g，桃仁 10g，全瓜蒌 10g，黄芪 30g，仙灵脾 20g，五灵脂 10g，蒲黄 10g 等，方剂如生脉散、血瘀逐瘀汤等。

在利用化学药物对癌细胞强有力的杀伤作用同时，用中医中药减少因化疗引起的毒副反应，改善临床症状，可以大大提高患者的生存质量，帮助癌症患者顺利渡过"化疗关"。

二十二、化疗期间可以"足浴"或行"穴位按摩"吗？

足浴采用的中药可活血通络、益气养心，通过中药刺激足部穴位达到活血通络、温通经络、畅流气血、宁心安神的作用。中药液在水的温热作用下，通过皮肤渗透到人体血液循环而输送到全身脏腑，起到疏通腠理、行气活血、疏肝解郁、祛痰化瘀、透达经脉的作用；白血病患者感受毒热之邪侵袭，日久恐耗伤气血阴精，出现体倦乏力，而足三里为足阳明胃经的"合"穴，具有理脾胃、调气血、补虚弱、宣畅气机的功效，能促进或增强机体的各种特异性和非特异性免疫功能。《灵枢·九针十二原》中记载"所注为俞"，俞穴是脏腑之气输注于背腰部的腧穴，与脏腑有密切关系，再加五俞穴之肝俞、脾俞，五穴合治共奏疏肝健脾之效，进而调理白血病患者气机、改善抑郁、增强免疫功能。

二十三、怎样消除心理障碍?

目前已公认白血病不再被认为是致死性疾病。白血病的预后已有很大改善。部分患者已获治愈。要有战胜疾病的信心。化学药物治疗是治疗白血病的重要手段。可以向医护人员咨询了解所用的化疗药物、剂量、副作用及可能出现的不良反应，了解定期化验（血常规，骨髓、肝、肾功能、脑脊液等）的结果，以及所处的治疗阶段。也可以与其他病友或已经治愈的人交流与护理、治疗配合的经验。

二十四、缓解后的护理应该怎样?

白血病完全缓解后，体内仍有残存的白血病细胞（约 10^7 个），这是复发的根源，还需坚持化疗。化疗间歇期可出院，按医嘱给药及休养。已持续完全缓解 1~2 年者，化疗间歇期可上学或上班。平时注意体格锻炼，增强抗病能力。持续完全缓解停止化疗者，应嘱定期随访。

（郑　莉　李春霞）

第十三章 骨肿瘤、软组织肉瘤、血管瘤

第一节 骨 肿 瘤

一、什么是骨肿瘤？

骨肿瘤分为原发性骨肿瘤和继发性骨肿瘤，原发性骨肿瘤是在骨骼系统如骨、软骨、神经组织、脂肪组织、纤维组织、未分化的网状内皮结构等各种组织发生的肿瘤；继发性骨肿瘤是指通过血运或者淋巴系统转移、直接浸润等方式在骨组织内形成的转移肿瘤。

二、原发性骨肿瘤的分类有哪些？

根据肿瘤生长的特点，原发性骨肿瘤又分为良性肿瘤、恶性肿瘤、瘤样病变。常见的有骨肉瘤、软骨肉瘤、尤因肉瘤、纤维肉瘤、骨恶性纤维组织细胞瘤、骨巨细胞瘤、动脉瘤样骨囊肿和脊索瘤。

三、骨肿瘤的辅助检查有哪些？

1. 实验室检查

（1）血沉升高：警惕转移癌或者小"蓝染细胞"肿瘤；鉴别多发性骨髓瘤时，还应该检查血清蛋白是否升高，但必须结合骨髓穿刺的结果才能明确诊断。

（2）血清碱性磷酸酶：淋巴瘤、尤因肉瘤、骨肉瘤等可出现 ALP 升高等。

（3）血清酸性磷酸酶：前列腺癌转移时会出现 ACP 增高。

（4）乳酸脱氢酶升高：对尤因肉瘤患者有意义。

2. 影像学检查

（1）X 线平片是诊断骨肿瘤的重要依据，可以确定肿瘤的良恶性和侵袭性。边界清晰，可看到反应骨形成的边缘通常提示病变不活跃；病变部位与周围骨组织之间边界不清则提示为侵袭性病变，看到有明显的骨皮质破坏通常是恶性肿瘤的表现。

（2）CT 可以表明肿瘤及其邻近组织的关系，显示肿瘤的范围，是确定骨样骨肿瘤瘤巢位置的最佳检查，也是肺转移检查最有效的方法。

（3）^{99m}TC X 线骨扫描可确定是否有多个骨骼受累或转移，监测病变的活动性，为制订手术技术提供重要信息。

（4）MRI 可精确地显示骨内外疾病的范围，确定肿瘤的大小和解剖关系。

（5）超声检查可确定肿瘤的位置和体积，有效鉴别囊肿和实体肿瘤。

（6）血管造影目前主要用于排除非肿瘤性的疾病。

（7）PET 用于设计活检，肿瘤分期，评价化疗效果，对随后的治疗提供指导。

3. 病理学检查组织活检 可快速获得初步诊断，明确治疗。

四、什么是骨肉瘤？

骨肉瘤是一种最常见的骨恶性肿瘤，由恶性增生的梭形间质细胞直接产生骨样组织或未成熟骨；发生于骨内或骨表面，前者为典型的骨肉瘤，后者为皮质旁骨肉瘤。骨肉瘤是原发性骨恶性肿瘤中比较常见的，仅次于骨髓瘤，发病率是软骨肉瘤的 2 倍，是 Ewing 肉瘤的 3 倍。

五、骨肉瘤临床表现有哪些？

持续性、进行性加重疼痛、肿胀、皮温高、浅静脉怒张、晚期关节肿胀，活动受限，肢体近端淋巴肿大，病理性骨折，肺转移时有咳嗽、气促、咯血与呼吸困难。全身症状晚期有发热、消瘦与贫血。

六、骨肉瘤的治疗原则是什么？

1. 手术及化疗 骨肉瘤如单纯手术，治疗效果较差，其主要的治疗方法是术前化疗、手术、

术后化疗。常用的化疗药是甲氨蝶呤、多柔比星、顺铂、异环磷酰胺及长春新碱。目前临床已不提倡单药化疗，以联合化疗为主，其方案包括 GPO-COSS 86、GPO-COSS 96 等。GPO-COSS 86 的具体方案为：大剂量 MTX（$12g/m^2$）+ADM（$90mg/m^2$）+IFO（$6g/m^2$）+DDP（$120mg/m^2$）。

2. 放射治疗 骨肉瘤一般对放射治疗不敏感，单纯放射治疗的疗效很差。术中放置施源器，术后进行近距离放射治疗是较为常用的方法。术后 3~5 天开始进行近距离放疗，每天 1~2 次，每次 5~10Gy。如果联合外放疗，近距离放疗总量给予 30Gy，近距离放疗后给予外照射 50Gy。如果单独近距离放疗则予 45~50Gy。

七、什么是软骨肉瘤？

软骨肉瘤是起源于软骨组织的恶性骨肿瘤，病灶内可见肿瘤性软骨组织，无骨样组织。其分为原发性和继发性，可继发于软骨瘤和骨软骨瘤。按部位可分为中心型（发生在骨内）、周围型（发生在骨外已存在的骨疣）及骨膜型。按细胞组织学特点可分为普通型软骨肉瘤、间叶型软骨肉瘤、透明细胞软骨肉瘤、去分化软骨肉瘤。

八、软骨肉瘤临床表现有哪些？

发病缓慢，常见局部疼痛，主要为隐痛，间歇性。多有逐渐增大的肿块，在骨盆的肿瘤，长得很大时才引起注意。局部可有压痛，关节活动可受限。病史较长，一般为 1 年至 1 年半，短期内肿块增长较快，疼痛加剧提示肿瘤的恶性度较高。继发性软骨肉瘤一般有较长的肿块病史，然后突然疼痛，肿块明显增大，提示为恶性变。继发性软骨肉瘤预后较原发性好。

九、软骨肉瘤治疗原则是什么？

手术是治疗软骨肉瘤的主要方法。手术原则是彻底切除肿瘤。手术方案应结合肿瘤的分级、部位、大小、范围和患者的情况而定。应对肿瘤做出外科分期。如肿瘤局限在骨内，范围小，肿瘤分化较好，属ⅠA或ⅠB期，可局部广泛性切除。分化差、范围小，如ⅡA期，或间室外累及范围较局限的ⅡB期，也可局部广泛切除。对高度恶性肿瘤，病变范围广，软组织受累广泛，并与重要血管神经粘连，应予截肢或关节离断。骨盆软骨肉瘤根据肿瘤的分化、大小、部位采用半骨盆截肢或局部广泛切除。介入治疗可作为术前辅助治疗或姑息治疗的选择。软骨肉瘤对化疗和放疗不敏感。

十、什么是尤因肉瘤？

尤因肉瘤是 Ewing 于 1921 年首先报道的一种恶性的非成骨性原发性骨肿瘤。最初发现本病发生于长骨骨干，X 线照片未见骨的增生仅显示骨结构破坏，当时认为该病起源于原始内皮细胞，且恶性度高，预后不良。目前认为该肉瘤组织内有不同程度神经外胚叶分化，肿瘤来源于神经外胚叶，属于原始性神经外胚叶肿瘤。一些学者将没有或很少神经上皮分化的这种肿瘤称为尤因肉瘤，而有明显神经上皮分化的则称为 PNET。

据 WHO 统计，其发病率占原发骨肿瘤的 5.0%，占恶性肿瘤骨肿瘤的 9.17%。好发于男性，男女之比为（1.5~2）：1。儿童和青少年多见，约 90% 的患者在 5~25 岁发病；以 10~20 岁发病率最高，约占所有患者的 60%。白种人多见，西方国家发病率略高于东方国家。

十一、尤因肉瘤临床表现有哪些？

尤因肉瘤发生部位广泛，主要发生于长骨和骨盆，偶见发生于软组织。常见发生部位依次为股骨、骨盆、腓骨、胫骨、肱骨、胸骨、锁骨、肋骨较少见。局部疼痛和肿胀为主要临床症状，偶伴病理性骨折，有发热、贫血、体重下降、疲劳等症状。尤因肉瘤多为血行转移，5%~10% 的患者出现远处转移，以肺和骨骼为多见。淋巴转移少见。血沉快、白细胞增多，骨平片见侵透髓腔的骨干肿瘤，有典型的骨膜洋葱皮样改变，常伴软组织肿块。

十二、尤因肉瘤有哪些治疗方法？

1. 放射治疗 尤因肉瘤对放射线敏感，单纯放疗局部控制率为 50%~73%，治疗失败的主要原因是肺和多处骨转移。目前放射性治疗的适应证：手术不能切除的患者，手术切除不彻底、切缘阳性或近切的肿瘤。放疗照射范围要包括受侵全部骨腔及肿瘤邻近的软组织，两野对穿照射55Gy，采用2次缩野法，全骨照射45Gy后缩野到肿瘤（包括软组织肿块），外放5cm和外放1cm各加量5Gy。

2. 化学治疗 尤因肉瘤对化疗最敏感，多数学者主张术前应先联合化疗，待肿瘤缩小，再行手术治疗，术后原肿瘤所在骨放疗，再加联合化疗。常用的药物有CTX、ADR、Act-D、VP-16、VCR、DDP和carboplatin，还有IFO、和DTIC。常用化疗方案有VAC、VAAC、VAC-IVP。

3. 手术治疗 由于联合化疗提高生存率，使手术切除成为改善局部症状的手段，减少局部的复发，从而提高生存率。手术治疗的原则是完全切除肿瘤，常用的手术方式是肿瘤瘤段切除及重建或截肢术。

十三、什么是骨转移瘤？

骨转移瘤是指原发于其他各种器官的肿瘤，通过淋巴系统或血液循环转移到骨骼所产生的继发骨肿瘤，也包括恶性骨肿瘤的骨转移。临床上较为常见。在原发恶性肿瘤中，乳腺癌、肺癌、肝癌、肾癌、甲状腺癌、前列腺癌及胃癌较易发生骨转移。多发生于躯干骨，其次是股骨及肱骨近端。躯干骨中以脊柱最为常见，依次为胸骨、颈骨、腰椎、骶椎，髂骨及肩胛骨亦有发生。

十四、肿瘤骨转移的机制是什么？

1. 原发肿瘤细胞栓子或肿瘤侵袭淋巴和血管。

2. 与肿瘤细胞表面特性、肿瘤与宿主免疫细胞之间的相互关系、凝血机制、血小板活力、血管内皮壁的性质、体液和酶等因素有关，血流缓慢是肿瘤细胞易于停留的重要因素。

十五、骨转移瘤的临床表现有哪些？

以疼痛为主要临床症状，伴麻木及酸胀。疼痛呈多部位性，多以胸部、腰背部及骨盆为主，夜间明显，持续性。病理性骨折、功能障碍、肿物、截瘫等症状亦较常见。

十六、骨转移瘤的治疗方法有哪些？

1. 放射治疗 放疗是骨转移瘤主要的局部治疗手段，目的是消除或缓解症状，改善生活质量和延长生存时间，对少数单发或放疗敏感的肿瘤达到治愈的目的。放疗对局部骨转移的镇痛作用可达80%以上。

2. 化学治疗 骨转移瘤的治疗以化疗为主，可选择对原发肿瘤有效的化疗方案，同时进行各种对症治疗以改善全身情况。

3. 手术治疗 手术治疗目的是减少体内肿瘤细胞负荷，缓解症状。手术方法包括骨损伤骨固定术、置换术和神经松解术等。

4. 药物治疗 双磷酸盐类药物主要用于治疗伴有或不伴有骨转移的恶性肿瘤引起的高钙血症、骨质疏松症、骨更新代谢异常加快等。双磷酸盐类药物主要是抑制羟磷灰石的溶解，抑制破骨细胞的活性，阻止骨质吸收，缓解骨痛，从而延缓骨并发症的发生。目前常用的药物有帕米磷酸二钠、依班磷酸钠和唑来磷酸等。

十七、骨肿瘤的护理要点有哪些？

1. 心理护理 由于患者常受肿瘤疼痛的影响、肢体功能障碍及自理能力下降，严重影响患者的生活质量，患者常表现为焦虑、抑郁、寡欢甚至出现绝望的心理反应。护士应利用沟通技巧与患者建立良好的护患关系，理解患者内心的痛苦和想法，用爱心、细心、耐心、责任心护理每一位患者。介绍本病相关知识、治疗方法，包括放射治疗及化学药物治疗的效果，以及不良反应和预后。向患者介绍以往成功病例或请其现身说法，改变患者对疾病错误的认知观点，发挥社会支持系统，以提高患者战胜疾病的信心。

2. 肢体护理　密切观察患肢放疗后有无水肿、剧烈疼痛等静脉及淋巴回流障碍的症状，可每天定部位测量肢体周径。如有石膏托固定的患者应密切观察末梢循环情况，观察肢端的温度、感觉、活动度、皮肤颜色和足背动脉等。应防止石膏托边缘摩擦皮肤，可用棉质、柔软的毛巾包裹石膏托边缘，每天可放松石膏托3次，每次30min，严禁夜晚拆除石膏。

3. 预防病理性骨折　病理性骨折是骨肿瘤患者最严重的并发症，由于肿瘤侵犯骨骼，肿瘤细胞对骨质严重破坏，轻微的肢体旋转或负重活动，均可能发生肿瘤部位骨折。可予护理风险评估，筛选危险患者，针对性采取防范措施，加强健康教育，从而降低骨折的发生。

4. 疼痛护理　评估疼痛的程度，轻度疼痛的患者指导其使用物理疗法，保持舒适的体位，深呼吸、听音乐、看电视、愉快交谈等分散注意力，可减轻骨疼痛。中度及重度疼痛者可遵循癌痛三阶梯止痛法的用药原则使用止痛药治疗，观察用药后疼痛的程度是否减轻及处理药物不良反应。

5. 感觉障碍护理　幻肢痛是指患者截肢术后感到已切除的肢体仍然存在，该部位仍然疼痛或有其他异常感觉。疼痛多为持续性，表现为针刺痛、挤压痛、烧灼痛，有些患者可有痒、冰冷的感觉，夜间尤甚，幻肢痛与患者的心理障碍有关。护士多巡视病房，及时发现患者的心理反应，多关心、安慰患者，向患者解释手术的目的及重要性，讲解患肢痛的相关知识，改变患者错误的认知。向患者介绍以往成功的病例，指导患者使用放松技巧，分散注意力。

6. 预防压疮　准确评估压疮风险，密切观察患者皮肤受压状况，使用减压床或水垫。每2h翻身一次，以改善血液循环，使用正确的翻身技巧，避免出现拉、推、拽等动作，如能独立移动的患者应鼓励尽量自己更换体位。臀背部使用翻身枕保持30°的倾斜度，半坐卧位时，床头摇高小于30°，特殊情况除外。保护骨隆突部皮肤，予美皮康泡沫敷料或透明敷料覆盖。局部受压皮肤可使用赛肤润涂抹，以缓解皮肤受压引起的局部血供不足，同时达到收敛及抗感染的作用。

7. 骨髓抑制护理　每周检查血常规一次，如白细胞$<3.0\times10^9$/L时，应暂停放疗；白细胞$<1.0\times10^9$/L时，应行保护性隔离，遵医嘱予升白细胞药物治疗，密切观察体温的变化，紫外线消毒病房每天1次，限制探访，指导患者应注意休息，加强营养，增强机体抵抗力，注意保暖，预防感冒。

8. 术后伤口放疗护理　放疗期间密切观察患者手术伤口是否愈合良好，警惕伤口愈合不良或伤口裂开，观察有无纤维化、痉挛、病理性骨折及放疗引起的后期并发症。在放疗过程中，如进行理疗可降低纤维化、痉挛的程度和风险。护士应向患者及其家属讲解放疗的注意事项，放疗时选择舒适的体位，保持功能位。妥善处理伤口。如有感染或愈合不良应对症处理后再行放疗。应尽量避免对关节部位及未闭合的骨骺部位的照射，防止骨骼在放疗后被广泛破坏，不能重建和修复，易导致骨折的发生。

9. 放射野皮肤护理　保持放射野皮肤清洁，会阴及肛周皮肤的干燥，勤换内衣，穿宽松、棉质的衣服。勤剪指甲，避免皮肤搔抓。放射野皮肤禁用碘酒、乙醇、药油、胶布，沐浴时水温适宜，禁用肥皂、沐浴露等，嘱其勿擦掉身上放疗的标记。

十八、骨肿瘤放疗的健康教育有哪些？

1. 告知患者心理因素对疾病康复及生活质量的重要性，指导患者使用放松技巧，如全身肌肉渐进性放松疗法、听音乐、看书等，保持良好的心态，心胸开阔，充足的睡眠，注意保暖，预防感冒。

2. 告知患者及其家属加强营养的重要性，指导患者进食高蛋白、低脂肪、富含维生素及粗纤维饮食，如新鲜蔬菜和水果，如白菜、红萝卜、菠菜、香菇、苹果、西瓜及葡萄、香蕉、火龙果等，优质蛋白质如豆类及豆制品、牛奶、鱼虾类、肉类及鸡蛋等。

3. 指导保持大便通畅，鼓励患者粗纤维饮食，晨起饮温盐水或蜂蜜水，指导其顺时针腹部按摩的方法，以预防排便异常。鼓励患者多饮水，每天水分摄入量为2000~3000ml，以促进化疗药毒素的排出及预防泌尿系统的感染。

4. 指导患者卧于硬板床，行走需谨慎，穿防滑鞋、保持地面干爽、光线充足、无障碍物，避免碰撞，以防跌倒，导致骨折的发生。负重部位的骨肿瘤，在未骨化前应尽量使用保护支具，避免负重。

5. 卧床患者出院后应指导患者及其家属进行关节活动度及肌肉的训练，保持脊柱的生理弯曲度，翻身时注意行轴式翻身，即保持头颈、躯干一致，防止脊柱扭曲，造成脊髓的损伤。指导并协助患者做适当的四肢运动，如屈伸膝关节，肘关节、趾（关节），抬高下肢，按摩肌肉，以促进血液循环，防止肌肉萎缩和肢体功能退化。保持足部的功能位，可在足底垫一枕头。

6. 指导截肢患者残端功能锻炼，一般指导患者术后 2 周伤口愈合后开始，用弹性绷带每日反复包扎均匀压迫残端，促进软组织收缩；可进行残端按摩、拍打及蹬踩，增加残端的负重能力。鼓励患者拆线后尽早使用义肢，以防出现肌肉的萎缩，不利于义肢的安装。

7. 指导患者正确的轮椅、拐杖等助行器的使用，以尽快适应新的行走方式，早日回归社会。

8. 指导患者及其家属出院后注意观察受压皮肤的状况及预防压疮的方法，以防压疮的发生。

9. 指导患者注意口腔卫生，多漱口，教会其有效咳嗽、排痰、叩背的方法，以预防肺部感染。

10. 告知患者保护好放射野皮肤。保持皮肤清洁干燥，避免摩擦刺激和暴晒。

第二节　软组织肉瘤

一、什么是软组织肉瘤？

软组织是指除骨骼、淋巴造血组织、神经胶质以外的所有非上皮组织的统称，包括纤维组织、平滑肌组织、横纹肌组织、脂肪肌组织和脉管组织等。凡起源于上述软组织的肿瘤均称为软组织肿瘤。软组织肿瘤分良性软组织肿瘤和恶性软组织肿瘤，其中恶性软组织肿瘤称为肉瘤，如纤维肉瘤、平滑肌肉瘤、横纹肌肉瘤、脂肪肉瘤、滑膜肉瘤、血管肉瘤等。软组织肉瘤（soft tissue sarcoma）是发生在结缔组织的恶性肿瘤，包括皮下组织、肌肉、肌腱、血管、结缔组织间隙及空腔器官支柱基质等。但发生在骨骼、单核-吞噬细胞系统、神经胶质等部位的除外。

二、软组织肉瘤好发于哪些部位？

软组织肉瘤的细胞起源为原始间叶干细胞，位于非节段性中胚层，故可生长在身体任何部位，四肢为主要好发部位。其次为躯干、内脏、腹膜后等。随其病理类型的不同，各有一定的好发部位，如滑膜肉瘤易发生于关节附近及筋膜等处；纤维源性肿瘤多发生于皮肤及皮下组织；平滑肌源性肿瘤好发于躯干及体腔；横纹肌肉瘤多发生于四肢等。

三、软组织肉瘤的病因有哪些？

软组织肉瘤病因至今未明，与下列因素有密切关系。

1. 化学因素　流行病学研究发现长期接触某些化学物质，如氯乙烯、二乙基己烯雌酚、聚氯乙烯醇等，其人群中软组织肉瘤的发生率高于普通人群。

2. 病毒因素　经动物实验发现将多瘤病毒注射到新生的小鼠、大鼠、仓鼠、豚鼠和兔子等动物，可诱发多部位的肉瘤。

3. 物理因素　在新英格兰、英格兰和南非有石棉接触史 70% 患间皮瘤。在 Ruiffie 收集的一组弥漫性胸间皮瘤病例中，有石棉接触史者占 44%。

4. 其他因素　放射线可诱导肉瘤的发生，但绝对风险较小，有学者观察 15 年后发现发生率分别为 0.28% 和 0.48%。遗传因素见于某些特殊肿瘤，如神经纤维瘤病。

四、软组织肉瘤分类有哪些？

软组织肉瘤根据来源不同可分为纤维组织、脂肪组织、平滑肌组织、横纹肌组织、间皮组织、滑膜组织、副神经节组织、多功能间叶组织及其他来源软组织肉瘤。

五、软组织肉瘤症状和体征有哪些?

1. 肿块 为多数患者就诊的症状,但深部肿瘤者常难于发现。可触及不规则状、分叶状或结节状,其硬度依组织来源和血供情况而定。

2. 疼痛 多数患者无痛,但侵犯周围神经组织及骨骼或合并感染时可产生疼痛。部分长在神经鞘的恶性神经鞘瘤、表皮平滑肌肉瘤及血管肉瘤较早出现疼痛。

3. 转移 软组织肉瘤发生邻近引流区淋巴结转移较少见,上皮样肉瘤、透明细胞肉瘤、血管肉瘤、胚胎性横纹肌肉瘤和未分化的肉瘤常有较高的区域淋巴结转移。血行转移是病变广泛播散的主要途径,常见转移部位为肺,其次为肝、骨、皮下、脑、肾上腺、胰腺等。

六、软组织肉瘤的临床分期是如何划分的?

原发肿瘤(T):T_x 为原发肿瘤无法评估;T_0 为未见明显原发肿瘤;T_1 为肿瘤最大直径不超过 5cm;T_{1a} 为浅表肿瘤;T_{1b} 为深部肿瘤;T_2 为肿瘤最大直径超过 5cm;T_{2a} 为浅表肿瘤;T_{2b} 为深部肿瘤。表浅肿瘤指肿瘤在浅筋膜浅层,而未侵及该筋膜;深部肿瘤指肿瘤在浅筋膜深层或侵及浅筋膜两端。

区域淋巴结(N):N_x 为区域淋巴结无法评估;N_0 为无区域淋巴结转移;N_1 为区域淋巴结转移。

远处转移(M):M_0 为无远处转移;M_1 为远处转移。

组织学分级:G_X 为无法评估组织学分级;G_1 为分化良好(低度恶性);G_2 为中度分化(中度恶性);G_3 为分化差或未分化(高度恶性)(表 13-1)。

表 13-1 软组织肿瘤 TNM 分期

分期	T	N	M	G 组织学分级	
I_A 期	T_{1a}	N_0	M_0	G_1	G_X
	T_{1b}	N_0	M_0	G_1	G_X
I_B 期	T_{2a}	N_0	M_0	G_1	G_X
	T_{2b}	N_0	M_0	G_1	G_X
II_A 期	T_{1a}	N_0	M_0	G_2	G_3
	T_{1b}	N_0	M_0	G_2	G_3
II_B 期	T_{2a}	N_0	M_0	G_2	
	T_{2b}	N_0	M_0	G_2	
III 期	T_{2a},T_{2b}	N_0	M_0	G_3	
	任何 T	N_1	M_0	任何 G	
IV 期	任何 T	任何 N	M_1	任何 G	

七、软组织肉瘤辅助检查有哪些?

1. X 线检查 是最基本的检查方法,有助于进一步了解软组织肿瘤的范围、透明度及其与邻近骨质的关系,如边界清晰,常提示为良性肿瘤;如边界不清并见有钙化,则提示为高度恶性肉瘤,该情况多发生于滑膜肉瘤、横纹肌肉瘤等。

2. 超声显像检查 该法可检查肿瘤的体积范围,包膜边界和瘤体内部肿瘤组织的回声,从而区别良性还是恶性,恶性者体大而边界不清,回声模糊,如横纹肌肉瘤、滑膜肌肉瘤、恶性纤维组织细胞瘤等,超声检查还能引导作深部肿瘤的针刺吸取细胞学检查,该检查方法确是一种经济、方便而又无损于人体的简便方法。

3. CT 检查 由于 CT 具有对软组织肿瘤的密度分辨力和空间分辨力的特点,用来诊断软组织肿瘤也是近年常用的一种方法。

4. MRI 检查 用它诊断软组织肿瘤可以弥补 X 线、CT 的不足,它从纵切面把各种组织的层次同肿瘤的全部范围显示出来，对于腹膜后软组织肿瘤，盆腔向臀部或大腿根部伸展的肿瘤，腘窝部的肿瘤及肿瘤对骨质或骨髓侵袭程度的图像更为清晰，是制订治疗计划的很好依据。

5. 病理学检查

（1）细胞学检查：非常重要，为诊断过程的最后一环节，即使临床和影像学诊断完全一致，也需进行病理活组织检查，以明确诊断。细胞学检查也是一种简单、快速、准确的病理学检查方法，最适用于以下几种情况：

1）已破溃的软组织肿瘤，用涂片或刮片的采集方法取得细胞，镜检确诊。

2）软组织肉瘤引起的胸腹水，必须用刚取到的新鲜标本，立即离心沉淀浓集，然后涂片。

3）穿刺涂片检查适用于瘤体较大、较深而又拟作放疗或化疗的肿瘤，也适用于转移病灶及复发病灶。

（2）钳取活检：软组织肿瘤已破溃，细胞学涂片又不能确诊时，可做钳取活检。

（3）切取活检：多在手术中采取此法，如较大的肢体肿瘤，需截肢时，在截肢前做切取活检，以便得到确切的病理诊断，肿瘤位于胸、腹或腹膜后时，不能彻底切除，可做切取活检，确诊后采用放疗或化疗。

（4）切除活检：适用体积较小的软组织肿瘤，可连同肿瘤周围部分正常组织整块切除送病理检查。

八、软组织肉瘤治疗原则是什么？

软组织肉瘤治疗原则是手术联合放射治疗，选择性辅助化疗。

1. 手术切除 手术是治疗软组织肉瘤的主要手段，随着外科技术及治疗理念的进步，保肢术的手术指征已逐渐放宽，约只有 5% 的软组织肉瘤患者需接受截肢术。按肿瘤的部位分级生物学特性采用广泛切除或根治手术，依据具体的病例决定其切除范围。由于软组织肉瘤常常紧邻周围重要的神经血管和骨组织等，根治性切除术在软组织肉瘤治疗中较少使用，最常用的手术方式是广泛切除。

2. 放射治疗 放疗可缩小手术范围，消灭亚临床及微小的残余病灶，在提高保肢率的同时提高了肿瘤的局部控制率。放疗包括术前放疗及术后放疗。术前放疗可减低肿瘤在手术过程中的种植，且能使肿瘤的假包膜增厚，从而简化手术操作，降低复发的风险。因此，对于肿瘤较大局部切除困难的软组织肉瘤，可先行术前放疗。2012 年 NCCN 指南中对于 I_A 及 I_B 期的低度恶性软组织肉瘤，如果切缘>1cm 或有完整深筋膜，可不进行术后放疗，如切缘≤1cm，建议行术后放疗。对于Ⅱ、Ⅲ、Ⅳ期的高度恶性软组织肉瘤，多建议行术前放疗+手术+术后放疗。

3. 化学治疗 化疗在软组织肉瘤中的作用仍受争议，因为软组织肉瘤对化疗敏感性相对较低，且其作用多为控制肿瘤进展，而能提高总体生存率的证据尚不多。2012 年 NCCN 指南对于 Ⅰ期低度恶性肿瘤是否行全身化疗未有阐述。但对于Ⅱ～Ⅳ期的高度恶性软组织肉瘤，尤其对化疗敏感者，全身状况允许条件下均建议进行全身化疗。常用药物有异环磷酰胺（IFO）、多柔比星（ADM）、表柔比星（EPI）、长春新碱（VCR）、氮卡巴嗪（DTIC）等。联合用药可提高化疗的有效率，常用的方案有 MAID、ADIC 等。

4. 生物及靶向治疗 靶向治疗近年来在胃肠道间质瘤治疗上获得巨大的进展，主要是伊马替尼及舒尼替尼等酪氨酸激酶蛋白受体抑制剂。但目前上述研究还较少，样本量较小，缺乏一定的说服力，仅仅推荐应用于前期治疗失败的进展期软组织肉瘤的治疗。

九、软组织肉瘤放疗的护理要点有哪些？

1. 软组织肿瘤患者的心理护理、疼痛护理、骨髓抑制护理、放射野皮肤护理 参见本章第一节"骨肿瘤患者的护理要点"。

2. 放疗护理 腹部及盆腔软组织肉瘤患者放疗时应注意观察放疗不良反应。

（1）定期复查血常规：告诉患者定期复查血常规的必要性，白细胞降至 $3×10^9$/L、中性粒细胞

降至 $1.5×10^9$/L 时,暂停放疗,采取一般保护性隔离,减少外出,预防感冒。当白细胞降至 $1.0×10^9$/L、中性粒细胞降至 $0.5×10^9$/L 时,必须采取无菌性床边保护隔离。

(2) 饮食护理:放化疗患者体质较差,多有恶心呕吐、体重下降、营养不良,嘱患者少量多餐,进清淡易消化饮食,加强营养,多进食新鲜蔬菜、水果,保持大便通畅。禁食辛辣、刺激性食物,保护胃肠道黏膜。

(3) 放射性膀胱炎护理:观察有无尿频、尿急、尿痛、血尿、排尿困难等症状,监测尿常规,观察尿液的颜色、量、质。每次放疗前嘱患者排空尿液,鼓励患者多饮水,每天水分摄入量为 2000~3000ml,每次排尿后注意外阴及尿道口的清洁,防止逆行感染。

(4) 放射性直肠炎护理:放射性直肠炎是盆腔放疗常见的并发症,治疗期间应观察患者有无腹痛、腹泻、黏液便、里急后重、肛门坠胀等症状,尤其术后患者可出现肠粘连、肠梗阻。嘱患者少量多餐、易消化少渣饮食,勿进食油腻、粗纤维食物。腹泻者可予蒙脱石散或洛哌丁胺口服,症状严重者可予 0.9%生理盐水 10ml+庆大霉素 16 万 U+地塞米松 10mg+复方维生素 B_{12} 25ml 混合液,使用尿管予保留灌肠。

(5) 心理护理:医护人员应怀着同情心、责任心、爱心积极与患者及家属沟通,获得患者的信任,消解其抑郁、悲观的情绪。向患者及家属讲解放射治疗的必要性、放射治疗的相关知识及可能出现的毒副反应,全面了解治疗方案,使其积极乐观配合治疗。

十、软组织肉瘤健康教育内容有哪些?

1. 告知患者心理因素对疾病康复及生活质量的重要性,指导患者使用放松技巧,如全身肌肉渐进性放松疗法、听音乐、看书等,保持良好的心态,心胸开阔,充足的睡眠,注意保暖,预防感冒。

2. 告知患者及其家属加强营养的重要性,指导患者进食优质高蛋白、低脂肪、富含维生素及粗纤维饮食,少量多餐,进食新鲜蔬菜和水果,如白菜、红萝卜、菠菜、香菇、苹果、西瓜及葡萄、香蕉、火龙果等,优质蛋白质如豆类及豆制品、牛奶、鱼虾类、肉类及鸡蛋等。

3. 如出现腹泻时,应告知患者清淡、易消化、低脂肪、少渣饮食,避免进食产气食物,如豆类、牛奶、番薯等。

4. 指导患者进行功能锻炼,根据软组织肉类的部位、患者的术后情况、肢体耐受力制定康复锻炼计划,指导患者锻炼时不能操之过急,应循序渐进地按计划进行。截肢术后患者残端功能锻炼参加本章第一节"骨肿瘤放疗的健康教育"。

5. 告知患者行走时需谨慎,穿防滑鞋、保持地面干爽、光线充足、无障碍物,避免碰撞,步态不稳者避免独立行走,以防跌倒,导致骨折的发生。

6. 鼓励患者多饮水,每天水分摄入量为 2000~3000ml,以促进化疗药毒素的排出及预防泌尿系统的感染。

7. 指导患者保护好放射野皮肤,保持皮肤清洁干燥,避免摩擦刺激和暴晒。

第三节 血 管 瘤

一、什么是血管瘤?

皮肤血管瘤是临床常见的起源于中胚叶的先天性良性肿瘤。多见于婴儿出生时或出生后不久,是由胚胎时期残留的血管细胞生长而来的,是小儿先天性血管畸形最常见的一种病,该病发生率比较高,一般儿童医院或大医院的儿科每个月都会有几十个这样的病例,此病女童的发生率要比男童高。血管瘤是从先天带来的一种血管异常发育疾病,一般在胎儿出生后几天内,父母可发现其身体的一个或多个部位有一个小红点,可在数天内就明显增大,有的在一个月内可达到令人吃惊的地步。

二、小儿血管瘤是肿瘤吗?

小儿血管瘤是一种先天性血管畸形,对于小儿血管瘤有疑问的家长并不在少数,其实小儿血管瘤并不是真正的肿瘤，它的本名叫先天性血管发育结构错乱，因为其形状像肿瘤，所以习惯上把它称为小儿血管瘤。

三、小儿血管瘤好发于哪些部位？

小儿血管瘤的发生部位以头面部、颈部最多，其次是胳膊、腿等部位，口腔黏膜和肌肉上也会发生，内脏上则很少发生。小儿血管瘤小的只有几毫米，大的可以是整个脸部、整个胳膊或整条腿。小儿血管瘤出生后 6~10 个月内增长较快，这时血管瘤不断增长扩展，并快速向周围皮肤及深层组织侵犯。此四类血管瘤长相危害各不同。

四、血管瘤的病因有哪些？

关于血管瘤的发生，认为是胚胎发育过程中血管母细胞与发育中的血管网脱离，在其他部位残存并过度增生而成。胚胎时期的血管发生可分为三个时期。

1. 第一时期 为毛细血管网络形成期，出现一个个血管腔，互不连通，动静脉还没有分化清楚，这个时期为怀孕后 30 天左右。

2. 第二时期 为血管腔形成期，毛细血管网互相连通，出现尚未接通的动静脉结构，这个时期为怀孕后 48 天左右。

3. 第三时期 为血管基干定形期，原始的血管结构消失，动静脉连通，发育为成熟的血管，这个时期一般在怀孕后 60 天左右完成。

由于种种原因，在血管形成不同时期的发育异常或原始血管组织残留可导致不同类型的血管瘤发生。血管瘤与其他良性肿瘤不同，其严格地讲，只是一种脉管畸形或者说是一种血管的形成异常。

五、血管瘤的影响因素有哪些？

导致血管瘤发生的影响因素很多，至今尚无一个公认和肯定的说法。一般认为父母的遗传、父母的内分泌失常、高血压等疾病、怀孕期间的环境污染或微生物感染都会影响胎儿血管发育。其中有关母亲的激素水平与婴儿血管瘤发生的相关关系研究很多，发现怀孕前服用避孕药的母亲的孩子血管瘤发生率明显增高；母亲雌激素水平与孩子血管瘤发生率呈正相关关系，即母亲雌激素水平高的孩子血管瘤发生机会也多。在此基础上，许多学者提出：随着婴儿出生和断母乳，婴儿体内来自母亲的激素水平逐渐下降，所以导致婴儿血管瘤自然消退。也有学者根据这个理论而应用激素及雌激素受体抑制剂治疗血管瘤。

六、血管瘤的分类有哪些？

1. 由于其局部血管壁先天性发育异常，出生后毛细血管扩张，逐渐增大呈良性生长，一般可以分为单纯性血管瘤、海绵状血管瘤和混合型血管瘤 3 种类型。

2. 传统分类法将血管瘤和血管畸形统称为"血管瘤"，并根据临床表现分为毛细血管瘤、海绵状血管瘤、混合型血管瘤和蔓状血管瘤。

3. 1982 年国外学者提出新的分类法，应用组织病理、自动射线照相、免疫荧光测定、超微结构观察等技术，依据血管内皮特征将先天性皮肤血管病变分为两大类，即血管瘤和血管畸形。

（1）血管瘤：为胚胎性良性肿瘤性畸形，具有血管内皮细胞增殖和增生后自然消退的生物特性，常在新生儿期出现，2~3 个月后即进入增生期，瘤体迅速增大，8 个月至 1 岁停止生长并逐渐退化，消退率可达 98%，半数在 5 岁内完全消退。临床上的草莓状血管瘤，多数海绵状瘤和混合型血管瘤均属此类，约占先天性皮肤血管病变的 80%。

（2）血管畸形：以异常血管扩张及沟通，正常血管内皮细胞组织表现为特征。主要由静脉起源，偶有毛细血管、动脉、淋巴管组合而成，可伴有动静脉瘘。临床上的葡萄酒色斑、蔓状血管瘤、极少部分的海绵状血管瘤及所谓的淋巴血管瘤、血管淋巴管瘤等均属此类。约占先天性皮肤血管病变的 20%，多于出生时发现，其中橙色斑常可自然消退，而葡萄酒色斑、蔓状血管瘤、血管球瘤均不会消退。

七、血管瘤临床表现有哪些？

1. 鲜红斑痣 又称火焰色痣、毛细血管扩张痣及葡萄酒色痣等。它是因为先天性毛细血管壁薄弱，皮肤表面的毛细血管扩张所致。一般在出生时或生后不久出现，表现为一个或数个边界清楚的淡紫红色、淡紫色和红色的斑块；大小不等，不高出皮肤，压之易褪色，哭闹、用力或洗澡遇热时颜色加深。好发于前额、鼻梁、颈后、后枕部头皮和两眉之间等部位。多为单侧，偶可见双侧，有时可累及黏膜。发生于前额、鼻梁、眉间及后枕部的鲜红斑痣，在 2 岁前几乎全部可自行消退，不留痕迹，不需要治疗；较大、较广泛的常终身持续存在。其表面粗糙，可呈疣状或结节状。鲜红斑痣虽多可消退，但并不都能自行消退。

2. 草莓状血管瘤 又称毛细血管瘤或单纯血管瘤。一般于出生后 1 个月左右出现。随年龄增长而逐渐增大，1~2 岁内长到最大限度而逐渐缓慢消退。消退开始时颜色变暗，中央出现大小不等色素减退和淡灰色斑点，逐渐扩大。损害逐渐变薄、变平，最终完全或大部分变成萎缩瘢痕。皮肤损害以单发者多见，为圆形、半球形、分叶或不规则形状的、高出皮面的良性斑块。大小不一，可从米粒大小到草莓大小，少数甚至可覆盖一侧或整个肢体。其边界清楚，质地柔软，呈红色、紫红色，压之可褪色。如损害广泛，损害的深部或毛细血管瘤底部，有时可合并海绵状血管瘤，这种血管瘤又称混合型血管瘤。

3. 海绵状血管瘤 出生后或出生后不久发生，也有于 1 岁后才发病的。损害一般较大，缓慢增长，好发于头皮和面部，常常累及口腔、咽颊黏膜处；呈圆形、扁平或不规则形状，为大小不等的、柔软的、高出皮面的隆起肿物，挤压后可缩小，有弹性。此型血管瘤可发生在内脏，如肝脏海绵状血管瘤。也可发生于肌肉间、骨间，为肌间海绵状血管瘤。巨大的海绵状血管瘤还可合并血小板减少症及紫癜。此型血管瘤以婴幼儿常见。年龄越小，出血越频繁，血小板越低，越容易出血。尤其是脑出血、呼吸困难、继发感染等，能危及生命。

4. 混合型血管瘤 即两种及两种以上血管瘤同时存在，以其中一种类型表现为主的血管瘤。

八、血管瘤辅助检查有哪些？

1. X 线检查及动脉造影：婴幼儿处于骨骼迅速发育时期，毛细血管瘤增长很快，选择性动脉造影可见颈外动脉、颈内动脉或两者供血，较大的供血动脉显影，病变区呈高密度影。

2. 超声探查：超声图像与组织学改变相对应，毛细血管瘤为一种浸润性病变，间质少。B 型超声显示病变形状不规则，边界不清楚；间隔和管壁可作为回声界面，一般表现为多少不等、强弱不一的内回声，并具有可压缩性。

3. MRI 检查：T1WI 病变显示为中信号，T2WI 为高信号，中高信号区内偶有无信号条纹，有时表现为信号混杂或斑驳状。

4. CT 扫描：皮下毛细血管瘤显示眼睑肿大和密度增高。位于眼球和骨壁之间的病变，轮廓较清，形状不规则，但与眼球的分界不清，静脉注射阳性对比剂后，中度或高度增强。

5. 毛细血管瘤通过眼观手摸就能够确诊，而蔓状血管瘤通过症状表现就可以确诊，如果要进行辅助性的检查就要采用彩超、血管造影、CT 磁共振等检查方法对其进行检查。血管瘤的检查方法还有穿刺、核素检查、病理检查等，根据不同的病情需要选择不同的检查方法。

6. 位置较表浅的海绵状血管瘤，症状都比较明显，经验丰富的医生通过观察、手摸就能够确诊，而位置比较深的海绵状血管瘤因为症状表现不是很明显，就可以采用超声检查、X 线检查等确诊，如果是海绵状血管瘤对于周围正常组织器官有损害，或者引起了并发症等，可通过 CT、磁共振等检查血管瘤的危害程度。

九、血管瘤治疗原则是什么？

血管瘤具有增生、稳定到消退的自然病程，因此，进一步分为增生期、稳定期和消退期三期，只有正确区分病变属于哪一期，才能正确地选择治疗方法。对增生早期的血管瘤，除了无明显增殖或增殖十分缓慢的病例外，一般均应树立积极治疗的观念，此时，若利用正确的治疗阻断血管生成过程的某一环节，对防止病灶增殖造成的种种并发症及后期的外观恢复均有利，尤其在面部等明显累及外观的部位，不宜完全坐等其自然消退。增生期多持续到 1 岁左右，尤其在半岁以内往往生长较快。在正确诊断和分期的基础上，依据具体情况选择不同的治疗方法。

1. 激素治疗 一般认为，头面部较大面积增生期血管瘤、全身多发性增生期血管瘤及伴有各种并发症及已经影响正常生理功能的增生期血管瘤为首选。确切作用机制至今未明，可能的原因是通过抑制血管瘤毛细血管内皮细胞异常增殖，并形成幼稚的新生血管的血管生成过程，达到对增生期血管瘤的治疗作用。

2. 干扰素治疗 主要用于侵犯主要脏器或通道而危及生命，在四肢有截肢危险并经激素治疗无效的重症。作用机制可能在于抑制内皮细胞增殖及血管生成的其他步骤。

3. 普萘洛尔治疗 在部分临床研究中，使用普萘洛尔后瘤体颜色变浅，体积不同程度地缩小。但适应证、禁忌证、不良反应等仍有待进一步研究。

4. 放射治疗 增生期的血管瘤的内皮细胞处于幼稚的增殖状态，对放射治疗有较高的敏感性，可以使增生期血管瘤的血管生长过程停止，毛细血管闭塞变性，出现类似消退的表现，效果较为客观和可靠。国外临床实践已证明，对增殖期小面积的浅表病灶进行及时小剂量的放射性核素贴敷，可以不引起皮肤的损伤，而血管瘤却能迅速有效地停止生长，并且大大提早和增快后期的消退过程。

5. 激光治疗 其基本原理是通过选择性光热作用，利用毛细血管内血红蛋白在波长 580nm 附近存在吸收高峰而周围组织吸收热量较少的特性，以及利用脉冲间期散热的原理，实现对血红蛋白的较高选择性的热凝固作用，最终导致血管闭合。首选脉冲染料激光，一般较少发生继发的瘢痕形成及色素改变，但由于在此波长范围内可见光的实际穿透能力较弱，往往有效的穿透深度小于 1.5mm，不足以损伤大多数草莓状血管瘤的全层病灶，因而不能作为主要的治疗方法，仅用于表浅面积较小且生长缓慢或停止的部分草莓状血管瘤，并以不形成任何瘢痕和永久色素改变为前提。

该法用于血管瘤治疗源于 20 世纪 60 年代，方法是利用液氮挥发造成的强低温（－96℃），通常状态下低于－20℃，将病损区皮肤血管瘤及血管瘤周围组织冷凝，使其细胞内形成冰晶，并导致细胞破裂解体死亡，再经过机体修复过程使血管瘤消失。但此法常遗留瘢痕，且复发率高，患儿常难以耐受，目前已较少应用。

6. 手术切除 对于大多数血管瘤而言，仍是最主要的方法，特别对于独立且较小病灶的血管瘤效果良好。血管瘤手术切除治疗的重点和难点，主要在于治疗的选择和手术指征的判断，以及特殊部位（如面部）的血管瘤的处理上。所以，术前应估计，若在术后切口不明显，即使是出生后不久的婴幼儿也是可以考虑的，但缝合要做到尽可能的精细，这样的话，血管瘤不仅可能达到根治，对后期的外观影响也很小。

十、血管瘤放疗的护理要点有哪些？

1. 治疗前心理护理 由于首次接受放射治疗皮肤血管瘤，家长对不良反应、治疗过程、治疗效果等不了解，存在恐惧、疑虑及紧张心理，针对患儿家长存在的心理变化，护理人员应对家长做好解释工作、详细介绍放疗的过程、优点、效果、注意事项及不良反应等。

2. 治疗前准备 ①备好消毒物品，软管施源器数条、橡皮泥、纱布、剪刀、防护材料、橡皮铅；②患儿准备，给患儿应用水合氯醛等镇静剂；③患儿皮肤准备，应剃去治疗部位毛发和做好局部皮肤清洁、消毒、协助设计治疗计划。仔细检查患儿局部皮肤情况，如有皮炎、溃疡、湿疹或有皮肤感染者，应禁止后装治疗。

3. 治疗过程的护理 当患儿注射镇静剂后进入睡眠状态，护理人员协助医生，按病损形状将准备好的软管施源器对齐贴紧并用胶布固定，用橡皮铅覆盖病灶周围，以保护正常皮肤；做好冬天躯干部治疗者保暖工作，防止受凉感冒，减少暴露部位，指导家属戴防护眼镜、穿防护衣抱患儿进入机房，摆好体位，将软管施源器接后装治疗机，然后工作人员在电脑室监控放射源出入情况，并密切观察，确保放射治疗顺利进行，防止意外，当指示灯亮时结束治疗，医务人员立即进入机房将后装机与软管施源器分离,把患儿抱出机房拆除软管施源器,观察局部皮肤情况。

4. 治疗后的皮肤护理 治疗后应密切观察患儿局部皮肤反应,如出现皮肤发红、脱毛发、表皮脱落等属正常反应;预防溃疡及感染,对已经产生溃疡的患者如皮肤出现水疱、红肿、上皮脱落,溃疡形成感染时,应立即停止放射治疗,并给予局部对症处理和抗感染治疗,促进溃疡愈合,减少瘢痕产生,并缓解疼痛。预防血管瘤消退后产生的畸形或面容缺陷。避免对能够自行消退并且预后较好的病变进行过度治疗。

十一、血管瘤的预后如何?

1. 草莓状血管瘤有自行消退的可能 毛细血管瘤,由发育异常的扩张毛细血管构成,它又可分为两类,一类是单纯性毛细血管瘤,这种瘤小儿出生后即有,头面部、颈部都可出现,大小不一,形状不同,一般为斑块样肿物,比皮肤略高出一点,颜色为鲜红色或紫红色;另一类是草莓状血管瘤,顾名思义,血管瘤的形状就像草莓样,也只有这种血管瘤才可自行消退,长有这种血管瘤的孩子消退年龄一般在4岁左右,自行消退的血管瘤首先颜色变淡,瘤中间出现淡灰色斑点,再以后淡灰色斑点逐渐扩大,并缩小变平、变薄,最终消退,如4岁后瘤体未消退反而增长则需尽早进行治疗。

2. 海绵状血管瘤危害较大 海绵状血管瘤,由发育畸形的无数血窦组成,从外表上看它是一种高出皮面的隆起肿物,多长于头皮和面部,也可发生于肌肉间、骨间,形状为圆形、扁平或不规则形状,大小不一,海绵状血管瘤比较柔软,有弹性,挤压后可缩小。海绵状血管瘤不能自行消退,而且对小儿的危害较大,比较大的海绵状血管瘤还可合并血小板减少症,特别是年龄小的婴幼儿,因出血频繁,血小板更低。海绵状血管瘤除了易造成脑出血外,还会使婴幼儿出现呼吸困难、继发感染等病症,严重者可危及生命。

3. 蔓状血管瘤、混合型血管瘤不会自行消退 蔓状血管瘤,是由多数扩大的小动脉和小静脉互相沟通而成,外形为串珠状,表面温度较高,病变部皮肤为暗红色和蓝紫色。蔓状血管瘤不会自行消退。

4. 混合型血管瘤 就是两种以上血管瘤混合存在的血管瘤,不过以其中一种血管瘤为主,混合型血管瘤也不能自行消退。

十二、血管瘤放疗的健康教育有哪些?

1. 患小儿血管瘤的宝宝要勤剪指甲,或者戴好手套,不要让孩子不小心给抓破了,一旦出血,量很多,家长很心疼,而且血管瘤的创面不好愈合,更有越来越大的风险。

2. 保持血管瘤表面清洁干燥,不是说有血管瘤的地方就不能洗澡不能碰水,可以洗澡,但是在洗澡后注意用柔软的纸巾轻轻沾干,不要来回摩擦,摩擦容易破溃。

3. 家里自备一些无菌纱布,以备不时之需,万一血管瘤破溃,要用无菌纱布压迫止血,压迫的时间要尽量长一些,不要松开一会儿压一会儿,要一直压着,如果创面比较大最好上医院请医生帮忙消毒。

4. 早发现、早诊断、早治疗,早点治好血管瘤早放心,也不给血管瘤破溃的机会。

(刘玉珊 张杏兰 徐小静 杜真真 邓婵媛)

参 考 文 献

爱德华·海普林, 卡洛斯·佩雪兹, 路德·布莱迪. 2012. 放射肿瘤学原理和实践. 朱广迎, 译. 5版. 天津: 天津科技翻译出版公司.

柴树德, 郑广钧, 毛玉权, 等. 2004. CT引导下经皮穿刺种植放射性^{125}I粒子治疗晚期肺癌. 中华放射肿瘤学杂志, 04: 49-51.

陈华飞, 白亢亢, 戴安伟. 2014. 放射性胃炎研究进展. 世界中医药, 9 (11): 1554-1557.

陈继业, 董家鸿. 2009. 肝海绵状血管瘤诊断与治疗进展. 中国实用外科杂志, (12): 1058-1060.

陈金姣. 2007. 宫颈癌患者健康教育及效果评价. 齐齐哈尔医学院学报, 28 (6): 764-765.

陈晓清. 2013. 软组织肉瘤广泛切除皮瓣修复术后的临床护理. 中国现代药物应用, (15): 172-173.

崔念基, 卢泰祥, 邓小武. 2005. 实用临床放射肿瘤学. 广州: 中山大学出版社.

冯惠霞, 钟问欢, 蒋红花, 等. 2010. 口腔支架在鼻咽癌患者调强放疗中对口腔正常组织的保护作用. 护理进修杂志, 25 (4): 335-336.

冯勤付, 杨宗贻, 汪楣, 等. 2003. 放射性脊髓炎的潜伏期与预后分析. 中华放射医学与防护杂志, 23 (2): 104-105.

伏代刚, 黄晓丽, 甘华田, 等. 2009. PTEN/PI3K/AKT在溃疡性结肠炎炎症-肿瘤序列演进中的作用. 四川大学学报: 医学版, 40 (6): 1021-1023.

付尚志, 李学成. 2013. 放射治疗在前列腺癌治疗中的应用. 临床军医杂志, 41 (9): 965.

高永艳, 姚秀萍, 王黎明, 等. 2015. 超声造影和MRI诊断小肾癌的对比. 中国医学影像技术, 31 (5): 758-761.

高云生, 胡超苏. 2007. 头颈部鳞癌的术后放疗. 中国癌症杂志, 17 (4): 344-348.

古铣之. 2007. 肿瘤放射治疗学. 北京: 中国协和医科大学出版社.

郭健英, 张红. 2013. 健康教育路径在肿瘤放疗患者中的应用. 护理学杂志, 28 (19): 82-84.

国际肝胆胰学会中国分会, 中华医学会外科学会肝脏外科学组. 2014. 胆管癌诊断与治疗——外科专家共识. 中国实用外科杂志, 34 (1): 1-5.

韩俊庆. 2009. 放射治疗技术. 北京: 人民卫生出版社.

何陆君, 朱云霞. 2011. 鼻咽癌放疗后口干燥症的护理干预效果. 浙江实用医学, (05): 380-382.

何山, 蔡萍. 2014. BiPAP无创呼吸机辅助通气治疗COPD急性加重期合并呼吸衰竭患者的护理观察. 护士进修杂志, (21): 1979-1981.

侯永贤. 2008. 肿瘤放疗并发症防治. 北京: 人民军医出版社.

胡洁, 白春学. 2014. 肺癌的规范化治疗. 内科急危重症杂志, 20 (5): 294-298.

胡水清, 张玫. 2012. 大肠癌筛查研究进展. 中国肿瘤, 21 (5): 363-367.

黄菊. 2011. 三维适形放疗治疗中晚期食管癌56例临床护理. 齐鲁护理杂志, 17 (27): 28-29.

黄欣欣, 蔡琳. 2006. 大气污染与肺癌关系研究进展. 中国公共卫生, 22 (12): 1443-1445.

季梅. 2012. 心理干预在直肠癌术后放疗患者中的应用. 齐鲁护理杂志, 18 (20): 108-109.

贾秀杰, 蔡珊. 2014. PM2.5与肺癌. 国际呼吸杂志, 34 (6): 431-435.

蒋红, 吕海燕, 杨晓莉. 2005. 护士对化学性职业损害防护的认知和行为调查. 中华护理杂志, 12: 947-949.

金河天, 汤鹏飞. 2012. 鼻咽部海绵状血管瘤放疗病例分析. 吉林医学, (31): 6841-6842.

李宝生, 张福泉, 罗京伟. 2009. 临床肿瘤放射治疗学. 济南: 山东科学技术出版社.

李波, 田永京, 张晓勇. 2011. 食管癌致食管气管瘘48例外科治疗分析. 医药论坛杂志, 10: 145-146.

李光, 于洋洋, 韩冲, 等. 2012. 81例胰腺癌后程加量三维适行放疗的疗效分析. 中国医科大学学报, 41 (12): 1134-1138.

李建民, 黄勇兄, 杨强. 2012. 软组织肉瘤的现状与研究进展. 中华临床医师杂志(电子版), (17): 4997-5000.

李杰. 2010. MRI、彩色多普勒超声诊断软组织海绵状、蔓状血管瘤. 中国医学影像技术, (8): 1538-1541.

李丽芳. 2007. 恶性肿瘤患者放化疗后骨髓抑制的护理对策. 实用医技杂志, 14 (33): 4608-4609.

李鸣, 那彦群. 2011. 泌尿生殖系肿瘤外科学. 北京: 人民卫生出版社.

李前文，杜云翔，山顺林，等. 2008. 肿瘤放射治疗临床路径在患者健康教育中的应用. 肿瘤研究与临床，20（11）：783-784.

李桥福，张贵荣. 2013. 彩色多普勒超声诊断血管瘤的价值. 中国实用医药，（25）：110-111.

李瑞蕾，宋鑫. 2013. 肾癌免疫治疗新策略. 实用肿瘤杂志，28（3）：331-338.

李少林，吴永忠. 2013. 肿瘤放射治疗学. 北京：科学出版社.

李素华，张秀云. 2012. 肿瘤化疗后60例骨髓抑制患者的护理体会. 护理实践与研究，（17）：68-69.

李卫阳，谢淑萍. 2011. 局部进展期胃癌术后调强放疗同步化疗的护理. 浙江中医药大学学报，35(1)：120-121.

李炎，程朋. 2014. 中晚期肝癌临床治疗进展. 临床肝胆病杂志，30（4）：233-236.

李燕凌. 2015. 心理护理及健康教育对于提高老年肺癌患者生存质量的影响. 国卫生标准管理，（26）：200-201.

李艺，唐亚海，刘军，等. 2005. 广东地区鼻咽癌放疗后放射性脑病患者生存质量的研究. 中国全科医学，8（7）：561-562.

李勇，张湘茹，孙燕. 2005. 软组织肉瘤的诊断与综合治疗. 癌症进展，（04）：332-352.

李子晨，许鹏飞，容小明，等. 2013. 鼻咽癌放疗后大出血的相关因素分析及治疗方法. 中国肿瘤临床，40(17)：1059-1063.

梁健新，陈萍. 2001. 放射性粒子植入治疗头颈部恶性肿瘤. 现代临床医学生物工程学杂志，6：429-431.

梁俊青，苏秀兰，李碧丽，等. 2010. 女性乳腺癌致病危险因素分析. 中国医药导刊，12（10）：1686-1687.

林仲秋，谢玲玲，林荣春. 2016. 《2016 NCCN子宫肿瘤临床实践指南》解读. 中国实用妇科与产科杂志，32（2）：117-122.

刘方方，谢军平. 2014. 以树突状细胞为基础的肿瘤免疫治疗策略研究进展. 细胞与分子免疫学杂志，30(12)：1338-1340.

刘继红，黄鹤. 2006. 放化疗综合治疗宫颈癌的评价. 中国实用妇科与产科杂志，22（8）：629-631.

刘清涛，江晓聪，潘秀花，等. 2013. 早期个体化吞咽功能康复训练对鼻咽癌放疗患者吞咽功能障碍的影响. 现代医院，13（8）：94-96.

刘泰福. 2000. 中国放射肿瘤学的发展. 中华放射肿瘤学杂志，9（1）：5.

刘泰福. 2001. 现代放射肿瘤学. 上海：复旦大学出版社，上海医科大学出版社.

刘艳梅，吴云娣. 2012. 全脑放疗治疗肺癌脑转移的护理体会. 西南国防医药，22（4）：420-421.

刘燕. 2016. 晚期癌症患者的护理新模式探讨. 实用医技杂志，23（3）：324-325.

龙江珍，陈艳，冯青梅，等. 2016. QQ群随访在鼻咽癌放疗出院患者健康教育中的应用. 现代临床护理，15(1)：51-54.

楼燕凤，张月荣，丁沐玲，等. 2014. 射波刀立体定向放射治疗局部晚期胰腺癌患者的护理. 中华护理杂志，49（5）：563-565.

卢蓓蕾. 2012. 宫颈癌阴道冲洗对提高患者生活质量的重要性. 吉林医学，（25）：5551-5552.

卢儒彪，陈伊娜. 2012. 芦荟多糖防治皮肤放射反应的临床研究. 中华肿瘤防治杂志，（7）：541-542.

卢莹，郭伶俐，李念. 2012. 膀胱癌患者行膀胱全切输尿管腹壁造口术后的护理. 现代临床护理，11（2）：41.

陆红，沈南平，张冰花，等. 2006. 上海市肿瘤科护士细胞毒性药物安全防护知识及现状调查. 中华护理杂志，11：1046-1048.

陆雁，陈美. 2013. PDCA管理结合路径化健康教育在食管癌放疗患者中的应用. 护理管理杂志，13(9)：676-677.

马海荣，程宏敏，肖莹，等. 2013. 提问式健康教育在放疗患者中的应用. 齐鲁护理杂志，19（17）：147-148.

毛世华，张涛，谈宗国，等. 2014. 178例宫颈癌放疗疗效及预后相关因素分析. 实用癌症杂志，29(7)：829-831.

毛仙芝，黄中柯，狄小云，等. 2008. （125）碘粒子组织间放疗时医护人员辐射安全的研究. 中国医学物理学杂志，02：567-603.

梅卫玲. 2009. 前列腺癌患者行 ^{125}I 放射性粒子永久植入治疗并发症的防护. 护理学报，16（12B）：29.

梅竹，严婧，陈佛，等. 2011. 肿瘤放疗患者健康教育需求及影响因素分析. 九江学院学报：自然科学版. 26(4)：80-83.

缪景霞，周小平. 2013. 肿瘤科护理细节问答全书. 北京：化学工业出版社.

那彦群. 2014. 2014版中国泌尿外科疾病诊断治疗指南. 北京：人民卫生出版社.

牛晓辉，李远. 2007. 肢体软组织肉瘤的外科治疗. 中国实用外科杂志，（4）：322-325.

欧定武.2012.术前放疗、化疗治疗直肠癌的临床研究.吉林医学,33(4):692-694.
潘炯伟,曹卓.2013.肺癌的常见肿瘤标志物和基因检测进展.放射免疫学杂志,26(3):292-296.
庞献红.2015.永久性膀胱造瘘术后病人的护理.护理研究,29(11):4222-4223
庞秀枝,孙维维,王淑琴.2008.宫颈癌放射治疗并发放射性直肠炎的预防.护理研究,22(24):2203-2204.
强永刚.2016.X射线的发现与早期不正当应用——纪念伦琴发现X射线120周年.中华放射医学与防护杂志,36(2):154-160.
乔娟,王佳.2015.重症肌无力危象44例循证护理分析.蚌埠医学院学报,(3):395-398.
丘小芬,成素苗,黎燕芳.2011.鼻咽癌患者张口功能锻炼强度与张口困难程度的相关性分析.护理学报,(24):45-46.
阮素云,苏瑾,李延红,等.2002.环境2.5μm以下颗粒物污染对哮喘及肺癌发病的影响.环境与职业医学,19(6):396-397.
单保恩,刘巍,刘丽华.2013.肿瘤内科进修医师问答.北京:军事医学科学出版社.
邵秋菊.2011.三维适形放射治疗前列腺增生症对膀胱损伤的实验研究.科学技术与工程,(27):6564-6568.
佘娟.2011.尿路感染的诊治及护理进展.齐鲁护理杂志,(25):44-45.
施英丽.2016.心理护理及健康教育对老年肺癌患者生存质量的影响.中国卫生标准管理,7(3):193-195.
石远凯,郑博.2014.软组织肉瘤治疗进展.中国肿瘤临床,(24):1556-1560.
宋培峰,陈栋梁,邢劲松,等.2012.浅议辐射安全和防护自我评估应注意的几个问题.辐射防护通讯,05:37-39.
宋万涛.2010.医院辐射防护工作浅析.中国误诊学杂志,28:6906.
孙北望,陈萍,曾可伟,等.2001.103钯放射粒子组织间植入治疗恶性肿瘤的临床应用.现代临床医学生物工程学杂志,7(6):432-433.
孙持卫.2008.肺癌放疗继发放射性食管炎的护理干预.中国误诊学杂志,8(2):436-437.
孙雪松,康琳棣,张妍,等.2013.子宫内膜癌Ⅲ期术后辅助放化疗患者的护理.中华现代护理杂志,19(26):3214-3215.
孙元珏,姚阳.2012.软组织肉瘤内科规范化治疗及其进展.中国癌症杂志,(9):646-651.
覃道锐.2009.儿童血管瘤及血管畸形的临床特征研究.中国修复重建外科杂志,(5):584-587.
汤新辉,谌永毅,张毅辉,等.2005.肿瘤放疗患者健康教育需求分析与对策.护理学杂志,20(1):67-69.
唐雄乐.2011.具体实施医疗辐射防护工作的实践分析.医疗卫生装备,8:92-93.
陶欣雨.2016.大气污染与中国人群肺癌关联的研究进展.医学信息,29(3):25-27.
田峰,付佳,崔丽红,等.2015.强化健康教育对宫颈癌患者调强放疗依从性的影响.循证护理,1(3):130-133.
万德森.2015.临床肿瘤学.4版.北京:科学出版社.
万永慧.2016.放射性皮炎的临床分级与护理.护士进修杂志,(8):737-739.
王爱平.2015.现代临床护理学.北京:人民卫生出版社.
王聪伟,曹泽仁,方绍峰,等.2005.医疗照射中辐射防护问题的初探.河南预防医学杂志,3:167-168.
王冬梅,李为民,李静,等.2009.吸烟与肺癌关系的Meta分析.中国呼吸与危重监护杂志,8(3):229-233.
王佳玉.2014.肢体软组织肉瘤临床诊疗专家共识.临床肿瘤学杂志,(7):633-636.
王俊杰,修典荣,冉维强.2004.放射性粒子组织间近距离治疗肿瘤.北京:北京大学医学出版社.
王玲,杨芳青,朱小霞,等.2012.射波刀分割治疗晚期非小细胞肺癌的护理.中华护理杂志,47(1):43-44.
王若峥,张国庆.2010.肿瘤放射治疗学.北京:科学出版社.
王生伟,黄艳玲,芮兴无.2016.恶性阻塞性黄疸PTCD术前及术后肝功能变化的比较.临床研究,14(11):110-111.
王晓民,李际桐,陈照彦.2011.男性泌尿及生殖系统肿瘤的外科治疗.北京:科学技术文献出版社.
王彦艳,吕艳芳,庄永志.2014.影响子宫颈癌放射治疗的预后因素及复发再次放疗体会.中国伤残医学,22(10):311-312.
王臻.2014.肢体软组织肉瘤临床诊疗专家共识的解读.临床肿瘤学杂志,(7):637-648.
王智卿,王立东,余炜伟,等.2006.食管癌诊断方法研究进展及面临的问题.医学与哲学,27(12):34-35.
王中和.2007.口腔癌的放射治疗.中国口腔颌面外科杂志,5(5):327-334.

闻曲,成芳,李莉.2015.实用肿瘤护理学.北京:人民卫生出版社.
闻曲,刘义兰,喻姣花.2011.新编肿瘤护理学.北京:人民卫生出版社.
吴蓓霞.2012.肿瘤专科护理,北京:人民卫生出版社.
吴丽蓓,徐德静.2003.鼻咽癌患者放疗不同时期的健康教育.齐齐哈尔医学院学报,24(9):1073-1074.
吴秀红,徐波,王成峰.2007.放射性粒子组织间植入手术的防护管理.护理学杂志,18:32-33.
夏萍.2012.宫颈癌腔内后装放疗的护理.哈尔滨医药,32(5):417-419.
夏巧清,曹新平,麦苗青.2015.23例复发性卵巢癌放射治疗临床分析.广东医学,46(4):60-61.
肖柳红,黄敏清,宋文强.2013.心灵工作室在肿瘤科护士面对死亡所致负性情绪中的应用.中国护理管理,13(86):105-107.
谢幸,苟文丽.2013.妇产科学.8版.北京:人民卫生出版社.
邢家骝.2002.131碘治疗甲状腺疾病.北京:人民卫生出版社.
邢金春.2011.前列腺癌诊断治疗学.北京:人民卫生出版社.
徐樊渊,俞受程,曾逖闻.2000.现代肿瘤放射治疗学.北京:人民军医出版社.
徐红.2013.激光治疗皮肤血管瘤病人临床观察与护理.齐齐哈尔医学院学报,(19):2923-2925.
徐敏,李建彬,田世禹.2007.放射性皮炎的防治研究现状.中华肿瘤防治杂志,(17):1354-1357.
徐瑞华,姜文奇,管忠震.2014.临床肿瘤内科学.北京:人民卫生出版社.
徐向英.2013.肿瘤放射治疗学.北京:人民卫生出版社.
许昌韶.1995.肿瘤放射治疗学.北京:原子能出版社.
薛英,彭涛.2012.鼻咽癌放疗对耳损伤的临床观察.武汉大学学报(医学版),33(5):720-721.
严爱武.2006.食管癌放疗患者的饮食护理.中国实用护理杂志,22(33):46.
杨晓华.2012.PTCD治疗恶性梗阻性黄疸的观察和护理.实用临床医药杂志,16(18):13-14.
杨秀娟,郑家伟.2007.血管瘤与脉管畸形的鉴别诊断研究进展.上海口腔医学,(5):542-546.
杨永静,王霞,杨丽,等.2015.肺癌放射治疗所致放射性肺炎的相关因素分析和临床护理.中华肺部疾病杂志,8(6):80-82.
杨蕴.2010.中国软组织肉瘤诊治策略.中国肿瘤临床,(24):1385-1389.
叶建红,王学涛,王辉,等.2007.肿瘤放射治疗设备及其进展.医疗保健器具,(6):37-39.
叶胜龙.2013.肝癌的局部区域治疗.临床肝胆病杂志,(28):28-31.
易珑,姜忍,杨继红,等.2011.运用健康教育手册对肿瘤放疗患者进行分期健康教育的效果比较.肿瘤预防与治疗,24(2):107-109.
易湛苗,张照辉,翟所迪,等.2009.辐射防护与辐射治疗剂临床应用及进展.中国药物应用与监测,4:239-242.
殷蔚伯,谷铣之.2002.肿瘤放射治疗学.3版.北京:中国协和医科大学出版社,788-789.
殷蔚伯,余子豪,徐国镇,等.2008.肿瘤放射治疗学.北京:中国协和医科大学出版社.
殷蔚伯.2010.肿瘤放射治疗手册.北京:中国协和医科大学出版社.
殷显艳.2014.对卵巢癌患者进行放射治疗效果的分析.中国伤残医学,22(7):194.
印于,倪才方,李智,等.2015.食管覆膜金属支架置入术治疗食管癌放疗后食管气管瘘.医学影像学杂志,25(11):1961-1964.
于平川.2012.膀胱癌患者术后行膀胱灌注化疗的护理,中国医药指南.10(20):611.
余霄腾,张崔建,李学松,等.2016.索拉非尼治疗晚期肾癌患者的疗效及不良反应.现代泌尿外科杂志,(6):437-440.
曾斌,郎锦义.2010.放射性口腔干燥症的研究进展.肿瘤预防与治疗,23(3):251-255.
曾四元,涂海燕.2013.子宫内膜癌的放射治疗.实用妇产科杂志,29(12):885-888.
翟颖,蔡文,李萌.2005.30例放射性粒子种植治疗前列腺癌患者的护理.中华护理杂志,40(3):179.
张桂琼,高力英,韩鹏炳,等.2016.兰州方加味防治涎腺放射性损伤的临床观察.中国医药导报,(7):91-95.
张金超,王丹红.2016.转移性肾癌的临床治疗进展.临床泌尿外科杂志,(6):574-579.
张克勤,徐德静,王海蓉.2011.子宫内膜癌病人术后放射治疗的护理.全科护理,9(10):2676-2677.
张蕾.2013.脊柱转移癌所致脊髓压迫症的护理.天津护理,21(6):556-557.
张明月,戚晓梅.2010.恶性淋巴瘤致上腔静脉压迫综合征的护理.中外医学研究,8(26):132-133.

张仕碧, 杨青, 江庆华, 等. 2013. 团体健康教育在鼻咽癌患者放疗后出院指导中的应用. 中华现代护理杂志, 19 (4): 416-418.

张天泽, 徐光炜. 2005. 肿瘤学. 天津: 天津科学技术出版社.

张伟健, 曾山崎. 2011. 中低位局部晚期直肠癌术前放化疗的前瞻性随机对照研究. 临床和实验医学杂志, 10 (6): 447-448.

张曦霞, 鞠小梅, 于领晖. 2013. 63例宫颈癌患者急性放射性阴道黏膜损伤的细节护理. 护理学报, 23 (12B): 25-27.

张小刚, 钟理, 王建飞, 等. 2009. 食管癌危险因素及预防研究进展. 世界华人消化杂志, 17 (7): 677-680

张燕. 2011. 以家庭为中心的健康教育在肿瘤患者放射治疗中的应用. 国际护理学杂志, 30 (6): 886-888.

张英杰, 李建彬. 2007. 成人软组织肉瘤的放射治疗研究现状. 中华肿瘤防治杂志, (15): 1195-1198.

张英姿, 包奕凤, 胡显良. 2005. 小儿血管瘤介入治疗的围手术期护理. 中华护理杂志, (11): 46-47.

张珍娣, 王秀杏. 2012. 乳腺癌保乳术后放疗的皮肤护理. 护理实践与研究, 09 (21): 77-78.

张珍娣, 王秀杏. 2013. 乳腺癌术后放疗全程实施优质护理服务效果观察. 护理实践与研究, 10 (11): 63-64.

赵斌, 张军帅, 刘培勋. 2012. 辐射防护剂研究现状及其进展. 核化学与放射化学, 01: 8-13.

赵红, 王远松, 郭秋岑. 2012. 婴幼儿血管瘤的诊治现状. 皮肤病与性病, (2): 80-82.

赵京文, 高黎, 黄晓东. 2005. 张口功能锻炼预防鼻咽癌放疗后张口困难. 中华放射肿瘤学杂志, (3): 199-200.

郑家伟, 杨秀娟. 2009. 血管瘤的治疗选择. 中国实用口腔科杂志, (5): 274-279.

中国抗癌协会癌症康复与姑息治疗专业委员会 (CRCP), 中国临床肿瘤学会抗肿瘤药物安全管理专家委员会 (ASMC). 2014. 肿瘤治疗相关呕吐防治指南 (2014版). 临床肿瘤学杂志, 19 (3): 263-273.

中华人民共和国国务院公报. 2005. 放射性同位素与射线装置安全和防护条例, 31: 30-39.

中华人民共和国卫生部. 2011. 原发性肝癌诊疗规范 (2011年版). 临床肝胆病杂志, 27 (11): 1141-1159.

中华人民共和国卫生和计划生育委员会. 2013. 胃癌规范化诊疗指南 (试行). 中国医学前沿杂志, 5 (8): 29-36.

中华医学会外科学会胰腺外科学组. 2014. 胰腺癌诊治指南. 中国实用外科杂志, 34 (11): 1011-1017.

钟玉婵, 吉燕翔. 2012. 防治宫颈癌后装治疗放射性阴道损伤的护理研究. 医学信息, 25 (2): 178-179

周道安. 2010. 新编放射治疗学. 上海: 复旦大学出版社.

周桂华. 2010. 宫颈癌放疗患者的护理及安全管理. 吉林医学, 31 (27): 4815.

朱广迎. 2007. 放射肿瘤学. 北京: 科学技术文献出版社.

朱月娥. 2011. 87例食管癌放疗患者的护理. 实用临床医药杂志, 15 (20): 17-18.

左娟娟, 何玮. 2012. 膀胱癌术后尿路造口并发症的护理. 护理学杂志, 27 (12): 22.

Abiodun OA, Olu-Abiodun OO, Sotunsa JO, et al. 2014. Impact of health education intervention on knowledge and perception of cervical cancer and cervical screening uptake among adult women in rural communities in Nigeria. BMC Public Health, 14: 814.

Ali SY, Singh G. 2010. Radiation-induced Alopecia. Int J Trichology, 2 (2): 118-119.

Badger TA, Segrin C, Figueredo AJ, et al. 2011. Psychosocial interventions to improve quality of life in prostate cancer survivors and their intimate or family partners. Qual Life Res, 20 (6): 833-844.

Badger TA, Segrin C, Hepworth JT, et al. 2013. Telephone-delivered health education and interpersonal counseling improve quality of life for Latinas with breast cancer and their supportive partners. Psychooncology, 22 (5): 1035-1042.

Basu A, Datta S, Roy C. 2010. Knowledge and attitude towards cancer: the need for health education. J Indian Med Assoc, 108 (5): 305-306, 308.

Bebis H, Reis N, Yavan T, et al. 2012. Effect of health education about cervical cancer and papanicolaou testing on the behavior, knowledge, and beliefs of Turkish women. Int J Gynecol Cancer, 22 (8): 1407-1412.

Biagioli MC, Hoffe SE. 2010. Emerging technologies in prostate cancer radiation therapy: improving the therapeutic window. Cancer Control, 17 (4): 223-232.

Browne C, Davis NF, Mac CE, et al. 2015. A Narrative Review on the Pathophysiology and Management for Radiation Cystitis. Adv Urol, 2015: 346812.

Buglione M, Cavagnini R, Di KF, et al. 2016. Oral toxicity management in head and neck cancer patients treated with chemotherapy and radiation: Dental pathologies and osteoradionecrosis (Part 1) literature review and consensus statement. Crit Rev Oncol Hematol, 97: 131-142.

Cao J, Chen S, Lin S, et al. 2016. Effect of music therapy on pain behaviors in rats with bone cancer pain. J BUON, 21（2）: 466-472.

Gao Y, Cao S, Ren XB, et al. 2011. Predictive factors of cytokine induced killer cell treatment for metastatic renal cell carcinoma. Chin J Clin Oncol, 38（2）: 108-111.

Hajian S, Vakilian K, Najabadi KM, et al. 2011. Effects of education based on the health belief model on screening behavior in high risk women for breast cancer, Tehran, Iran. Asian Pac J Cancer Prev, 12（1）: 49-54.

Hecht M, Zimmer L, Loquai C, et al. 2015. Radiosensitization by B R AF inhibitor therapy-mechanism and frequency of toxicity in melanoma patients. Ann Oncol, 26（6）: 1238-1244.

Hilsden R, Rostom A. 2010. Colorectal cancer screening using flexible sigmoidoscopy; United Kingdom study demonstrates significant incidence and mortality benefit. Can J Gastroenterol, 24（8）: 479-480.

Joye I, Haustermans K. 2014. Early and late toxicity of radiotherapy for rectal cancer. Recent Results Cancer Res, 203: 189-201.

Levin VA, Bidaut L, Hou P, et al. 2011. Randomized double-blind placebo-controlled trial of bevacizumab therapy for radiation necrosis of the central nervous system. Int J Radiat Oncol Biophys, 79（5）: 1487-1495.

Li CC, Rew L, Hwang SL. 2012. The relationship between spiritual well being and psychosocial adjustment in Taiwanese patients with colorectal cancer and a colostomy. J Wound Ostomy Continence Nurs, 39(2): 161-169.

Li Y, Yang H, Cao J. Association between alcohol consumption and cancers in the Chinese population-a systematic review and meta-analysis. PLoS One, 2011, 6（4）: e18776.

Mirdailami O, Soleimani M, Dinarvand R, et al. 2015. Controlled release of rhEGF and rhbFGF from electrospun scaffolds for skin regeneration. J Biomed Mater Res A, 103（10）: 3374-3385.

Motzer R J, Nosov D, Eisen T, et al. 2013. Tivozanib versus sorafenib as initial targeted therapy for patients with metastatic renal cell carcinoma: results from a phase III trial. J Clin Oncol, 31（30）: 3791-3799.

Ouyang YQ, Hu X. 2014. The effect of breast cancer health education on the knowledge, attitudes, and practice: a community health center catchment area. J Cancer Educ. 29（2）: 375-381.

Quan GM, Pointillart V, Palussiere J, et al. 2012. Multidisciplinary treatmentand survival of patients with vertebral metastases from thyroid carcinoma. Thyroid, 22（2）: 125-130.

Rigaud J, Hetet JF, Bouchot O, 2004. Management of radiation cystitis. Prog Urol, 14（4）: 568-572.

Rothwell PM, Wilson M, Price JF, et al. 2012. Effect of daily aspirin on risk of cancer metastasis: a study of incident cancers during randomized controlled trials. Lance, 379（9826）: 1591-1601.

Scherpenhuizen A. 2015. The effect of exercise therapy in head and neck cancer patients in the treatment of radiotherapy-induced trismus: A systematic review. Oral Oncol, 51（8）: 745-750.

Siddique I, Mitchell DA. 2013. The impact of a community-based health education programme on oral cancer risk factor awareness among a Gujarati community. Br Dent J, 215（4）: E7.

Smaldone MC, Jacobs BL, Smaldone AM, et al. 2008. Long-term results of selective partial cystectomy for invasive urothelial bladder carcinoma. Urology, 72（3）: 613-616.

Sugawara A, Nakashima J, Shigematsu N, et al. 2009. Prediction of seed migration after transperineal interstitial prostate brachytherapy with I-125 free seeds. Brachytherapy, 8（1）: 52-56.

Wang Q. 2016. Correlation between intensity modulated radiotherapy and bone marrow suppression in breast cancer. Eur Rev Med Pharmacol Sci, 20（1）: 75-81.

Yamashita H. 2009. Umami taste dysfunction in patients receiving radiotherapy for head and neck cancer. Oral Oncol, 45（3）: e19-23.

Younus J, Lock M, Vujovic O, et al. 2015. A case-control, mono-center, open-label, pilot study to evaluate the feasibility of therapeutic touch in preventing radiation dermatitis in women with breast cancer receiving adjuvant radiation therapy. Complement Ther Med, 23（4）: 612-616.